DES MÊMES AUTEURS

D. Wolton

LE NOUVEL ORDRE SEXUEL, Seuil, 1974.

L'INFORMATION DEMAIN. *De la presse écrite aux nouveaux médias* (avec J.-L. Lepigeon), Documentation française, 1979.

J.-L. Missika et alii

INFORMATISATION ET EMPLOI, MENACE OU MUTATION? Documentation française, 1981.

J.-L. Missika et D. Wolton ont publié ensemble

LES DÉGÂTS DU PROGRÈS. *Les travailleurs face au changement technique,* Seuil, 1977
(avec J.-Ph. Faivret et des organisations C.F.D.T.).

LES RÉSEAUX PENSANTS. *Télécommunications et Société,* Masson, 1978 (avec A. Giraud).

LE TERTIAIRE ÉCLATÉ. LE TRAVAIL SANS MODÈLE, Seuil, 1980 (avec J.-Ph. Faivret et des organisations C.F.D.T.).

L'ILLUSION ÉCOLOGIQUE, Seuil, 1980 (avec J.-Ph. Faivret).

Entretiens

R. Aron, LE SPECTATEUR ENGAGÉ, Entretiens avec J.-L. Missika et D. Wolton, Julliard, 1981.

Problèmes et documents

Jean-Louis Missika
Dominique Wolton

La folle du logis

LA TÉLÉVISION DANS LES SOCIÉTÉS DÉMOCRATIQUES

nrf

Gallimard

à Francis Laïk (1951-1974)

INTRODUCTION

Tout le monde regarde la télévision et personne n'en est satisfait. Chacun y cherche quelque chose qu'il n'y trouve pas, sans pour autant pouvoir s'en détourner. Installée dans le lieu le plus privé, le domicile, familière et quotidienne, elle nous entraîne dans le spectacle d'un monde que l'on n'est pas certain de vouloir connaître et n'apporte pas toujours le divertissement attendu. S'adressant à tous et à personne, elle suscite le dépit amoureux car nous n'aimons pas les miroirs collectifs. Si le miroir individuel nous plonge dans les délices du narcissisme, le miroir collectif nous fait patauger, lui, dans l'insatisfaction.

Chacun a une opinion sur la télévision, sa fonction, son influence, son utilité ou sa nocivité. Et ces opinions sont passionnées, violentes, souvent négatives. Il est rare en effet, d'entendre quelqu'un tenir sur la télévision des propos raisonnables. Comme si cet objet domestique, cet art ménager, semblait davantage fait pour susciter les griefs et les railleries que les arguments et les idées. Ces propos s'appuient souvent sur des préjugés défendus à toute force contre les faits ou les connaissances. En tout cas, chaque citoyen semble avoir un droit sur la télévision, se sent autorisé à en parler et possède même parfois en réserve un projet de réforme.

Mais pourquoi ? Pourquoi les discours sur la télévision relèvent-ils de la passion et non de la raison ? Telle est sans doute la question qui est à l'origine de ce livre. Nous étions curieux de comprendre pourquoi personne n'a envie de comprendre la télévision...

La réponse que nous apportons surprendra peut-être. Pour nous, la télévision suscite les passions parce qu'elle touche à l'essence de la démocratie. Elle est l'objet le plus démocratique des sociétés démocratiques. C'est pourquoi elle condense un nombre considérable de problèmes. Dès que l'on tire sur un fil, c'est toute la société qui vient, avec ses histoires, ses drames et ses rêves.

Celui qui aborde ce sujet est d'ailleurs proprement asphyxié par la multiplicité des opinions, préjugés et analyses dont il doit essayer de se débarrasser. Et pour lui aussi la tentation de la prescription est permanente. Il est difficile en effet de ne pas glisser subrepticement vers la définition de ce que doit être « la bonne télévision ». Au fil de nos lectures et de nos entretiens, nous avons été frappés par ce passage de l'analyse à la réforme qui traduit sans doute cette troublante familiarité avec la télévision. Si nous ne pouvons garantir d'y avoir totalement échappé, au moins avons-nous essayé.

Nous avions au départ une réticence à l'égard de ce qui est spontanément considéré comme la question majeure concernant la télévision : quelle est son influence sur le public ou sur la société ? Il nous a semblé au contraire qu'il fallait se placer en amont : comment s'explique la conquête d'un immense public par un nouveau medium ? Pourquoi la télévision est-elle si familière ? Comment s'est-elle imposée comme le grand moyen de communication de la fin du xxe siècle ? Qu'est-ce que la communication par l'image ? Qu'apporte-t-elle de plus ou de moins que la presse écrite, le livre, ou la radio ? Comment s'est-elle insérée dans le jeu démocratique ?

Pour répondre à ces questions, nous avons cherché un certain nombre d'indications dans l'histoire de la télévision française et dans la comparaison entre l'Europe et les États-Unis. Nous avons également tenté de cerner les caractéristiques de la communication par l'image. Nous avons conservé à l'esprit la nécessité de faire preuve de prudence tant il y a eu d'interprétations hâtives sur la place de la télévision dans la société. Quarante années, c'est très court dans l'histoire d'une technique, surtout de communication, pour en comprendre la signification, et les faits se chargent vite de contredire les jugements définitifs.

Le fil conducteur de ce livre est donc la question de la démocratie dans ses rapports avec la communication par l'image. Quels changements de la représentation et de la connaissance de la société résultent de cette multitude d'images accessibles à tous ? Quels usages en font les individus ? Quelles modifications en sont apportées à l'espace public ?

Il y a quarante ans, la grande rupture fut l'irruption de l'image à domicile. Pour la première fois le spectacle du monde était visible par un public immense. Cette irruption bouleversa les usages de la société et de la politique, en mettant en scène des aspects de la réalité qui jusque-là n'avaient jamais été visibles. Elle modifia l'équilibre de la relation entre vie privée et vie publique et transforma sensiblement les conditions du jeu politique.

L'inscription en images de pans entiers de la réalité vécue ou imaginée a donc des conséquences considérables sur la perception du monde et la connaissance de la réalité. Or cette image télévisée est extrêmement ambiguë et institue un mode de communication tout à fait particulier, plein de malentendus et de sous-entendus.

En effet les images charrient trop de choses, de signes pour qu'un sens simple et clair se dégage, conforme aux intentions de ceux qui les font. Il y a toujours quelque chose qui échappe ou qui est remarqué sans qu'il y ait eu d'intention. Les messages ne peuvent jamais être totalement maîtrisés malgré les corrections et les précisions. Cela rend la communication par l'image pleine d'incertitudes et d'ambiguïtés, et finalement de liberté. Mais ce sens flottant donne également l'impression que la communication est incontrôlable.

C'est d'ailleurs probablement la raison pour laquelle la télévision fascine et inquiète. Les images télévisées ont souvent été chargées de toutes les magies, parfois jusqu'à être considérées comme des narcotiques. Certains estiment, encore aujourd'hui, que l'image subjugue la conscience et renforce la domination politique au lieu d'émanciper les citoyens. Nous essayons de montrer qu'ils ont tort.

Le trouble créé par l'arrivée des images a suscité dans tous les pays une méfiance et une volonté de contrôle des pouvoirs publics. Aucun État n'est resté indifférent à l'égard de ce nouveau moyen de communication, tous l'ont strictement réglementé. D'autant que la télévision venait après la radio qui, à l'issue de la Première Guerre mondiale, avait déjà posé de redoutables problèmes d'organisation et de contrôle. Si tous les pays démocratiques acceptent le principe de la liberté de l'information et de la communication, la plupart d'entre eux ont établi des distinctions entre presse écrite, radio et télévision. Celle-ci a été dotée d'un « statut d'exception » à cause du nombre limité des canaux. Ces limites physiques de la communication ont facilité la constitution de monopoles, publics ou privés, qui ont contredit les principes du pluralisme. La légitimité de l'intervention de l'État se fonda sur ce monopole de la communication, mais le pouvoir politique utilisa souvent cet état de fait pour exercer un contrôle sur l'espace public. Selon les pays ou les traditions, on a cherché à rendre compatible le monopole avec la démocratie, à partir de deux modèles. Un modèle public, la télévision d'État, entièrement tournée vers le Service public, un modèle privé, la télévision de société, contrôlée par quelques oligopoles, eux-mêmes assujettis à des réglementations publiques rigoureuses.

Quel que soit le mode d'organisation choisi, la relation entre télévision et démocratie est restée conflictuelle, à cause de la forme image du message, du nombre limité des canaux et de l'extraordinaire dimension du public touché.

Les hommes politiques ont vu croître le public de la télévision avec un mélange de méfiance et d'appétit. Ils ont tout de suite vécu celle-ci comme un instrument de pouvoir. Les électeurs, si difficiles à atteindre, étaient là, à portée de la main. On pouvait même entrer chez eux pour les séduire et les convaincre. En outre, ils ne pouvaient pas contester ou protester puisque la télévision fonctionne dans un seul sens. Les conditions étaient réunies pour un fantastique contresens : la toute-puissance politique de la télévision. Il reste à expliquer pourquoi cette croyance dans la toute-puissance persiste dans l'esprit des hommes politiques, alors que les contre-exemples abondent.

Quant aux intellectuels, ils ont eux aussi été affectés dans leurs rôles et leurs pratiques de communication par la télévision. La pluralité et l'incertitude des sens contenus dans les images ont suscité leur désarroi. De plus, ils ont été agacés par le plaisir frivole que prend le public à se divertir d'images superficielles. Ils ont réagi en développant, dans l'ensemble, un discours sceptique quant à la qualité des programmes et critique quant à leur influence sur le public. Mais ils n'ont guère analysé leur propre rapport à la télévision.

La suspicion de la classe politique, partagée par une bonne partie des élites, n'a pas empêché la télévision de connaître un succès foudroyant. Un nombre limité de chaînes ont adressé un message unique à un public immense. L'équipement des ménages a crû à un rythme vertigineux. Le temps passé devant le petit écran ne cessa lui-même de croître. La télévision trouvait sa place dans la vie quotidienne des masses. Elle séduisait, exaspérait, et devenait irremplaçable. Ce public de la télévision, anonyme et innombrable, donnait l'impression d'une masse passive, manipulée par le medium. L'opinion publique semblait devenir un appendice des pouvoirs, perdant son autonomie et sa capacité critique. La télévision a certainement offert une représentation concrète de la masse, à un moment où la société de masse semblait être l'horizon indépassable du développement économique et social. Nous essayons de montrer que la relation entre individu et masse nouée par la télévision a été beaucoup plus complexe et surtout s'est transformée dans le temps.

De toute façon, cette époque de la télévision de masse se termine. Les évolutions techniques, et surtout sociales et culturelles, vont conduire à une télévision fragmentée, plus ouverte sur l'extérieur, où une multitude de programmes cohabiteront sur des supports différents. La télévision entre dans une nouvelle période de son histoire. C'est pourquoi il nous semble qu'il est grand temps de relancer une réflexion commencée en France dans les années cinquante, mais assoupie depuis une bonne dizaine d'années. Les mutations actuelles obligent à réexaminer les rapports entre télévision, société et démocratie.

Contrairement aux pays anglo-saxons, une discussion rationnelle sur la télévision semble d'avance vouée à l'échec en France. Les travaux sur la communication de masse y sont d'ailleurs peu nombreux et fortement marqués d'une vision critique *a priori*. Mais peut-être est-il possible, aujourd'hui, de changer ces habitudes.

Le lecteur constatera que notre manière d'aborder le problème conduit à des conclusions surprenantes au regard de certaines idées reçues. Que la prétendue passivité face aux images n'a jamais été démontrée. Que l'image offre, sous certaines conditions, une liberté d'interprétation plus grande que l'écrit. Que malgré les craintes et les augures, la télévision n'a pas remis en cause la démocratie, qu'elle s'y est adaptée et l'a peut-être même servie. Que la politique n'a pas attendu la télévision pour se donner en spectacle. Et que la liberté de communication s'accommode mal du Service public.

Aussi demandons-nous au lecteur d'aller jusqu'au bout de nos arguments, fût-ce pour les rejeter, et d'accepter, le temps d'un livre, d'exercer sa raison sur la folle du logis.

Première partie

LES POLITIQUES

CHAPITRE I

L'histoire d'une télévision bien française

En moins de trente ans la télévision a pénétré dans presque tous les pays. Elle a constitué le symbole de la modernité avant de devenir le plus banal des objets quotidiens. Mais son organisation a tout de suite posé de redoutables problèmes car le spectre des fréquences est un bien rare et public qui nécessite une organisation particulière, en tout cas différente de celle régissant la presse écrite.

Les solutions choisies en Europe et en Amérique ont largement divergé et ont conduit à des modèles d'organisation qui aujourd'hui encore s'opposent. Dans tous les pays toutefois il existe un point commun : la télévision a été initiée la plupart du temps par un petit nombre d'individus, plus ou moins marginaux et qui souvent se sont opposés aux institutions. Ce contraste entre la pesante histoire institutionnelle de la télévision et l'histoire tumultueuse et passionnée de ceux qui l'ont faite est une constante qui correspond d'ailleurs aux deux systèmes de légitimité sur lesquels la télévision repose. *La légitimité externe* est l'ensemble des règles et valeurs définies par le système politique et partagées au moins partiellement par l'opinion publique. Cette légitimité justifie le choix d'un modèle d'organisation et détermine le mode de gouvernement, son régime économique, et le rapport entretenu au public. *La légitimité interne,* par contre, est l'ensemble des pouvoirs, systèmes de valeurs, hiérarchies et habitudes de ceux qui font la télévision. Les grandes conceptions de la télévision, définies par la loi et la classe politique se sont donc toujours plus ou moins opposées aux valeurs et comportements des professionnels qui participent à la fabrication du produit audiovisuel : dirigeants, techniciens, réalisateurs, auteurs, journalistes.

En France, contrairement à d'autres pays, les travaux sur le milieu de la télévision sont rares. Les recherches ont, pour la plupart, fait l'impasse sur la compréhension de la légitimité interne, considérant peut-être que l'analyse des lois et des orientations politiques suffisait à expliquer le fonctionnement propre de la télévision. La télévision est ainsi devenue la « boîte noire » du système de communication, celle par laquelle tout passe, sans que l'on sache ce qu'il s'y passe.

Notre curiosité à l'égard de cette boîte noire nous a incités à la connaître de l'intérieur. Cette connaissance de l'intérieur, qui nécessite temps et acceptation par un milieu à la fois blasé, pressé et suspicieux a été un élément essentiel de notre recherche. Le temps passé dans une société de télévision — Antenne 2 —, les contacts noués avec les uns et les autres, ont eu une influence sur notre conception de la communication par l'image et sur notre compréhension des rapports entre télévision et société.

Mais plus nous avancions dans notre compréhension du milieu de la télévision, ses codes et ses fonctions, plus nous étions convaincus de la nécessité d'un détour historique. Beaucoup d'événements, de crises, de problèmes qui semblent incompréhensibles, prennent en effet leur sens quand ils sont rapportés à cinquante années d'une histoire dense et conflictuelle. Il n'existe malheureusement pas d'ouvrage de référence sur l'histoire de la télévision française, c'est pourquoi nous commençons ce livre par un historique, qui permet à la fois de rappeler les faits essentiels, de camper les acteurs et de situer les principaux changements institutionnels. Aucun des problèmes auxquels est confronté aujourd'hui le système audiovisuel français ne peut se comprendre sans ce détour historique.

Le lecteur pourra constater que la télévision a suscité depuis toujours de violents affrontements et des prises de position catégoriques sur des problèmes qui, souvent, avec le temps, paraissent beaucoup moins décisifs. Cette histoire montre également le passage d'un modèle de télévision culturelle à un modèle de télévision de divertissement, dominant depuis une quinzaine d'années. Ce passage s'est fait lentement et difficilement, sous la pression du public et contre la volonté d'une bonne partie des professionnels et de la classe politique. La difficulté à admettre le rôle du public est d'ailleurs une constante de cette histoire. C'est pour lui que l'on fait la télévision, mais parfois contre lui, si l'on considère que ce qu'il désire ne correspond pas à ce qu'il devrait souhaiter.

Cette histoire montre également que la croissance extrêmement rapide de la télévision a suscité plus d'inquiétude que d'enthousiasme. La question de son organisation d'une part et de son influence d'autre part ont hanté les milieux politiques et culturels. Rares furent ceux qui, à partir des années soixante, sont restés réellement enthousiastes, en dehors d'une partie de ceux qui la faisaient. La télévision a plus souvent ressemblé à un « coup du destin » auquel il fallait s'adapter plutôt qu'à une chance pour les sociétés démocratiques.

Enfin, le sourd rapport de forces qui s'est rapidement institué entre les détenteurs de la légitimité externe et les détenteurs de la légitimité interne constitue une des clefs d'explication de l'histoire de la télévision française. Il montre le lent, indécis et douloureux mouvement d'indépendance de la télévision à l'égard de l'État, dont l'issue est la situation actuelle, où le modèle français de télévision est obligé progressivement de s'ouvrir, sous la pression des transformations culturelles, techniques et économiques. Toute la question des rapports entre la télévision, la société et la démocratie est contenue dans cette histoire brève d'un demi-siècle.

1. 1935-1953 : LES PIONNIERS

Il est toujours difficile de dater la naissance d'un procédé technique, mais la majorité des travaux s'accorde à dire que c'est entre 1925 et 1930 que la télévision a été définitivement mise au point. C'est dans ces cinq années que tout va se jouer entre la Grande-Bretagne, l'Allemagne, les États-Unis et la France. Car la télévision est réellement une affaire de famille entre ces quatre pays.

Les premières expériences ont lieu en 1925 en Grande-Bretagne, en 1926 en France, en 1927 aux États-Unis, en 1928 en Allemagne. On hésite encore entre deux procédés pour l'analyse de l'image. Le procédé mécanique par balayage d'un faisceau sur un disque dérivé du disque de P. Nipkow et le procédé électronique qui, à la suite des travaux de B. Rosing et de V. K. Zworykin substitue un balayage électronique de l'image au balayage mécanique. C'est ce qu'on appelle le procédé iconoscope où tout est électronique, de la création de l'image à son transport et à sa réception. Les premiers succès sont liés au procédé mécanique, mais celui-ci sera rapidement dépassé avant même la guerre de 1939.

De 1930 à 1939 il y aura une multiplication d'expériences dans ces quatre pays avec des changements de standard (de 30 à 60, 90, 180, puis 405 lignes).

En Grande-Bretagne, le 5 mars 1929, J.-L. Baird dépose un brevet pour un standard de télévision et du 10 septembre 1929 au 5 février 1937, il anime un programme régulier. Mais le procédé électronique conçu par la firme E.M.I. est meilleur. Et c'est celui qu'adopte la B.B.C. quand, en novembre 1936, elle lance un programme public sur 405 lignes. Le couronnement de George VI est télévisé et en 1939 il y avait déjà près de vingt mille postes de télévision en Grande-Bretagne dont beaucoup se trouvaient dans les lieux publics. Les programmes duraient jusqu'à vingt-quatre heures par semaine. Cela représentait une avance considérable.

En Allemagne, dès juillet 1929, le Reich établit un standard national et en 1936 les Jeux olympiques furent télévisés, en direct dans plus de six villes. Un standard de 441 lignes était adopté dès 1937.

Aux États-Unis la concurrence fut au début acharnée entre les multiples sociétés de matériel radiophonique qui voulaient imposer leur standard (240 lignes en 1933 pour arriver à 525 lignes en 1941). La Bell Company joua en 1927 le procédé mécanique. Mais en 1928 était expérimenté à l'institut des ingénieurs de radio de New York l'iconoscope qui est le prototype de la caméra électronique. R.C.A., qui avait embauché V. K. Zworykin comme chercheur, préféra la solution électronique et l'emporta. Elle installa dès 1931 un émetteur en haut de l'Empire State Building. Le nombre de postes restait beaucoup plus faible qu'en Grande-Bretagne, et ce n'est qu'en 1941 que la F.C.C. tenta d'harmoniser les pratiques au travers l'attribution de licences. Mais la guerre à partir de février 1942 vint ralentir ce mouvement puisque toute l'industrie électronique fut mobilisée pour le matériel militaire.

En France, E. Belin et Howeck réussissent en 1926 une réception d'images sur écran cathodique, mais c'est entre les travaux de René Barthélémy (de la Compagnie des compteurs) et Henry de France que la concurrence va se jouer. Le premier réalise, le 14 avril 1931, la première démonstration publique à l'école supérieure d'électricité de Malakoff et le second organise un studio de télévision au Havre et crée son entreprise (la Compagnie Générale de Télévision). Grâce à l'appui du ministre des Postes, G. Mandel, Barthélémy obtient un studio des P.T.T., installé 103, rue de Grenelle et la tour Eiffel devient antenne émettrice. *Le vendredi 25 avril 1935, à vingt heures quinze a lieu la première émission officielle de télévision.* Il s'agit encore du procédé mécanique. Mais deux ans plus tard l'iconoscope est adopté et le standard passe à 455 lignes. Les deux premiers projets de télévision privée qui devaient exister, Paris et Toulouse, sont arrêtés par Robert Jardillier, ministre des P.T.T. du Front populaire. À l'exposition universelle de 1937 les techniques françaises et anglaises sont comparables mais la diffusion des programmes est chez nous plus restreinte. En 1939 il y avait quinze heures de programme par semaine, mais seulement pour quelques centaines de récepteurs.

Le rôle d'impulsion joué par G. Mandel en 1935 n'avait pas été suivi. La France n'a pas su profiter de son avance technique ou plus exactement elle n'a pas su, déjà, passer du stade de la conception technique à celui de la commercialisation. On retrouvait une tendance, déjà observée pour la radio, puisqu'en 1936 avec « un peu plus de soixante-deux postes pour mille habitants la France n'arrivait qu'au vingtième rang dans le classement par densité d'appareils récepteurs »[1].

Ce décalage et cette difficulté à passer du stade expérimental à celui de la production pour un vaste public pèsera lourd à la sortie de la guerre. Il en sera de même en ce qui concerne le modèle d'organisation. Il est en effet trop calqué sur celui de la radio publique et de ce fait directement lié à l'administration des P.T.T. Le décret pris par Daladier le 20 juillet 1939 fait de la radiodiffusion une administration indépendante des P.T.T., mais directement rattachée au président du Conseil assisté du ministre des P.T.T., ce qui ne change pas fondamentalement ce statut d'inféodation.

Les émissions sont arrêtées le 1er septembre 1939 avec la guerre, et la création d'un commissariat à l'information renforce les liens déjà forts entre l'État et la radio-diffusion. Dès la fin 1940, Vichy annonce son intention de reprendre les émissions de télévision, mais il n'y aura en réalité d'émissions publiques qu'à partir de novembre 1943 sous contrôle de l'armée allemande. Pendant ce temps des chercheurs continuent leurs expériences notamment sur les images à haute définition. L'administration de la radio-diffusion nationale achète deux immeubles « Le Magic city », rue de l'Université et une pension de famille, « La familiale de l'Alma » rue Cognacq-Jay. Des bureaux et des locaux techniques y sont aménagés et l'on peut ainsi remarquer que la télévision, dès son origine, s'est placée sous la double référence de la magie et de la famille...

Le 29 septembre 1943 est ouverte officiellement la station de *Paris Télévision* qui a principalement pour objectif de diffuser des programmes de variété et de théâtre pour les soldats allemands

1. P. Albert et A.-J. Tudesq, *Histoire de la radio-télévision,* P.U.F. QSJ, Paris, 1981, p. 36.

dans les hôpitaux et les centres de repos. Cinq cents récepteurs ont été à cet effet acheminés d'Allemagne et il n'y a qu'entre trois cents et cinq cents récepteurs chez les Français, pour cinq à dix heures de programmes par jour dont beaucoup de rediffusions.

Mais dans ce domaine, comme dans les autres, le régime de Vichy a une attitude ambiguë, à la fois conservatrice et moderniste. Comme l'écrivent J. Queval et J. Thévenot dans *T.V.* : « C'est sous le gouvernement aux prétentions autoritaires les plus affirmées, celui de Vichy, que la radio-diffusion devenue " nationale " fut régie par le statut le plus souple, et c'est sur la base des textes promulgués en ce temps-là — mais amputés ensuite de tout ce qu'ils contenaient de bon — que vit encore la R.T.F. L'acte dit loi du 1er octobre 1941 qui définit l'objet et les attributions de la radio-diffusion nationale, tout en déclarant possible une concession au secteur privé, a confirmé le monopole de l'État dans le domaine des émissions de radio-diffusion sonore, visuelle où de *fac-similé* et l'unification envisagée par le législateur en 1926. Restait à statuer dans le détail. Ce fut l'objet de l'acte dit loi du 7 novembre 1942. Son mérite essentiel est d'avoir extrait la radiodiffusion du cadre habituel des administrations publiques et tenant compte de son caractère sans cesse plus évident d'entreprise industrielle et commerciale, d'avoir établi des méthodes de fonctionnement et des règles de gestion mieux adaptées à ses besoins propres. Entre autres particularités du système, je citerai ces deux-ci : les opérations comptables étaient faites selon les lois et usages du commerce ; l'ensemble du personnel était composé d'agents sous contrat à l'exception d'un certain nombre de fonctionnaires de direction[1]. »

À la Libération, ces lois sont déclarées nulles. Une ordonnance du 30 décembre 1944 rétablit le système du contrôle des dépenses engagées et toutes les règles de la comptabilité publique, tandis qu'une ordonnance du 25 juin 1945 crée un cadre de fonctionnaires titulaires.

Pourquoi évoquer ces péripéties institutionnelles entre 1935 et 1945 ? Parce qu'il s'agit des deux moments cruciaux de l'histoire de la télévision où celle-ci est passée du laboratoire à la pratique et où elle a été reconstruite après la guerre et aussi parce qu'on y trouve l'origine des faiblesses de la télévision française et les difficultés auxquelles elle est aujourd'hui confrontée. Tout y est : la réticence politique, la difficulté à passer du stade technique à la production, le manque de moyens et une sorte de suspicion générale visible dans l'engluement institutionnel. Tout cela pèsera sur la télévision française, freinant son adaptation et

1. J. Queval et J. Thévenot, *T.V.*, Gallimard, Paris, 1957, p. 194 et sq.

sa modernisation, au contraire de la R.F.A. et surtout de la Grande-Bretagne. Trente ans après nous payons encore le prix de cette logique administrative présente dans la lourdeur des réglementations, le statut des personnels, l'absence d'autonomie et de sanction et la multiplicité des contrôles. La cotte a toujours été mal taillée et la complexité des règlements illustre les hésitations des pouvoirs publics et de la classe dirigeante à l'égard de cette technique. Elle n'a même pas bénéficié de la bienveillance, sourcilleuse et craintive mais tout de même réelle, à l'égard de la radio entre les deux guerres. Car celle-ci, bien que rapidement surveillée par l'État par l'intermédiaire de la toute-puissante administration des postes, et ses cousins les militaires puisqu'il s'agissait de radio-diffusion, a au moins pu se développer entre 1926 et 1938 selon deux modèles d'organisation, l'un privé et l'autre public, dont les conflits traduisaient un certain dynamisme.

Il n'en a rien été pour la télévision qui fit immédiatement peur ! Les pouvoirs publics ne profiteront même pas de l'après-guerre pour en repenser le statut. Le léger retard de 1939, par rapport aux trois pays partenaires et concurrents, deviendra en quinze ans un réel handicap. Ce n'est en effet qu'en 1953 que le Parlement arrivera enfin à voter un plan quinquennal d'équipement visant à doter la France d'un réseau de télévision. La raison majeure de ce retard est que trop de forces s'opposaient en France à la liberté de communication.

Comme le dit P. Albert : « Quand une technique nouvelle de communication apparaît elle a besoin d'un outil technique, d'un réseau, d'une législation, d'un financement et de professionnels cherchant un public[1]. » Mis à part les professionnels avides de faire de l'image, personne ne favorisa la croissance de la télévision. La bataille autour des standards techniques ne facilite pas les choses et il faut attendre le 20 novembre 1948 pour que F. Mitterrand, alors secrétaire d'État à l'information, choisisse le standard de 819 lignes. C'est une victoire pour les ingénieurs qui imposent un standard de haute définition mais le public en pâtira car ce standard rend plus chers les téléviseurs et le coût de la diffusion. De plus il n'y a pas de réseaux. Il faut attendre le 25 avril 1950 pour voir ouvrir la première station régionale à Lille. Ainsi jusqu'en 1950 les parisiens étaient les seuls Français à pouvoir recevoir la télévision ! L'absence des réseaux et le coût des récepteurs 819 lignes expliquent le faible taux d'équipement

1. P. Albert, « La lenteur du développement de la télévision en France », in *Bulletin du comité d'histoire de la télévision*, n° 1, 1981.

des ménages : il n'y a que dix mille récepteurs officiellement recensés par la redevance 1952. Avant cette date les chiffres varient car la redevance n'existait pas. (Elle a été instituée par la loi du 30 juillet 1949.) S'il n'y a pas de réseaux c'est également parce qu'il n'y a pas de moyens financiers. Les gouvernements successifs se refusent à considérer la télévision comme une priorité dans l'effort de reconstruction. Seul un scandale lié au couronnement de la reine Elizabeth II, le 25 avril 1953, va réveiller les esprits. L'attrait de cette cérémonie incite en effet les Alsaciens à acheter des récepteurs 625 lignes pour capter la retransmission à partir des émetteurs allemands, faute d'émetteurs français.

À quelques années de la guerre cet événement est ressenti comme une humiliation, et c'est sous l'effet de ce choc que le Parlement vote un plan qui prévoit l'édification en cinq ans (1954-1959) d'un réseau couvrant le territoire national ainsi que la modernisation des centres de production (Cognacq-Jay et les Buttes-Chaumont). Le premier émetteur construit dans le cadre de ce plan sera évidemment celui de Strasbourg, qui fonctionnera le 2 novembre 1953. Le réseau en 1953 ne compte donc toujours que trois stations, Paris, Lille et Strasbourg ! On est loin des « quarante-cinq émetteurs auxquels le plan de Stockholm de 1952 nous donnait droit sur le territoire métropolitain ».[1] Si le Parlement arrive à se mettre d'accord sur la mise en place d'un réseau, il n'en va pas de même pour le statut de la télévision. De 1945 à 1959 plus de seize projets seront présentés sans jamais trouver de majorité pour être votés. Et encore en 1959 le premier cadre législatif d'ensemble organisant la télévision sera-t-il pris par décret ! D'ailleurs il y a toujours eu en France une contradiction entre la faiblesse de l'équipement en matière de télévision et l'importance des discours politiques. On a discouru, glosé, craint ou loué, mais rarement agi ! À partir de 1945 il faudra aux États-Unis un an pour arriver aux premiers cent mille récepteurs, trois ans en Grande-Bretagne, mais huit ans en France ![2]

Des facteurs, culturels et politiques, expliquent le retard français des années cinquante. Ce retard porte sur tous les systèmes de communication. Entre les deux guerres la presse écrite, qui était pourtant très active avant 1914, n'a pas su prendre le virage des journaux populaires à grand tirage, comme en Grande-Bretagne et aux États-Unis. On peut noter de même le faible développement du téléphone et de la radio. En fait la France a construit son réseau physique de communication (trains, routes, avions) mais se méfie des techniques de communication à

1. *In* J. Queval et J. Thévenot, *op. cit.*, p. 159.
2. *Ibid.*, p. 189.

distance. Cette réticence se retrouve en 1945 avec le renforcement du monopole et la primauté donnée à une conception culturelle de la télévision. Les forces politiques favorables à la privatisation se sont en partie déconsidérées pendant l'Occupation et l'état d'esprit des partis dominants (M.R.P., gaullistes, S.F.I.O., P.C.F.) est largement favorable au monopole d'État. D'où la conception d'un service public centralisé et l'hostilité à toute forme de télévision privée, d'autant plus que les postes de radio privés de Paris avaient collaboré avec l'occupant comme une partie de la presse écrite. Le rétablissement du monopole était donc également une sanction politique. Il n'est pas étonnant que la classe dirigeante ait manifesté à l'égard de la télévision une méfiance identique à celle qu'elle manifesta pour la radio. La conséquence pratique fut le refus des crédits nécessaires à la construction du réseau, l'insuffisance chronique du budget de la R.T.F. et l'inattention à la création d'une industrie grand public de téléviseurs.

Cette double réticence explique le poids démesuré des controverses techniques et politiques. Ce sont les ingénieurs qui ont finalement imposé par exemple le standard de 819 lignes plus performant que le 625 lignes dominant de l'époque, mais plus coûteux. De plus le choix d'un standard national était à la fois une mesure protectionniste et une marque de fierté nationale. On fit confiance à l'amour du travail bien fait des ingénieurs et l'on apprécia leur indifférence aux problèmes d'argent.

Quand on examine ces blocages et ces réticences, on peut même se demander comment des hommes ont eu assez de folie pour faire concrètement de la télévision, c'est-à-dire des images. Et pourtant il y en a eu et dans des conditions techniques très difficiles. Les émissions n'ont repris régulièrement qu'en 1946, et encore à raison d'une heure chaque jour. Ces émissions se font en direct du studio 1 à Cognacq-Jay. Le second studio de Cognacq-Jay n'ouvrira qu'en 1951. Les images sont un miracle quotidien et les « noirs » à l'antenne sont fréquents.

La période 1945-1953 est réellement celle du règne des techniciens et des ingénieurs. Pouvoir fabriquer et transmettre des images est d'ailleurs une telle prouesse que le contenu passe au second plan. C'est ainsi par exemple que la semaine franco-britannique de juillet 1952 avec treize heures de programme est moins importante par son contenu (faire connaître aux Britanniques la vie dans la région parisienne) que par la prouesse technique qui consiste à relayer en direct des programmes réalisés en dix-sept lieux différents (seize extérieurs, un studio) de Paris jusqu'à Londres. Soit quatre cent soixante-quinze kilomètres en sept relais.

En dehors de ces grandes opérations la tendance, faute de moyens de reportage (il n'y a que deux cars de reportage en 1947), est de filmer en studio. Mais le manque de moyens n'est pas la seule raison de ce choix. On considère souvent la télévision comme la suite de la radio et du théâtre.

La situation est différente en Grande-Bretagne par exemple, où immédiatement la télévision a été utilisée pour montrer le monde extérieur. C'est en fait pour le sport que les tournages en extérieur seront les plus nombreux à partir de la première retransmission en direct, le 25 juillet 1948, de l'arrivée du tour de France. C'est d'ailleurs à l'occasion du tour de France et plus généralement de la couverture des événements sportifs que se feront pendant vingt ans les grandes prouesses techniques, les essais des nouvelles méthodes de travail et des nouveaux matériels.

Quant aux programmes, ils sont limités, faute de ressources. Il n'y a que treize heures de programme par semaine en 1948 et trente-quatre heures en 1953 pour vingt-trois mille cinq cents récepteurs. La télévision au début n'est que de la radio filmée et les variétés y occupent une grande place. Les spectateurs y découvrent les vedettes qu'ils aiment, dialoguant avec les animateurs devant les caméras. C'est le cas de *Télé Paris* qui est une simple adaptation de l'émission de chansons, *Radio Paris,* alors très connue. La première retransmission en direct, le 5 juin 1947, est un spectacle de variétés à l'occasion de l'anniversaire du débarquement. Les *Rendez-vous avec,* de J. Joubert (1951) et *Les amoureux de la tour Eiffel* de P. Tchernia la même année ont beaucoup de succès. Sans parler des célèbres émissions de *La joie de vivre* d'Henry Spade et de *Trente-six chandelles* de J. Nohain qui commencent toutes deux en 1952.

L'information débute le 29 juin 1949 sous la responsabilité de P. Sabbagh et devient quotidienne en octobre à raison de quinze minutes par jour. Le manque de moyens oblige à travailler essentiellement en studio, mais malgré cette contrainte les magazines se créent, comme celui des explorateurs de P. Sabbagh en 1950, puis les *Magazine du temps passé, Magazine féminin, Magazine des arts et des lettres* en 1952. À côté de l'information commence dès 1953 une émission prestigieuse, *Lecture pour tous,* faite par P. Dumayet, M.-P. Fouchet et P. Desgraupes. L'information n'est pas encore un enjeu et peu de personnes entrevoient la rupture radicale introduite par l'image dans la vie politique. Pour le moment ce sont là aussi les prouesses techniques et l'événement qui mobilisent, comme par exemple la retransmission du couronnement d'Elizabeth d'Angleterre en 1953 et celle de l'élection du président de la République, R. Coty, à Versailles le 17 décembre de la même année. Cependant la présence d'un ministère de l'Information créé dès la fin de la guerre et les problèmes avec la radio et la presse écrite laissent déjà augurer des difficultés de l'information télévisée quand le parc de téléviseurs augmentera. Pour le moment le monde politique est principalement préoccupé par la radio publique.

Du côté des « dramatiques » il n'y a pas non plus au départ d'originalité réelle, là aussi par manque de moyens, mais aussi par absence d'idée originale. La nouveauté vient plus de la technique et de ses difficultés que du contenu. Comme le dit B. Hecht : « La télévision prend son bien là où elle le trouve : au théâtre pour commencer. »[1] Elle filme le théâtre, comme par ailleurs elle filme la radio et de préférence des pièces appartenant au domaine public pour n'avoir pas de droit d'auteur à payer. D'où l'importance, dès le départ, du répertoire du théâtre classique qui a le double avantage de ne pas coûter cher et de promouvoir tout de suite une conception culturelle de la télévision. D'ailleurs la première réalisation en direct d'une pièce de théâtre par Cl. Barma est une œuvre de la Comédie-Française, ainsi ouverte à quelques milliers de spectateurs anonymes le 25 avril 1950 pour *Le jeu de l'amour et du hasard* de Marivaux. Ce pillage du théâtre classique n'est pas sans poser — déjà — des problèmes. Les producteurs de théâtre, dix à quinze ans avant leurs collègues du cinéma, dénoncent cette concurrence déloyale. L'absence de technique d'enregistrement oblige à réaliser les dramatiques en direct, ce qui rapproche encore un peu plus la télévision du théâtre. Les réalisations ont lieu sur les deux plateaux de Cognacq-Jay en direct avec quatre caméras de vidéo lourde. Les comédiens, pendant des années, vont se trouver dans une situation de théâtre mais d'un genre particulier puisqu'ils jouent devant une salle fictive. Ils répètent le premier jour et jouent en direct le lendemain. Tout est à inventer. L'objectif est de réaliser un sans faute, c'est-à-dire d'enchaîner en direct les plans prévus en faisant bouger les lourdes caméras vidéo encombrées de câbles et qui nécessitent beaucoup d'éclairage. La forme télévisuelle se dessine lentement, adaptation après adaptation, et sans mémoire, puisque la première technique de conservation de l'image électronique sur support film, le kinescope, n'apparaîtra qu'en 1956. Il faudra attendre 1960 en France pour qu'apparaisse l'outil adéquat, le magnétoscope, qui permet d'enregistrer l'image sur support électronique.

On oublie d'ailleurs trop souvent dans l'histoire de la télévision ce qu'on pourrait appeler « l'école de Cognacq-Jay » qui pendant dix ans (1946 à 1956) a construit un style de la

1. B. Hecht : « La télévision prend son bien là où elle le trouve », in *Bulletin du comité d'histoire de la télévision, op. cit.*, n° 3.

dramatique en direct souvent différent de celui qui triomphera plus tard et qu'on appelle traditionnellement « l'école des Buttes-Chaumont ». Les conditions du direct expliquent en partie le rôle essentiel du réalisateur. Il est en effet le responsable final et le direct impose une hiérarchie de l'équipe avec une distribution stricte de tâches entre les comédiens, les scripts et les techniciens. En outre le caractère magique d'une image instantanée qui disparaît sans laisser de traces, contrairement au cinéma, valorise le rôle du réalisateur.

À partir de 1950 on élargit progressivement le répertoire à des œuvres contemporaines : *Le Bel Indifférent* de J. Cocteau en 1952 ou *Le Malentendu* qui est la première collaboration d'A. Camus à la télévision la même année. Claude Barma tourne en 1950 le premier feuilleton en 16 millimètres, *L'Agence Nostradamus,* et c'est lui encore qui en 1953 tourne le premier film de télévision à long métrage, *Madame Bovary.*

Les hommes qui font la télévision de l'époque sont jeunes, enthousiastes et très mal payés. D'ailleurs jusqu'en 1946 les dirigeants ne sont pas des administratifs (J. Lassaigne est homme de lettres puis J. Guignebert et Cl. Bourdet sont des journalistes) et même Wladimir Porché (conseiller d'État) qui restera directeur général de la R.T.F. de 1946 à 1957 sera avant tout sensible à l'outil.

Les journalistes sont très peu nombreux (G. Larriaga, R. Debouzy, P. Tchernia, P. Dumayet, P. Desgraupes, P. Sabbagh) et feront longtemps parler d'eux, ainsi d'ailleurs que les réalisateurs qui autour de Barrère, Barma, Bluwal, Drot, Prat, Tarta, ont tous moins de trente ans ! Ce sont eux qui inventent la télévision, suscitant jalousie et concurrence de la part des professionnels de la radio. Par contre les metteurs en scène de cinéma semblent indifférents. Ils ne voient dans l'image fragile et contraignante de la télévision ni une réelle alternative ni une concurrence. Pourtant l'importance de cette innovation n'échappe pas à tout le monde. Voici ce qu'écrit René Lucot qui fut un des premiers réalisateurs de télévision : « C'est la révolution ! Je me répétais ces mots en traversant le pont de l'Alma. Et pourtant l'automne 1948 ne comporte pas de date historique ; il en était une pour moi. Je sortais de la rue Cognacq-Jay où sur l'invitation de Cl. Barma, je venais pour la première fois de ma vie d'assister pendant quelques heures à un spectacle, étrange pour un homme de cinéma. Deux caméras (il n'y avait à l'époque que deux caméras dans l'unique studio) fonctionnant en même temps, livrant instantanément des images différentes, sans pellicule, des images que le metteur en scène choisissait, modifiait, triturait, montait, projetait et montrait à un public invisible dans le même instant, sans intermédiaire, capricieusement, librement. Je crois bien que le décor représentait, en trompe-l'œil, le grand canal de Venise, avec en premier plan une gondole découpée en contreplaqué. Sur le pont de l'Alma, j'avais déjà oublié le décor, mais pas la reconnaissance que je devais déjà à Cl. Barma...[1] »

Mais l'enthousiasme n'empêche pas la R.T.F. d'être, dès cette époque, une entreprise ingouvernable parce qu'elle est déjà, comme on l'a vu, engluée dans une logique administrative avec des personnels aux statuts aussi nombreux que compliqués et rigides. Elle est comme le disent J. Queval et J. Thevenot, une tour de Babel portant les strates de toutes les juridictions, « un manteau d'arlequin, pittoresque et inimitable sans doute, mais fort inconfortable »[2]. Et c'est moins l'absence de volonté politique et de crédits qui explique cet état de fait que l'héritage de vingt ans d'hésitation et de règlements frileux et tatillons. C'est donc dans cette atmosphère déjà marquée par les problèmes administratifs que se termine cette première époque des pionniers de l'après-guerre, toute dominée par les problèmes techniques. Après avoir hérité d'un outil en assez bon état ils n'auront pas réussi entre 1944 et 1953 à réellement le développer. Trop de forces s'y opposent, déjà.

2. 1953-1964 : LES PROMESSES D'UNE TÉLÉVISION D'ÉTAT

La période 1935-1953 qui se termine par le vote du premier plan quinquennal d'équipement est celle des ingénieurs et des techniciens. La période suivante 1953-1964, avec la mise en place des Buttes-Chaumont, voit l'affirmation progressive du pouvoir des réalisateurs. Les directions s'allient à eux, comme elles s'étaient auparavant liées aux techniciens. C'est également la période où la télévision s'impose puisque le parc passe de vingt-quatre mille postes en 1953 à cinq cent mille en 1957, un million trois cent mille en 1960 et trois millions et demi en 1963. C'est encore peu, comparé à la R.F.A. et à la Grande-Bretagne, qui en 1963 disposent respectivement de sept millions neuf cent mille et douze millions et demi de postes. Mais tout de même la prise de conscience a eu lieu. Dès 1954 un crédit de deux millions de francs est voté par le Parlement et un emprunt supplémentaire lancé

1. René Lucot : « Une guerre de quinze ans », in *Les Cahiers de la télévision*, nº 6, juin 1963, Julliard, Paris, p. 64.
2. Cf. J. Queval et J. Thévenot, *op. cit.*, p. 196.

pour financer le plan quinquennal. C'est, hélas, insuffisant. La couverture totale du territoire initialement prévue pour 1959 n'aura lieu qu'à la fin de 1965 et *en 1958, 50 % des Français ne peuvent toujours pas recevoir la chaîne unique de télévision!* Le retard du réseau ne facilite pas le développement de l'industrie de téléviseurs qui elle-même attend la croissance des programmes. On rentre donc dans une sorte de cercle vicieux où il n'y a pas de programmes sans récepteur, mais pas non plus de récepteurs sans industrie de récepteurs et pas d'industrie de récepteurs sans réseaux. On crée dans les années cinquante des « clubs de télévision » pour en faciliter l'expansion. Et c'est d'ailleurs la demande du public qui va obliger progressivement le système audiovisuel français à se constituer : de 1954 à 1967 le nombre de récepteurs va doubler d'année en année, sans pourtant que la programmation augmente proportionnellement puisqu'il n'y aura encore que soixante-cinq heures de programme par semaine en 1964!

La création de l'eurovision en 1954, à l'initiative de Jean d'Arcy, rend possible les échanges entre pays. Du 6 juin au 4 juillet 1954, *le mois européen* regroupe huit pays pour trente émissions qui réunissent le plus grand public de télévision jamais rassemblé. Cela permet d'ailleurs de retransmettre toutes les phases de la coupe du monde de football. L'eurovision va durant quelques années symboliser les espoirs de la télévision. De juin 1954 à juin 1956, cent quatre-vingt-neuf programmes d'une durée totale de trois cent quarante-cinq heures seront échangés. Puis tout le monde s'habituera, jusqu'à la nouvelle prouesse technique de la mondiovision en 1962. C'est en effet dans la nuit du 10 au 11 juillet 1962 que le satellite Telstar transmet la première image en mondiovision entre la station d'Andover aux États-Unis et celle de Pleumeur Bodou en Bretagne. Dès la fin du mois des émissions s'échangent dans les deux sens. La télévision vient d'atteindre l'échelle mondiale. La multiplication des satellites de télécommunication et le savoir-faire vont progressivement faciliter la couverture en images des grands événements mondiaux.

La rupture est considérable, car si le cinéma avait déjà permis de montrer d'autres réalités, celles-ci ne l'avaient été qu'en différé et pour des séquences brèves. Ici la mondiovision, en permettant la réception d'images, du monde entier, en direct et plusieurs fois par semaine, casse définitivement les échelles et les représentations. Il ne manque plus que la couleur. Elle ne tardera pas. De 1959 à 1963 le grand débat porte sur le standard à adopter, américain, allemand ou français. L'importance des enjeux industriels et du prestige lié à la mise au point du procédé de coloration explique l'âpreté des affrontements. Chaque pays défend son industrie même si, à l'époque, on sait le marché incertain, compte tenu du prix des récepteurs et de la lenteur avec laquelle s'équipent les ménages américains, pourtant friands d'images. C'est en tout cas dans cette décennie 1955-1965 que va s'installer définitivement la structure technique de la télévision. La prochaine mutation aura lieu dix ans plus tard avec l'apparition de la vidéo légère et de l'informatique.

En France un débat agite les milieux professionnels : le direct est-il l'essence de la télévision ou bien le film est-il appelé à le supplanter progressivement ? Il s'agit en fait de deux manières de faire de la télévision et chacune a ses partisans. La discussion va durer dix ans puisque à la suite de l'incendie des studios des Buttes-Chaumont en février 1953 on décidera d'y reconstruire des grands studios pour doubler ceux de Cognacq-Jay. Ils seront principalement équipés en vidéo lourde avec des régies de direct. Mais simultanément la tendance à utiliser le film pour les fictions va croître, d'autant que le film permet de tourner en extérieur, en décor naturel et ouvre de multiples possibilités nouvelles.

Le débat direct-film se superpose à l'alternative studio-extérieur et à la sourde concurrence avec le cinéma. Mais le choix n'est pas indépendant des techniques. Or les grands investissements de cette période aux Buttes-Chaumont, en figeant dans un outil lourd et durable un style de télévision qui était nécessairement appelé à évoluer, ont probablement constitué un handicap pour l'évolution de la production. Les studios, une fois construits, devaient être utilisés et rentabilisés. Ils ont incontestablement pesé au sens propre et figuré sur la production télévisée française.

C'est ainsi que les Buttes-Chaumont sont devenues le temple de la « télévision dramatique ». L'atmosphère y était étonnante et les souvenirs des professionnels de cette époque résonnent encore de l'agitation et de la ferveur qui y régnaient. Les plateaux ne désemplissaient pas, une dramatique succédant à une autre pendant qu'à côté continuaient les travaux d'agrandissement des Buttes. L'activité ne semblait jamais s'arrêter. Les couloirs et la cantine étaient remplis de comédiens en costumes qui circulaient entre deux répétitions et deux tournages. C'était la vie, la vie trépidante d'un lieu qui avait conscience à juste titre d'être l'endroit où naissaient des images qui partaient à la conquête d'un public croissant, enthousiaste et qui piaffait de ne pouvoir recevoir partout les programmes. Rien de semblable avec ce que sont devenus aujourd'hui ces lourds bâtiments vides et tristes qui semblent attendre désespérément les cris et la précipitation des techniciens, décorateurs, comédiens et réalisateurs. La vie s'en est allée. La télévision a changé et l'on comprend très bien en plongeant dans son histoire ou en dialoguant avec ceux qui l'ont inventée ce qu'il pouvait y avoir là de fascinant.

La dramatique en direct est le genre dominant, le fleuron, le symbole de cette époque. Les réalisateurs de télévision y trouveront leurs lettres de noblesse avec le sentiment d'inventer au jour le jour une nouvelle forme d'expression dramatique. Ils vont adapter un nombre considérable de pièces du répertoire classique, puis progressivement du répertoire moderne et de la littérature. « Car la dramatique vidéo en France, à l'époque où je vais commencer d'en faire, est caractérisée avant tout par le fait que le moyen d'expression est entièrement neuf, mais que ce qu'on dit sur l'antenne est parfaitement vieux. Théâtre classique de Corneille à Claudel ; théâtre du boulevard, de Denys Amiel à Alfred Savoir. Et cela va durer jusqu'à épuisement et jusqu'à la naissance des premiers textes écrits directement pour la télévision. »[1]

Après avoir conçu la dramatique comme un moyen de faire connaître les grandes œuvres à un large public[2], les professionnels de la télévision franchissent en effet le pas et s'essayent à la création originale. Le rôle des auteurs-adaptateurs qui écrivent spécialement pour la télévision devient important à partir de 1954. « Tandis qu'il y a deux ans encore les émissions dramatiques offraient, pour la presque totalité, des œuvres venues du théâtre, le dernier trimestre de 1954 aura vu programmer... plus de deux tiers d'œuvres inédites. »[3] On peut en effet dater ici le début des grandes émissions régulières, qui vont faire le prestige de la télévision, comme *En votre âme et conscience* de P. Dumayet et P. Desgraupes, *La caméra explore le temps* d'A. Castelot, A. Decaux et S. Lorenzi, *Les Procès* de Cl. Barma, *Si c'était vous* de M. Bluwal, *Les cinq dernières minutes* de Cl. Loursais.

La dramatique en direct n'était pas seulement adaptée à l'outil technique, elle l'était aussi aux moyens financiers. Le long métrage en film pour la télévision demandait de six mois à un an de travail, alors que la dramatique vidéo se faisait en deux mois. D'où le nombre de fictions que chaque réalisateur pouvait tourner. C'est ainsi que M. Bluwal raconte : « Durant ces cinq ou six années (1954 à 1960), j'ai compté, je vais monter au moins trente dramatiques. Je dis bien trente dramatiques. C'est-à-dire l'équivalent de trente films, en fait beaucoup plus que ce qu'un metteur en scène de cinéma ne réalise au cours d'une carrière

1. Cf. M. Bluwal, *Un aller*, Paris, Stock, 1974, p. 131.

2. C'est ainsi que les Français assistent par exemple à *Britannicus* et *Le Cid* (Kerchbron), *Macbeth, Othello* (Cl. Barma), *Les Perses* (J. Prat).

3. Cf. André Frank : « La télévision dramatique », in *Les Cahiers d'études de radio-télévision*, n° 17, avril 1958. A. Frank, universitaire et lecteur à la compagnie J.-L. Barrault, a succédé à Bernard Hecht et va, pendant dix ans (1957-1967), être directeur des émissions dramatiques.

longue et complète. Trente fois, faire connaissance avec un monde différent, un sujet différent, des problèmes nouveaux, et essayer de restituer cela pour le spectateur. Trente fois faire le plongeon et ressortir. En six ans. »[1]

En fin de compte, cette période du règne de la dramatique ne pouvait être que transitoire. Mais il y eut un malentendu. Le direct suscita une expérience et un savoir-faire technique, que l'on confondit avec la naissance d'une nouvelle forme d'expression et de nouveaux artistes.

De là est venue une partie de la controverse avec le cinéma. Certains réalisateurs et professionnels ont opposé, en tout cas comparé, la création télévisuelle et la création cinématographique. Pour eux la télévision était un moyen d'action culturel largement supérieur au cinéma, elle pouvait d'un seul coup toucher un public beaucoup plus large. En face les metteurs en scène de cinéma niaient à la télévision la capacité de créer une forme d'expression originale. Prestige, jalousie et concurrence n'étaient pas exempts de ce bras de fer. D'ailleurs la plupart des réalisateurs de l'époque se sont essayés au cinéma, mais cette confrontation dans l'ensemble se solda par un échec qui fut mis sur le compte des contraintes capitalistes inhérentes au cinéma. Car la grande majorité des réalisateurs étaient de gauche et souvent proches d'un parti communiste beaucoup plus prestigieux chez les intellectuels et les artistes qu'aujourd'hui. Il y a toujours eu un fond de morale dans cette querelle cinéma-télévision. Les réalisateurs de télévision à l'époque étaient au sommet de leur puissance. Ils avaient gagné la grève de 1954, à laquelle les techniciens s'étaient associés, faisant même le noir à l'antenne. La grève avait montré à la fois leur puissance et le bien-fondé des valeurs auxquelles ils se rattachaient puisqu'elle touchait aux libertés fondamentales. M. Hugues, ministre socialiste de l'Information, avait en effet décidé, en pleine guerre froide, de renvoyer trois réalisateurs (Lorenzi, Thevenot, Lucot) accusés d'être communistes alors que seul le premier reconnaissait l'être. Ils furent tous trois réintégrés. Les valeurs en jeu dans le conflit semblaient symboliser le combat de ces professionels qui, au nom du service public, voulaient amener le peuple à la culture. La différence, voire l'opposition de morale avec le cinéma, apparaissait ainsi évidente.

Toute l'époque était remplie de cette idée d'une mission à accomplir : élever le niveau culturel du peuple. Tous partageaient cet objectif. Dans cette volonté d'éduquer et cette réticence à

1. M. Bluwal, *op. cit.*, p. 137.

distraire il y avait même un brin de puritanisme. Voici, parmi des dizaines d'exemples, comment deux réalisateurs exposent leur conception des dramatiques, et plus largement de la télévision : « La création d'un répertoire dramatique n'a de sens, à mon avis, que s'il est porteur d'idées. Il est prise de conscience. Je ne crois pas aux vertus d'une dramatique moyenne. Elle n'est qu'un théâtre de mots. Elle n'aboutit qu'à chloroformer le cœur et l'âme. Il ne suffit pas de " regarder ", il faut participer. Nous devons rendre le téléspectateur actif. Je préférerais la violence des problèmes posés au récit des banalités bourgeoises ; prendre son public à partie, le diviser peut-être, mais ne plus le savoir bâillant. Je crains que le souci de " plaire à tous " n'édulcore les possibilités brillantes de la télévision. À mon avis, le réalisateur digne de ce nom ne devrait pas craindre de mettre en scène l'œuvre de son choix, même si cette dernière n'est destinée qu'à une partie infime du public [1]. »

« Éveiller le spectateur, le rendre conscient de lui-même, de sa solitude et de sa richesse intérieure, au lieu de l'étourdir en cherchant à le distraire, est une tâche que l'on peut rêver d'entreprendre à l'heure où les forces de la nuit qui pèsent sur notre monde commencent à se dissiper [2]. » Cette volonté d' « aider » le public, quitte à faire son bonheur malgré lui, est largement partagée par la classe politique, les élites intellectuelles et une partie des professionnels de la télévision.

Les directeurs des programmes jouent un rôle considérable, sans d'ailleurs toujours adhérer à cette conception. Les deux personnalités qui ont le plus nettement marqué les débuts de la télévision sont J. d'Arcy et, après lui, A. Ollivier (1959-1964). Jean d'Arcy surtout fut le premier vrai patron de la télévision, entre 1952 et 1959, à une époque où il fallait tout inventer et croire suffisamment en cet outil, pour vaincre les multiples oppositions politiques, administratives et culturelles. Outre son intérêt pour l'information, il contribua à la conception des programmes et à leur diversification au fur et à mesure du succès de la télévision. C'est son imagination et son ouverture d'esprit qui permirent aux premiers spectateurs de trouver dans l'image un spectacle qui leur plaisait. Sa vision dépassait d'ailleurs le cadre de la France puisqu'il fut un des principaux artisans de la création de l'eurovision en 1954. Celle-ci était réellement la preuve que la télévision constituait une rupture dans les modes de communication et

1. Jean-Paul Carrère : « Un répertoire dramatique pour la télévision » in *Les Cahiers d'études de la radio-télévision*, n° 28, juin 1960, p. 121.

2. R. Iglesis, in *Les Cahiers d'études de la radio-télévision*, n° 23, septembre 1959, p. 288.

d'échanges entre pays et cultures. Il avait compris que la télévision n'existait qu'au travers la profusion d'images et, malgré la faiblesse des moyens financiers dont il disposa, il réussit à force d'enthousiasme et d'ingéniosité à accroître et améliorer la programmation. C'est d'ailleurs sa confiance dans la télévision et son hostilité au centralisme étatique français qui lui valurent d'être beaucoup plus connu et respecté à l'étranger que dans son propre pays.

Les difficultés de J. d'Arcy illustrent les faiblesses de la télévision française. Dirigeant passionné, il essaya de construire l'audiovisuel en s'appuyant sur les deux groupes indispensables à son expansion : les réalisateurs et les producteurs-auteurs. Mais ces deux groupes n'étaient pas en situation d'égalité. Très rapidement les réalisateurs ont dominé, au détriment des producteurs-auteurs, et il faut voir probablement dans ce déséquilibre l'une des failles de la création audiovisuelle en France.

À l'époque où tout s'est noué, entre 1953 et 1964, les deux groupes étaient déjà distincts et engagés dans un rapport de force. Même s'il s'agissait d'un tout petit milieu où les uns et les autres travaillaient ensemble dans des rapports d'amitié. Du côté des producteurs-auteurs, il y avait P. Dumayet, P. Desgraupes, F. Chalais, A. Decaux, P. Tchernia..., et du côté des réalisateurs, J. Kerchbron, M. Bluwal, S. Lorenzi, Cl. Barma.

Pourquoi la télévision française, contrairement par exemple à la télévision britannique, n'a-t-elle pas réussi à se développer en s'appuyant sur ces deux groupes professionnels qui constituent les deux pôles de la création ? Pourquoi les réalisateurs, dès le milieu des années cinquante, étaient-ils dominants dans le système audiovisuel tandis que les producteurs-auteurs étaient marginalisés et sans grande influence ? Ces derniers pourtant ont inventé la plupart des émissions qui sont restées dans les mémoires (*Lecture pour tous ; En votre âme et conscience ; La caméra explore le temps ; Faire face ; Les cinq dernières minutes ; Cinq colonnes à la Une...*). Il y a à cela deux raisons. D'abord les réalisateurs se sont imposés tout de suite grâce à leur compétence technique. Ils savaient comment faire marcher les installations. La technicité était un argument d'autorité. Ils en jouèrent, et en jouent d'ailleurs encore comme tout groupe professionnel qui dispose d'une compétence technique particulière. Ensuite ils étaient presque permanents, présents sur toutes les émissions. Si dans la période précédente, le problème était de faire des images et de les transmettre, ce qui expliquait la puissance des techniciens, à partir de 1953-1954, il s'agissait aussi de faire des émissions et le poids des réalisateurs devenait déterminant. Enfin ils furent tout de suite organisés en syndicats, dans la tradition technique, obtenant un statut privilégié et des rémunérations élevées. Bref ils étaient les hommes-clés de la télévision. Rien ne pouvait se faire contre eux. C'est ce que comprirent, souvent à leur détriment, les différentes directions.

À côté de cela la situation des producteurs-auteurs était beaucoup plus fragile. D'abord le milieu était disparate. Il s'agissait avant tout d'individualités qui ne travaillaient qu'occasionnellement à la télévision. Tous étaient par ailleurs dans l'édition, le journalisme, l'enseignement. La télévision n'était ni leur seul lieu de travail ni leur principale ressource. Ensuite ils n'avaient aucune compétence technique et d'ailleurs n'en revendiquaient pas. Peu leur importait de savoir comment marchait techniquement l'outil, puisque d'autres le savaient et qu'ils apportaient l'essentiel : les idées. Il y avait même une sorte de coquetterie dans ce refus de se plier aux contraintes techniques, qui irritait souvent les réalisateurs. Enfin beaucoup refusaient de se situer en « professionnels ». Intéressés et souvent passionnés par la télévision, ils se voulaient amateurs et touche-à-tout. D'ailleurs la place grandissante des réalisateurs à laquelle s'ajoutait l'omniprésence des techniciens ne leur laissait pas beaucoup d'espace. En refusant de se professionnaliser, ou de s'organiser, et en trouvant difficilement une place que d'autres ne se précipitaient pas pour leur offrir, ils étaient plus ou moins condamnés à la marginalité. Cette marginalité correspondait à leur manière individuelle de travailler et représentait aussi le moyen de ne pas être engloutis dans cette immense machine de la R.T.F. La contrepartie négative fut la réduction de leur influence dans le fonctionnement général et l'évolution de la télévision. Moins bien payés et moins valorisés, ils se rattrapaient par la notoriété et par une sorte de comportement apparemment dilettante ou vaguement arrogant qui était, pour eux, la manière de vivre leur situation et de rappeler qu'ils étaient indispensables. En tout cas cette opposition entre les deux milieux, qui se noua alors, traverse toute l'histoire de la télévision française et subsiste encore aujourd'hui.

Et le public dans tout cela ? Apparemment il apprécie beaucoup les émissions puisqu'elles sont suivies avec enthousiasme. En tout cas personne n'en doute. Pourtant, avec le recul, on peut se demander si une partie de l'enthousiasme ne venait pas de la nouveauté et de la prouesse technique plutôt que des images elles-mêmes. L'exemple le plus frappant de cette ambiguïté est peut-être l'adaptation par J. Prat des *Perses* d'Eschyle, le 31 octobre 1961, qui reste un des grands moments de la télévision. Les téléspectateurs n'ont-ils pas été mobilisés autant par l'expérience de stéréophonie qu'on leur proposait que par la dramatique ? On serait tenté de le croire puisque comme le rappelle Jean Diwo : « Pour attirer le client téléspectateur, les techniciens de la télévision ont en effet inventé un gadget qui doit permettre de s'enchaîner en stéréo, sans bourse délier. Il suffit de placer un appareil de radio contre le mur opposé à la télévision, le haut-parleur dirigé vers le plafond. On recommande également d'enlever les meubles qui peuvent se trouver entre les deux appareils. C'est ainsi que la France, sous la poussée des armées de Darius procède, le 31 octobre 1961, au plus grand déménagement de son histoire depuis la grande peste noire de 1350[1]. »

Les postes sont peu nombreux et chers, et se retrouver pour regarder la télévision est une véritable fête, où le plaisir d'être ensemble se double de l'émotion d'accéder au beau. Voici un témoignage parmi d'autres où l'on retrouve l'esprit dans lequel on regardait la télévision. « Martin Viviers, le propriétaire du domaine de Laborde-d'en-Haut, sans rien dire à personne, acheta à Toulouse le plus bel appareil du canton. " Il faut ce qu'il faut, dit-il. Il m'a coûté une paire de vaches, mais je ne m'en plains pas. " Je fus invité à l'inauguration. La veillée commença de bonne heure, aussitôt les enfants couchés, malgré leurs cris. Les familles d'alentour, conviées, arrivèrent ensemble, et comme à cette époque les nuits étaient obscures, les hommes durent éclairer le chemin d'une lampe électrique au poing et le jet de lumière faisait surgir de l'ombre le tronc d'un arbre, la lisière d'une haie. Parfois une chauve-souris égarée par la clarté soudaine, frôlait les cheveux d'une femme dont le cri apeuré, auquel répondait l'aboi bref d'un chien invisible, perçait le repos nocturne. Enfin le seuil ami fut franchi, avec des exclamations et des paroles d'accueil. Comme il avait plu durant la marche, les manteaux s'étalèrent sur des chaises pour mieux sécher, et les femmes dénouant les fichus qui enserraient leur visage, secouèrent discrètement l'étoffe pour l'égoutter, tandis que le chat de la maison venait flairer dédaigneusement souliers et bottes crottées de boue.

« Près de l'âtre, le vent et la pluie furent oubliés. Des bûches de chêne brûlaient avec de hautes flammes qui dessinaient des ombres dansantes sur le mur et l'acajou poli de l'appareil de télévision, énorme, juché sur de hautes pattes grêles. Nous entendions ce soir-là *Polyeucte*. Il y avait dans la vaste cuisine dont la table à manger avait été poussée pour nous donner de l'aise, le facteur rural, quelques propriétaires, des ouvriers agricoles, le meunier et son fils étudiant, une trentaine de personnes.

1. Jean Diwo, *Si vous avez manqué le début*, Albin Michel, Paris, 1976, p. 32.

Rien ne fut perdu dans un pathétique enchantement. Des femmes, prises par le jeu et l'action, jetaient seulement une sourde exclamation de révolte contre le destin qui, complice de l'homme, punit ou sacrifie la créature innocente. " C'est beau n'est-ce pas ? " dit Martin Viviers en rallumant les lampes...[1] ».

Mais là aussi il y a eu contresens. Ce n'est pas parce que les gens regardaient la télévision qu'ils adhéraient aux valeurs culturelles sous-jacentes à la démarche des programmateurs. Beaucoup de professionnels regrettent aujourd'hui l'attention et la ferveur d'un public qui regardait tout. Mais ils oublient simplement que l'attrait résultait de la nouveauté et de l'absence de choix puisqu'il n'y avait qu'une chaîne et une pénurie de programmes.

La vérité est que la soif d'images s'est rapidement investie dans les jeux, les sports, les variétés et les feuilletons, c'est-à-dire ailleurs que dans les programmes culturels. Et ce sont ces émissions qui, tout en n'ayant jamais l'agrément de l'élite professionnelle et institutionnelle, ont tout de même produit les plus gros succès d'audience. Le divorce entre télévision culturelle et télévision de divertissement s'est donc rapidement noué ; on peut même dire que les deux télévisions se sont développées simultanément, en s'ignorant mutuellement. Dès le début. Et si les réussites culturelles sont encore dans la mémoire de tous, les choix et les habitudes appartenaient déjà à la télévision de divertissement.

Le succès des jeux est impressionnant comme pour *Télé match* et son successeur *La tête et les jambes.* « Toute la France télévisante est collée au récepteur le jeudi soir. Selon les estimations trois à quatre millions — certains disent cinq — de téléspectateurs deviennent la proie de ce qui se passe sur l'écran. Les recettes de théâtre et lieux de spectacles baissent le jeudi soir de 10 à 20 %. »[2] Il en sera de même pour *Intervilles* de Guy Lux qui, pendant trois ans (1962 à 1964), va déchaîner les passions et les enthousiasmes les plus vulgaires pour certains et les plus populaires pour d'autres. De même pour *Le gros lot* de P. Sabbagh et P. Bellemare ou pour les émissions de variété comme *La joie de vivre* d'H. Spade, suivie ensuite de *Bouquet de joie* à partir de 1956, *trente-six chandelles* (J. Nohain), *C'est pour rire* (J. Lhote, Ch. Prost, J. Thevenot) ou *La piste aux étoiles* de G. Margaritis qui est probablement l'émission de divertissement qui a le plus marqué la mémoire de toutes les générations. Les

1. Arnaud de Pesquidoux, « La télévision aux champs » in *Les Cahiers de la télévision,* Julliard, n° 5, mai 1963, pp. 17-18.

2. J. Mousseau et Ch. Brochand, *Histoire de la télévision française,* Fernand Nathan, Paris, 1982, p. 73. Il faut rappeler qu'à l'époque, en 1960, il y avait à peine un million de téléviseurs !

retransmissions de sport et particulièrement de football sont peut-être les moments de plus forte audience. Mais les conflits entre la télévision et la fédération de football sur les problèmes financiers et techniques se traduisent souvent par des interdictions de retransmissions.

L'apparition des feuilletons dans les années 1958-1960, qui obtiennent un succès immédiat, creuse davantage le fossé qui sépare le « divertissement » du « culturel ». On se met enfin à raconter des histoires à la télévision, comme autrefois à la radio, où d'épisode en épisode chacun retrouve ses héros favoris. Au début il s'agit de feuilletons américains, comme *Le capitaine Troy* qui devient rapidement le héros du moment. La fête donnée à son honneur par *Télé 7 jours* en 1958 fut un événement dont on a aujourd'hui du mal à imaginer l'importance : « G. Mac Kay sera à Paris le 12 mars. Il assistera au Ritz à dix-neuf heures à la réception que *Télé 7 jours* organise pour fêter à la fois son million d'exemplaires, son troisième anniversaire et *Le capitaine Troy. Paris-Match* et *France-Soir*, notre associé, battent le rappel et le 12 mars, dès six heures du soir, la place Vendôme est noire de monde, toutes les midinettes, les secrétaires des environs sont venues à la sortie des ateliers et des bureaux. On s'écrase. L'hôtel est à moitié envahi et les motards ont bien du mal à frayer un passage à la limousine découverte du capitaine Troy, accueilli comme jamais le fut un héros depuis la libération.[1] » Ce sera ensuite toujours dans les années 1960 le succès des *Incorruptibles* ou de *Au nom de la loi* avec Steve Mac Queen.

La France s'y met à son tour et le succès de *Jannick aimée* de J. Siclier et J.-P. Desagnat, qui commence en février 1963 pour cinquante épisodes, va marquer une date importante dans les rapports entre la télévision et la société. Il s'agit d'un feuilleton « moderne » qui met en scène les personnages d'aujourd'hui dans des décors et des activités d'aujourd'hui. Certes tout ceci est bien sage et les bons sentiments triomphent, mais le plus important est que la télévision commence à prendre la réalité contemporaine pour base d'une fiction. La voie avait été ouverte par *Le temps des copains* en 1961. Parallèlement *Thierry la Fronde* (de 1963 à 1966) et *Le chevalier de Maison rouge* (1961-1963) poursuivent la tradition du feuilleton historique.

Cette période est également celle où l'information télévisée prend de l'importance parce que les hommes politiques commencent à utiliser la télévision et que celle-ci, en couvrant les

1. Cf. J. Diwo, *op. cit.*, p. 49.

événements, se heurte au contrôle et à la pression politique. 1956 est sans doute une année charnière.

En janvier, pour la première fois la télévision couvre la nuit des élections (gagnées par le Front républicain). Les émissions dureront de vingt-deux heures à trois heures et demie du matin. En avril, Guy Mollet accepte de participer à la nouvelle émission *Face à la vérité,* et à l'automne des interventions gouvernementales auront lieu contre la manière dont le Journal télévisé rend compte de l'opération de Suez.

Le rapprochement préjudiciable entre l'information télévisée et le pouvoir politique va s'accentuer avec l'arrivée de de Gaulle au pouvoir et durera tout le temps de sa présidence (1958-1969) et même au-delà.

Il faut cependant garder à l'esprit que la IVᵉ République avait ouvert la voie. Jusqu'aux causeries de Pierre Mendès France, le samedi soir à la radio en 1954 et 1955, dont on souligne aujourd'hui la modernité en oubliant qu'à une époque où il n'y avait pas de radio privée, une telle mobilisation des ondes à une heure de grande écoute n'était pas sans poser quelques problèmes ! Comme en outre la IVᵉ République n'avait fait, à sa manière, que poursuivre la pratique de l'avant-guerre, il faut remonter au Front populaire pour trouver les débuts d'un usage direct de la radio par le pouvoir politique. La subordination du service public de télévision à la politique gouvernementale était donc moins une nouveauté que la poursuite d'habitudes déjà vieilles de plus d'un quart de siècle.

Cependant les années soixante, en France, ont vu la conjonction de trois phénomènes qui, dans les autres pays, sont apparus à des moments différents. Tout d'abord le pays était déchiré par des troubles politiques liés à la guerre d'Algérie, qui créaient une grave instabilité. Ensuite les ménages s'équipaient massivement en téléviseurs (sept cent mille postes en 1958 et trois millions et demi en 1963). Enfin c'est le moment où, en Europe comme aux États-Unis, tout le monde est convaincu que la télévision exerce une influence décisive sur la vie politique. Que pesait, dans ces conditions, l'enjeu de l'indépendance de l'information télévisée ? Le lien qui se nouait, en France comme ailleurs, entre l'audiovisuel et la politique, prenait dans notre pays, à cause des circonstances, un tour dramatique et violent. De Gaulle jouait son va-tout en Algérie. Il considérait que la presse écrite lui était hostile et donc que la télévision lui revenait de droit dans une sorte de partage politique des médias. Surtout, la forme de pouvoir personnel par le verbe qu'il mettait en place s'accommodait remarquablement de l'outil télévisuel. Comme le dit P. Lazareff à l'époque : « Le général de Gaulle est devenu sans conteste le meilleur orateur de la télévision, peut-être parce qu'il en a compris mieux que les autres l'importance, surtout aussi à cause de sa stature et de son génie, mais aussi parce qu'il a, si l'on peut dire, travaillé la question. Entre ses premiers discours, d'une voix hachée et tête baissée, et ceux d'aujourd'hui appris par cœur, mais qu'il semble réinventer à chaque mot, en regardant droit dans les yeux ceux auxquels il s'adresse, que de progrès accomplis ! Nul autre homme politique n'a sa force de persuasion, mais personne non plus n'a eu le courage d'apprendre son métier de télévision comme il a voulu et su le faire. C'est pour cela que de Gaulle fut le premier en France à se servir vraiment de la télévision. En 1958, après son retour au pouvoir, il hésite encore. En 1959 on ne l'y verra que deux fois et par le truchement de conférences de presse. Sous la pression des événements il s'enhardit : en 1960 il s'adresse aux Français huit fois, en 1961 le chef de l'État parle cinq fois du palais de l'Élysée. Mais en 1962, à fin octobre, il avait déjà parlé huit fois. Naturellement cette comptabilité ne comprend pas ses discours lors de ses tournées en province, ses voyages à l'étranger, ou ses réceptions de chef d'État.

« Le Premier ministre G. Pompidou n'a parlé que deux fois, mais il s'est révélé dans un tout autre style que le président de la République — le genre " causerie au coin du feu " — lui aussi, une excellente " bête de télévision ".[1] »

Le journal télévisé, pendant cette période est « sous influence » et les cas de censure sont fréquents. L'intervention du gouvernement dans l'information télévisée se fait de façon ouverte — contrairement à ce qui se passera après 1964 — et n'émeut guère l'opinion. Seuls quelques journalistes de l'intérieur et quelques hommes politiques de l'opposition protestent contre des pratiques qui semblent encore naturelles. À cette époque le ministre de l'Information a son bureau, avenue de Friedland, au-dessus de celui du directeur général de la télévision, ce qui facilite naturellement les communications ! Les crises sont innombrables et des journalistes comme J. Sallebert, M. Droit, R. Marcillac, J. Pasteur, L. Zitrone, P. Sabbagh, peu connus pour leurs idées extrémistes, doivent plusieurs fois s'éloigner du petit écran, soit par choix personnel, soit à la suite de nombreuses réorganisations internes.

Dans un tout autre ordre d'idées, l'interdiction faite par le gouvernement de recevoir à la télévision en 1960 un des quelconques signataires du manifeste des 121, en faveur de l'insoumission pendant la guerre d'Algérie, montre bien le lien direct qu'il y avait entre le pouvoir et la télévision. On comprend d'ailleurs ainsi que

1. P. Lazareff : « Information, déformation, malformation ou de quoi souffre le journal télévisé », in *Les Cahiers de la télévision*, n° 1, décembre 1962, pp. 7-8.

les responsables politiques de l'époque aient confondu le contrôle qu'ils exerçaient sur l'information avec l'influence que celle-ci pouvait avoir sur la politique !

L'innovation et la liberté sont en fait du côté des magazines, et d'abord du plus prestigieux d'entre eux, *Cinq colonnes à la Une* (P. Lazareff, P. Dumayet, P. Desgraupes, I. Barrère) dont la simple existence de 1959 à 1968 va montrer, mois après mois, crise après crise, la possibilité et la difficulté de faire une autre information. Tout de suite, il est décidé de recruter des journalistes de la presse écrite pour briser les féodalités existantes et pour essayer d'apporter du sang neuf à l'information télévisée. Celle-ci est déjà un bunker dans lequel les journalistes, par paresse, conformisme ou résignation, ont pour la plupart renoncé à se battre !

Le succès vient d'abord de la nouveauté : des images bien faites venant de tous les coins du monde, mais surtout qui abordent, pendant la guerre d'Algérie, les sujets considérés comme tabous. On a peine à croire rétrospectivement comment chaque numéro de *Cinq colonnes* était un miracle menacé d'interdiction, parfois jusqu'au jour même de la diffusion, et qui de toute façon suscitait des réactions d'une violence inouïe. L'histoire de ce magazine est la marque en creux, le révélateur de la faible liberté dont jouissait le journal télévisé et de la médiocre qualité des sujets qui y étaient traités. Sinon comment expliquer l'audience exceptionnelle de ce magazine ? À elle seule cette audience signifiait qu'il y avait un besoin d'information non satisfait. Là aussi les cas de pression et de censure sont fréquents. Un exemple parmi d'autres : c'est l'interdiction, le 1er mars 1963, de la séquence « De Bagdad au Caire » qui traitait du nassérisme, évoquée ainsi par P. Lazareff : « Elle fut supprimée à la demande d'un fonctionnaire du quai d'Orsay, dont l'avis fut sollicité par le directeur général de la R.T.F parce qu'elle était, disait ce fonctionnaire, de nature à gêner la reprise des relations du gouvernement français avec certains pays arabes. Cette affirmation me semble saugrenue, les pays arabes en question ne cessent de proclamer que les complots qui se trament chez eux ont pour origine Le Caire. C'est ce que nous démontrions et ce que nous avait laissé filmer Le Caire. C'est le principe même de la raison invoquée qui nous a paru d'une gravité exceptionnelle. Si nous l'avions accepté nous nous serions reniés nous-mêmes. Pire, nous aurions mis le pouvoir (pour lequel j'ai personnellement, nul ne l'ignore, admiration, confiance et sympathie) dans une situation paradoxale et dangereuse.[1] »

L'éditorial des *Cahiers de la télévision* d'avril 1963, sous le titre « À propos d'interdiction », ne relève pas moins de cinq cas de censure en moins d'un an. L'émission sur *La tolérance* dans « *Faire face* », le magazine d'I. Barrère et É. Lalou en mai 1962, puis celle sur *Le communisme ; L'affaire Cicéron* dans *La caméra explore le temps* de A. Decaux, Castelot et Lorenzi ; l'interview de Khrouchtchev dans une émission de F. Rossif et *Le chemin de Damas* de M. Haedrich. Et encore s'agit-il là d'émissions prestigieuses réalisées par des personnalités incontestées. On imagine ce qu'il pouvait se passer pour les autres !

Un magazine comme *Faire face* subit également les ciseaux de la censure pour des sujets moins politiques — puisque les émissions sur le racisme, la violence, le contrôle des naissances, la prostitution sont également interdites ou modifiées. C'est en fait toute la programmation qui, directement ou indirectement, est sous surveillance et nul ne sait où peut s'arrêter cette atmosphère permanente de soupçon et de justification.

C'est ce qu'exprime parfaitement P. Lazareff dans ce même texte de 1963 : « La télévision française est faite pour l'information (ou la distraction) des Français. Les interventions du gouvernement, en en faisant publiquement un instrument de sa politique, ne peuvent que mettre le gouvernement dans l'embarras, puisqu'on lui demandera désormais compte de tout ce qui passe ou ne passe pas à la télévision. Finalement, comme il ne pourra pas être comptable de chaque seconde de ce qui se passe sur le petit écran, le gouvernement accumulera ainsi les causes de discussions et de désaccords intérieurs et extérieurs. Les fonctionnaires, pour éviter des histoires, couperont à tour de bras tout ce qui leur semblera de nature à en provoquer... et c'est ainsi naturellement qu'ils en provoqueront le plus. Les téléspectateurs seront de plus en plus méfiants et sceptiques sur tout ce que la télévision leur montrera et leur dira. Et la réputation de ce pays libre, où tout peut s'écrire (même qu'il faut tuer le chef de l'État) sera, à cause de la R.T.F., celle d'un pays privé de liberté d'expression.[2] »

En fait c'est toute la télévision qui pâtit de son lien trop étroit avec le pouvoir politique au moment même où elle prend son essor. L'ordonnance du 4 février 1959, le premier texte d'organisation d'ensemble de la télévision depuis trente-cinq ans et qui

1. P. Lazareff, « Information ou déformation : *Cinq colonnes à la Une,* victime de la censure, in *Les Cahiers de la télévision,* n° 4, avril 1963, p. 82.
2. P. Lazareff, *op. cit.*, p. 84.

transforme la R.T.F. en un établissement public à caractère industriel et commercial doté d'un budget autonome ne change pas fondamentalement l'état des choses. D'abord parce qu'en réaffirmant nettement son caractère de service public dans le cadre du monopole, toute idée d'une télévision privée est repoussée. Ensuite parce qu'en la plaçant « sous l'autorité » du ministre de l'Information, on rappelle très nettement qu'elle est régie par une logique d'abord politique. L'exemple de la B.B.C. n'a pas été suivi. Nous sommes dans la grande tradition étatiste française renforcée par le gaullisme alors triomphant. Une sorte d'accord tacite s'est d'ailleurs établi entre les gaullistes et ceux qui jusqu'alors ont fait la télévision et qui sont plutôt de gauche. Les uns et les autres partagent en fait les mêmes valeurs concernant le rôle de l'État, la mission du service public, la méfiance à l'égard de l'argent et du cinéma, la vision culturelle et éducative de la télévision... L'atmosphère est assez favorable à cette conception d'une intervention de l'État dans le domaine de la culture. C'est à ce moment-là qu'A. Malraux, par exemple, lance la politique des « maisons de la culture » qui doit justement amener à la culture les jeunes et toute une partie des Français vivant maintenant en ville.

Finalement l'opposition entre les directions et les professionnels, et particulièrement les réalisateurs, porte davantage sur le champ politique traditionnel et notamment sur le traitement de l'information que sur la conception de la culture, le rôle de la télévision ou la grille des programmes. Les violents affrontements dont la télévision est l'objet n'empêchent pas un consensus réel à son égard.

Les nouveaux textes entérinent d'ailleurs plus la pratique qu'ils ne la modifient. Ils permettent simplement un assouplissement de la gestion et de l'organisation rendue tout à fait nécessaire par la croissance. D'ailleurs on parle moins d'images que de statuts ; la grande question est celle du statut du personnel. À la différence de celui du cinéma, il est mal payé mais bénéficie de la stabilité de l'emploi. C'est ce qui ressort du texte de février 1960 où tous les personnels permanents, à l'exception des journalistes et des musiciens, se voient attribuer le même statut. À partir de là chacun se protégera derrière sa classification et ses privilèges directs et indirects. Rien d'étonnant alors à ce que la création ait toujours eu quelques difficultés à cohabiter avec la bureaucratie régnante au moment même où le développement de la télévision requérait davantage d'innovations ! Même si c'est au nom de la création que les personnels ont revendiqué de confortables statuts. D'ailleurs de nombreuses crises — entre 1960 et 1964 — vont illustrer cette inadaptation de la télévision. Les plus visibles, on l'a vu, ont trait à la censure et au contrôle politique, et dureront au-delà de la réforme de 1964. Mais il y a aussi une crise de gestion. À partir de 1961 on parle de la nécessité de rationaliser la gestion et d'introduire le contrôle financier. Ceci est perçu comme une menace par le personnel. Le *Rapport Diligent* (juin 1962), le premier d'une longue liste, préconise déjà un assouplissement du fonctionnement de la R.T.F., son adaptation aux règles modernes de gestion, et l'institution d'un minimum de contrôle. Le diagnostic est sévère : « Ce n'est pas être pessimiste, ce n'est pas non plus noircir le tableau que d'affirmer qu'il n'y a pas, en France, une entreprise publique ou privée où règne autant de désordre qu'à la R.T.F. Il n'y a pas une entreprise publique ou privée où la marche normale des services se trouve paralysée par des mouvements de grève aussi nombreux.[1] »

Nous nous trouvons ici face aux premiers symptômes de ce qu'on pourrait appeler « le fantasme de la gabegie » des hommes politiques à propos de la télévision. La gestion de celle-ci n'est, bien sûr, pas exempte de fautes et de relâchements, mais il n'a jamais été prouvé que le mauvais usage de l'argent public ait été plus fréquent à la télévision que dans d'autres entreprises publiques. Or, on a rarement vu des parlementaires, et encore moins des ministres de tutelle, exercer leur vindicte contre E.D.F., la S.N.C.F. ou les P.T.T. Seule la télévision provoque à ce point la dénonciation politique. Comme si cette vitrine, ce lieu de spectacle où l'on s'exhibe, ne pouvait, côté cour, que dissimuler les pires turpitudes.

Mais la crise la plus grave concerne peut-être la pénurie de création et l'absence de renouvellement, aussi bien pour les dramatiques que les variétés. Le pouvoir des réalisateurs et leur corporatisme interdit un élargissement de leur nombre et freine l'apparition d'auteurs, sans lesquels il ne peut y avoir de diversification des genres. En effet, par le statut de 1963 qui sanctionne leur puissance, les réalisateurs obtiennent une définition de leur fonction comme *maîtres d'œuvres* et *auteurs* de leurs émissions. En outre ils contrôlent l'accès à la profession par l'homologation. On devient réalisateur en étant assistant pendant de longues années d'un réalisateur, et il n'y a que très peu de réalisateurs homologués. Les réalisateurs sont les interlocuteurs directs des directions et les conseillent sur le choix des émissions.

Le malthusianisme des réalisateurs n'est pas la seule cause. Il y a aussi toute l'idéologie du service public et le puritanisme qui prévaut à l'époque et dont le plus beau symbole est peut-être l'introduction, à partir de 1961, du carré blanc qui avait pour

1. *Rapport Diligent*, cité in *Cahiers de la télévision*, n° 1, p. 66.

objectif de signaler les émissions déconseillées aux enfants !... Comme le dit Jean Diwo : « À l'époque on ne badine pas avec la morale. Peu après l'incident Dali (M. Janot, directeur général de la R.T.F., s'était fait communiquer le texte d'une émission sur Dali et l'ayant trouvé indécent, avait annulé l'émission), on annonce un festival J. Renoir. Hélas sa productrice, Jeanine André-Bazin, doit vite abandonner son projet. Comment réaliser en effet une anthologie des œuvres de J. Renoir en passant sous silence *La bête humaine ?* Il faut dire que ce classique du cinéma français est encore, en 1961, purement et simplement interdit par la direction des programmes. Motif : le film est coté 5 par la Centrale catholique du cinéma, ce qui signifie, en clair, que " par discipline chrétienne, il convient de s'abstenir d'aller le voir ". [1] »

Seuls les réalisateurs, par leur position hors statut, leur prestige et la possibilité de vivre directement de la télévision sont en fait à même de proposer des émissions nouvelles. Ainsi le vivier sur lequel vit la télévision française est-il très étroit. Ce handicap, visible dès les années soixante mais relativement peu grave pour l'époque, aura des répercussions sérieuses dans la période 1964-1974 et même bien au-delà.

Cela se traduit concrètement dès cette époque par une absence de renouvellement des genres et des émissions. Comme le notent J. Mousseau et Ch. Brochand [2] pour l'année 1961 : « Depuis de longs mois la télévision n'a pas créé une seule nouvelle grande série. Depuis un an, c'est-à-dire depuis *Faire face,* rien d'autre que *Télé-philathélie* de Jacqueline Caurat, et malgré tout l'intérêt qu'elle présente, on ne saurait la classer parmi les séries prestigieuses. Au lieu d'aller de l'avant, au risque de se tromper, la télévision vivote sur son vieux fonds, par bonheur, excellent : *Cinq colonnes :* un an ; *Les cinq dernières minutes :*deux ans ; *La caméra explore le temps :* cinq ans ; *En votre âme et conscience :* six ans ; *Cinépanorama :* sept ans ; *Lecture pour tous :* neuf ans ; *À vous de juger :* dix ans ; *Le magazine des explorateurs :* onze ans ; *La piste aux étoiles* et *Music Hall Parade :* quatorze et seize ans. »

Ainsi va la télévision française. Mais l'enthousiasme, l'absence de traditions, une certaine liberté et la taille encore modeste de l'entreprise effacent les aspects négatifs. On comprend que ceux qui ont vécu cette époque, et ils sont presque tous encore là aujourd'hui, en aient une nostalgie réelle. C'est là que se sont constitués la plupart des genres et des styles d'émissions. La période se termine avec l'inauguration, le 14 décembre 1963, par

1. J. Diwo, *op. cit.*, p. 31.
2. Cf. J. Mousseau et Ch. Brochand, *op. cit.*, p. 87.

le général de Gaulle, de la Maison de la Radio. Ce bâtiment est le symbole de la période suivante, comme les Buttes-Chaumont avaient symbolisé celle qui s'achève. L'architecture grandiose et audacieuse semble parfaitement adaptée aux glorieuses réalisations de la télévision d'État qui triompheront entre 1964 et 1974.

Pourtant ce bâtiment ne sera jamais la « maison accueillante » qu'il devait être. L'architecture y est pour beaucoup : le bâtiment est immense, circulaire et fermé sur lui-même. Tout y respire l'ordre et la bureaucratie, renforçant ainsi les tendances naturelles de la télévision. Ses occupants d'ailleurs ne l'aimeront jamais. Et fait symbolique : au plus grand moment de mobilisation et d'extériorisation, en mai 1968, les personnels en grève préféreront tourner autour de lui, de peur sans doute d'y entrer de nouveau...

3. 1964-1974 : LES VERTIGES DE LA CROISSANCE

De nombreuses innovations marquent la décennie 1964-1974 : le lancement de la deuxième chaîne en 1964, le début de la couleur en 1968, la création de la troisième chaîne en 1971. Simultanément le parc de téléviseurs continue de croître, passant de quatre millions quatre cent mille postes en 1964 à quatorze millions en 1974. C'est l'époque où la télévision entre réellement dans l'âge de masse, le nombre de téléviseurs augmente de un million par an entre 1964 et 1967 et le volume d'émissions passe de quatre mille heures de programme en 1964 à sept mille quatre cents heures en 1974. Deux événements techniques marquent la décennie. C'est d'abord la généralisation de la mondiovision. À partir du 2 mai 1965, le satellite américain « Early Bird » relaie les premières émissions. La mondiovision passe de l'expérimentation à la routine. Le second événement, spectaculaire et émouvant, est la retransmission en direct des premiers pas d'un homme sur la lune, le 21 juillet 1969. Près d'un milliard de spectateurs y assistent. Moins de vingt ans après, nous n'avons pas encore cerné tous les problèmes posés par la possibilité de couvrir en direct, et en image, n'importe quel événement sur terre et dans l'espace.

En France, l'essentiel à cette époque n'est plus le problème de la technique, ni même celui de la fabrication de programmes mais celui de l'organisation. Toute la décennie verra la recherche dans les tensions, les conflits et les réorganisations d'un statut de la télévision qui tienne compte des évolutions techniques, culturelles et économiques. D'ailleurs la multiplication des rapports, Paye (1970), Le Tac (1972), Chinaud (1973) traduit ce malaise et cette difficulté à trancher. Le problème est que la télévision ne peut plus rester une et indivisible. Elle connaît un lent mouvement vers la différenciation mais les mentalités ne changent pas. La deuxième, puis la troisième chaîne apparaissent sans innovation en matière de conception ou d'organisation.

Le système audiovisuel est pris en tenaille entre la logique administrative et politique de départ et la logique économique d'entreprise qui lentement prévaut. Nombreux d'ailleurs sont ceux qui, déplorant l'évolution trop frivole de la télévision, souhaiteraient faire de la deuxième chaîne une « vraie » chaîne culturelle. C'est ainsi que l'on parle encore de *la* télévision et *du* service public alors qu'il s'agit déjà d'un système audiovisuel diversifié, avec trois chaînes qui cherchent à suivre, même modestement, l'évolution des goûts du public. La télévision, comme la société française, a changé. Les valeurs ont basculé et l'audiovisuel est d'abord considéré comme un instrument de divertissement et non de culture. C'est ce qui apparaît nettement dans les choix du public : les préférences vont aux programmes populaires (feuilletons, sports, variétés) plutôt qu'aux dramatiques. Cependant les documentaires et l'information conservent un indéniable attrait.

Le décalage entre les aspirations d'une partie des professionnels et celles du public devient plus net que dans la période précédente. Si la télévision n'est pas encore une industrie, elle est déjà loin du cours du soir que certains avaient rêvé. Et si l'on multiplie les chaînes, il faut en tirer les conséquences : il n'y a plus *un,* mais *des* publics. Amère prise de conscience.

La période 1964-1974 est en fait celle où les rapports vont se tendre entre la télévision, son public et le pouvoir. L'offre augmente mais de manière insuffisamment diversifiée pour satisfaire une demande qui, tout en s'exprimant bien timidement, traduit tout de même les mutations politiques, sociales et culturelles qui traversent la société française pendant cette décennie. Quant au gouvernement et à la classe politique dans son ensemble, ils refusent tout changement réel. Ils sentent bien la nécessité de réformes économiques et financières, mais ils manquent de courage pour s'affronter aux corporations, et d'intelligence pour renoncer au contrôle d'un média dont on pense encore à l'époque que celui qui le tient, tient le pays ! La période est marquée par une accentuation du contrôle politique alors qu'en même temps les réformes inévitables vont dans le sens de l'autonomie. D'où le mouvement en accordéon entre les périodes de fermeture et d'ouverture avec trois temps forts, la répression après mai 1968, la véritable ouverture avec Ch. Delmas et la fermeture de 1972-1973.

C'est d'ailleurs finalement la loi de juin 1974 qui sanctionnera ces évolutions. Contrairement à ce qu'on a souvent dit, celle-ci constitua moins une rupture que la simple prise en compte d'une transformation méconnue, si ce n'est refusée mais qui s'était finalement imposée.

Cette période est marquée par la prééminence des directions, comme les précédentes avaient été marquées par celle des techniciens puis par celle des réalisateurs. L'affirmation de leur rôle correspond à la nécessité de résoudre des problèmes structurels : organiser et tenir un système audiovisuel de plus en plus lourd (six mille cinq cents personnes en 1960 ; onze mille en 1965 ; treize mille en 1970)[1].

La politisation croissante liée à l'extension du parc des téléviseurs a masqué le second problème, peut-être plus important pour l'avenir de la télévision, à savoir celui de l'élargissement de la création et de la diversification des genres. Bien sûr un cadre institutionnel solide devait être la condition à une production efficace mais ce précepte de bon sens a pris dans notre pays, archétype de télévision d'État, une importance disproportionnée : la plus grande partie des talents, des énergies, des polémiques ont été mobilisés pour la définition du cadre institutionnel et non pas pour la transformation des programmes.

C'est probablement dans cette période que la télévision française, qui aurait pu évoluer lentement vers un modèle mixte comme la Grande-Bretagne, en fonction de la multiplication des chaînes et d'une ouverture nécessaire à la demande, s'est en fait crispée sur un modèle d'État.

La télévision, quand elle a surgi dans les années cinquante, était en avance sur la société, elle était un signe de modernité. Elle a ensuite été en phase avec elle mais quand la société française est entrée pour de bon dans la prospérité, les professionnels et les responsables politiques n'ont pas modifié leur rapport au public, noué dans les années cinquante. Et pourtant les mutations des années 1960-1970, avec la forte croissance, l'affirmation du modèle urbain, l'élévation du niveau de vie, l'émergence de la jeunesse et la transformation des modèles culturels suscitaient de nouvelles aspirations. D'où le retard inévitable, mais invisible par rapport aux spectateurs à la recherche d'un usage moderne de la télévision. Celle-ci n'a finalement pas épousé la société, et a campé à côté d'elle, un peu comme le gaullisme l'a fait. Vingt ans

1. *Des chiffres pour la culture*, Documentation française, 1980, p. 285.

après, et en dépit des deux lois de 1974 et 1982, nous payons encore le prix de ce décalage entre la télévision et la société.

Et pourtant, le nouveau statut de 1964 qui transforme la R.T.F. en O.R.T.F. aurait dû faciliter cette adaptation, mais les mesures favorisant l'autonomie sont contrebalancées par d'autres qui la neutralisent. C'est ainsi que l'O.R.T.F. n'est plus sous l' « autorité » du ministère de l'Information, mais sous sa « tutelle ». Un conseil d'administration est constitué, mais il n'est pas élu. Il est nommé par le gouvernement et 50 % de ses membres le représentent ! Les dépenses sont contrôlées *a posteriori*, et non *a priori*, sauf pour les décisions d'investissement et de personnel. L'exécutif appartient au directeur général et à deux directeurs généraux adjoints pour les deux chaînes, ce qui est un premier pas vers l'autonomie, mais ils sont nommés par le gouvernement...

L'O.R.T.F. ne va pas réussir à se désengager de la logique politique en dépit de la multiplication des chaînes puisque aussi bien la deuxième que la troisième chaîne seront l'objet de conflits incessants sur leur rôle dans le Service public. On refusera la concurrence, parée de tous les maléfices et l'on voudra rendre les chaînes complémentaires sans jamais y arriver. Et surtout sans comprendre que par un réflexe naturel chacune d'entre elles souhaitera affirmer son autonomie et se différencier des deux autres.

La politisation dont la télévision va d'ailleurs être l'objet à partir de cette époque est d'autant plus violente qu'elle se substitue au grand projet culturel pédagogique et démocratique des années cinquante qui s'est effondré et qui n'est remplacé par aucun autre. La politique occupe le vide laissé par l'effritement progressif d'un modèle de la télévision. Mais en se traitant mutuellement de « fossoyeurs du service public » ou « d'endoctrineurs du peuple », la Droite et la Gauche font ainsi l'économie d'une analyse des rapports qui devraient s'établir entre la télévision et la société. Même la question du standard de couleur à adopter (1964-1966) devient une occasion d'enchères qui dépassent largement le problème. On a l'impression, à relire les déclarations de l'époque, que l'indépendance de la France, la survie de notre industrie, voire celle de notre culture, en dépendait. Il y avait deux ennemis : les Allemands (système P.A.L.) et les Américains (système N.T.S.C.). Tout cela pour arriver finalement aux mêmes changements que dans les autres pays et en général avec du retard.

Il a fallu dix ans (1951-1960) pour atteindre dix millions de postes de télévision en Grande-Bretagne ; douze ans en R.F.A.

(1952-1964), mais vingt ans en France (1949-1969)[1]. La couverture totale du réseau de la première chaîne n'a lieu qu'en 1965 et la deuxième chaîne commence en France en 1964 alors qu'elle a débuté en 1954 en Grande-Bretagne et en 1963 en R.F.A. Pour la troisième chaîne le décalage fut encore plus net puisqu'elle commença en 1964 en Grande-Bretagne et en R.F.A., mais seulement en 1972 en France.

Quant à la couleur, ce n'est pas mieux. Elle commence en 1967 avec douze heures de programme par semaine sur la deuxième chaîne, se généralise en 1968. Mais la coloration définitive de la première chaîne interviendra beaucoup plus tard. En 1980, il n'y a encore que 45 % des récepteurs en couleur contre 70 % en Grande-Bretagne et 60 % en R.F.A.

Cette propension à donner un sens parfois excessif à tout ce qui touche à la télévision se retrouve dans les réformes successives présentées à chaque fois comme celles de la dernière chance. C'est ainsi que celle de 1964 est justifiée par A. Peyrefitte devant la commission des Finances avec des arguments qui relèvent encore une fois du « fantasme de la gabegie » : « La R.T.F., c'est l'anarchie, le désordre et le corporatisme. Elle ne satisfait personne : ni le public, ni la majorité, ni l'opposition, ni le gouvernement. » Le ministre de l'Information dénonçait aussi « la domination bureaucratique d'une administration trop lourde, les règles de gestion inadaptées, les abus et la gabegie dans le domaine financier, la paralysie de la direction générale, les chapelles, les coteries...[2] »

Pourtant c'est lui, A. Peyrefitte, qui est ministre de l'Information depuis deux ans (28 novembre 1962) et qui le restera encore deux ans (jusqu'au 8 janvier 1966), détenant d'ailleurs ainsi le record de durée à ce poste ! La réforme devait enfin accorder à la télévision l'autonomie nécessaire, mais c'est A. Peyrefitte qui va créer en même temps le S.L.I.I. (Service de Liaison Interministériel pour l'Information) qui sera, pendant de nombreuses années, le plus formidable système de contrôle de la télévision ayant jamais existé ! En effet le S.L.I.I. est composé de douze conseillers techniques, issus des différents ministères et qui permettent au ministre d'avoir son propre réseau d'information et donc d'influence sur l'O.R.T.F. Le S.L.I.I. devient rapidement un censeur. La « bande à Peyrefitte », comme on dit à l'époque, est partout. Les batailles vont continuer jusqu'en 1968 entre les deux tendances existant au sein du gaullisme ; les libéraux qui veulent ouvrir la télévision pour répondre un peu aux aspirations d'une société qui change vite et qui, au travers les élections présidentielles de

1. P. Albert, « La lenteur du développement de la télévision en France », *op. cit.*
2. Cité par J. Diwo, *op. cit.*, p. 74.

1965, a désacralisé le général de Gaulle, les orthodoxes pour qui l'essentiel est de barrer l'accès de l'opposition à la télévision.

Les événements de mai 1968 vont donner aux uns et aux autres le sentiment qu'ils ont raison. Les premiers y verront la preuve que la société française était réellement bloquée, qu'elle souffrait d'un manque de communication. Les seconds seront persuadés que dans ce pays imprévisible, les médias jouent un rôle subversif, qu'ils sont infestés d'opposants et qu'ils doivent être tenus d'une main ferme. Dès les premières manifestations, le gouvernement fit preuve d'une grande maladresse en interdisant d'en parler à la télévision. Par cet acte, il offrait une illustration éclatante de la dépendance politique de la télévision et faisait subir aux professionnels une telle humiliation qu'une réaction dure et violente devenait logique. Nous abordons un peu plus loin cette grève de l'O.R.T.F., qui a laissé tant de traces et d'amertumes. Du point de vue politique, mai 1968 a poussé jusqu'à l'absurde la logique des rapports entre le pouvoir et la télévision en France. Dans ce conflit, un certain modèle s'est cassé.

Ce qui s'est passé après a été la recherche d'un équilibre introuvable entre autonomie et contrôle. La répression et la mise au pas de l'été et de l'automne 1968 représentent le point extrême du contrôle. La situation ne changera réellement qu'avec l'élection de Georges Pompidou en avril 1969 et surtout l'arrivée de Jacques Chaban-Delmas comme Premier ministre. La période qui va de juin 1969 à juillet 1972 est d'ailleurs essentielle dans l'histoire de la télévision française car elle est la première expérience authentique de libéralisation. Pour la première fois les responsables de l'information ont disposé des garanties nécessaires pour résister aux pressions. Le seul inconvénient est que ces garanties étaient tributaires d'une expérience politique et qu'elles disparurent en même temps qu'elle. En tout cas les défenseurs de la nouvelle société avaient compris ce qu'il y avait de rétrograde et d'injustifiable dans cette volonté du pouvoir politique de contrôler la télévision. Si la répression et la fermeture de la période 1968-1969 constituèrent l'apogée et la fin d'un modèle totalement étatiste, la période suivante, de 1969-1972, représenta au contraire une étape essentielle dans la prise de distance de la presse télévisée à l'égard du pouvoir.

La grande innovation du gouvernement Chaban fut de briser le tabou de la télévision une et indivisible, en créant deux unités d'information autonomes dirigées respectivement par P. Desgraupes sur la Une et J. Baudrier sur la Deux.

L'innovation était essentielle puisque la possibilité d'aborder différemment l'information était enfin reconnue, vingt ans après le début de la télévision! Les spectateurs allaient apprendre à comparer, donc à critiquer. Un an plus tard, le même principe est admis pour les programmes puisque les programmes des deux chaînes sont séparés et placés sous l'autorité de deux directeurs (P. Sabbagh et M. Cazeneuve). Toute l'époque va d'ailleurs être marquée de ce débat : faut-il une séparation réelle des chaînes et jusqu'où doit-elle aller ? Personne à l'époque ne parle de concurrence tant l'idée paraît hérétique et dangereuse. On parle de différenciation et encore avec prudence. M. Biasini par exemple, directeur général de l'O.R.T.F. avant mai 1968, arrive en souhaitant au contraire mettre fin à toute distinction entre les deux chaînes. Il propose que les émissions puissent passer indifféremment sur une chaîne ou sur une autre!

La logique de la concurrence qui était contenue dans l'acceptation du principe de la multiplication des chaînes est loin de faire l'unanimité. Pour l'instant on en est à la séparation de fait au niveau des programmes et de l'information. Option confirmée par le rapport Paye (1970) qui, dans le même sens, suggère que la troisième chaîne soit régionale avec une production décentralisée. Le rapport réaffirme d'ailleurs son opposition à une télévision privée, mais propose une organisation de l'O.R.T.F. en un holding d'État coiffant des sociétés spécialisées à participation publique majoritaire, qui est déjà un modèle radicalement différent du traditionnel service public de télévision.

1970 est d'ailleurs vraiment l'année où l'on aura l'impression que pour la première fois la télévision entre dans son temps. C'est d'ailleurs à ce moment aussi qu'apparaît le premier projet de télévision privée « Canal 10 », soutenu notamment par Europe N° 1. Il deviendra à la fois le fantasme et le repoussoir absolu.

Le débat sur la privatisation va jouer le même rôle que celui sur la politisation dans les années soixante, c'est-à-dire qu'il remplira le vide laissé par un système public de télévision qui n'a plus la force ni la capacité d'inventer un modèle adapté aux besoins du public.

Après la parenthèse de la « nouvelle société » du gouvernement Chaban-Delmas, le pilotage de l'entreprise devient de plus en plus difficile, les crises et les grèves se multipliant. Directeurs, syndicats, réalisateurs, journalistes, chacun se drape dans les vertus du Service public pour soupçonner l'autre de vouloir le trahir. Il y a treize mille salariés à l'O.R.T.F. protégés par des syndicats puissants, en butte aux directions et à la chambre « bleu horizon » issues de mai 1968, qui voudraient bien « faire le ménage ». L'atmosphère politique, à partir de 1972, est donc plutôt à la fermeture. La nécessité de faire des réformes est affirmée par les pouvoirs publics, mais le milieu de l'O.R.T.F., traumatisé par la répression de 1968, ne voit dans les projets du Parlement et du gouvernement que des moyens pour contrôler l'information et la culture. La réforme de 1972 qui renforce l'autonomie de l'O.R.T.F., puisque le P.-D.G. cumule les fonctions de directeur général et de président du conseil d'administration, ne va d'ailleurs pas arranger les choses. Le gouvernement s'inquiète vite de cette autonomie accordée et les tensions entre M. Philippe Malaud, le très conservateur ministre de l'Information et M. Arthur Conte, premier P.-D.G. de l'O.R.T.F., illustrent le rapport de force entre le gouvernement et la télévision dans son ensemble. La volonté d'ordre moral et de reprise en main qui règne à cette époque explique que le personnel soutienne presque son P.-D.G. Celui-ci s'en va tout de même, désavoué par le président de la République, en octobre 1973.

Pourtant le contrôle qui s'exerce sur la télévision est de moins en moins accepté. Mai 1968 et les transformations culturelles de la société française expliquent ce refus d'une vision paternaliste et autoritaire.

À la décharge des pouvoirs publics, on peut dire que les forces modernistes, quand elles existaient, n'ont pas trouvé dans le milieu de l'O.R.T.F. des appuis réels. Les professionnels majoritairement de gauche ont mené, au nom du Service public, des batailles où le contenu idéologique servait trop souvent de paravent à une défense des intérêts acquis.

Les dés étaient pipés : le clivage Gauche-Droite mis en avant ne recouvrait pas le conflit réel entre modernistes et conservateurs. Mais ce dialogue de sourds entre les pouvoirs publics et l'O.R.T.F., fait souvent de mauvaise foi réciproque, a été accentué par l'absence de réformes économiques.

Les pouvoirs publics n'ont pas osé jouer la vérité économique qui aurait probablement déplacé les affrontements. Il y avait comme une sorte d'accord tacite. Au gouvernement le contrôle politique sur l'information avec la prééminence d'un modèle culturel relativement conservateur ; à l'O.R.T.F. la gestion bureaucratique d'une production se faisant hors de toutes les règles du marché en ne s'y confrontant jamais. Pourquoi ce décalage entre l'assouplissement institutionnel et le maintien d'une gestion archaïque ? Pour une raison assez simple : les pouvoirs publics étaient pressés par les événements, les grèves, l'opposition... pour agir dans le domaine du contrôle de l'O.R.T.F., alors qu'ils l'étaient beaucoup moins dans celui de la gestion, sauf à la suite des différents scandales (publicités clandestines, fichier O.R.T.F...) qui sont apparus à partir des années soixante-dix. Mais ceux-ci, au lieu d'être interprétés comme les indices d'une inadéquation du système, ont été vus comme de simples faits divers relevant de l'anecdote et du scandale individuel. Pire ils ont été interprétés comme la preuve des effets ravageurs et corrupteurs de l'argent. Notamment de la part des professionnels de la télévision qui, à l'exception de la petite minorité qui avait une mentalité de « show business », ont conservé une attitude plutôt méfiante à l'égard de l'argent. Souvent d'ailleurs par absence de contraintes puisque personne ne contrôlait réellement le coût des émissions et que les dépassements faisaient presque partie du fonctionnement normal.

De toute façon il était très difficile de mettre en place une gestion moderne dans le cadre de réformes de structure politiques qui se succédaient à un rythme accéléré. Pour réformer la gestion il aurait fallu disposer d'un cadre institutionnel stable. Le laxisme était finalement le moyen par lequel les pouvoirs publics obtenaient des professionnels une certaine tranquillité. Quant à ces derniers ils trouvaient dans cette absence de contrôle la valeur supérieure d'une activité culturelle, affranchie de la tyrannie du profit. Ils refusaient la logique de la productivité au nom de la création et du Service public.

Ce sentiment était d'autant plus facile à avoir que la télévision bénéficiait de ressources automatiques fournies annuellement par le budget de l'État. La seule activité consistait à les dépenser, sans jamais avoir à les gagner ni même la plupart du temps à en rendre réellement compte.

Refuser le règne et la contrainte de l'argent représentait pour beaucoup le moyen de rester accroché au projet de la culture pour tous. C'est pourquoi le contrôle politique sur la télévision n'est pas la seule cause de ses problèmes ; il faut y ajouter le refus de rentrer dans la logique économique au moment de sa pleine croissance entre 1964 et 1974.

Reconnaître la dimension économique de la télévision impliquait de toute façon un changement radical d'attitude des professionnels qui ne pouvait se faire que lentement parce qu'il était contradictoire avec la tradition culturelle de mécénat d'État et de méfiance à l'égard des fonds privés. La politisation des problèmes de l'audiovisuel a été d'autant plus forte que la nécessité de moderniser la gestion était largement sous-estimée. Le déséquilibre de départ se prolongeait, la télévision continuait à ne marcher que sur un pied.

C'est probablement ainsi qu'il faut interpréter les scandales financiers qui, à partir de 1970, ont régulièrement agité la télévision (publicité clandestine ; utilisation du fichier de l'O.R.T.F. pour des organismes de prospection de clientèle ; cumul de fonctions de producteurs et de programmateurs ; liens personnels directs entre responsables de la télévision et des sociétés de production privées...). Ceux-ci n'ont fait que révéler l'importance des enjeux financiers à l'œuvre dans la télévision. Ils ont montré ce qu'on ne voulait pas voir, à savoir que la télévision était devenue une entreprise commerciale.

Pourtant en matière économique, la question est simple : à partir de 1964 le problème n'est plus seulement de faire des émissions mais de gérer une entreprise et si le secteur public de production est compétent pour certaines émissions, il ne l'est pas pour d'autres. C'est donc la suppression du monopole de production qui apparaît, à terme, inéluctable. Dès la réforme de 1964, et notamment sous l'impulsion de Cl. Contamine, directeur général adjoint, le monopole est battu en brèche. On fait appel à la production privée parfois moins chère, dont les délais sont plus courts et qui travaille dans des conditions plus souples de fabrication. Par ailleurs les statuts et les règlements sont moins rigides notamment pour les relations professionnelles. Les personnels de l'office s'y opposent tout de suite. Comme le dit M. Bluwal : « ... On crée une concurrence entre un système bien organisé, celui des télévisions de l'office, et un secteur anarchique de droit privé, où le patron fait la loi, paie aux gens qu'il emploie des salaires misérables, car la nécessité de travailler tenaille les techniciens, désormais — le courant s'étant inversé — issus d'un cinéma en pleine crise. C'est l'époque où, en fait, l'office lui-même — représentant l'État — en contradiction avec la loi que le Parlement a votée, organise très efficacement, et en patron de combat, à travers les maisons privées de " prestations de services ", le travail payé au-dessous du minimum syndical, au-delà des horaires légaux, sans contrat, noir, révélant pour la première fois sa nature profondément capitaliste.[1] »

Il y a dans ces réactions d'hostilité à la fois un jugement moral et politique, une défense de l'outil de travail, un fort corporatisme, mais aussi une amertume qui ne fera que croître avec le temps. Ceux des Buttes ont le sentiment d'être mal aimés et sacrifiés sur l'autel du calcul économique, et ce sentiment est probablement le plus important. Il n'y a plus de la part des directions et des bureaucraties, nombreuses et souvent prétentieuses, cette espèce d'attention chaleureuse à l'égard du travail. Bref à partir de 1964 l'incompréhension entre les services techniques et le reste de la programmation de la télévision s'installe. Les fabricants ne fascinent plus, s'enferment déjà dans leur corporatisme et dans la méfiance dont il sera difficile ensuite de les sortir.

1. Cf. M. Bluwal, *op. cit.*, p. 244.

Dans le malentendu qui s'instaure et qui est au moins autant lié à l'évolution de la télévision et à son histoire qu'à un simple problème technique et économique, les torts sont donc partagés. Et rien ne serait plus faux que d'imputer au seul milieu de la technique et de la fabrication la responsabilité d'un comportement de plus en plus inadapté à la situation. Les autres catégories de professionnels de la télévision ont également contribué à la dégradation de la situation.

C'est dans le domaine des documentaires que la production privée va s'imposer pour s'élargir ensuite aux séries et même aux dramatiques. On verra d'ailleurs un jour dans le bilan de la création télévisée qu'une bonne partie du renouvellement des genres est venu du secteur privé de production, parce qu'il y a toujours un lien entre l'émergence d'idées nouvelles et l'existence de structures légères et ouvertes. De plus en dix ans le volume de la production a considérablement augmenté : quatre mille six cent soixante et onze heures de programme en 1965 (trois mille trois cent soixante-cinq heures pour la première chaîne et mille trois cent six heures pour la deuxième) et sept mille six cent vingt-huit heures en 1975 (trois mille deux cent soixante-trois heures pour la première, trois mille trois cent soixante-treize heures pour la deuxième, neuf cent quatre-vingt-douze heures pour la troisième)[1]. L'appel au secteur privé était nécessaire car la production publique ne suffisait plus à satisfaire les besoins des programmes dès lors qu'il y avait trois chaînes.

En outre les ressources manquent. Celles-ci viennent pour l'essentiel de la redevance qui dépend du vote du Parlement. Par démagogie politique les députés ne vont jamais l'augmenter proportionnellement à l'élévation du niveau de vie. La publicité de marque est enfin admise pour pallier les difficultés financières, après des querelles byzantines, en 1968. Elle ouvre de nouvelles possibilités financières, mais lentement : deux minutes en 1968 ; dix en 1970 ; treize en 1972 ; dix-huit en 1981. La mise en place d'un nouveau système comptable et budgétaire à partir de 1969 devait améliorer la gestion de l'ensemble. Mais il est plaqué sur une structure inchangée, ou plus exactement il essaye de rationaliser l'administration alors que ce sont les rapports entre celle-ci et la production, ainsi que les normes de production, qu'il faudrait changer.

En réalité les outils de gestion budgétaire ont été appliqués sans tenir compte de la spécificité de l'activité télévisuelle et surtout en oubliant que chaque genre télévisuel, à la limite chaque émission requiert un mode de calcul particulier. À ce manque de souplesse dans le maniement des outils de gestion —

1. *Des chiffres pour la culture, op. cit.*, p. 289.

mais qui renvoie tout à fait à une conception administrative de la production — est venu s'ajouter un contresens. Ce qui n'était que des outils de gestion budgétaire a eu tendance à se transformer en normes de gestion (une norme de budget est par exemple affectée à un documentaire, et quel que soit le sujet, l'administrateur du budget applique cette norme).

Le résultat a été un dialogue de sourds entre directions et professionnels. Les premiers parlent de gâchis et de nécessaire réorganisation, les seconds de création écrasée par la bureaucratie.

La croissance du pouvoir des gestionnaires répondait à un double objectif. Le premier était de contrôler un organisme énorme dont l'impact est considérable : quatre millions quatre cent mille récepteurs en 1964 pour une chaîne, quatorze millions en 1974 pour trois chaînes. L'O.R.T.F. regroupe plus de douze mille personnes dont la plupart sont syndiquées et protégées par un statut avantageux. Et selon le gouvernement, le personnel de la télévision est globalement favorable à l'opposition. Le second objectif était d'arriver à introduire un peu de rationalité économique, donc à exercer un contrôle sur les réalisateurs. Ceux-ci, grâce à leur statut de 1963, sont à la fois auteurs et maîtres d'œuvre de leurs émissions. Comme le dit J. Thibau, qui les pratique en tant que directeur général adjoint : « En 1963 les réalisateurs parviennent à institutionnaliser un corporatisme strict. Le protocole des réalisateurs lie la télévision de manière étroite. Une commission de recrutement impose et surveille une politique restrictive et malthusienne. L'accès de la télévision est barré aux talents de l'extérieur. À l'intérieur les personnels de l'office, notamment les assistants, seront soumis à un long apprentissage, pour ne pas dire un long servage, avant de pouvoir prétendre à pénétrer dans le saint des saints : la réalisation.[1] »

Cela veut dire concrètement que les réalisateurs sont maîtres de la production et que rien ne peut se faire sans eux. Leur monopole et leur corporatisme ont une influence directe à une époque où il faut justement diversifier cette production. En outre la plupart d'entre eux refusent la logique économique, trop proche de l'économie de profit dont le cinéma, à leur avis, souffre tant. Ils n'y voient qu'augmentation du contrôle, perte d'autonomie, réduction des moyens, subordination croissante à des administratifs bornés et tout-puissants.

C'est au travers une succession de réformes internes que les

1. J. Thibau, *Une télévision pour tous les Français*, Seuil, Paris, 1970, pp. 97-98.

directions vont s'imposer et retirer aux réalisateurs le pouvoir qu'ils avaient conquis.

Le changement du rapport de forces s'est fait en deux temps. Le premier est à l'initiative des réalisateurs avec la grande grève de 1965 qu'ils perdent, contrairement à celle de 1954, qui avait assis leur puissance. Cette grève sonne un peu le glas de leur domination exclusive. Ils conservent certes un statut très privilégié, mais la profession est obligée de s'ouvrir, notamment aux professionnels du cinéma, attirés par une télévision en pleine expansion. Le nombre de réalisateurs passe de deux cent cinquante en 1964 à cinq cents en 1965. Des réalisateurs non homologués travaillent sur des émissions prestigieuses (*Zoom*, *Caméra 3*...).

Le deuxième temps fort est la réforme interne de 1972 qui instaure une séparation nette entre les moyens de production et les programmes. Ceci afin de régler le problème de la production, c'est-à-dire essayer d'en maîtriser les coûts. Avant 1970 il y avait trois autorités : la direction des programmes ; la direction des services techniques ; la direction de la production. Les réalisateurs étaient en fait les seuls à faire la liaison entre elles. Après la réforme il y a une direction des programmes et une même autorité pour les services techniques et de production : la régie de production. Cela renforce la direction des programmes en lui donnant un interlocuteur unique, dont le rôle ainsi mieux défini doit être contrôlable. La réforme introduit un peu plus de clarté ; on sait mieux qui fait quoi, mais appliquée, elle aussi, avec une mentalité administrative, elle crée de nouvelles rigidités. En principe elle doit conduire à une meilleure vision des coûts et de l'économie de la production. Elle aboutit en tout cas à réduire le rôle des réalisateurs. Ils ne sont plus les interlocuteurs directs. Ils sont décentrés, ayant en face d'eux des chefs de service responsables de la production. Ils ont l'impression d'être relégués au rang de « fabricants d'images » sous l'autorité de bureaucrates gestionnaires auxquels ils reprochent de ne pas s'intéresser à la création audiovisuelle. On ne parle plus que de planification et de normes.

Le sentiment de dévalorisation est renforcé par le rôle croissant des producteurs qui gèrent une ou plusieurs émissions et qui ne doivent plus systématiquement passer par les réalisateurs pour accéder aux directions (G. Lux ; J. Nohain ; A. Decaux ; A. Castelot ; A. Jammot ; É. Victor ; P. Desgraupes ; J. Joubert ; P. Lazareff ; J.-C. Bringuier ; M.-P. Fouchet ; P. Dumayet ; P. Tchernia...). Certains producteurs sont réalisateurs ou le deviennent par ce biais. D'autres non. En tout cas leur position entre les réalisateurs et les administratifs montre bien l'évolution de la télévision.

Par ailleurs, l'augmentation du nombre d'émissions en plateau limite leur marge de manœuvre, car le rôle du réalisateur dans ce genre d'émission a beaucoup moins d'importance que dans une dramatique. Enfin, la séparation des moyens de production et de programmation finit de leur retirer leur milieu naturel et leur base d'influence. Á la fin de cette période les réalisateurs ont perdu une bonne partie de leur pouvoir au profit des technocrates, parfois même des journalistes ou des producteurs, symboles de l'importance croissante des problèmes de coût, de rentabilité et de programmation : trois mots de plus en plus obsédants à la télévision. Cette transformation de l'organisation du travail dépasse largement le cas des réalisateurs puisqu'elle affecte tous les stades de la production.

Auteurs, producteurs, gestionnaires, réalisateurs, techniciens, comédiens, journalistes, administratifs se côtoient, chacun apportant sa contribution et son talent à une production de plus en plus complexe que personne ne semble plus maîtriser. C'est presque l'anonymat. En tout cas souvent la bureaucratie. La communication est de plus en plus difficile. Tout se fige et se hiérarchise dans des règles où cohabitent en permanence deux hiérarchies, celle qui est légale et l'autre, qui est réelle.

Que devient la programmation dans cette période de grande expansion où les principaux styles s'imposent définitivement et où la télévision bascule du modèle culturel au modèle de divertissement ? La croissance de la télévision et les mutations de la société française ont eu raison en partie des projets des fondateurs. Mais il faut dire ici que certains professionnels, souvent les plus dynamiques, se sont parfaitement adaptés à cette évolution quand ils n'y ont pas contribué directement, considérant que la télévision devait évoluer avec son temps et offrir ce que le public attend. C'est aussi la grande décennie de la société de consommation de masse, celle où une partie des élites éclairées et des intellectuels qui ont participé ou soutenu la télévision à ses débuts, vont s'en éloigner, parfois avec d'autant plus d'amertume qu'ils estiment avoir été ignorés ou trahis.

Le divertissement et la distraction ont été d'ailleurs les mots d'ordre de la seconde chaîne qui commence en 1964, et ceci malgré les projets qui, à l'instar de B.B.C. 2, voulaient en faire une chaîne culturelle. Au début elle n'émet que dix-huit heures par semaine, mais cela assure progressivement le débouché nécessaire à l'augmentation de la production et à une diversification par genres d'émissions (variétés, jeux, sport, documentaires, feuilletons, séries, dramatiques). On remarque simplement une baisse réelle de prestige pour les dramatiques, sauf pour quelques réalisations comme le *Don Juan* de M. Bluwal en 1965.

La séparation des programmes des deux chaînes à partir de 1970 va incontestablement favoriser l'émergence d'une certaine concurrence et une attention particulière à l'audience. Bien sûr cette autonomie se fera avec difficulté, les deux directions ayant tendance à jouer la même programmation, provoquant des réactions négatives d'une partie du public qui réclamera davantage de coordination. Cette fameuse harmonisation tout à fait nécessaire, mais interprétée de manière différente selon les intégristes du service public et les autres, sera pendant de nombreuses années le moyen indirect utilisé pour s'opposer à l'idée de la séparation des chaînes.

C'est vis-à-vis de la jeunesse, il est vrai particulièrement nombreuse dans cette période, que l'on remarque le plus d'efforts. Sont créés, par exemple, l'émission *Seize millions de jeunes* de A.Harris et A. de Sedouy (1964), ou le magazine mensuel *Dim, Dam, Dom* D. de Galard sur la deuième chaîne en 1965. É. Victor, en lançant *Les femmes aussi* en 1964, fait également figure de pionnière. Mais on est frappé de remarquer combien tout cela était sage, si sage que l'on comprend un peu rétrospectivement pourquoi le monde des adultes a pu être surpris par mai 1968, tant la télévision était dans l'ensemble incapable de refléter ce qui au travers la musique, les modes de vie, les problèmes scolaires, les mœurs... apparaissait cependant comme une époque de réels changements. Seul le cinéma, à sa façon, avec la nouvelle vague, reflétait cette modernité.

On trouve aussi pour les plus jeunes *Le manège enchanté* de S. Danot (1964). Seuls *Les Shaddoks* de J. Rouxel et R. Borg (1968) sont une tentative réussie, mais sans lendemain, d'humour à froid. Peu d'émissions font scandale, en dehors de celle de J.-C. Averty qui, à partir de 1963 avec *Les raisins verts* ou *Ubu roi* en 1965, est probablement un des réalisateurs français qui a le plus essayé de créer un style d'images et d'émissions propres à la télévision. Mais l'ordre moral est tout de même la valeur dominante : en 1967 on supprime *Permis la nuit* de M. Caste, qui une fois par semaine, le vendredi soir, tard, cherche un style nouveau. Et en 1965 on a supprimé *La caméra explore le temps* (A. Castelot, A. Decaux, S. Lorenzi) apparemment parce qu'il s'agit d'une vieille émission (1956), en réalité parce qu'elle aborde des sujets jugés trop souvent subversifs et que S. Lorenzi est communiste !

Non, l'innovation reste dans l'ensemble prudente. Certaines nouveautés ont du succès, comme *La caméra invisible* (1964), *Post scriptum* de M. Polac (1970), *Le grand échiquier* de J. Chancel sur la deuxième chaîne en 1972, ou *Ouvrez les guillemets* de B. Pivot en 1973 sur la même chaîne.

Ce sont les feuilletons qui ont encore la vedette : *Rocambole* (1964), *Belphégor* (Cl. Barma, J. Armand, 1965), *Vidocq* (1967), *Jacquou le Croquant* (S. Lorenzi, 1969). En 1970 on met en place un « bureau central des textes, idées et projets d'émissions » pour élargir la création télévisée qui souffre déjà d'un manque de renouvellement. En 1970, par exemple, sur quatre cent quarante heures de séries diffusées, et qui représentent les gros succès de la télévision, il n'y a que deux cent six heures françaises. On manque de talents, d'auteurs, de réalisateurs. Et pas seulement de moyens comme on l'entend trop souvent dire. Les jeux ont toujours autant de succès (*Interneiges* et *Jeux sans frontières* en 1965, *Le Schmilblic* en 1969, *Les chiffres et les lettres* en 1972), ainsi d'ailleurs que les variétés. Celles-ci sont même le fer de lance de la politique du premier président directeur général de l'O.R.T.F., A. Conte, en 1972, qui veut « faire éclater les forces de la joie » et faire rire et chanter les Français. Tous n'apprécient pas ! Quant au sport, il continue sa spectaculaire ascension, symbolisée par le succès des Jeux olympiques d'hiver de Grenoble (1968) avec plus de cent heures de direct, cent cinquante caméras et mille techniciens mobilisés !

Enfin le dernier secteur en expansion est... le cinéma. La période se termine par un raidissement des relations entre la télévision et le cinéma. Les téléspectateurs réclament d'autant plus de films que la télévision n'arrive pas à produire des œuvres originales satisfaisantes. Mais de ce fait elle vide les salles. En 1960, le cinéma faisait trois cent cinquante-cinq millions d'entrées, en 1971 il n'en fait plus que cent soixante-quinze millions [1]. La télévision n'est d'ailleurs probablement pas la seule cause de cette réduction puisque l'élévation du niveau de vie se traduit également par une diversification des loisirs. En tout cas, l'industrie du cinéma crie à la faillite et pour réduire le « pillage du cinéma » par la télévision, l'O.R.T.F. décide de limiter le nombre de films diffusés, quatre cent cinquante en 1972 pour cinq mille sept cents heures de programmes. Mais ces films obtiennent les meilleurs taux d'audience...

Quant à l'information elle va faire l'objet dans cette période des affrontements les plus violents. On a vu que la croissance de la télévision suscite naturellement une crainte de la part des pouvoirs publics. Pendant dix ans, ceux-ci vont pratiquer une politique de « stop and go », maniant la répression la plus nette comme en 1968, ou l'ouverture comme sous le gouvernement Chaban-Delmas.

1. « L'entreprise O.R.T.F. », *Projet*, mars 1973.

Le grand changement pour l'information vient de la campagne présidentielle de 1965. Pour la première fois l'opposition s'exprime longuement à la télévision. C'est une révélation. Jamais plus elle ne pourra être absente ou minorée comme elle l'était auparavant. D'autant plus qu'elle a mis en ballottage le général de Gaulle. Ce changement se manifeste par le lancement de nouveaux magazines comme *Zoom* ou *Face à face* de J. Farran et I. Barrère sur la deuxième chaîne en 1966. Ils traitent de sujets qui dépassent le champ traditionnel de la politique. Mais le libéralisme, même au sein des gaullistes, n'est pas partagé par tous, en témoigne le limogeage de J. Thibau en 1967, pourtant ancien membre du cabinet de A. Peyrefitte, longtemps ministre de l'Information.

Mai 1968 est le meilleur exemple du décalage entre la réalité politique et ce qu'en montre la télévision. Jusqu'au 10 mai inclus, pourtant première nuit des barricades, l'information ne traite pas ou très peu des événements. Le 11, vingt-six producteurs et réalisateurs des émissions les plus prestigieuses *(Cinq colonnes à la Une, Zoom, Caméra 3, Pas une seconde à perdre...)* réclament une profonde réforme de l'information. Il est d'ailleurs frappant de constater que ce ne sont pas les journalistes qui, en 1968, ont initié le mouvement. Ce sont les producteurs de magazines, c'est-à-dire ceux qui étaient les plus autonomes et les plus critiques à l'égard de l'O.R.T.F. Leur prise de position portait surtout sur l'autonomie professionnelle à l'égard du pouvoir politique. Les réalisateurs suivront, sur la base d'un engagement politique plus marqué. Les journalistes s'engageront les derniers et oscilleront entre ces deux pôles. Ils mèneront par contre un mouvement très dur. Après avoir voté la grève, ils élisent un « comité des dix » (Delannoy, Meunier, Beunat, de la Taille, de Closets, Saulnier, Honorin, Lanzi, Pottecher, Friang) pour veiller à l'objectivité de l'information[1]. Ils sont rejoints peu après par les journalistes sportifs, R. Chapatte et J. Choupin.

Le 21 et le 22, pour la première fois dans l'histoire de la télévision française, un débat de l'Assemblée nationale (sur la motion de censure) est retransmis en direct, et non pas en différé, après montage. Le 25, tous les journalistes se mettent en grève, l'information est faite par des journalistes non grévistes; l'intersyndicale ne cautionne plus le journal télévisé. Le 6 juin débute l'opération Jéricho où les personnels de l'O.R.T.F. tournent autour de la Maison de la Radio. L'O.R.T.F. reste en grève, tandis qu'ailleurs le mouvement est à la reprise. Celle-ci n'aura lieu qu'à la fin juin, c'est-à-dire pratiquement après tout le monde. La longueur de ce conflit suffit à en montrer l'importance. Ainsi

1. Claude Frédéric, *Libérer l'O.R.T.F.*, Seuil, Paris, 1968, pp. 57-58.

d'ailleurs que la répression qui ne se fait pas attendre ! La plupart des journalistes du « comité des dix » sont renvoyés, et d'autres, au total plus de deux cents...

Beaucoup d'émissions « subversives » sont supprimées (*Cinq colonnes, Panorama, Lecture pour tous, En votre âme et conscience, Livre mon ami, Tour du monde, Zoom, Seize millions de jeunes...).* La répression va d'ailleurs bien au-delà des journalistes. Elle touche tout ce qui bouge. Le détail des faits montre l'extraordinaire contrôle politique qui pesait à l'époque sur la télévision, et les progrès qui ont été réalisés en quinze ans. On comprend très bien que tous ceux qui ont vécu cette période ne l'ont guère oubliée. Mais curieusement ces événements, au lieu d'inciter à réfléchir sur les limites d'une télévision d'État, ont provoqué chez la plupart des journalistes une réaction d'ordre purement politique. Ils ont vu dans le pouvoir de droite la cause essentielle de ce qui s'était passé au lieu d'y voir la caricature d'une télévision de service public trop proche du pouvoir politique quel qu'il soit. Ils faisaient ainsi l'économie d'une analyse probablement plus douloureuse sur le contrôle politique des télévisions de service public, quel que soit le pouvoir en place.

En fait, la violence de la répression politique pouvait susciter deux réactions : soit une hostilité croissante à l'égard de la télévision de service public incapable de s'autonomiser par rapport à l'État, soit une analyse en terme strictement politique de Gauche et de Droite. Ce fut la seconde qui l'emporta. C'était une facilité qui permettait aux journalistes de ne pas réfléchir sur leurs responsabilités propres.

Les événements d'après mai 1981 ont montré l'inconvénient de cette situation, c'est-à-dire l'incapacité de ce groupe professionnel à construire sa propre légitimité, et donc son autorité et son indépendance. Le salut, contrairement à ce que beaucoup espéraient, n'est pas venu de la Gauche. En tout cas, à l'automne 1968, la télévision est enfin propre, c'est-à-dire vide et insipide.

On a vu que c'est sous le gouvernement Chaban-Delmas (juin 1969-juillet 1972) que la répression s'arrête. Et comme si le pendule avait réellement été trop loin, il y aura un certain nombre de réformes qui resteront définitivement acquises. La plus importante a été incontestablement la création de deux unités indépendantes d'information. La suppression du ministère de l'Information est également considérée comme un progrès, car il est le symbole incontestable du lien entre le pouvoir politique et la télévision. Il sera d'ailleurs rétabli plus tard...

L'année 1970, avec l'augmentation de la durée des journaux télévisés, la création de nouveaux magazines comme *Vingtième siècle, A armes égales,* constitue pour l'information, comme pour le reste de la télévision, une année faste. Mais déjà le vent tourne.

Le scandale fait par M. Clavel le 13 décembre 1971 lors de l'émission *À armes égales,* qu'il quitte en criant ce formidable « Messieurs les censeurs bonsoir ! » traduit le changement d'atmosphère. Les deux dernières années sont plus sombres. L'autonomie des journaux est supprimée : ils sont rattachés aux directeurs des chaînes dont les pouvoirs sont accrus. Et c'est G. Pompidou qui, lors de sa fameuse conférence de presse du 21 septembre 1973, exprime la philosophie générale : « Qu'on le veuille ou non — et je sais qu'il y en a qui ne me croient pas — le journaliste de télévision n'est pas tout à fait un journaliste comme les autres. Il a des responsabilités particulières. Qu'on le veuille ou non, la télévision est considérée comme la voix de la France, et par les Français, et par l'étranger. Et cela impose une certaine réserve, et pour des raisons évidentes : la première, c'est que les responsabilités d'un informateur sont fonction des moyens qu'il a à sa disposition, et que les moyens de la télévision sont sans commune mesure avec les autres. Et la deuxième, c'est qu'ils ont à l'heure actuelle un monopole...[1] »

Cette philosophie qui fait tant réagir l'étranger ne réveille pas en France d'indignation profonde. Il faut dire que si la Gauche reproche à la Droite de confisquer cette « voix de la France », elle n'est pas loin de penser au fond d'elle-même qu'une fois au pouvoir cette voix pourrait bien lui être utile...

La télévision française est d'autant plus déchirée par les affrontements idéologiques que beaucoup de ceux qui y travaillent ou la dirigent partagent finalement les mêmes valeurs et notamment une espèce de réticence à l'égard de la liberté de communication. Ce consensus explique d'ailleurs les lenteurs d'évolution de notre système audiovisuel. En 1974 nous sommes le seul pays européen à disposer de trois chaînes publiques auxquelles sont refusées l'autonomie de fait et la décentralisation, et encore plus l'idée de concurrence.

C'est ainsi que progressivement le système devient ingouvernable parce qu'il est pris entre deux logiques antagoniques. Celle du monopole, hostile à l'autonomie des chaînes, celle des chaînes qui n'osent pas tirer les conséquences commerciales, financières, culturelles de leur propre existence. La contradiction paraît insurmontable. C'est la loi de 1974 qui va trancher, certes mal, mais trancher tout de même ce nœud gordien en ne faisant que traduire dans les textes ce qui existe déjà dans les faits. Mais la violence des réactions suscitées par cette loi pendant les sept

1. Cf. D. Bombardier, *La voix de la France,* Robert Laffont, Paris, 1975, p. 120.

années de son application suffit à montrer le profond consensus, à la fin de cette période, contre toute disparition de l'O.R.T.F.

En 1973 les modernistes sont encore peu nombreux et taxés de réactionnaires qui se dissimulent. La France est, en effet, le seul pays où la liberté de communication est considérée, pour ce qui a trait à la télévision, comme la preuve définitive d'une adhésion au modèle de la télévision commerciale, médiocre et appauvrissante.

4. 1974-1981 : LA CONCURRENCE DANS LE SERVICE PUBLIC

En 1974 l'O.R.T.F. était encore une administration proche du pouvoir politique, une bureaucratie fortement marquée par le pouvoir syndical et une activité de création de plus en plus assujettie à la logique économique. Comme ses consœurs (B.B.C.-R.A.I.) elle était de moins en moins gouvernable. C'est dans ce contexte que fut votée, trop rapidement, la loi de 1974.

En faisant éclater l'O.R.T.F. en sept sociétés, dont trois sociétés de programme indépendantes et une société de production (S.E.P.) et en les rendant en partie concurrentes à l'intérieur du Service public, cette loi représentait à la fois l'aboutissement d'un processus et une rupture importante dans l'histoire de la télévision française. C'était vingt-cinq ans de collaboration, de proximité, de conflits, de jalousie et d'habitudes dans un milieu à la fois individualiste, égoïste mais aussi solidaire qui volait en éclat. Le traumatisme fut réel, ne s'effaça pas, et explique l'hostilité d'une partie du milieu, toutes catégories confondues, à l'égard de cette réforme. En témoignent ces propos de J.-C. Averty qui pourtant avait été plus d'une fois freiné dans son travail par la bureaucratie de l'office : « J'ai ressenti cette fin de l'O.R.T.F. comme une blessure personnelle, parce que l'O.R.T.F., je lui devais tout. Il m'avait fait et, somme toute, je l'avais bien servi, je n'avais pas volé l'argent qu'il m'avait donné. Il m'avait permis d'être le peu que je suis, c'est-à-dire un créateur en marge d'une immense administration. L'O.R.T.F., malgré son gigantisme, avait engendré un certain nombre d'individualités. Il y avait eu Bluwal, Badel, Mitrani, Santelli, Sangla, Prat, Krier, Faillevic, Desfons, Moati... L'O.R.T.F., bien que mammouthien et éléphantesque, avait réussi à produire des épiphénomènes qui étaient des phénomènes. Ce gros navire pouvait flotter et subir des tempêtes, et de toute façon on pouvait s'accrocher au bastingage. Alors qu'il n'est pas prouvé que les petits bateaux qui ont été ensuite lancés puissent tenir la mer. Ils la tiennent mal en fait.[1] »

L'hostilité ne vint pas d'une détérioration des statuts puisque dans la plupart des sociétés, à quelques détails près, ceux de l'ex-O.R.T.F. étaient reconduits. Non, elle vint d'une réaction d'ordre sentimental et idéologique. Le monstre O.R.T.F. était devenu ingouvernable, trop bureaucratisé et improductif. Tout le monde le disait, mais de là à le faire disparaître... Pourtant la principale qualité de la nouvelle loi était justement de prendre acte de cette situation. Elle créait des sociétés indépendantes, de taille moyenne, et concevait définitivement la télévision comme une entreprise de spectacle nécessairement confrontée à la concurrence.

Le principal reproche que l'on puisse faire à ce texte est d'être resté à mi-chemin entre l'aménagement de ce qui existait et une réelle modernisation du service public. La difficulté à choisir entre ces options reflétait d'ailleurs moins une opposition Gauche-Droite qu'un clivage moderniste-conservateur. Et les deux ne se recouvrent pas. Les modernistes, à l'intérieur de la majorité politique de l'époque, étaient minoritaires. Ils s'opposaient au courant conservateur dominant, ainsi qu'à la plus grande partie de la Gauche, qui au nom des grands principes prônaient l'unité du Service public et le refus d'une télévision privée. À supposer qu'il y ait eu une réelle volonté de réforme du système audiovisuel en 1974, celle-ci ne put jamais aboutir tant le rapport de forces politique était défavorable. Il faut d'ailleurs préciser que les modernistes étaient davantage libéraux sur le plan économique que sur le plan politique. Ils étaient favorables à des sociétés de programmes autonomes, jouant le jeu économique pour se préparer à une concurrence que tout, dès cette époque, annonçait à l'horizon 1985-1990, mais ils ne se résignaient pas à renoncer à la pratique ancienne du contrôle politique sur la télévision.

C'est ce contexte à la fois politique et idéologique qui explique le caractère intermédiaire et inachevé de la réforme de 1974. Il n'était peut-être pas possible, compte tenu du rapport de forces en présence, d'aller plus loin.

Le résultat a été une loi ambiguë. Et cette ambiguïté a duré tout le septennat, dépassant d'ailleurs largement le cadre de la télévision pour caractériser toute la politique de communication à travers les décisions concernant le câblage des villes, la vidéotransmission (1977) et le satellite de diffusion directe (1979).

Cette ambiguïté de la politique de communication s'est traduite par une double contradiction politique. La première

1. Cité par J. Siclier, *Un homme Averty*, J.-C. Simoën, 1976, pp. 185-186.

concerne l'organisation du service public audiovisuel existant. L'indépendance affirmée dans les textes était difficilement applicable puisque les P.-D.G. étaient nommés en conseil des ministres. Si l'influence du pouvoir politique fut moins forte que dans la période précédente, elle demeura, surtout jusqu'en 1976, par habitudes, pressions directes et autocensure, d'une force supérieure à la moyenne européenne. La lourdeur du cahier des charges et le vote annuel du budget de la télévision par le Parlement remettait régulièrement celle-ci au cœur du débat.

Ensuite le principe de concurrence, admis au sein du service public, ne fut jamais accompagné de son complément naturel, à savoir le droit à l'existence de radios et de télévisions privées, même locales. Toutes les tentatives de radios locales furent réprimées, la Droite craignant, dans une conception bien française de politisation du champ de la communication, que l'extension des possibilités d'expression fût favorable à la Gauche. En tout cas, le seul projet — intitulé T.V.C.S. — non pas de télévision privée, mais simplement d'émissions à caractère privé et payantes, fut un échec. Ce projet conçu par Antenne 2, avec des sociétés privées, était pourtant contrôlé par le service public. Il fut finalement rejeté par le conseil d'État. Ainsi en matière de privatisation rien ne changeait depuis le premier projet de « canal 10 » en 1970.

La coordination des programmes prévue par les textes ne fut jamais réellement menée par le ministre de la Communication qui avait la tutelle des sociétés de programme. En outre F.R.3., qui devait essentiellement être une chaîne régionale, devenait simultanément, par le cahier des charges, la chaîne du cinéma (cinq films par semaine), brouillant complètement les conditions de la concurrence entre les deux autres sociétés. Ainsi la loi qui devait enfin reconnaître et organiser une concurrence vieille déjà de dix ans était-elle incapable de le faire. Le centralisme, l'absence de confiance accordée aux dirigeants et la volonté de garder indirectement le contrôle sur la télévision expliquent la contradiction entre l'indépendance assurée par la loi et une pratique poursuivant encore trop les habitudes précédentes.

La seconde contradiction politique concerne les mesures en faveur des nouvelles technologies. Le conseil des ministres de décembre 1973 avait décidé le câblage de sept villes de France pour expérimenter les services locaux. Toutes ces villes furent câblées mais, à l'exception de Grenoble, aucune ne put réellement passer au stade de la diffusion d'images. Les projets locaux, trop vite analysés en termes purement politiques, ne purent jamais contourner la conjonction de la résistance passive organisée par des journaux régionaux craignant pour leur avenir, et les atermoiements des pouvoirs publics qui ne concevaient pas d'abandonner leurs prérogatives. Et le retard de la France en matière de câble s'est aggravé pendant cette période.

La même réaction a eu lieu pour les projets de vidéotransmission où, par un système de relais, des émissions de télévision pouvaient être vues sur grand écran de cinéma, simultanément dans plusieurs villes de France. Le projet avait été arrêté en avril 1975 en conseil interministériel et mobilisait à la fois les chaînes, la S.F.P., T.D.F. Cinq expériences eurent lieu en Auvergne au printemps 1977 (Clermont-Ferrand, Vichy, Issoire, Riom et Thiers). Mais là aussi les difficultés économiques de la S.F.P., la résistance de l'industrie cinématographique qui voyait là une concurrence déloyale, puis le départ de J.-Ch. Edeline qui en avait été l'inspirateur, expliquent l'arrêt d'une expérience qui avait peut-être été mal pensée sur le plan financier, mais qui offrait une diversification possible des supports d'émissions et peut-être, en définitive, une possibilité d'augmentation de la production.

Enfin en 1979 la décision de construire, en collaboration avec les Allemands, un satellite de diffusion directe qui doit commencer à émettre en 1985-1986 a été prise sans mesures d'accompagnement. Très peu de responsables à l'époque comprirent ce que cela impliquait pour les programmes, c'est-à-dire, à terme, un doublement de la capacité de production.

Pour rendre le projet viable, il aurait fallu prendre des mesures pour élargir et diversifier l'industrie des programmes. Alors pourquoi ce décalage ? Parce que l'on a conçu le satellite de diffusion directe dans une logique de concurrence industrielle par rapport aux autres projets européens et américains plutôt que comme un instrument d'une politique de communication. On s'est intéressé aux tuyaux et non aux programmes, aux techniques et non aux services. Le contenu était un « résidu » de la politique. Par exemple, on a longtemps pensé que le satellite de diffusion directe servirait à diffuser les deux chaînes nationales existantes. Le satellite n'aurait servi qu'à doubler un réseau de distribution au sol déjà largement performant. Ce problème était perceptible dès le premier jour, bien que très peu l'aient soulevé. Le modernisme technologique était à la mode, mais la communication audiovisuelle restait dangereuse. L'État giscardien continuait finalement la politique de ses prédécesseurs, centraliste et méfiante à l'égard des images.

Cette contradiction à l'égard des nouvelles technologies reflète d'ailleurs bien la position française en matière de télévision. Au moment où la France a rattrapé un certain retard d'équipement, pour investir à juste titre dans les nouveaux supports, on oublie que l'industrie d'images est incapable de satisfaire les besoins existants et que l'avenir dépend d'une politique simultanée des programmes et des supports. Donc d'un élargissement considérable des capacités de production du secteur public et de l'acceptation d'un secteur privé.

À ces contradictions d'ordre politique s'en ajoutent d'autres, d'ordre économique. D'abord on reconnaît l'indépendance des chaînes de télévision mais on ne leur accorde pas la maîtrise des ressources. Celles-ci dépendent chaque année d'un vote du Parlement qui ne permettra jamais d'augmenter suffisamment le taux de la redevance pour satisfaire aux besoins croissants de la production. Quant à la publicité elle est plafonnée à 25 % des ressources globales de l'audiovisuel public.

Ensuite on autonomise le secteur de production (S.F.P.) pour l'obliger à établir des relations de marché avec les sociétés de programme. Mais simultanément on oblige les chaînes à passer 90 % de leurs commandes à la S.F.P. Cette part de production garantie devait baisser au fur et à mesure, mais ne diminua pas du fait de la pression des syndicats et de la crise financière de la S.F.P. On se retrouva alors dans la situation antérieure d'un marché protégé ou plutôt d'une absence de marché. La S.F.P. ne pouvait contrôler ses coûts de production puisque le cahier des charges lui garantissait une commande annuelle automatique.

Les conditions de la concurrence entre les secteurs public et privé de la production étaient donc complètement faussées. La S.F.P. restait dans la logique de l'O.R.T.F., celle d'un prestataire unique de service, alors que les sociétés de programmes s'engageaient dans un processus de concurrence.

D'un côté on séparait en trois ce que de l'autre on conservait en un. Il aurait fallu transformer la S.F.P. en deux ou trois unités autonomes correspondant aux grandes fonctions de production. Ce qui aurait permis aux sociétés de programmes d'avoir comme interlocuteurs des prestataires de services assujettis plus ou moins à la même logique qu'eux. À tout le moins il fallait contraindre la S.F.P. à se comporter comme une entreprise sur un marché, c'est-à-dire avec l'obligation de rechercher des clients publics et privés susceptibles d'offrir des services à des prix comparables à ceux du secteur privé. Ou bien il fallait maintenir en l'état l'O.R.T.F. ou bien appliquer au système de production la même mutation qu'aux sociétés de programmes.

Ces conditions de départ faussées furent aggravées par la pratique. La S.F.P. ne réussit jamais à trouver son équilibre financier, notamment à cause de sa politique d'investissement et sa difficulté à rationaliser ses coûts de production et de gestion. La crise financière de 1978 à 1979 et la grève traduisirent le profond désarroi d'un milieu qui, après avoir eu le sentiment de « faire » la télévision, ne supportait plus d'être un simple façonnier. Les causes psychologiques et morales ont toujours joué un rôle important dans la détérioration de la S.F.P. Le personnel avait le sentiment d'être ni aimé ni accepté. Le prestige allait aux sociétés de programmes, pas à eux. Aux chaînes l'image moderniste, à la S.F.P., les restes de l'O.R.T.F.

Quant aux chaînes elles avaient l'impression de secourir la S.F.P. par obligation. Celle-ci en imposant ses règles, ses rythmes et ses coûts le leur rendait bien. La collaboration virait au rapport de forces. De plus l'évolution de la production audiovisuelle ne favorisait pas la S.F.P. La logique du marché va dans le sens de la spécialisation des sociétés de production (film, vidéo légère, vidéo lourde, montage, trucage, édition, etc.) alors que la S.F.P. demeure une entreprise multi-services. Des sociétés privées se sont spécialisées dans la gestion de la production, développant ainsi un savoir-faire et une efficacité supérieurs à ceux de la S.F.P. Aussi les sociétés de programmes ont souvent la tentation de faire appel à des sociétés privées comme maîtres d'œuvre dans la production d'émissions et leur demandent d'utiliser les moyens techniques de la S.F.P., qui se transforme alors en société de sous-traitance. En tout cas, à partir du moment où la réforme échouait dans la réorganisation de la S.F.P., celle-ci restant plus chère, plus lourde, moins innovante que le secteur privé, il était difficile de faire prévaloir la qualité professionnelle de la production publique.

Le sauvetage financier de 1979 n'a pas rétabli de relations de confiance et la S.F.P. s'est pratiquement retrouvée dans un statut d'assistée. En fait celle-ci souffre de handicaps qui seront difficilement surmontés. Elle a d'abord trop de personnel permanent pour une activité saisonnière qui subit de nombreux à-coups. Il lui manque ensuite un corps de directeurs de production suffisamment compétents pour disposer de l'autorité nécessaire au contrôle des coûts de production. Enfin l'état d'esprit général n'est pas assez entreprenant. Ainsi la réforme de 1974, tout en coupant courageusement avec vingt-cinq ans de pratique, avait-elle l'inconvénient de ne pas changer profondément les règles du jeu politique et économique.

Cette politique contradictoire de la communication qui, pendant sept années, balance entre un libéralisme des propos et un étatisme des faits, explique en bonne partie le contresens permanent sur la notion de *concurrence*. D'un côté, celle-ci sera considérée comme l'objectif à atteindre sans pour autant que des moyens concrets permettent sa mise en place. De l'autre, elle sera considérée comme la cause de tous les maux, car l'on aura oublié que la multiplication des chaînes l'impliquait à terme. Cette difficulté à imposer et à organiser la concurrence à l'intérieur du service public explique également le surinvestissement idéologique dont sera l'objet le thème de la télévision privée. Les défenseurs de l'unité du service public devineront dans la loi de 1974 les prémisses de ce qu'ils détestent et les autres sans le dire, y projetteront l'espoir, d'ailleurs un peu disproportionné, des changements qu'ils attendent.

C'est ainsi qu'en 1974 il va s'établir une sorte de déplacement des problèmes. Les professionnels, hostiles pour la plupart à l'éclatement de l'O.R.T.F. pour des raisons historiques et idéologiques, vont lui imputer la plupart des difficultés. L'insuffisance des moyens financiers qui va rapidement se faire sentir sera mise sur le compte de la concurrence. Un amalgame s'établira ainsi entre concurrence et baisse des ressources permettant même d'imputer à celle-ci des contraintes de rationalisation qui se seraient de toute façon imposées. Mais en mettant en cause l'insuffisance des moyens, les professionnels évitaient d'analyser comment l'ensemble des protections sociales, avantages directs et indirects et le poids des structures syndicales provoquaient des coûts de fonctionnement trop élevés, avec souvent une surcharge en personnel.

C'est le même contresens qui va marquer la dispute autour de la création. La majorité des professionnels expliquent sa faiblesse par la concurrence, ce qui leur évite de mettre en cause le malthusianisme de leur milieu et son manque de renouvellement. Et quand J.-Ch. Averty ira en 1976 à l'Élysée pour plaider la cause de la création audiovisuelle et la nécessité urgente de réformes, tout le monde sera d'accord, mais pour des raisons radicalement différentes. Pourtant les programmes n'étaient ni pires ni meilleurs qu'auparavant, simplement chacun attendait autre chose qui ne pouvait venir, compte tenu de l'état du système. Toute l'insatisfaction latente se reporta donc sur la réforme.

Cette ambiguïté s'est retrouvée dans le comportement du public. D'un côté celui-ci n'a cessé de demander davantage d'images, mais d'un autre il réclamait une coordination des programmes de plus en plus difficile à faire d'un strict point de vue matériel. Cette contradiction dans le comportement du public résultait du conflit entre trente ans d'habitudes où le programme était « offert » et non choisi et une évolution socio-culturelle qui allait vers une diversification de la programmation, donc vers une pratique du choix. En désirant à la fois davantage d'images et une harmonisation des chaînes, le public ne faisait lui aussi qu'exprimer les ambiguïtés de la télévision française. D'ailleurs les partisans d'un service public intégré n'ont pas manqué d'utiliser cette demande d'harmonisation pour démontrer que « même le public » était hostile à l'indépendance et à la concurrence des chaînes.

La réforme de 1974 va se traduire par l'affirmation du rôle des techno-gestionnaires qui auront plus de pouvoir que les directions précédentes parce qu'ils géreront des entreprises autonomes en concevant la production dans une logique de concurrence. Décidant de la production, gérant les budgets et les commandes à la S.F.P., mais aussi la programmation par l'organisation de la grille, ils concentrent en fait beaucoup de pouvoirs. D'autant que le nombre d'heures d'antenne augmente. Ils essayent de donner à la télévision une autonomie économique, administrative mais rarement politique.

Simultanément on assiste à une baisse du pouvoir des réalisateurs et il faut peut-être y voir l'origine de leur hostilité à cette réforme. Ils ne sont plus du tout au centre du dispositif de décision, mais simplement responsables d'une ou de plusieurs émissions. Les producteurs qui gèrent plusieurs émissions ou les programmateurs qui conçoivent la grille disposent souvent de plus de poids dans la maîtrise des programmes. Deux autres raisons expliquent également la réduction d'influence des réalisateurs.

D'abord l'augmentation du volume des programmes s'est faite essentiellement par le biais d'émissions de débats et discussions, en plateau, dont l'avantage est d'être peu onéreuses, mais dont l'inconvénient est de réduire la part d'initiative des réalisateurs. Dans une émission faite en plateau, on se souvient davantage des sujets discutés, de l'atmosphère, du rôle des journalistes que de celui du réalisateur.

Ensuite l'augmentation de la production ne s'est pas faite en rapport à l'augmentation des ressources. Avant 1974, il y avait sept mille heures d'antenne, après cette date, neuf mille cinq cents heures, mais sans augmentation correspondante des ressources. Le ratio franc-heure d'antenne a même diminué, du fait du faible coût de nombre d'émissions. Pour reprendre la formule syndicale, on a fait de la « télévision au rabais » en vantant la nécessité de multiplier et de diversifier les genres, mais sans moyens supplémentaires. Simultanément le nombre des réalisateurs a augmenté, sans qu'il y ait de distinction nette entre les réalisateurs-auteurs et les autres beaucoup plus nombreux. C'est-à-dire entre les quelques très bons réalisateurs et tous les autres.

Il s'est passé un phénomène classique mais en définitive toujours préjudiciable à une profession : chacun a fait comme s'il y avait une sorte d'égalité alors que tout indiquait le contraire. Au malaise lié à la réduction de leur place dans l'appareil de production s'est donc ajouté le sentiment d'un effritement de la communauté lié à son élargissement et à la nécessité d'en admettre bientôt une hiérarchisation.

Au lieu d'affronter cet indispensable examen de conscience, les réalisateurs se sont protégés derrière un discours global d'auto-défense, évitant d'analyser les transformations d'une profession où la multiplicité des genres et des émissions oblige à terme l'établissement d'une hiérarchie différente de celle existant aujourd'hui, qui porte paradoxalement non pas sur les réalisateurs mais sur le genre d'émissions. Aujourd'hui les émissions sont classées en cinq catégories et la rémunération du réalisateur est fonction de cette catégorie. La conséquence est que la rémunération se décide en fonction du type d'émission réalisé et non de la qualité et du talent du réalisateur.

Comme ces questions ne peuvent que susciter des conflits au sein de la corporation, on préfère insister sur l'insuffisance des ressources, bientôt chargée de tous les maux. Et la grève de 1976 des artistes-interprètes en vue d'obtenir la revalorisation de leur statut sera utilisée par les réalisateurs pour montrer que le problème principal de la télévision n'est pas celui de la transformation de leur métier, mais celui du manque de moyens pour une création authentique.

Le dialogue de sourds qui s'établit alors entre les directions et la plupart des réalisateurs reflétait deux manières de concevoir la télévision et allait bien au-delà d'un problème de ressources.

En réalité les techno-gestionnaires et les producteurs imposaient progressivement une conception de la création et de la télévision légèrement plus ouverte, en tout cas différente de celle partagée par la plus grande partie des réalisateurs depuis les débuts de la télévision. Au centre de ce débat le problème de savoir si la production et la programmation doivent se faire en fonction des sondages.

Les dirigeants affirmaient leur volonté de tenir compte des demandes du public mais niaient l'existence d'une « dictature des sondages » en montrant, chiffres à l'appui, nombre d'émissions pourtant peu regardées qui conservaient leur place. Les réalisateurs, eux, dénonçaient cette « dictature » et lui attribuaient l'étouffement de la création et la standardisation des produits. Mais ils visaient deux choses à la fois : l'évolution de la production vers des thèmes plus modernes et la nécessité de travailler dans une logique plus économique. Les sondages et la création étaient l'enjeu d'un conflit qui portait sur la conception que les uns et les autres se font de la télévision et des rapports entre production et programmation.

Jusqu'aux années 1970, la programmation se trouvait en aval

du processus de création et de production. Mais la croissance de la télévision et les réformes de 1962 et 1964 avaient commencé à renverser cette hiérarchie. En 1974 les fonctions de production et de programmation étant séparées, la télévision apparaissait principalement comme une activité de programmation. La programmation devenait un instrument d'action dans le jeu de différenciation des chaînes.

Cette place grandissante de la programmation correspondait d'ailleurs à une évolution que l'on retrouve dans les autres télévisions où la multiplication de l'offre conduit nécessairement à valoriser la programmation. Mais elle a pris, comme toujours, les traits d'un affrontement idéologique. Les réalisateurs étaient d'autant plus hostiles à ce renversement des rapports entre production et programmation que celui-ci s'accompagnait d'une évolution de la production vers ce qu'ils appelaient des « sujets faciles et commerciaux ». En outre cette double transformation s'accompagnait d'une baisse de leur influence au profit de celle des techno-gestionnaires. Les réalisateurs, en dénonçant le système centralisé, bureaucratique et aveugle des techno-gestionnaires critiquaient donc en même temps une situation hiérarchique nouvelle et une conception de la création qu'ils ne partageaient pas.

Les réalisateurs portaient cependant une part de responsabilité dans ce qui leur arrivait. Confortablement protégés par les différents statuts obtenus au long des années et quasiment considérés comme les dépositaires de la création, ils n'avaient pas su utiliser cette place privilégiée pour la faire évoluer. Ils se sont enfermés dans un malthusianisme frileux, ne profitant pas de la croissance de la télévision pour diversifier les genres des programmes, dénonçant même au contraire chaque étape nouvelle comme une trahison du service public.

Le rôle croissant des producteurs et des programmateurs ne trouvait donc pas seulement son origine dans une prise en compte de la logique économique ou de la concurrence, mais aussi dans l'incapacité des réalisateurs à faire évoluer la création en fonction des aspirations du public. Car le problème principal pendant cette période va être celui de la capacité du système audiovisuel à fournir une production suffisamment importante et diversifiée pour trois chaînes en concurrence.

Peu d'émissions réellement originales sont créées, simplement il va se constituer une image de marque différente des trois chaînes, liées aux personnalités de leurs premiers dirigeants. J.-L. Guillaud sur T.F.1 ; M. Jullian entouré de ceux qui seront surnommés « les barons » (A. Jammot ; Cl. Barma ; J. Chancel) sur Antenne 2 et Cl. Contamine sur F.R.3. T.F.1 restera la chaîne officielle, celle de la tradition, des grandes œuvres, de la continuité, Antenne 2, celle de l'innovation, des erreurs, des risques, F.R.3 la chaîne du cinéma.

Au départ pourtant la différence n'est pas très nette ; on retrouve sur T.F.1 *Midi première, Au théâtre ce soir, L'Ile aux enfants*... et sur Antenne 2 *Aujourd'hui Madame, Les dossiers de l'écran, Monsieur cinéma*... Mais elle s'affirmera plus nettement dans le temps.

En définitive, mis à part l'information, la concurrence va jouer sur trois secteurs. D'abord le sport, ensuite les variétés, puis les séries et feuilletons. C'est-à-dire trois types de programmes à forte audience et où les coûts des émissions sont élevés. Les présentateurs des émissions de variétés passent maintenant d'une chaîne à l'autre et contribuent à développer une logique de concurrence. Enfin cette attention portée aux audiences a un effet bénéfique sur la production dramatique et contribue à en renouveler le genre. Si les sujets restent dans l'ensemble conformes à la « tradition française » (*Zola ou la conscience humaine,* Lorenzi), on remarque un renouvellement de la forme et une volonté de traiter les sujets de manière moderne (*Les dames de la Côte,* N. Campanez) ou même d'aborder des thèmes contemporains *(Le journal, Le moustique, La traque, Médecins de nuit).*

Les meilleurs réalisateurs ne sont d'ailleurs pas hostiles à cette évolution et contribuent même directement à cet effort de renouvellement dans le traitement des sujets aussi bien pour la construction dramatique, les prises de vue que le montage. Mais la tradition des Buttes-Chaumont, quoique exsangue, reste vivace. La modernisation est d'autant plus nécessaire qu'à la même époque arrivent en France les grandes séries américaines *(Holocauste, Racines, Intrigues à la Maison-Blanche)* ou les feuilletons (*Dallas*) qui sont la riposte de la télévision américaine au rétablissement opéré par le cinéma grâce aux super-productions inaccessibles au petit écran. La télévision est, en effet, obligée de concurrencer le cinéma en inventant des docudrames adaptés à son échelle et qui intègrent toutes les qualités du cinéma.

En France, le cinéma reste de toute façon le grand concurrent ou le sauveteur, selon le point de vue que l'on choisit. Ce sont en effet les films qui conservent la faveur du public. On peut même se demander ce que serait la télévision française sans le cinéma. Les films sont les programmes les plus regardés et les plus appréciés. Ils occupent les meilleurs créneaux de programmation et permettent souvent de masquer les faiblesses de la production originale de la télévision. F.R.3 en profite pour drainer une audience considérable.

L'industrie du cinéma, comme toujours d'ailleurs, s'inquiète, cent deux films étaient diffusés en 1957, contre cinq cent vingt-six en 1980. Le nombre de films diffusés par les trois chaînes oscille entre quatre cent cinquante et six cents depuis 1975 et chaque chaîne en achète entre cinquante et cent pour un prix moyen allant de un à deux millions de francs par film. Les deux frères ennemis, condamnés à vivre ensemble, vont essayer à partir de 1975 d'harmoniser leurs rapports. D'abord F.R.3 puis A.2 avec X. Larère et T.F.1, en obtenant la carte de producteur de cinéma, vont permettre par leurs apports financiers d'accroître le nombre des productions. Les choses iront alors un peu mieux, puisque la télévision, au lieu d'être un simple distributeur de films, sans risques, assumera ses responsabilités en investissant en amont au moment du montage de la production.

Les filiales cinéma des trois chaînes, en intervenant directement dans la production, augmentent les moyens de l'industrie du cinéma et contribuent à renouveler partiellement l'atmosphère à l'intérieur de la télévision. C'est en effet un peu de l'état d'esprit du cinéma où le contenu est indissociable de l'argent et où la logique de la rentabilité est liée à chaque projet, qui entre dans des maisons où création et argent furent longtemps incompatibles.

Il est un autre domaine dans lequel la concurrence a été bénéfique, c'est l'information. C'est même dans cette période, sur la base des acquis de la brève expérience de 1969-1972, que celle-ci va s'émanciper, surtout après 1976. Cette affirmation peut sembler paradoxale quand on se souvient des soubresauts et des crises qui ont agité les rédactions à l'occasion des affaires politiques qui ont marqué cette période.

Mais justement ces crises montrent l'existence d'une autonomie relative à l'égard du pouvoir. On est déjà très loin de l'information télévisée des périodes précédentes parce que les atteintes à l'indépendance de l'information font scandale alors qu'auparavant elles se produisaient dans l'indifférence générale. La presse écrite et l'opinion semblent plus attentives à ce problème, traduisant une évolution des mentalités. L'autonomie relative des rédactions vient d'une certaine volonté politique, mais aussi d'un état de fait. Du point de vue électoral, le pays est coupé en deux et la majorité elle-même est profondément divisée. Les journalistes peuvent ainsi acquérir, quand ils le désirent, une plus grande liberté.

Les débats qui traversent le pays se retrouvent dans les rédactions où de sourds rapports de force se constituent. Certains journalistes s'appuient sur l'opposition pour élargir leur marge de manœuvre. Mais agissant ainsi, ils tissent les mailles d'un piège qui s'est refermé sur eux après l'arrivée de la Gauche au pouvoir en 1981. En reprenant à leur compte la dénonciation globale d'une télévision « aux ordres du pouvoir », ils ont en fait dévalorisé sept années de leur propre travail. C'est la rançon d'une bataille pour l'indépendance menée sur des bases davantage politiques que professionnelles.

Était-il possible d'échapper à la politisation exacerbée qui transformait chaque divergence professionnelle en une affaire politique ? Difficile à dire tant les rapports entre rédaction et direction étaient faits de méfiance réciproque et de procès d'intention. Les premiers étaient persuadés que la hiérarchie était là pour faire régner l'ordre giscardien et ont interprété chaque innovation en fonction de cette analyse. Les seconds avaient l'impression que l'inertie rencontrée était de nature politique. Bref la suspicion a régné, alimentée par les campagnes électorales, annuelles à partir de 1977. Les « affaires » (assassinat du prince de Broglie, les diamants, le suicide de R. Boulin) jouant dans ce climat un rôle de révélateur.

Les journalistes, par expérience, se sont d'ailleurs souvent réfugiés derrière l'argument des interventions du pouvoir pour justifier leur refus de prendre certains risques. La politique comme facteur de blocage est donc demeurée, mais la concurrence entre les chaînes, symbolisée par l'opposition entre J.-M. Cavada et J.-P. Elkabbach, a mis en route une dynamique fragile de professionnalisme.

Les deux chaînes ont créé de nouvelles éditions journalières, ce qui a eu pour conséquence de diminuer un peu l'importance du « monument du vingt heures ». Le succès de *C'est la vie,* à dix-huit heures trente sur A.2, constitue une des réussites de la période dans la mesure où il s'agit d'une information qui dépasse le cadre institutionnel classique. Simultanément les magazines sont plus nombreux et se diversifient. Les changements dans les techniques améliorent les conditions du travail, la vidéo légère et l'utilisation des satellites permettant d'aller chercher plus vite et plus efficacement des images au bout du monde. C'est dans cette période qu'apparaissent également avec succès les grandes émissions en direct faites de l'étranger. Elles renouvellent un peu le genre journalistique et si elles ne savent pas toujours échapper à un regard superficiel sur des réalités très étrangères, elles ont le mérite de montrer concrètement les possibilités offertes par l'image vidéo pour l'information.

Les émissions politiques (comme *Cartes sur table* de A. Duhamel et J.-P. Elkabbach) sont également beaucoup plus en prise sur l'événement et contribuent à faire enfin de la télévision le lieu où sont débattues les questions politiques d'actualité. On peut certes constater qu'il a fallu trente ans à la télévision d'État pour arriver à animer le débat politique, mais l'essentiel est d'y arriver, sans d'ailleurs qu'il soit encore possible de savoir si ce changement est définitivement acquis !

Les ambiguïtés de la loi se sont donc retrouvées au niveau du comportement des deux groupes professionnels les plus représentatifs de la télévision : les réalisateurs et les journalistes. Les premiers dans l'ensemble ne l'ont pas beaucoup appréciée et l'ont combattue, alors que les seconds, tout en ne le reconnaissant d'ailleurs pas toujours nettement, ont parfaitement compris l'intérêt qu'ils pouvaient en tirer.

Les uns et les autres n'étaient pas convaincus des vertus de la concurrence ; au moins les seconds ont-ils compris que l'indépendance des chaînes, même si elle ne leur apportait pas toujours la liberté qu'ils réclamaient ou qu'ils étaient capables réellement d'assumer, avait tout de même l'avantage de mettre un terme à un certain monopole de l'information. Le faible pluralisme contenu dans la loi de 1974 a porté, là au moins, en partie ses fruits.

5. 1981... MAUDITE TÉLÉVISION

L'arrivée de la Gauche au pouvoir, en mai 1981, a permis de vérifier que la télévision demeure, au moins en France, le symbole des symboles. À pouvoir nouveau, loi nouvelle. Telle pourrait être la règle d'or de l'audiovisuel tant il est vrai qu'à chaque élection modifiant de façon significative la majorité politique, une réforme est mise en chantier. Le recul n'est pas suffisant pour juger de l'application de la loi du 29 juillet 1982, mais quelques remarques peuvent être faites sur son élaboration et son contenu :

— La première est qu'en dépit du changement on remarque l'absence d'un acteur essentiel mais silencieux de la télévision française : le public. C'est en effet pour lui, en son nom, pour mieux l'éduquer, l'informer, le distraire, l'émanciper, le cultiver... que les multiples réformes ont été réalisées. C'est pour lui que tous se sont exprimés, sauf lui... Et comme la télévision publique est hostile à la sanction du marché et même aux sondages (cf. l'expérience 1974-1981) nous nous trouvons dans une situation où directions, députés, techniciens, réalisateurs, journalistes, syndicalistes savent ce qui est bon et mauvais pour les publics, sans qu'on se donne les moyens de l'examiner plus finement, soit en multipliant et diversifiant les études qui sont trop peu nombreuses en France, soit en créant un marché de l'audiovisuel.

— La seconde remarque est que la loi, pour la première fois, a été précédée d'une concertation entre les pouvoirs publics et les différents professionnels de la télévision et du cinéma, au travers de la commission Moinot. Mais comme le gouvernement n'avait pas imposé de cadre, ni défini d'orientation stricte, ou plutôt comme il avait pensé à l'époque que les positions syndicales pouvaient servir de base au nouveau cadre juridique, le résultat fut décevant. De plus cette concertation s'est déroulée dans une atmosphère de revanche qui ne permettait pas un bilan honnête de la loi de 1974.

La cause semblait entendue : rien du passé n'était bon... et il était même inutile d'écouter avec sérénité les responsables précédents. Ce refus de connaître la réalité passée était d'autant plus préjudiciable qu'une bonne partie des membres de la commission Moinot avait été nommée sur une base politique et sans expérience réelle du système audiovisuel. La concertation offrit un lieu d'expression des idées et des propositions mais elle révéla du même coup que nombre de projets contenaient peu d'idées originales. Les analyses, pour l'essentiel, n'avaient pas varié depuis 1974. Pourtant sept années s'étaient écoulées, créant des problèmes nouveaux. Les propositions tournaient trop à l'évocation nostalgique du passé et au règlement de comptes. La question la plus débattue était celle du retour à l'O.R.T.F. Rétrospectivement le travail de la commission Moinot est plus intéressant comme document rassemblant les discours et les analyses dominantes de l'époque que comme base de réflexion pour l'avenir.

— Dernière remarque : en deux ans le pouvoir socialiste, dans le domaine de la communication, a évolué dans le sens d'un assouplissement de ses analyses. Il y a en effet un décalage entre les positions idéologiques de départ, ce qu'a été ensuite la loi et ce que, déjà, la pratique laisse apparaître. Au départ l'idée était d'effacer la loi de 1974, en tout cas d'aller résolument contre cette réforme. Tout le monde, par une sorte de dénégation, affirmait qu'il n'était pas question de reconstruire l'O.R.T.F., mais concrètement les propositions s'en rapprochaient. Il fallait construire un service public, fort, unifié pour résister à l'ouverture prochaine des frontières, considérée beaucoup plus comme une menace sérieuse que comme une chance. Se regrouper pour se renforcer et résister, et mettre ainsi fin à une concurrence préjudiciable au service public. Enfin s'opposer à la tyrannie des sondages, au pouvoir tout puissant des gestionnaires et reconsidérer les contraintes imposées au nom de la logique économique.

D'où cette vision angélique où tout le mal étant attribué à l'éclatement de l'O.R.T.F., sa reconstitution permettrait de relancer la création, revaloriser le rôle des réalisateurs, améliorer le statut des personnels, renforcer le pouvoir syndical, réduire l'autonomie inutile des chaînes, harmoniser les programmes... Ces bonnes intentions revenaient à tourner le dos à toute l'évolution des systèmes audiovisuels. Et refaire en définitive, dans la grande tradition française, une ligne Maginot.

Deux années au contact de la réalité ont conduit à une vision plus modérée sans pourtant que disparaissent les a priori idéologiques. Cet assouplissement des positions s'est en partie retrouvé dans la loi du 29 juillet 1982. C'est ainsi qu'une loi ambiguë a laissé la place à une autre loi ambiguë. Et comme pour celle de 1974, il y a deux lectures possibles de la nouvelle loi, l'une pluraliste et l'autre monopoliste.

L'innovation peut-être la plus spectaculaire, même si elle n'a pas de conséquences pratiques à court terme, est que pour la première fois dans une législation française, le principe de la liberté de la communication audiovisuelle est posée.

L'article premier de la loi stipule que « la communication audiovisuelle est libre » et l'article 2 précise que « les citoyens ont droit à une communication audiovisuelle libre et pluraliste ». L'abandon du principe du monopole de radiodiffusion traduit en fait un renversement de la manière de concevoir et d'organiser la télévision. C'est la fin de la tutelle unique de l'État sur la communication audiovisuelle et la reconnaissance du pluralisme. Concrètement cela signifie qu'un jour des télévisions privées existeront, comme aujourd'hui les radios libres privées.

Bien évidemment, la loi confie, pour l'essentiel, au service public le soin d'assurer cette liberté et ce pluralisme. Mais elle prévoit quand même que des services de communication audiovisuelle d'origine privée pourront se développer sur la base d'une autorisation délivrée soit par l'État, soit par la Haute Autorité. Le financement de certains services pourra être, pour partie, publicitaire. Tout dépendra donc de la politique menée par le gouvernement et la Haute Autorité en matière d'autorisation des services audiovisuels nouveaux.

En se plaçant dans l'hypothèse d'une politique d'ouverture, on peut s'attendre au développement d'un secteur privé, avec le câble classique ou interactif. On arriverait ainsi à ce paradoxe où le monopole public serait principalement défini par un critère technique — la diffusion hertzienne — tandis que la liberté serait la règle pour tous les autres modes de diffusion[1]. La légitimité

1. La loi de 1982 prévoit que la Haute Autorité délivre des autorisations pour tous les services audiovisuels privés sauf ceux de télévision hertzienne qui ne peuvent faire l'objet que de « contrats de concession de service public conclus par l'État ». Il peut donc exister une télévision hertzienne privée, mais cela dépend du

politique du monopole, déjà ébranlée, risquerait d'apparaître encore plus arbitraire.

L'autre innovation importante de la loi concerne la création de la Haute Autorité. Il y a là, au niveau du principe au moins, la volonté de couper le lien entre la télévision et le pouvoir politique. C'est la Haute Autorité qui est garante de l'indépendance de la télévision dont elle nomme d'ailleurs les dirigeants. La principale difficulté sera pour elle d'affirmer son indépendance vis-à-vis du pouvoir politique. Les textes en la matière ne sont pas clairs et seule la pratique, donc un certain nombre d'épreuves de force, lui permettront de définir exactement le niveau de son pouvoir. Tâche difficile compte tenu du nombre considérable de fonctions qui lui sont attribuées et des moyens humains, financiers et juridiques relativement faibles qui les accompagnent. D'autant plus que le cumul des fonctions de juridiction et de commandement crée une ambiguïté.

Le risque existe alors — là aussi bien français — de vider une institution de son rôle et de son prestige. Mais une telle dénaturation serait préjudiciable à l'avenir de tout le système audiovisuel. En tout cas tout dépendra du niveau auquel la Haute Autorité aura finalement décidé d'exercer sa mission ou de ce que lui auront permis les circonstances politiques.

Dans le domaine de la politique de communication, le gouvernement paraît vouloir lutter contre une certaine pénurie de l'audiovisuel. Deux décisions ont été prises dans cette direction : celle de créer une quatrième chaîne (sur l'ancien réseau 819 lignes), celle de développer les réseaux câblés (l'objectif est de un million cinq cent mille foyers à partir de 1985).

La mise en œuvre de ces décisions rencontre des difficultés, d'abord financières, car en période de crise les objectifs fixés sont ambitieux, mais surtout politiques car elle met en lumière les contradictions de la majorité politique sur les problèmes audiovisuels. Il n'existe pas en effet de consensus sur la nature publique ou privée de ces nouveaux réseaux, ni sur la proportion entre la centralisation et la décentralisation du système. On hésite donc à confier la responsabilité des réseaux et le contrôle des programmes à l'administration des télécommunications, aux collectivités locales ou à des entreprises privées.

Quant à la quatrième chaîne, après avoir envisagé une structure publique à visée culturelle et éducative, le gouvernement se dirige maintenant vers une structure semi-publique ou

---

gouvernement et non de la Haute Autorité. Comme si le réseau hertzien était un domaine réservé...

privée, financée par des abonnements et visant au divertissement... Le principe d'une télévision payante semble donc admis, par réalisme financier, alors qu'en 1981 il était condamné au nom de l'égalité sociale.

Mais au-delà de ce principe, les différentes sensibilités politiques de la majorité semblent avoir du mal à se mettre d'accord ; les décisions sur les mesures concrètes relancent les débats de fond et les oppositions de conception. Les contraintes économiques finissent par imposer des solutions qui ne sont pas conformes à l'idéologie initiale. Il n'est pas exclu d'arriver à une solution très française, où l'on présentera comme chaîne privée une structure juridique contrôlée par l'État, par l'intermédiaire d'une société comme Havas ou la Sofirad.

Le montage juridique et financier de la quatrième chaîne illustre la difficulté à désenclaver le système public de télévision. Le nouveau souffle dont il a besoin ne peut venir que de la concurrence mais celle-ci n'est pas facile à instaurer. Il faut lutter contre quarante ans de monopole et d'habitudes. Et on ne passe pas du monopole au pluralisme sans une volonté politique déterminée.

En ce qui concerne l'organisation du Service public, la loi de 1982 n'est pas revenue sur celle de 1974. Malgré les pressions syndicales, l'O.R.T.F. n'a pas été reconstituée et l'autonomie des sociétés de programme a été maintenue.

Cependant l'économie générale de la loi est lourde, parce qu'elle favorise le renforcement de la bureaucratie dans un système audiovisuel où elle a déjà beaucoup prospéré. Non seulement les instances nationales et régionales sont nombreuses, ce qui conduit à une multiplicité des niveaux de décision et un accroissement des coûts mais en outre la présence de mini-parlements, composés sur une base de représentativité nécessairement partisane, risque de maintenir encore plus la télévision dans une logique politique.

Si l'on n'y prend pas garde, on pourrait cumuler les inconvénients d'une télévision régalienne où c'est le pouvoir d'État qui exerce son contrôle, avec ceux d'une télévision représentative où, selon le modèle allemand, ce sont les partis, les syndicats et les associations qui contrôlent.

La volonté de changement ne s'est pas seulement manifestée sur la législation audiovisuelle mais aussi sur les programmes. Dès l'automne 1981, la nouvelle télévision commençait à apparaître sur les écrans. Il n'a pas fallu longtemps aux Français pour savoir et faire savoir qu'elle ne leur plaisait pas. Plusieurs raisons expliquent cet échec.

Tout d'abord une sorte d'amateurisme et de précipitation ont présidé dans la mise en place des nouvelles émissions. Celles-ci n'ont pas été suffisamment travaillées et rodées. Ensuite il y a eu une certaine méconnaissance des règles élémentaires de la programmation. Celle-ci, en effet, doit s'adapter aux pratiques de téléspectateurs qui dépendent de leur mode de vie, de leur temps libre, c'est-à-dire de facteurs autonomes par rapport au contenu de l'émission. Si par exemple une émission de rock'n roll est programmée le samedi après-midi, alors qu'en grande partie des téléspectateurs du troisième âge sont devant leur écran, un double échec est prévisible : ne pas atteindre le public visé, mécontenter celui qui est atteint.

Enfin il y a eu le non-respect d'une autre règle essentielle de la télévision : le changement doit être lent et progressif. Comme nous le verrons plus loin, la télévision s'inscrit comme un rythme et une habitude dans la vie quotidienne. Elle est comme une horloge. Changer brutalement les émissions, les styles et les têtes revient à bouleverser de façon autoritaire tout un ordre intime de la vie. On court le risque d'un rejet tout aussi brutal.

L'ensemble de ces erreurs culmina dans le rapport au public noué par quelques-uns des nouveaux dirigeants : un rapport pédagogique, extraordinairement archaïque pour la France des années 1980. Quelques responsables n'ont pas hésité à dire en substance : « Nous allons vous apprendre à aimer ce que vous détestiez et à détester ce que vous aimiez. » Ils ont même laissé entendre que les goûts et les préférences du public étaient stupides et médiocres. Faut-il s'étonner alors que le public n'ait pas suivi et que le divorce ait été consommé ?

Il semble donc que ce n'est pas tel ou tel programme qui ait été rejeté mais une relation d'ensemble. Certaines émissions se sont révélées de bonne qualité et ont réussi à trouver une audience sans pour autant que le mécontentement diffus à l'égard de la télévision se soit calmé. Aujourd'hui les excès des débuts ont été corrigés, mais les relations entre la télévision et ses spectateurs n'ont pas véritablement changé de style.

L'information, quant à elle, a été comme d'habitude l'objet des polémiques politiques les plus violentes. Si l'on mettait bout à bout les discours de l'ancienne opposition et ceux de la nouvelle, nous serions passés sans transition du fascisme (giscardien) au communisme (mitterrandien). D'un totalitarisme à l'autre... par la grâce du bulletin de vote. Dès qu'elle entend le mot *télévision,* la classe politique perd son sang-froid. Cependant même en faisant la part des excès de langage, la presse télévisée semble être entrée dans une période troublée et tumultueuse, une de plus. On ne voit pas bien encore aujourd'hui s'il existe des issues.

Pour comprendre le malaise de l'information télévisée il faut distinguer deux aspects. Un problème politique proprement dit, c'est-à-dire la traduction au niveau de la composition des rédactions du changement de majorité politique. Et d'autre part un problème d'organisation qui apparaît sous la forme d'une crise de l'autorité.

Sur le plan politique il n'y a pas eu de surprise, sauf pour ceux qui s'imaginaient qu'un pouvoir, parce qu'il était de gauche, s'interdirait d'intervenir[1]. À partir du moment où la Gauche considérait qu'elle était sous-représentée dans les rédactions, il était logique qu'elle cherche à corriger cet état de fait. En désignant directement ou indirectement des responsables qui ne lui étaient pas hostiles et en incitant ceux-ci à recruter des journalistes sur des critères politiques, la Gauche au pouvoir ne faisait que respecter une tradition française.

La seule innovation véritable s'est située dans la procédure de recrutement de certains journalistes communistes. La direction du parti communiste a en effet établi une liste de journalistes sur laquelle les responsables de chaîne ont choisi quelques noms. Pour la première fois donc, un parti désignait, en quelque sorte, ses « représentants » au sein des rédactions.

La nouvelle orientation politique a donné lieu, dans les débuts, à des « bavures » : une propension au reportage militant, et sur F.R.3, un journal partisan. Mais la télévision est ainsi faite que, par un effet boomerang, les auteurs de ces excès se sont déconsidérés. De plus, il semble que les interventions directes du nouveau pouvoir sont un peu moins fréquentes que celles du précédent. Le mouvement d'éloignement entre le pouvoir et la presse télévisée se poursuit lentement.

Si l'on réfléchit, sur le long terme, à l'avenir de la presse écrite et audiovisuelle, l'alternance politique en France a été une véritable bénédiction. Elle a présenté l'avantage de détruire les dernières illusions. Les journalistes ont dû constater que les hommes politiques de gauche au pouvoir, pour la plupart d'entre

1. La tradition française d'une interférence entre pouvoir politique et information télévisée semble encore, hélas, relativement acceptée. Un sondage d'opinion, mené en janvier 1983, montre que 47 % des Français considèrent « qu'il est normal que le gouvernement qui s'occupe des affaires de la nation, indique à la télévision les grandes lignes de ce qu'elle doit faire dans le domaine politique », 42 % sont d'un avis contraire et 1 % sont sans opinion. (Sondage Louis Harris — T.F.1, in *Télérama* n° 1725, 2 février 1983.) Il semble cependant que nous soyons dans une période d'interrogation et de transition, dans l'opinion, car à des questions sur le même thème mais formulées différemment, d'autres sondages obtiennent des résultats très différents.

eux, ont eu des pratiques bien souvent identiques à celles de leurs adversaires. Cette évidence qu'il n'y a pas d'exercice angélique du pouvoir politique avait été effacée par le long séjour de la Gauche dans l'opposition.

Mais il y a un autre avantage à l'alternance : la Droite ne peut pas jouer aujourd'hui, pour les journalistes, le rôle que la Gauche a joué hier. D'une part elle ne peut avoir la même image de « pureté » puisqu'elle vient d'assumer le pouvoir. D'autre part les valeurs de droite ont toujours été moins prisées dans la presse que celles de gauche, en tout cas depuis 1945. La Gauche revendique l'histoire, la morale, la justice, elle défend le faible contre le fort, ce qui correspond à la sensibilité de nombre de journalistes, plus attirés par la dénonciation des pouvoirs que par leur défense.

Le flottement dans les rédactions, très sensible au cours de l'année 1982, s'explique en partie par le fait qu'il n'est plus possible de jouer au jeu de la bascule politique. Sans cette alternative, il n'y aura plus d'autre refuge que l'indépendance professionnelle. Toute une génération de journalistes en fait l'expérience concrète et parfois douloureuse.

Mais simultanément la situation s'est beaucoup détériorée sur le plan de l'organisation et du pouvoir au sein des rédactions. Tout d'abord le ministre de la Communication a lancé en 1981 des appels à la rébellion qui ont contribué à déstabiliser des organisations déjà passablement fragiles. Ensuite, il s'est produit un changement dans la nature du pouvoir syndical qui a cessé d'un seul coup d'être un contre-pouvoir. Un bon nombre de syndicalistes ont été promus à des postes de commandement parfois même en conservant leur mandat syndical. Le jeu des forces qui s'était façonné durant vingt-trois années de Ve République ne pouvait plus fonctionner.

La conséquence a été une certaine dilution de la responsabilité et de l'autorité. Les rédactions sont devenues encore plus difficiles à gouverner qu'au cours de la période précédente, d'autant plus que les départs sont rares et les arrivées nombreuses. Car en dehors des périodes de répression politique, il est extrêmement difficile de procéder à des licenciements. Le milieu professionnel se sert même de ces cas de licenciements politiques pour défendre, le reste du temps, une gestion du personnel où il est pratiquement impossible de licencier.

De même il paraît presque impossible de mettre sur pied un système d'évaluation de la qualité professionnelle. Par la vertu syndicale, la télévision devient peu à peu un monde sans sanctions. C'est un bateau sur lequel chacun monte et dont personne ne descend. C'est pourquoi la barque devient de plus en plus lourde. Les éléments dynamiques perdent tout espoir de changement ou d'avancement. Système étrange qui pratique une sorte de loi du silence. Car chacun sait bien qui est bon et qui ne l'est pas, qui est au « placard » pour motif politique et qui l'est pour incompétence. Mais personne ne dit rien et tout le monde fait « comme si ». Le placard fut longtemps le moyen de se débarrasser de ceux qui étaient politiquement hostiles aux directions, mais il devient aussi le refuge des « moins bons » qui ont compris l'intérêt qu'il pouvait y avoir à jouer les victimes politiques. C'est ainsi qu'au nom de la défense morale des travailleurs on en arrive à soutenir n'importe qui et n'importe quoi.

De façon plus générale, la prédominance d'une logique politique et administrative renforce la présence et le rôle de syndicats déjà très puissants. Dans un secteur protégé comme celui-ci, le syndicalisme introduit progressivement, à côté de la légitimité professionnelle, une légitimité syndicalo-politique. Dans l'information comme dans les programmes, ces deux légitimités sont incompatibles. Le syndicat reconnaît principalement la loi du grand nombre et réclame des règles applicables à tous, alors que la télévision, comme toute activité de création et d'expression, n'est qu'un ensemble de cas individuels et une mosaïque d'exceptions.

Aussi *la période ouverte en mai 1981 à la télévision est peut-être celle du pouvoir syndical,* toutes professions confondues. Face à des directions qui se succèdent à un rythme accéléré, il représente une force permanente. Ce que n'accorde pas un dirigeant, le suivant l'accordera, par inexpérience ou par désir de ne pas engager les hostilités. De plus le syndicalisme de l'audiovisuel a un projet : recomposer l'O.R.T.F. Il opère une confusion entre Service public, monopole d'État et corporatisme. Il mène une lutte sans merci contre le secteur privé, considéré comme le mal absolu. Et il cherche à obtenir par le rapport des forces sur le terrain ce qu'il n'a pu obtenir par la loi. Dans le contexte actuel, il obtient des résultats.

L'alternative entre monopole et pluralisme, que la loi n'a pu trancher, le sera peut-être par ces multiples rapports de forces quotidiens qui traversent le système audiovisuel. Il est difficile de dire aujourd'hui qui l'emportera.

CHAPITRE II

Le bocal

1. LA FABRIQUE DES IMAGES

Le milieu de la télévision est un univers qui, malgré la brièveté de son histoire, est fermé sur lui-même, avec ses valeurs, sa mémoire, ses habitudes. Un monde absorbé par son travail, presque indifférent à l'environnement extérieur auquel il fournit pourtant entre huit et seize heures de programmes quotidiens et dans lequel il puise sa matière, sa raison d'être et la source de son prestige. La télévision en fait ressemble à un bocal.

Beaucoup de milieux socio-professionnels sont repliés sur eux-mêmes, mais peu d'entre eux ont pour fonction de faire de la « communication » et d'être en relation avec le monde extérieur, surtout à cette échelle... Les « gens de télévision », journalistes, techniciens, programmateurs ou bataillons de l'administration, se sentent différents du monde extérieur. Ils lui tournent presque le dos, peut-être parce qu'ils se sentent à l'endroit où se fabriquent ces images dont tout le monde, ensuite, parlera.

Cette impression de repli se ressent presque physiquement dans ces bâtiments où circulent toujours fatigués, pressés, des dizaines d'individus, dont certains vont passer à l'écran, d'autres en sortent, croisant ceux qui, indifférents à l'excitation du jour, travaillent sur des projets de six mois ou un an. Sans compter ces dizaines et dizaines de personnes qui ne passent jamais à l'écran et dont la tâche est pourtant indispensable à la production d'images. Sensations étranges où les échelles de temps se bousculent dans cette cohabitation entre les journalistes affairés, pris dans le rythme quotidien, les administratifs, patients et blasés, les techniciens grognons et caustiques, les créateurs, anxieux, les réalisateurs, faussement détachés et enfin les programmateurs qui feignent de maîtriser, dans l'ordonnancement de la grille, le grand dérouloir d'images. Cette grille invisible, qui là-bas, ailleurs, dans les bureaux, fixe souverainement la place et la valeur de ce qui sera vu par le public anonyme, demain et dans six mois.

On se perd dans ces bâtiments où nulle organisation rationnelle ne semble régir une production pourtant lourde et minutieuse. Les salles de montage s'alignent, chacune enfermée dans son genre de produit et dans son calendrier. Les locaux administratifs sentent bon la bureaucratie. Les salles de rédaction s'agitent et s'endorment à un rythme régulier, mais incompréhensible pour le profane. Enfin ailleurs, presque cachés, les studios divisés en régies et plateaux, plus petits qu'on imagine, pleins de cintres et de projecteurs où des techniciens vaquent à des occupations mystérieuses. Ils sont en tout cas plus décontractés que les journalistes ou les invités qui doivent passer à l'écran et qui attendent qu'on leur indique une place. Univers complexe où chacun se salue poliment, mais centré sur son activité et comme indifférent aux autres !

L'intrus voudrait savoir où se fabriquent ces images, dont depuis si longtemps il cherche à comprendre le mécanisme. Mais elles semblent échapper sans cesse à sa recherche. Car il est difficile de reconstituer les différentes phases de la production, sauf dans les petits studios consacrés à l'information et aux émissions régulières. Mais ce n'est pas là que se tournent les grandes émissions et les dramatiques. C'est ailleurs, principalement aux Buttes-Chaumont, dans cet immense vaisseau qui semble posé là-haut un peu comme par oubli.

Enfin le lieu central de diffusion, « le Nodal », n'est pas moins déconcertant car tellement peu spectaculaire. Une grande pièce, sorte de régie avec des pupitres, des tableaux, des consoles, des écrans où quelques techniciens contrôlent et gèrent un réseau qui invisiblement envoie à des millions de gens tout aussi invisibles, des millions d'images. Certaines viennent des studios, trois étages en dessous, d'autres au contraire, de milliers de kilomètres, sans qu'il y ait apparemment de différences. Bref, à la complexité du processus de fabrication auquel on ne se familiarise que lentement s'ajoute l'impression bizarre d'un travail invisible, pour une diffusion invisible et pour un public lui-même invisible.

La seule réalité est cette communauté de travail à la fois unie et hiérarchisée, aux rythmes différents de la plupart des autres activités, qui vit cette situation avec un fort sentiment d'originalité, voire de fierté. On constate vite, à l'usage, que « les gens de télévision » ont une sorte de bonne conscience et vivent leur situation avec un sentiment de distinction. De la secrétaire au P.-D.G... Quant aux « stars de la télévision », elles ont tellement l'habitude d'être courtisées et sollicitées pour couvrir tel événement, promouvoir tel individu, qu'elles sont légèrement blasées et persuadées de ne rien manquer d'essentiel puisque ce sont elles qui rendront compte de tout événement important. Aussi attendent-elles que le monde extérieur vienne à elles plutôt que daller à lui. C'est paradoxal compte tenu du rôle de la télévision. Mais telle est l'illusion de la puissance.

Quant aux autres, à tous les autres qui participent au fonctionnement de l'entreprise, ils adoptent, par une sorte de mimétisme, la même attitude blasée. Le sentiment général ne semble pas être l'angoisse devant le monde et sa complexité mais plutôt le désir de ne pas avoir l'air d'être surpris ou dépassé. La contrepartie de ce comportement narcissique est la tendance à n'accorder de légitimité et d'importance qu'aux événements et aux individus montrés par la télévision. Comme si celle-ci constituait finalement le baromètre, le critère de la valeur. D'où le paradoxe : les professionnels de la télévision dont le travail consiste à dégager dans la réalité ce qui peut être montré à l'ensemble des publics, en viennent souvent à s'intéresser non pas au monde immense et anonyme, mais à la toute petite partie qu'ils en montrent ! Ils sont ainsi piégés par le miroir qu'ils manient. Seule la lumière qu'ils font les mobilise. Aussi le téléspectateur a-t-il souvent l'impression que la réalité montrée par la télévision ressemble au monde de ceux qui y travaillent.

Tout en vivant un peu replié sur lui-même et en étant sceptique à l'égard du spectacle du monde, ce milieu a tout de même la hantise d'en être coupé. Et surtout de ne pas en être aimé. Il y a donc un balancement permanent dans le rapport au public, entre la fermeture et la recherche de l'acquiescement. On guette anxieusement ses réactions sans toutefois leur accorder beaucoup de légitimité. Cette attitude tient à deux raisons. La première est l'absence d'un marché. Il n'y a pas de sanction immédiate et visible de la part du public et les taux d'écoute comme les indices de satisfaction sont des chiffres abstraits, regardés avec méfiance. La seconde est que ce milieu, n'ayant jamais été pleinement reconnu par les autres activités d'expression, n'a finalement pas accordé aux réactions du public la signification que lui donnent par exemple les écrivains, les cinéastes et les hommes de théâtre. D'où la tentation, au-delà du plaisir de séduire et d'être aimé en retour, de ne chercher de jugement que dans le groupe étroit de ceux qui font le même métier.

« Les gens de télévision » oscillent ainsi en permanence entre un comportement de séduction pour quêter, au-delà du succès lié à la télévision, une légitimité qui leur est chichement accordée et une réaction d'orgueil qui tend à les faire se réfugier dans le bocal. L'hésitation entre le bunker et la séduction.

Quant aux relations avec ce qu'on appelle l' « intelligentsia », elles restent faibles, à quelques exceptions près d'intellectuels devenus vedettes des médias et de quelques hommes des médias ayant des amitiés dans l'université. La règle dominante est plutôt la cohabitation polie, doublée d'une méfiance mutuelle. Les intellectuels hésitent entre la fascination, le désir interdit et l'élitisme, et les hommes de télévision font un curieux mélange de complexe d'infériorité et de supériorité, de désarroi et d'arrogance.

Le principal moyen de communication n'a pas été l'occasion d'un brassage entre les différents milieux sociaux et culturels qui y accèdent ou s'en servent. À l'exception de deux milieux où les échanges sont plus directs, le sport et les variétés, pour des raisons liées à la demande du public et à l'importance des enjeux financiers.

Il existe une autre raison au fait que le milieu ait tendance à rester replié sur lui-même et à se méfier de l'extérieur, c'est qu'il n'a pratiquement pas changé depuis trente-cinq ans. La télévision, malgré sa formidable expansion, a été faite par les mêmes individus, à quelques exceptions près, le renouvellement très lent ayant été imposé par la croissance du secteur plus que par une dynamique interne.

Ceux qu'on a appelés « les grands noms » des années 1950-1960 sont encore presque tous là aujourd'hui [1]. Et ils semblent les seuls ! Le nombre des « jeunes » est très faible et encore ceux-ci ont-ils tendance à prolonger le même style et les mêmes méthodes que leurs aînés. On a souvent l'impression que l'innovation en matière de télévision s'est arrêtée dans les années soixante, et ce malgré l'apparition de nouvelles techniques, la diversification des programmes et l'évolution socio-culturelle du public. D'où cette tendance à être tourné sur le passé et à regretter l'âge mythique des débuts.

L'O.R.T.F. est presque magnifiée après avoir été dénoncée comme structure bureaucratique et inhumaine. C'est dans ces références nostalgiques au passé et aux batailles menées que ce milieu, où tout le monde est entré jeune et enthousiaste dans les

1. Que l'on en juge. Il s'agissait à l'époque de réalisateurs comme Averty, Bluwal, Prat, Lorenzi, Barma, Mitrani, Santelli, Barrère, et de producteurs comme A. Jammot, E. Victor, J.-C. Bringuier, P. Dumayet, J. Chancel, P. Desgraupes. Aujourd'hui, à quelques exceptions près, ce sont les mêmes. Ce sont finalement les journalistes de la télévision qui ont le plus changé, moins par choix que par contrainte, puisqu'un bon nombre d'entre eux ont été remerciés par les différents pouvoirs qui se sont succédés depuis vingt ans. De plus, on peut noter que la plupart des journalistes vedettes des années soixante sont devenus par la suite des producteurs, mais ce mouvement ne s'est pas poursuivi dans les années soixante-dix.

années cinquante pour vieillir aujourd'hui doucement, retrouve son unité.

On ne parle que de changements, mais chaque groupe appuyé par des syndicats puissants est en fait relativement immobile. Chaque catégorie cherche d'abord à défendre son équilibre et fait semblant de croire que les intérêts de tous sont complémentaires. Or tout montre, pour le passé et davantage encore pour l'avenir, que non seulement le milieu de la télévision n'est pas une grande famille mais que les contradictions entre les intérêts obligeront à choisir. Pour le moment c'est encore l'illusion de l'unité, et c'est probablement la prochaine décennie qui verra l'éclatement de ce milieu qui a été d'une certaine manière la première génération de l'histoire de la télévision.

Ce groupe fermé, faussement homogène a par contre une qualité essentielle, liée à son absence de tradition, c'est d'être ni élitiste, ni enfermé dans des codes, des valeurs, des systèmes de différenciation symbolique. C'est même ce qui le rend sympathique, une fois la confiance établie.

Il n'y a pas d' « héritiers », pas de hiérarchies anciennes et peu de snobisme. Nous en sommes encore aux deux premières générations où malgré les statuts et les salaires très différents entre les vedettes, les journalistes, les réalisateurs, les techniciens, les administratifs, règne une certaine décontraction dans les relations professionnelles. Ici tout est encore neuf et chacun se souvient plus ou moins de sa propre origine et de sa promotion. Si les situations ne sont pas égales il existe cependant une certaine communauté et surtout une conscience de la fragilité des positions.

En effet les pionniers de la télévision ont été pour la plupart des individualités qui, à la sortie de la guerre ne se sont pas intégrés normalement à l'université, à l'administration, au cinéma ou à la presse. Rebelles ou recalés par ces différentes institutions ils ont trouvé, dans la télévision naissante, une liberté et un espace d'initiative qu'ils n'auraient probablement pas trouvé ailleurs. C'est ainsi que la télévision, activité nouvelle, s'est fabriquée au jour le jour avec des semi-marginaux qui ont donné la première génération des dirigeants, réalisateurs, auteurs et journalistes. Seuls les techniciens, pour une partie d'entre eux, pouvaient s'inscrire dans une tradition.

À l'intérieur du monde de la télévision, un grand fossé sépare ceux qui « passent à l'écran » et ceux « qui n'y passent pas ». Les réflexes, les comportements sont différents. Pour une grande partie de ceux qui composent le premier groupe, le problème central est, en dépit des discours, de « se montrer ». Passer à l'écran constitue incontestablement un objectif, quand ce n'est pas le but en soi. Pourquoi ? Il y a quelque chose de magique à être vu, par des millions de gens que vous ne voyez pas, qui ne vous gênent pas, mais qui eux vous reconnaissent, vous créditent parce que pendant quelques minutes, ou quelques heures, dans un studio, vous avez parlé devant des caméras qui ont porté très loin votre visage et votre voix.

Cette notoriété acquise facilement peut conduire à une certaine paresse. Pourquoi s'imposer beaucoup de travail quand l'impact de ce que l'on fait est en général immense et qu'une infime minorité des spectateurs est réellement capable ou désireuse de vous critiquer sur le fond ? La contrepartie négative de cette tendance à la facilité est l' « usure » qui est la sanction du public à l'égard d'un professionnel perdu dans son propre spectacle. Seuls le travail et la compétence fournissent la distance nécessaire pour éviter l'usure du miroir.

Mais les limites du message télévisé n'incitent guère à l'approfondissement et le milieu semble avoir un besoin permanent de « neuf ». N'approfondissant pas toujours les sujets et n'ayant pas assez de réflexion personnelle, les professionnels maintiennent leur curiosité en éveil, en rebondissant d'un sujet à l'autre. S'ennuyant facilement il leur faut toujours avoir l'impression que quelque chose se passe de différent. Et qu'ils doivent le montrer. D'où cette tendance à braquer avec un certain arbitraire le projecteur sur tel ou tel individu, ou tel ou tel aspect de la réalité.

C'est l'originalité du bocal d'être un lieu clos traversé de logiques hétérogènes. Mais les risques d'éclatement s'aggravent. En effet le repliement sur soi qui fut un facteur positif pour s'opposer à l'extérieur et constituer une identité de travail et de valeur devient progressivement un handicap. Ceci pour trois raisons.

D'abord le manque de renouvellement favorise le corporatisme et empêche l'émergence de nouveaux talents, aussi bien pour l'information que pour les programmes ou la gestion. La lourdeur naturelle de la télévision est renforcée par le manque d'oxygène et par la difficulté qu'ont les nouveaux entrants de bousculer les équilibres.

La seconde raison est une insuffisante ouverture aux transformations culturelles qui ont progressivement modifié les goûts et les comportements du public. Certes dans l'ensemble les demandes semblent avoir peu varié, mais les aspirations, les attentes et les disponibilités pour autre chose sont aujourd'hui beaucoup plus fortes. Comme nous sommes dans un système où la demande ne peut guère s'exprimer, les moyens de manifester ces attentes sont faibles, si ce n'est par le retrait ou la grogne.

Le hiatus imperceptible, mais bien réel, qui s'établit entre les professionnels de la télévision et le pays — et qu'ils ressentent — les isole et leur fait perdre la légitimité qu'ils avaient conquise. D'où l'attitude de citadelle assiégée et la tendance à invoquer l' « expérience » pour résister à des demandes de changement qui les déséquilibrent.

La troisième raison de cette faiblesse est que les changements techniques (câble, satellite) suscitent des projets de transformation dont les professionnels sont rarement les initiateurs. Leur expérience les paralyse plutôt qu'elle ne les mobilise : ils ne s'autorisent pas à proposer ou à innover. Ce sont alors les ministres et leur cohorte de technocrates qui progressivement se mettent à penser la télévision de demain.

Pour la technocratie d'État, l'image et la télévision sont de plus en plus à la mode parce qu'elles sont plus attrayantes que l'informatique, objet pendant vingt ans d'un grand engouement. Aujourd'hui ces milieux s'intéressent à l'image. Et comme les technocrates manquent en général de modestie et d'humilité, ils ont tendance à confondre le pouvoir réglementaire dont ils disposent avec une réelle connaissance de la télévision. Après l'avoir regardée pendant trois mois, lu cinq rapports et rencontré dix responsables, ils se sentent autorisés à énoncer ce qui est bon pour la télévision, bon pour les Français et donc à imposer des règles et des organisations qui, une fois de plus, risquent de subordonner la télévision à une logique qui n'est pas la sienne.

L'ensemble des transformations techniques et culturelles conduiront probablement à l'éclatement du bocal. Mais du fait des circonstances, elles risquent aussi de se traduire par l'éviction de ces professionnels qui, jusqu'à aujourd'hui, ont fait la télévision. Or s'ils ne doivent prétendre à aucun monopole, il serait ridicule de se passer de leur expérience.

2. LES ACTEURS DOMINANTS

Les dirigeants, les réalisateurs et les journalistes ont depuis toujours joué un rôle décisif dans le fonctionnement et la légitimité interne de la télévision.

Il faudrait d'ailleurs leur adjoindre un quatrième groupe, celui des *producteurs-auteurs*. Mais le problème de ce groupe est qu'il n'en est pas un. Les producteurs-auteurs ne forment pas une communauté cohérente et organisée. Ce sont des individualités, souvent extérieures au système audiovisuel, qui ne disposent ni d'un statut, ni d'une compétence technique reconnue, ni d'un syndicat. La définition de leur rôle a longtemps été négative : ils n'étaient ni réalisateurs, ni journalistes statutaires, simplement ils avaient une idée d'émission, la proposaient et la menaient à bien.

Ayant souvent d'autres activités professionnelles, faisant de la télévision par intermittence et n'ayant guère d'affinités les uns avec les autres, ils n'ont jamais pu s'imposer comme une force à l'intérieur de la télévision. Compte tenu des règles du jeu du système audiovisuel français fondées sur les statuts et les syndicats, ils n'ont pas obtenu une place importante et stable, digne de leur rôle. On peut presque dire qu'ils ont fait la télévision française mais que celle-ci les a défaits. La marginalisation des producteurs-auteurs est d'ailleurs l'une des grandes faiblesses du système audiovisuel en France. Car faute de considération et de rémunération suffisantes, les écrivains, les créateurs, les inventeurs d'idées ne sont guère attirés par la télévision. Ceux-ci trouveront peut-être à l'avenir, grâce à l'ouverture de ce système, la place qui leur a été longtemps refusée.

De toute façon les rapports entre les auteurs et les réalisateurs d'une part, et entre les journalistes et les réalisateurs d'autre part ont toujours été difficiles. Les conflits portent sur l'argent et sur la responsabilité à l'égard du produit final, c'est-à-dire sur l'essentiel. Les journalistes se sont battus et se battent encore contre la présence de réalisateurs dans les journaux et les magazines. Les réalisateurs et les producteurs-auteurs s'opposent à propos des droits d'auteurs des émissions, quelles qu'elles soient. Tout comme ils s'affrontent sur le découpage, le montage, les commentaires, la musique, bref sur les divers éléments qui font une émission de télévision. Toute œuvre collective implique évidemment l'existence de conflits entre différents créateurs, mais l'originalité de celle-ci est qu'elle condense les problèmes artistiques, techniques, financiers, administratifs, corporatifs, juridiques, dans un enchevêtrement qui laisse songeur et qui décourage parfois l'analyse.

C'est pourquoi il est si nécessaire de parler de catégories précises, plutôt que de « médiateurs » ou de « communicateurs », mots parfois utilisés pour caractériser les professionnels des médias. Ces notions peuvent servir à regrouper l'ensemble des professionnels de la télévision. Mais l'unité apparente disparaît dès qu'on analyse le fonctionnement concret de cette communauté. La division du travail à l'intérieur de la télévision, ainsi que les systèmes de valeurs des différents groupes, interdisent de parler en termes globaux. Journalistes, réalisateurs, dirigeants, producteurs-auteurs ont un rapport tellement différent à la télévision qu'il est plus intéressant de montrer la diversité des fonctions que de gommer ces différences.

Les *dirigeants* ont toujours été des représentants du pouvoir politique, directement nommés par lui, sauf peut-être au tout début de la IVe République où les gouvernants, n'ayant pas encore pris conscience de l'importance de la télévision, y laissèrent à sa tête des hommes avant tout passionnés par ce nouveau medium.

En effet, seuls les trois premiers directeurs généraux étaient des hommes de lettres et des journalistes (J. Lassaigne, J. Guignebert, Cl. Bourdet). Leurs successeurs furent des membres du conseil d'État, des préfets, ou des hauts fonctionnaires. Et comme le dira plus tard le général de Gaulle, à propos d'un journaliste qui caressait quelque espoir de nomination : « Un journaliste à la tête de la télévision ? Jamais ! Prenez un conseiller d'État, ils sont fait pour ça ! [1] »

Cette liaison directe entre les dirigeants et le pouvoir politique explique d'ailleurs la brièveté de leurs passages sous la Ve République. Ils ont suivi le rythme rapide des changements à la tête du ministère de l'Information. Qu'on en juge [2] : de 1958 à 1966 il y a eu sept ministres de l'Information, dont A. Peyreffite qui est resté le plus longtemps à ce poste, de novembre 1962 à janvier 1966. Les directeurs généraux quant à eux, sont restés en moyenne deux ans (par exemple, Ch. Chavanon : 1958-1960 ; R. Janot : 1960-1962). C'est fort peu pour comprendre comment fonctionne la télévision et avoir le temps de définir une politique qui, dans un secteur lourd comme l'audiovisuel, ne peut avoir de résultats qu'au bout de deux ans. Certaines émissions réclament en effet plus d'un an de travail et transformer réellement une grille de programmes demande donc, au minimum, deux ans. Ce délai à lui tout seul explique pourquoi les directeurs généraux ont eu du mal à marquer réellement la télévision de leur présence. Ce délai trop court de trois ans s'est pourtant imposé, puisqu'il a été repris par la loi de 1974, puis celle de 1982.

La valse des ministres de l'Information et celle des directeurs généraux de la R.T.F. puis de l'O.R.T.F. montrent l'instabilité politique du secteur et surtout le lien direct — qui semblait naturel — entre le changement de gouvernement et le changement de directeur général. C'est sous la IVe République que cette

1. Cité par J. Diwo, *op. cit.*, p. 22.

2. Sous la IVe République, de 1944 à 1958, il y avait eu également un grand nombre de ministres de l'Information : vingt-quatre, dont J. Soustelle ; G. Defferre, F. Mitterrand, H. Teitgen. Mais la rotation des directeurs généraux était plus faible, W. Porché étant même resté en poste de 1946 à 1957.

politisation de la fonction s'est instituée. Elle a naturellement été reprise et accentuée par la Vᵉ République, ce qui explique la difficulté actuelle à instaurer une relative autonomie. Le choix des dirigeants a toujours été fait en fonction de leur fidélité au pouvoir, parfois pour les récompenser, mais très rarement pour leur compétence ou leur connaissance de la télévision. En témoigne ce propos extrait d'une interview de R. Bordaz, directeur général de 1962 à 1964 : « J'ai été nommé ici, sans y être spécialement préparé, mais dites bien que je me suis piqué au jeu et que j'entends rester et réussir. [1] »

L'intérêt, voire la passion des dirigeants pour cet outil s'explique parce qu'il les amuse et les distrait dans une carrière souvent classique et un peu triste de haut fonctionnaire. La télévision est une drôle d'administration qui appartient au monde du spectacle, des paillettes et du show business. En tout cas les dirigeants les plus intéressants ont été ceux qui ont essayé d'influencer réellement les programmes au lieu simplement de « tenir » cette administration. Ce faisant, ils se sont souvent heurtés aux directeurs des programmes, c'est-à-dire ceux qui orientaient la production et la programmation.

À partir de la grande expansion des années soixante, le problème de l'autonomie des directions à l'égard du pouvoir politique s'aggrave. Car c'est à ce moment que l'idée d'une influence politique décisive de la télévision sur les citoyens s'enracine dans l'esprit des gaullistes au pouvoir. Rares furent les directeurs qui s'opposèrent au gouvernement. Tenant leur autorité directement du pouvoir politique, les dirigeants façonnèrent progressivement une tradition d'obéissance administrative.

Le vice fondamental fut de ne pas institutionnaliser, dans les textes d'abord, dans la pratique ensuite, une relative autonomie entre l'État et la télévision. De ce point de vue, la nomination des dirigeants par le pouvoir était un handicap très sérieux mais non irréductible, si dans la pratique une certaine indépendance s'était instaurée. Après tout la Grande-Bretagne, souvent citée comme exemple de pays où l'indépendance de la télévision est respectée, montre que ce mode de désignation ne suffit pas à provoquer la subordination au pouvoir.

Le pouvoir politique bénéficie cependant d'une circonstance atténuante : il y a une vingtaine d'années, au moment où s'est noué ce rapport malsain, tout le monde croyait qu'il fallait contrôler la télévision pour contrôler le pays. Aujourd'hui, l'expérience a montré, sauf peut-être aux hommes politiques eux-mêmes, que la télévision n'a pas l'influence directe qu'on lui prête. Mais dans les années soixante, personne n'avait de recul.

1. Interview de R. Bordaz, in *Les Cahiers de la télévision*, *op. cit.*, nº 1, p. 5.

L'outil était neuf, et on pouvait d'autant plus en craindre l'effet que l'équipement massif des ménages coïncidait avec une évolution très rapide de la société française. Tout cela pouvait donner l'impression au pouvoir politique que tout lui échappait ! D'où la volonté plus ou moins explicite d'utiliser la télévision pour « tenir » une situation socio-politique instable, dont les événements de la guerre d'Algérie et les suites de mai 1968 sont les plus marquants. Mais on peut noter que les autres pays européens, confrontés dans l'ensemble aux mêmes évolutions, n'ont pas eu la même attitude à l'égard de la télévision.

C'est donc dans l'histoire de la télévision française et plus largement dans celle de la France qu'il faut voir l'origine de son statut et de son fonctionnement. Il y avait en effet une méfiance profonde à l'égard de la communication, déjà visible dans le retard de la France à s'équiper en radio et en téléphone. Ce pays centralisateur, administrateur et depuis toujours traversé par de violents conflits politiques, n'a jamais beaucoup cru aux vertus de la communication.

D'ailleurs cette méfiance n'est pas seulement l'apanage de la classe politique et des élites culturelles, toutes opinions confondues. Elle est aussi largement répandue dans les différentes classes sociales et constitue une des caractéristiques structurelles de la société française. On comprend alors que dans un tel contexte, les conditions aient été réunies pour que les règles du jeu soient faussées pour longtemps. La télévision se transforma en un champ clos de conflits, rapports de force, procès d'intention, sans grand rapport souvent avec les problèmes de communication. L'entreprise elle-même devint rapidement un ensemble bureaucratisé où les habitudes, les statuts, les forces syndicales et les multiples réseaux de privilèges obligeaient à louvoyer entre autant de bastions. Quant aux programmes, c'est-à-dire ce pour quoi la télévision travaille, ils n'ont pas toujours été l'obsession première des directions, parfois par manque d'intérêt ou de compétence, souvent par manque de temps.

Pour le haut fonctionnaire, nommé à la tête d'une société de télévision, l'épreuve est redoutable. Aux yeux des professionnels, il est l'intrus, celui qui représente le pouvoir et qui va les contrôler. Sa légitimité est seulement politique puisque la plupart du temps il ne connaît rien à la télévision, et il entre dans un univers complexe, méfiant, passionné et toujours inquiet. Il doit s'imposer aux réalisateurs et aux journalistes qui sont les « gardiens » de la légitimité interne de l'audiovisuel. Il devrait être un intermédiaire entre le pouvoir et la télévision, mais il vit dans un pays qui ne croit pas vraiment à la séparation des pouvoirs.

Sur le plan de la gestion, il ne maîtrise pas les ressources de l'entreprise, fixées par le Parlement et le gouvernement, et il doit tenir compte des contraintes du service public consignées dans le cahier des charges. Contraintes multiples et détaillées qui forment un véritable casse-tête administratif. Dans le domaine des relations sociales il se heurte à des syndicats puissants et corporatistes, convaincus d'être les seuls défenseurs du service public, et dont les grèves ne risquent pas de passer inaperçues.

Et comme si cela n'était pas suffisant, sa marge de manœuvre est encore affaiblie par le regard attentif, mais loin d'être bienveillant, de la presse écrite. Celle-ci en effet a toujours éprouvé une grande prédilection à rendre compte des crises et des conflits de l'audiovisuel, et s'est souvent montrée plus sensible à l'anecdote qu'au fait significatif. Elle semble plus prompte à disséquer les problèmes de la télévision que les siens propres. Telles sont les grandeurs et les servitudes, mais aussi les ambiguïtés du service de l'État en matière de communication.

Les *réalisateurs* ont été, à l'inverse des dirigeants, les aristocrates de la télévision. Ils se guérissent mal de ne plus l'être et cherchent toujours une légitimité qui semble ne jamais leur avoir été totalement acquise, malgré leur statut et leur rôle dans la production. C'est même le talon d'Achille de cette profession, qui est à l'origine de cette obsession à revendiquer le statut de créateur, et à s'affirmer comme seuls créateurs de la télévision.

Cette légitimité, ils la cherchent depuis le début de la télévision, depuis le moment où leurs collègues du cinéma n'ont pas accordé à la télévision un statut majeur comme forme d'expression et de création. On ne peut comprendre le problème des réalisateurs sans le situer par rapport au cinéma. Ce qui est finalement normal puisqu'il s'agit de deux activités assez proches. Si le cinéma disposait de l'antériorité et de la légitimité artistique, la télévision, par la production et la diffusion d'images à domicile, provoquait une rupture considérable. La concurrence et la rivalité se sont immédiatement instaurées.

En dépit de l'indifférence ou de la condescendance affichées par les metteurs en scène, ils ont été eux aussi fascinés par l'outil télévisuel. Des deux côtés la relation est complexe et passionnée. Trois étapes marquent l'histoire de cette relation.

À la sortie de la guerre le cinéma français est faible et la télévision offre un débouché pour les diplômés de l'I.D.H.E.C. (Institut Des Hautes Études Cinématographiques). Le cinéma d'alors poursuit le style de films de l'avant-guerre aussi bien dans la forme que dans le choix des comédiens. C'est ainsi qu'il tente de résister au cinéma américain qui déferle avec un immense succès. L'innovation, la recherche et les débouchés sont plutôt du côté de la télévision. Le cinéma français vit encore dans le style populiste alors que la télévision essaie autre chose. Les difficultés du direct créent même un style bien particulier dont on a vu qu'il va marquer une génération de réalisateurs. Le débat direct-film qui va ensuite s'instaurer relance la comparaison avec le cinéma.

Certains cinéastes comme R. Clair ne voient pas de différence fondamentale entre les deux. « Il y a des mots à la mode, " spécificité " en est un. Et comme notre époque n'est pas insensible aux charmes du pédantisme, elle en fait un fréquent usage. C'est ainsi qu'on a bâti toutes sortes de théories sur la " spécificité " de la télévision. Entendons-nous, s'il s'agit de présenter des scènes qui ont un caractère d'actualité, sans doute la télévision diffère du cinéma. Mais ce qu'elle *transmet* plus vite elle ne le présente pas *autrement*. Et quand il s'agit d'un spectacle de fiction, sans valeur temporaire, la télévision, nouveau mode de diffusion, n'est pas un nouveau moyen d'expression. Qu'est-ce que ce " petit écran " dont on nous rebat les oreilles ? Un écran semble grand ou petit selon la distance qui le sépare du spectateur. Le plus grand écran de cinéma paraîtrait minuscule si l'on pouvait le regarder de très loin. Avant peu, l'écran de télévision aura la dimension que l'on voudra et toutes les considérations inspirées par sa petitesse auront le sort des feuilles mortes. Autre fable inventée par les théoriciens : la différence entre une scène transmise directement et la même scène filmée d'abord et retransmise ensuite. Les spectateurs sont incapables de percevoir cette différence quand le second de ce mode d'enregistrement (qui n'est rien d'autre que du cinéma) bénéficie de conditions techniques convenables. Encore une faribole : la télévision supporterait difficilement les scènes " d'ensemble " et " le gros plan " serait un de ses attributs essentiels. Cela revient à dire que la télévision ne peut bien enregistrer qu'une partie de dominos et non point un match de football. Le contraire en est prouvé chaque semaine. Il est vain d'opposer télévision et cinéma. L'un est le prolongement de l'autre. Mais un prolongement dont nous sommes très loin de connaître les limites. S'il existe entre le théâtre et le cinéma des différences fondamentales, il ne semble pas qu'il en existe entre le cinéma et la télévision. Dans ce que nous présente l'écran de télévision on ne voit rien jusqu'à ce jour qui ne pourrait être présenté sur l'écran cinématographique. Dans ces lignes que j'écrivais en 1950, je ne vois rien qui doive être modifié en 1962.[1] »

1. R. Clair. « La télévision... c'est du cinéma » in *Les Cahiers de la télévision*, nº 1, *op. cit.*, pp. 16-17.

D'autres, comme J.-P. Melville, affirment tout de suite la supériorité du cinéma et considèrent la télévision comme un art mineur : « La télévision ne serait-elle donc que la petite fille naturelle, mais non reconnue du cinéma ?

« 1. Pour faire un jour du cinéma on commence par entrer à la télévision.

« 2. Si on a échoué dans le cinéma, on entre à la télévision.

« 3. Après quelques tentatives cinématographiques malheureuses le réalisateur de télévision qui n'a pas réussi retourne à la télévision.

« Ce n'est pas moi qui dis tout cela ; ce n'est pas moi qui dis que la télévision est devenue le refuge de ceux qui n'ont pas réussi dans le cinéma. C'est une constatation absolue car tous les réalisateurs de la télévision ont envie de faire du cinéma, alors qu'aucun des réalisateurs du cinéma qui ont réussi, n'a envie d'abandonner le grand écran pour le petit. En dix-huit ans, j'ai eu beaucoup d'assistants, ils sont presque tous à la télévision.[1] »

Ce manque d'admiration de la part de la majorité des cinéastes, et même des autres catégories de créateurs, a tout de suite mis les réalisateurs de télévision en porte à faux. Cela les a conduits à valoriser leur activité en parlant de la spécificité du langage et de la création audiovisuelle, et à trouver auprès du milieu, puis du public, grâce au succès croissant de la télévision, un appui et une légitimité que leur refusaient souvent les cinéastes.

Les grandes adaptations de la télévision qui s'inscrivaient dans le projet de promotion culturelle les ont renforcés dans le sentiment de faire autre chose que du cinéma. L'opposition naturelle entre les deux milieux a bientôt pris une sorte de signification politique.

Dans les années soixante, le cinéma renaissait, notamment avec la nouvelle vague (J.-P. Chabrol ; J.-L. Godard ; A. Resnais ; F. Truffaut, J. Rivette ; E. Rohmer) au moment où la télévision était en pleine gloire.

Les grands réalisateurs de la télévision, attirés ou sollicités par le cinéma, vont franchir le pas, mais pour la plupart échouer ou ne trouver qu'un succès d'estime. La rencontre ne se fit pas, les deux milieux n'ayant pas réussi à s'adapter l'un à l'autre. Ce fut une occasion manquée.

Les cinéastes de la nouvelle vague, d'origine bourgeoise pour la plupart, renouvelleront même davantage les genres que les

1. J.-P. Melville, « Ce que je pense de la télévision », in *Les Cahiers de la télévision, op. cit.*, n° 5, pp. 44-45.

grands réalisateurs, alors au sommet de leur gloire, et qui restent fidèles à une approche classique, pédagogique, centrée sur les grandes œuvres. C'est finalement deux univers culturels qui se télescopent. La plupart des réalisateurs de télévision ont d'ailleurs été choqués par la « loi d'airain du profit » qu'ils ont découverte au cinéma. Ils lui préféreront rapidement l'univers de la télévision. Et c'est ainsi que la rencontre ratée des années soixante prendra la forme d'une opposition morale et politique : la télévision du peuple contre le cinéma bourgeois.

Les réalisateurs de télévision, incontestablement en avance par le nombre des travaux entrepris, resteront prisonniers d'un outil, d'une forme et d'un langage, alors qu'au cinéma une génération de « jeunes bourgeois » contribuera directement, à partir de sujets apparemment frivoles, à relancer le cinéma français.

Les deux univers ne feront plus, à partir de cette époque, que cohabiter. La baisse de pouvoir et d'influence des réalisateurs au sein même de la télévision à partir des années soixante-dix contribuera à renforcer leur ressentiment. Dans le triomphe de la télévision de divertissement ils verront même l'invasion de la logique capitaliste et commerciale qui les avait tant gênés au cinéma.

Aujourd'hui, trente ans après, le problème reste entier. En matière de création, la télévision continue de ne bénéficier que d'une faible légitimité et ce malgré les milliers d'images produites et les dizaines de livres écrits à son propos. La spécificité que chacun lui reconnaît ne suffit pas à lui donner un genre autonome. Elle ressemble davantage à un moyen de diffusion combinant des éléments préexistants qu'à une technique d'expression originale. Indépendamment de son importance sociale considérable, elle est un « art moyen » et non une rupture dans l'histoire de la création, comme le cinéma en a représenté une par exemple, dans les années 1910.

Les défenseurs de cette thèse font remarquer que la télévision n'a pas donné naissance à des œuvres tellement originales et que cette absence de spécificité de l'expression audiovisuelle s'est également traduite dans le fait qu'il n'y a eu aucun mot particulier inventé par la télévision, comme par exemple le mot « film » autrefois. Les termes les plus souvent employés la « dramatique », le « docudrame » ou le « téléfilm » désignent des films. L'opposition des années soixante entre le direct et le film reposait plus sur une différence technique que sur une conception de l'esthétique, comme l'a prouvé d'ailleurs la victoire progressive du film. Et la généralisation de la vidéo n'a pas, contrairement à ce qui fut également prédit, changé radicalement la manière de travailler l'image. Elle a plutôt créé un style d'image qui peut s'appliquer à la télévision comme au cinéma.

Ces considérations expliquent la susceptibilité des réalisateurs. D'autant que l'autre grande profession de la télévision, celle des journalistes, bénéficie au contraire d'une certaine notoriété. Celle-ci est liée au passage à l'écran et renforcée par la légitimité du journalisme, dont l'origine est bien antérieure à la télévision, puisqu'elle s'est forgée en deux siècles de batailles des journalistes de presse écrite ! Cela est d'autant plus difficile à admettre pour les réalisateurs que l'histoire de l'information télévisée n'a pas toujours été glorieuse.

On comprend que nombre d'entre eux trouvent leur situation injuste. On leur refuse parfois le statut de créateurs, leur travail est lent et lourd et de surcroît ne s'accompagne pas de la gratification du passage à l'écran. Ils sont moins reconnus que les journalistes dont le travail semble plus facile et qui, par le passage quotidien à l'antenne, bénéficient d'un prestige parfois sans rapport direct avec l'effort investi et les responsabilités assumées. C'est peut-être par cette comparaison que s'explique la volonté particulière des réalisateurs d'obtenir la création d'une commission paritaire qui délivre des cartes.

Ce statut de réalisateur — qui les rapproche de celui des journalistes, avec la carte de presse — au-delà de sa dimension corporatiste, est un signe de reconnaissance. Les « saltimbanques » sont devenus un puissant lobby autant pour des raisons corporatistes que par désir d'être légitimés. Toutefois, une question se pose aujourd'hui. Dans quelle mesure ce discours d'autodéfense n'empêche-t-il pas l'émergence d'autres pratiques ? Jusqu'où la qualité évidente du travail de certains réalisateurs ne sert-elle pas de protection et de caution à d'autres, beaucoup moins talentueux ?

Quant aux *journalistes audiovisuels,* s'ils ont eu l'avantage de trouver en arrivant une légitimité, celle de leur profession, leur difficulté est plutôt, depuis trente ans, de la mériter. Certains d'entre eux ont mené bataille pour établir une indépendance à l'égard du pouvoir politique, sans toutefois réussir, jusqu'à présent, à stabiliser le rapport de force. Le problème n'est pas spécifique à la France et se retrouve dans tous les pays, y compris dans ceux où dominent des télévisions privées, le pouvoir politique ayant toujours été « intéressé » par l'information diffusée à la télévision.

Aucune disposition institutionnelle ne réglera jamais cette

question de l'indépendance de l'information, même si dans les pays démocratiques ce sont les mêmes valeurs qui fondent le régime politique et la liberté de l'information. Mais encore faut-il réduire les occasions de pression et donc instituer un cadre qui garantisse la plus grande indépendance possible des journalistes. Ce qui n'a jamais été le cas en France. D'où les péripéties, crises, licenciements qui jalonnent les quarante ans de l'histoire de la télévision française.

Monopole d'État et information sont deux notions dont le rapprochement est toujours malaisé, car leurs logiques et leurs références sont contradictoires. L'État a une tradition du secret, il craint la publicité et les remous qu'elle provoque dans l'opinion publique, et le pouvoir politique cherche à contrôler l'information qui le concerne, alors que la presse a une fonction d'interpellation du pouvoir qui nécessite une distance et une volonté permanente de rendre publiques les informations. C'est pourquoi le pouvoir réclame une information télévisée institutionnelle, un peu glacée, se limitant aux aspects officiels de la vie sociale et politique. Il feint d'oublier que l'information est toujours le résultat d'un choix, le fruit d'une hiérarchisation.

Pour le pouvoir politique, l'information est indissociablement liée à l'idée de conviction. Informer c'est faire admettre sa représentation du monde ; c'est expliquer son action, la justifier et la faire accepter. Il n'y a rien de pire pour un pouvoir que d'avoir l'impression de n'être pas compris. Rien de pire que de ne pas voir répercutés les motifs de son action. Rien de pire que de trouver mal expliquées les raisons d'un choix et d'une politique.

Et comme le pouvoir politique est toujours isolé dans la société, le désir d'utiliser le cordon ombilical des médias lui vient naturellement à l'esprit. Surtout à une époque où le champ de l'action ne cesse de s'étendre, et où il est, plus que jamais, nécessaire d'expliquer la politique gouvernementale. La tentation est grande de considérer les médias, et particulièrement la télévision, comme un relais, comme une voie de passage vers un public à convaincre. Consciemment ou non, la télévision est perçue comme une courroie de transmission.

Pour le journaliste au contraire, l'information, dans la mesure où elle émane la plupart du temps d'un acteur politique, doit nécessairement faire l'objet d'un travail critique. L'information n'existe pas en soi. Elle est le produit d'une situation historique et doit être examinée avec prudence et scepticisme. C'est dans ce travail de distanciation que le journaliste exerce sa compétence et marque sa présence. Informer ne consiste pas d'abord à convaincre, mais à expliquer et démêler.

On voit donc le malentendu. Pour les uns, il s'agit d'un message à faire passer, pour les autres d'une interrogation.

L'inverse par nature de l'information-conviction. Et si pour l'acteur politique l'information idéale est celle qui justifie « naturellement » son action, pour le journaliste c'est souvent celle qui montrera une capacité d'indépendance à l'égard du pouvoir.

Mais il n'y a pas que le pouvoir politique qui représente une contrainte pour les journalistes ; ils invoquent à juste titre les exigences d'une télévision de masse. Parfois cependant jusqu'à l'excès. Comme le journal télévisé s'adresse à des millions de gens dont les opinions politiques vont de l'extrême gauche à l'extrême droite, il est difficile de fouiller et d'analyser un sujet sans heurter telle ou telle sensibilité. Cela explique la tentation permanente de « pasteuriser » l'information.

Les journalistes soulignent également le manque de protection professionnelle. Mais cette formule est équivoque car elle opère souvent une confusion entre indépendance journalistique et sécurité de l'emploi. Depuis les « charrettes » de 1968 et, contrairement à une idée reçue, les journalistes disposent, à de rares exceptions, d'une grande sécurité de l'emploi. Les seuls journalistes véritablement *licenciés* de la télévision ont le statut de directeur de l'information ou rédacteurs en chef. Quant aux autres, en cas de disgrâce politique ils ne sont pas licenciés, mais simplement mis « au placard », expression qui signifie que le journaliste est interdit d'antenne, qu'il n'est affecté à aucun poste particulier, ou qu'on ne lui donne rien à faire. C'est pourquoi la sécurité de l'emploi à la télévision ressemble à celle de la fonction publique. Elle favorise le conformisme, plutôt que l'audace et l'imagination. Si l'on veut faire carrière il ne faut pas faire de vagues. La sécurité de l'emploi ne garantit pas une protection politique ou morale. Il ne faut donc pas la confondre avec la protection professionnelle. Il s'agit de deux choses différentes et à la télévision, presque contradictoires.

Ensuite se pose le problème de la compétence professionnelle du milieu, dont certains journalistes parlent à mots couverts. Cette question représente évidemment un sujet tabou qui n'est abordé que dans les conversations privées, mais elle semble rôder en permanence dans les couloirs des rédactions.

Il est clair qu'il existe une relation directe entre la compétence professionnelle et l'autonomie politique. Pour s'opposer à un acteur politique ou social, il faut avoir confiance en soi, confiance dans ses compétences et dans son travail accumulé. Sinon il devient difficile de conserver une distance vis-à-vis du pouvoir politique qui représente dans tous les pays, le système de pression le plus fort. Et le journaliste a alors tendance à limiter son rôle, il n'ose pas briser le caractère formel du discours politique pour présenter une analyse de la réalité qui en diffère.

Certaines caractéristiques de l'information audiovisuelle expliquent que ce problème subsiste, sans être réglé.

Un éditorial ou un « papier » de fond dépasse en effet rarement en longueur deux feuillets. Le journaliste audiovisuel n'est donc pas incité à approfondir ses sujets. Il l'est d'autant moins qu'il n'y a pas de traces de son passage et de son intervention : une image chasse l'autre. Et si le spectateur a eu l'impression que le journaliste disait une bêtise il ne peut revenir en arrière pour le vérifier.

La vieille opposition entre la parole et l'écriture semble pertinente. Seuls les écrits restent. Enfin, le journaliste audiovisuel, après quelques mois de travail, est très vite convaincu — mais à tort — que ce qui compte à la télévision c'est la forme, la présentation, le sourire, le style et que les spectateurs y sont plus sensibles qu'au contenu. Certes, un message ne peut « passer » que s'il est bien transmis, mais un message sans contenu le demeure quel que soit l'emballage.

Le drame de l'information télévisée est que tous ces facteurs ne permettent pas aux compétences d'apparaître pleinement ni de marquer leur supériorité face aux incompétences. Du coup, les meilleurs journalistes ont du mal à se distinguer. Et ce d'autant plus qu'il y a rarement de sanction professionnelle positive, ou négative, dans les rédactions de télévision. Celles-ci constituent en effet un univers où il est impossible d'établir un système classique de sanctions ou de promotions parce que tout est sujet aux rapports de force syndicaux et politiques.

Ce phénomène trouve son origine dans le mode de recrutement très politique qui a présidé à la constitution des rédactions dans les années soixante. Il s'ajoute à cela deux autres facteurs. Chaque direction, en arrivant, promeut de nouveaux responsables ou amène ses propres « hommes », sans jamais rétrograder les autres ou pouvoir renvoyer ceux qui sont jugés incompétents. Mais comme les directions ne sont pas elles-mêmes au-dessus de tout soupçon et se succèdent à un rythme très rapide, on se trouve dans une situation où il existe un grand nombre de postes de rédacteurs en chef ou de rédacteurs en chef adjoints sans que ces titres correspondent à de réelles compétences ou responsabilités. La dévalorisation des titres et des fonctions est une pratique qui s'est renforcée avec la rotation des directions. Il y a ainsi des strates dans les rédactions correspondant aux différentes directions et majorités politiques. Tout cela ne donne pas aux journalistes le sentiment que la compétence règle effectivement les promotions et la hiérarchie. Il n'y a plus dans ces conditions d'impératif de la qualité. Chacun se protège, et a toujours de bonnes raisons d'attendre des jours meilleurs.

Les acteurs politiques et sociaux ressentent souvent ce manque de compétence professionnelle. Ils le condamnent, mais ils s'en servent. C'est pour eux un atout car un journaliste qui n'a pas suffisamment de confiance dans sa propre compétence pliera plus facilement. Apparemment les hommes politiques apprécient l'indépendance des journalistes. En réalité ils s'en méfient car elle les met en cause. Ils préfèrent le scepticisme général qui prévaut dans le milieu journalistique à un véritable esprit d'indépendance. S'ils ne se font pas toujours d'illusions sur la capacité des journalistes à être convaincus par leurs discours, ils ne sont pas pour autant prêts à les voir manifester un esprit critique.

Les relations qui s'établissent ainsi sont nécessairement complexes, reposant sur un mélange de séduction, de confiance et de méfiance réciproques. Mais ces relations compliquées, qui ne seront jamais limpides, comportent un inconvénient majeur dans une télévision d'État. Du fait de la propriété publique, la presse télévisée est subordonnée au pouvoir politique. L'État est le patron de presse. Cela crée une situation paradoxale pour l'information : si le gouvernement intervient, c'est une censure, mais s'il n'intervient pas, c'est une preuve de faiblesse. Il ne peut exister de relations véritablement saines dans une télévision d'État car, d'une manière ou d'une autre, la responsabilité du pouvoir semble engagée.

Le problème de la compétence est aggravé par cette caractéristique qui frappe tout observateur : la lourdeur et les contraintes de l'instrument télévisuel appliquées à l'information. Le temps est long entre le moment où est décidé un sujet, où l'équipe (sondier, éclairagiste, cameraman) enfin rassemblée avec son matériel peut partir, où le tournage fait, le montage achevé il n'y a plus qu'à attendre... le passage à l'antenne. Le tout pour des sujets dépassant rarement trois minutes. Une ou plusieurs journées de travail, pour une à deux minutes à l'écran ! Les problèmes de films, de lumière, de cadrage ne sont jamais simples, et les relations du journaliste avec le cameraman et les techniciens doivent être bonnes sous peine d'augmenter encore la difficulté du travail, voire de le rendre impossible.

Bref l'information télévisée est le produit d'un travail complexe et collectif, ce qui suppose des négociations et des compromis entre les différents membres de l'équipe, particulièrement le journaliste et le cameraman, et le réalisateur quand il y en a un. Ces contraintes à gérer, la mobilisation qu'elles impliquent sont autant de temps et d'énergie qui ne sont plus disponibles pour la réflexion et la préparation du sujet, qui restent tout de même l'acte de création du journaliste. Le temps que celui-ci consacre à s'occuper de problèmes matériels et organisationnels est considérable. Souvent plus de la moitié de son temps de travail. Seul le travail dans le cadre d'un magazine permet de dépasser ces contraintes. Mais l'habitude de travailler à la hâte, au dernier moment, est telle qu'elle subsiste même quand il y a du temps ! Les maîtres-mots de l'information télévisée sont « vite, on est pressé » et « qu'est-ce qu'on a comme images ».

Car l'autre grand problème est la difficulté à traiter en images un grand nombre de sujets, notamment les problèmes économiques et financiers. C'est alors le recours aux images prétextes et conventionnelles. Ou alors l'utilisation des E.V.N. (European Video News) qui chaque jour, par un système d'échanges entre télévisions du monde entier, permettent d'avoir des images venant d'autres pays. Quant aux archives elles sont souvent décevantes et difficilement utilisables. Trouver des images qui, sans être originales, aient un sens, voilà l'obsession quotidienne.

Le journaliste de la télévision a donc un statut différent de ses confrères de la presse écrite et de la radio. Son langage n'est pas seulement, ni surtout, celui des mots, mais celui de l'image et du dialogue. Il montre des images d'événements et il se montre lui-même.

Mais ces activités ne sont pas assurées par les mêmes personnes. C'est pourquoi il faut distinguer parmi les journalistes de télévision trois catégories, qui sont souvent en relations conflictuelles : les reporters, les cameramen, les présentateurs.

Les deux premiers sont dans une situation de sous-valorisation par rapport aux troisièmes. C'est la conséquence de la forme du journal télévisé où le présentateur sert de fil conducteur au journal et introduit chaque sujet, ce qui donne l'impression au public qu'il s'agit de « son » journal.

Dans le journal de presse écrite, on n'imagine pas que le rédacteur en chef ou l'éditorialiste principal soit l'auteur de l'ensemble du journal ! Chaque journaliste a sa signature et les articles leur sont attribués. À la télévision, par contre, le présentateur, par sa présence physique, laisse nécessairement dans l'ombre le reporter et le cameraman qui ont pourtant recueilli et traité l'information.

Rien d'étonnant dans ces conditions à ce que l'une des phases clefs du milieu professionnel soit : « Ici, ta signature, c'est ta gueule. » Ce qui signifie que le journaliste reporter ne peut véritablement faire carrière qu'en acquérant une notoriété liée au passage à l'écran. Cette dimension alimente un narcissisme certain et explique que de nombreux journalistes soient prêts à de multiples concessions pour passer à l'écran. L'éloignement de l'écran est d'ailleurs une des armes essentielles à la disposition des directeurs de l'information. Chacun fait « comme si » le passage à l'antenne était naturel, voire secondaire, alors que tout observateur comprend rapidement qu'il s'agit là d'un des enjeux essentiels du rapport des forces entre journalistes et directions.

L'une des motivations importantes pour faire du journalisme audiovisuel est donc de pouvoir se montrer, quelle que soit la place occupée dans la hiérarchie. Pourquoi pas d'ailleurs, car ce plaisir narcissique est de toute façon partagé par la quasi-totalité des professionnels de la télévision. Mais les journalistes, par leur passage quotidien, sont peut-être ceux qui en sont le plus tributaires.

Cependant tous n'ont pas ce comportement. Certains aiment surtout montrer la réalité, sans se montrer eux-mêmes. Ils restent dans l'anonymat, alors que leurs qualités professionnelles sont indéniables. Comme pour les réalisateurs, ces qualités sont alors reconnues par le milieu professionnel et ignorées du grand public. Ceci est encore plus vrai pour les cameramen, dont la situation est ambiguë. Certains se considèrent comme des techniciens, tandis que d'autres plus exigeants et sensibles à l'information se considèrent et sont parfois reconnus comme des journalistes. Il semble en tout cas évident que si l'on affirme que l'image est porteuse d'informations, ceux qui font des images sont des hommes d'information.

Pour le présentateur, la contrepartie négative du plaisir d'être vu et reconnu se manifeste dans l'obligation de composer un personnage. Certaines réactions lui sont interdites et son image doit pouvoir résister à l'épreuve du temps. L' « image de marque » est à la fois son capital et ce au travers quoi le spectateur accède à l'information. La difficulté est de ne pas en être prisonnier. Or tout porte justement à une espèce de rigidification puisque le spectateur aime retrouver chaque jour le même interlocuteur. Comme si ce « rite » auquel nous sommes tous plus ou moins sensibles était la condition pour accéder au spectacle, rarement optimiste, du monde. En tout cas l'ensemble de ces facteurs concourt à créer un style et une image dont les présentateurs sont à la fois les bénéficiaires et les victimes. Cette image les traverse, en même temps qu'elle les constitue. Il leur est difficile d'y résister.

En définitive les journalistes de l'audiovisuel ressemblent un peu aux réalisateurs. Ces derniers réclament sans cesse un vrai travail de création comme les journalistes réclament sans cesse une information libre et indépendante. Les deux groupes ont tendance à pratiquer l'invocation en sous-estimant leurs propres responsabilités. C'est toujours de la faute « des autres » si l'information n'est pas libre et si « la création » est peu plaisante. La faute des autres, c'est-à-dire du pouvoir...

3. LES ENJEUX

Le service public audiovisuel français devra affronter une concurrence inéluctable dans moins d'une dizaine d'années. Sa capacité de résistance dépend de quatre conditions :

1. *L'instauration d'une indépendance de la télévision par rapport au pouvoir politique.*

Cette indépendance prend deux formes, politique et économique. Sur le premier plan la loi de 1982 est un progrès, à condition que la Haute Autorité arrive elle-même à constituer sa propre indépendance politique et à renforcer sa fonction de juridiction aujourd'hui très faible.

Sur le plan économique, cela dépend d'une transformation du mode de calcul des ressources et d'une moindre dépendance à l'égard de la redevance, par un développement notamment de la télévision payante. En tout état de cause l'indépendance dépend moins des lois que des pratiques. Progressivement les textes depuis quinze ans vont dans ce sens. Reste à imposer la pratique, c'est-à-dire changer de part et d'autre trente années d'habitudes. Pour cela il faut introduire une alternative à la télévision publique : la télévision privée. La création d'un secteur privé de l'audiovisuel, réel et non pas semi-public comme la France en a l'habitude, créerait une rupture salutaire. Dans la concurrence qui s'établirait entre les deux systèmes, la télévision publique trouverait la liberté de manœuvre qui lui manque et des facteurs de stimulation. D'un seul coup le jeu s'ouvrirait. La comparaison s'installerait et avec elle un certain pluralisme.

2. *L'intégration de la logique économique.*

La rationalisation des coûts de production et de gestion est la condition nécessaire pour éviter que la production télévisuelle française devienne définitivement plus chère que ses concurrentes et donc inexportable. Souligner l'importance des choix économiques ne signifie pas subordonner la culture à la tyrannie de l'argent, mais simplement admettre un changement structurel. La sanction économique exprime le passage d'une logique de l'offre à une logique de la demande, ce qui signifie concrètement la prise en compte du rôle du public. La télévision devient une activité culturelle comme les autres, au même titre que la presse, l'édition, le cinéma qui toutes à un moment donné de leur histoire, ont dû admettre que la création passait aussi par la sanction du marché et que l'argent pouvait être un facteur de liberté.

Si la télévision devient progressivement une industrie, chacun sait bien qu'elle n'est pas que cela, mais qu'elle est aussi cela. Quant à craindre une totale subordination à la logique du profit, c'est méconnaître profondément la réalité économique de la culture dans notre pays. En effet toutes les activités, y compris celles qui sont apparemment les plus libres, sont directement ou indirectement subventionnées par l'État. Il n'y a donc aucun risque de voir la télévision devenir la seule d'entre elles qui serait totalement privée ! Tous les États, y compris les États-Unis, manifestent un intérêt certain à l'économie de l'audiovisuel. Simplement la communication audiovisuelle devient un marché comme un autre dans lequel les sociétés publiques doivent se comporter comme des entreprises et non comme des administrations.

3. *Éviter la confusion des rôles entre la responsabilité des dirigeants et celle des syndicats.*

Il apparaît en effet que dans les secteurs publics ou parapublics, où les travailleurs bénéficient d'un statut, il s'établit progressivement une sorte de hiérarchie syndicale parallèle. Si le système était celui de la cogestion, avec un partage des droits et des devoirs, il n'y aurait pas d'ambiguïtés, mais comme cela n'est pas le cas en France, on assiste en fait à une dilution des responsabilités. Les directions peuvent s'abriter derrière la pression syndicale pour justifier toute politique immobiliste. Et les syndicats, au nom de la défense des travailleurs, interviennent progressivement dans l'orientation de la politique, confondant leur rôle et celui des décideurs.

Le renforcement du pouvoir syndical, quelles que soient les catégories concernées (administration, techniciens, journalistes, réalisateurs), s'il se confirmait, politiserait encore plus un secteur qui l'est déjà beaucoup, sans garantir une meilleure production. Car toute innovation ou production culturelle, justifiée par une logique politique, échoue.

4. *Renforcer la capacité de création du système audiovisuel.*

Pour cela il faut des auteurs. Une des raisons pour lesquelles la télévision française n'a jamais eu réellement d'auteurs tient au fait que contrairement à ce qui s'est passé en Grande-Bretagne et aux États-Unis, leur travail n'a jamais été correctement reconnu et rémunéré. Pourtant la création coûte cher et c'est elle qui en définitive attire le public. Mais là aussi, l'idéologie du service public s'est révélée hypocrite en refusant d'utiliser des arguments financiers pour attirer les talents alors que dans le même temps d'autres professions de l'audiovisuel savaient parfaitement faire valoir leurs intérêts matériels.

On trouvera probablement dérisoire, dans une quinzaine d'années, cet appel à une indépendance politique de la télévision, à la prise en compte de la dimension économique, à l'accroissement de la capacité professionnelle de ceux qui la font et à la création d'un secteur privé, tant ces idées sembleront aller de soi.

Mais aujourd'hui il est trop tôt pour savoir si la modernisation du Service public l'emportera sur les conservatismes et les corporatismes parés comme souvent des plumes de la bonne conscience, de la défense du Service public, de la culture et de la création. En cas d'échec, nous aurions dans quelques années un magnifique Service public, mais sans public.

CHAPITRE III

Télévision d'État et télévision de société

Dans les pays occidentaux la télévision a été organisée la plupart du temps selon deux modèles : celui de la télévision d'État et celui de la télévision de société. Le modèle français correspond bien sûr à une *télévision d'État* où l'État contrôle et gère directement l'essentiel des activités audiovisuelles, tandis que le modèle américain renvoie à une *télévision de société* dominée par un système d'initiative privée, où l'État définit les règles du jeu et arbitre les conflits sans intervenir directement dans la gestion et l'orientation des entreprises. La plupart des systèmes audiovisuels dans les pays démocratiques se situent entre ces deux pôles. Les pays européens s'inscrivent dans la tradition étatique avec, pour certains d'entre eux, une évolution progressive vers un système mixte, déjà ancien pour la Grande-Bretagne, plus récent pour l'Italie. Dans chaque pays, le système choisi fait l'objet d'un relatif consensus politique.

L'opposition entre les deux modèles ne concerne pas seulement le rôle de l'État ou le mode de gouvernement, mais également le régime économique et le rapport au public. Ce sont d'ailleurs ces trois paramètres qui permettent de situer les autres télévisions sur l'éventail dont la télévision française et la télévision américaine représentent les deux extrêmes.

Dans tous les pays, l'État intervient dans l'organisation de la télévision et rien n'est plus faux que de croire les télévisions publiques contrôlées par l'État et les télévisions privées complètement indépendantes de lui. L'État contrôle la télévision parce qu'il existe une politique de la communication pour la gestion des réseaux, la répartition des fréquences, la définition des contraintes de service public et l'organisation de la concurrence.

Mais dans un pays à télévision d'État, celui-ci définit les règles de fonctionnement et il détient le monopole de la télévision alors que dans un pays à télévision de société, il ne fait que réglementer un système où dominent les télévisions privées. À côté de ces deux cas il existe des cas intermédiaires où cohabitent télévision privée et publique, comme le Canada, la Grande-Bretagne ou l'Italie.

En fait une règle simple se dégage de la comparaison des différents systèmes audiovisuels : l'organisation de la télévision est calquée sur celle de l'État.

Cette règle est particulièrement nette quand on observe le degré de centralisation de l'État. Dans la plupart des pays à télévision de société, l'État est fédéral ou largement décentralisé, comme aux États-Unis et au Canada. Mais dans les pays à télévision d'État les différences sont plus sensibles. C'est ainsi par exemple qu'en France, la télévision est à la fois publique et centralisée, alors qu'en R.F.A. elle est largement décentralisée et qu'en Hollande elle est gérée par des associations à but non lucratif. La Belgique, largement câblée, dispose sur son territoire de douze à quinze chaînes créant une rude concurrence pour la R.T.B.F. Quant à l'Italie, la R.A.I. a perdu, avec l'arrêt de la cour constitutionnelle de 1978, son monopole de diffusion. Celle-ci est aujourd'hui concurrencée par de nombreuses télévisions privées où progressivement dominent deux ou trois réseaux régionaux. La France est donc, pour le moment, le seul pays à télévision d'État, de service public, centralisée et sans télévision privée.

1. LE SYSTÈME INSTITUTIONNEL

Les législations de chaque pays sont un lieu de lecture des différences fondamentales qui opposent les deux modèles de télévision.

Dans la télévision de société, comme aux États-Unis, le droit contractuel définit seulement les principes et les conditions du jeu économique. La liberté de communication est le principe fondamental de la réglementation, ce qui n'empêche pas la constitution de monopoles de fait. Dans le cas français, au contraire, la télévision a longtemps été un monopole d'État qui exprimait tout le projet politique associé à la notion de service public depuis la fin du XIXe siècle.

Aux États-Unis les débuts de la télévision ont été difficiles parce que la concurrence de la radio était très vive, et que chacun craignait les effets incertains de ce nouveau medium. Aussi la F.C.C. (Federal Communication Commission) gela, de 1948 à 1952, la répartition des fréquences et la distribution de licences (cette période est appelée « the freeze ») s'opposant même à la commercialisation de la couleur jusqu'en 1953 (il y avait à l'époque vingt et un millions de foyers équipés).

Mais à partir de 1952 l'orientation changea. La F.C.C. accorda un grand nombre de licences aux stations locales. Les trois grands réseaux, A.B.C., C.B.S. et N.B.C. développèrent leur politique d'affiliation. Le N.A.B. (National Association of Broadcasters), regroupant les stations et les réseaux privés, devint l'un des groupes de pression les plus importants de Washington et exerça une influence prépondérante sur la F.C.C.

De 1952 à 1967, ni les principes du « localisme » ni celui de la liberté de communication n'empêchèrent une monopolisation croissante du système de communication audiovisuelle avec simplement quelques garde-fous tels que celui de l'interdiction faite aux *Networks* de posséder plus de sept stations locales. De plus le premier amendement de la constitution américaine sur la liberté d'expression était utilisé systématiquement par les responsables de télévision pour empêcher la F.C.C. de porter un jugement sur la qualité des programmes quand elle renouvelait ses licences.

Aujourd'hui l'organisation de la télévision américaine est à la fois simple et complexe. Simple parce qu'on peut la réduire aux trois grandes chaînes commerciales (les *Networks*) C.B.S., A.B.C., N.B.C., auxquelles il faut adjoindre le réseau public P.B.S., dont l'audience dépasse rarement 5 %. Complexe, parce que ces quatre réseaux reposent sur une mosaïque de stations locales dont les statuts sont multiples. D'après l'institut de sondage Nielsen, il y avait, en 1982, sept cent quatre-vingts stations commerciales et deux cent soixante-dix-sept stations publiques soit un total de mille cinquante-sept stations. La quasi-totalité des stations publiques sont regroupées au sein de P.B.S. Leur nombre ne doit pas faire illusion car près des deux tiers sont en U.H.F. et non en V.H.F., ce qui, compte tenu des caractéristiques des récepteurs américains, se traduit par une mauvaise qualité de l'image.

Les sept cent quatre-vingts stations commerciales se divisent en trois catégories :

— Les stations possédées et gérées directement par un *Network* connues sous le terme On'O (Owned and Operated). La législation américaine interdit à une entreprise de posséder plus de sept stations de télévision. Chaque *Network* en possède cinq, mais dans les zones les plus peuplées (New York, Chicago, Los Angeles...) ; ce qui fait qu'avec quinze stations, ils touchent 64 % des foyers américains [1].

— Les stations affiliées à un *Network* (affiliated). C'est le cas

1. *Who Owns the Media,* edited by Benjamin M. Compaine, Knowledge Industries Publications, White Plains, New York, 1979, p. 370.

de 85 % des stations commerciales. Elles sont indépendantes mais ont un contrat d'une durée limitée avec un *Network* qui leur fournit ses programmes et ses annonceurs. Le *Network* paie à la station un tarif horaire calculé en fonction de son audience.

— Les stations indépendantes qui font leur propre programmation. Pour cela elles s'adressent au marché de la « syndication », où les producteurs d'émissions proposent soit des programmes originaux, soit des programmes ayant déjà été achetés et montrés par les *Networks*.

La F.C.C., rattachée au Congrès, délivre aux stations de télévision locales une licence d'exploitation, renouvelable tous les trois ans, en fonction de la conformité aux règles d'exploitation définies par la commission. Le principe essentiel est le « localisme », c'est-à-dire que les stations doivent répondre aux besoins de la communauté à laquelle elles s'adressent, notamment en matière d'informations et de débats politiques (*Public Affairs*). Le renouvellement des licences, après avoir longtemps été une formalité, semble faire l'objet d'un contrôle plus sérieux. Mais en général, la référence au Premier Amendement sur la liberté d'expression limite considérablement la capacité de contrôle de la F.C.C. sur les stations locales comme sur les *Networks*[1].

Le rêve de la télévision communautaire (le localisme) qui est à l'origine de la législation actuelle n'a guère résisté à la logique économique de l'audiovisuel qui appelle la concentration des moyens financiers. Il a cependant donné de bons résultats dans la presse audiovisuelle locale et a contribué à maintenir, avec des hauts et des bas, un état d'esprit hostile au monopole qui a favorisé l'essor du câble et de la télévision payante, malgré les efforts déployés par les *Networks* pour l'empêcher.

Avant cet essor qui date de 1975, on assiste en 1967 à une première tentative de mise en cause de la domination des *Networks* sur la télévision américaine avec la création de la télévision publique. Les réactions négatives devant la médiocrité de la télévision commerciale ont en effet suscité la recherche d'une « télévision alternative ». À l'issue du rapport de la commission Carnegie sur la télévision publique, le Congrès américain vote en mars 1967 une loi instituant la « Corporation for Public Broadcasting », organisme chargé de répartir les crédits fédéraux et de contrôler le « Public Broadcasting Service » (P.B.S.). Ce

1. *Should the federal government significantly strengthen the regulation of mass-media communication in the United-States ?* House of Representatives Intercollegiate Debate Topic, U.S.G.P.O., Washington, 1979.

dernier est le réseau qui regroupe l'ensemble des stations « publiques », c'est-à-dire éducatives ou à but non lucratif [1].

Indépendamment de la réussite ou de l'échec de ce projet, il est certain que la seule décision politique de le réaliser, dans le contexte de la société américaine, traduisait une crise de légitimité de la télévision commerciale. Mais le fait que P.B.S. n'ait pas réussi à concurrencer les *Networks* montre que cette crise de légitimité était circonscrite à la classe politique et aux élites culturelles. Avec une audience limitée à environ 5 % des téléspectateurs, P.B.S. a préfiguré paradoxalement la télévision éclatée des années quatre-vingt qui s'adresse à des publics restreints et très définis. En produisant et diffusant des émissions culturelles d'une part et des émissions en direction des minorités (noirs, chicanos...) d'autre part, P.B.S. a occupé des « créneaux » trop étroits pour les chaînes commerciales. Ce réseau a donc trouvé une place réelle dans le système audiovisuel américain, même si cette place n'était pas du tout celle prévue par ses initiateurs.

À la même époque, l'extension de la télévision par câble suscita également l'espoir d'une alternative à la télévision commerciale. Mais les restrictions imposées par la F.C.C. en 1966, sous l'influence du N.A.B., pour la retransmission des émissions de télévision par le câble portèrent un coup fatal à sa prospérité économique [2]. En effet les réseaux câblés n'étaient pas autorisés à apporter aux téléspectateurs des programmes émis dans d'autres régions des États-Unis et n'avaient pas les moyens financiers pour produire des émissions au plan local. Contrairement donc au Canada, la télévision par câble américaine n'a été locale et communautaire dans les années soixante-dix que parce qu'elle n'a pu faire autrement, à cause des contraintes de la F.C.C. C'est pourquoi ni le câble, ni P.B.S., ni la télévision locale ne réussirent à cette époque, et après de multiples batailles économiques et politiques, à toucher un large public.

C'est finalement le phénomène politique de la déréglementation (*Dérégulation*), amorcée à partir de 1975, allié à la croissance des nouvelles technologies qui a permis le bouleversement du système audiovisuel. D'un côté, les satellites et le câble permettaient une diffusion à la fois locale *et* nationale. De l'autre, la législation se faisait moins restrictive.

La politique actuelle de la F.C.C. tend à favoriser la possibilité pour les entreprises de communication (presse, télévision,

1. Cf. F. Balle, *Médias et société*, p. 309 et sq, Montchrestien, 1980.
2. En 1966, la F.C.C. interdit aux opérateurs de câble de retransmettre tout signal extérieur sur les cent plus grandes villes. Cet interdit sera levé en 1972.

cinéma), aussi bien que pour les entreprises de télécommunications ou d'informatique, d'intervenir sur tous les marchés de la communication, sans distinction de genres. Ce mouvement se fait très lentement. Ce n'est pas seulement la puissance des lobbies et des intérêts contradictoires en jeu qui explique la lenteur et la complexité du processus de « *dérégulation* ». C'est aussi la volonté de la F.C.C. et, au-delà, de l'ensemble de l'administration fédérale, de ne pas laisser ce secteur capital uniquement régi par les règles du profit. Si le rôle du marché est essentiel, celui de la réglementation publique — contrairement à ce que l'on pense souvent en France — l'est au moins autant.

Le phénomène de la déréglementation met en lumière le principe de légitimité sur lequel s'appuie le contrôle de la puissance publique : en matière de communication, la réglementation ne se justifie qu'en cas de rareté. Les nouvelles technologies font disparaître cette rareté. L'État n'a pas à définir restrictivement les conditions d'utilisation des nouvelles technologies, ni à prendre en charge ou à évaluer les expérimentations. Celles-ci relèvent de l'initiative des groupes industriels qui lancent les produits et les services et c'est en définitive le marché, donc le public, qui tranchera. C'est lui qui en « grandeur nature » réalisera la meilleure expérimentation. C'est en accroissant les possibilités de choix du public que l'on réduit les risques d'une utilisation abusive de la télévision.

On voit là toutes les différences avec l'Europe et particulièrement avec la France. La télévision y a tout de suite été rattachée au régime des télécommunications. En fait jusqu'en 1959 le régime général de la radiodiffusion était calqué sur le monopole des transmissions organisé dans le cadre du monopole des télécommunications. Il n'y avait pas de différence entre monopole de télécommunication et monopole de radiodiffusion. D'ailleurs avant la télévision, la radio avait suscité la même suspicion, puisqu'on ne lui avait pas accordé beaucoup plus d'autonomie. La R.T.F. (Radio Télévision Française) est née en 1945 par le rattachement de la télévision à la radio. Et à partir de cette date la valse des réformes a commencé.

La IVe République ne trouva jamais de majorité suffisante pour voter une loi, malgré seize projets, et depuis la Ve République il y a eu une réforme à chaque mutation importante (1959, 1964, 1972, 1974, 1982). Soit une réforme tous les quatre ans et demi en moyenne ! Et encore ne s'agit-il que de modifications à l'intérieur de la même logique du Service public. Ce qui tend à montrer la difficulté des gouvernants à maîtriser cet outil insaisissable.

Toutes les lois qui se sont succédé depuis 1959 ont tenté de faire cohabiter les contraintes du service public avec les impératifs économiques d'un secteur où travaillent aujourd'hui plus de dix-sept mille personnes, pour plus de dix mille heures de programmes par an reçus par dix-sept millions de foyers. Il faut voir dans cette multiplication des lois une sorte d'obsession française. On ne sait plus si la lourdeur et l'omniprésence juridique sont là pour améliorer le Service public ou pour le « protéger » d'une concurrence tant redoutée voire même pour freiner une évolution qui battrait en brèche un certain modèle juridico-politique de la télévision. Même la loi de 1974 qui a été vilipendée parce qu'elle introduisait l'idée d'une concurrence rappelait dès son article 1 : « La mission est de répondre aux besoins et aux aspirations de la population en ce qui concerne l'information, la communication, la culture, l'éducation, le divertissement et l'ensemble des valeurs de la civilisation. » Le but est « de faire prévaloir dans ce domaine, le souci exclusif des intérêts généraux de la collectivité ».

La France est donc probablement le pays d'Europe où, malgré la politisation et l'agitation dont elle est régulièrement l'objet, la télévision a le moins changé. Les seuls changements étant, comme partout ailleurs (R.F.A., Belgique, Grande-Bretagne, Italie...) une augmentation du nombre de chaînes et l'introduction de la publicité (qui n'existe pas en Belgique sur le réseau public ni en Scandinavie). Mis à part cela, elle est restée la même.

Le très bon réseau de diffusion n'a jamais nécessité le développement du câble. L'autre motivation du câble, à savoir la création d'une télévision communautaire locale, n'est jamais apparue comme une impérieuse nécessité aux responsables politiques qui voyaient dans l'expression locale un risque pour l'unité nationale! Cette réticence de l'État central à organiser une télévision locale a d'ailleurs trouvé de nombreux appuis au plan régional, notamment dans la presse écrite.

Il a fallu attendre 1973 pour que soient lancées des expériences de télévision par câble dans sept villes (Grenoble, Nice, Metz, Rennes, Chamonix et les villes nouvelles) dont aucune (à l'exception de Grenoble) ne put réellement fonctionner, tant les conditions institutionnelles et économiques étaient peu favorables. La loi de 1974 ne permit pas davantage le développement d'une télévision régionale.

La nouvelle loi d'avril 1982 assure de ce point de vue un changement dont il est trop tôt pour savoir s'il s'agira d'une simple déconcentration ou d'une réelle décentralisation. Il est en tout cas intéressant de noter qu'aussi bien en ce qui concerne les radios locales que les possibilités d'une télévision détachée du Service public, le pouvoir socialiste, quoiqu'un peu mieux disposé que son prédécesseur, s'inquiète d'une trop grande liberté de communication et multiplie les garde-fous.

La Droite et la Gauche française se méfient finalement toutes les deux de la communication. La Droite parce qu'elle a toujours cru, à tort, que la communication et l'expression étaient favorables à la Gauche. La Gauche parce qu'elle craint la création de puissants groupes de communication capitalistes qui ne pourraient, selon elle, que lui être hostiles.

De plus la Droite et la Gauche, malgré leur opposition politique, s'accordent sur un fond de valeurs commun. D'abord un consensus contre la télévision privée et le rôle qu'y joue l'argent, au profit d'une télévision de service public où même l'argent issu de la publicité n'a jamais eu la même valeur « morale » que celui de la redevance.

Ensuite une même méfiance pour les sondages et toutes les autres techniques de mesure de l'audience qui divisent un public que l'on préfère concevoir comme un ensemble homogène, ou plus exactement comme un ensemble que la télévision a pour mission de rassembler autour des grandes œuvres. D'où également une crainte à l'égard de la concurrence dont le résultat ne peut être que l' « abaissement de la qualité », notion universellement évoquée, mais rarement définie par risque de faire apparaître des divergences.

Enfin il y a un consensus pour faire une télévision nationale qui stimule la création et le génie français et puisse ainsi s'opposer à la pénétration étrangère. L'anti-américanisme de toutes les forces politiques de Droite et de Gauche vis-à-vis de la télévision est depuis toujours une constante. La télévision américaine, que d'ailleurs pratiquement personne ne s'est donné la peine d'étudier, surtout dans ses transformations, constitue le repoussoir absolu. Il est probable qu'à l'avenir ce consensus s'effritera et que des différences plus réelles apparaîtront concernant le régime institutionnel et économique, ainsi que la manière d'interpréter la demande du public.

Le même état d'esprit régalien se retrouve dans la politique des nouvelles technologies. Les satellites (de télécommunications et de télévisions) sont naturellement publics comme dans tous les pays d'Europe, et c'est l'administration des Postes et Télécommunications qui gère les nouveaux réseaux et services de télématique ainsi que les projets de fibre optique. Mais la particularité française réside dans le fait que l'administration se trouve être à la fois le lieu des décisions politiques, la structure chargée de les appliquer et l'agent commercial qui fait progressivement admettre aux Français les avantages des nouveaux services. Elle est chargée de les expérimenter et d'en faire, au titre du service public, l'évaluation.

Si dans tous les pays d'Europe, les administrations et les ministères jouent un rôle clé dans la conception et la promotion de nouvelles technologies, nulle part ailleurs existe une telle concentration des rôles. Ainsi de l'organisation du service public de radio-télévision, à la conception et à la promotion des nouveaux services de l'audiovisuel et de la télématique, tout le secteur de la communication est régi par une logique politique et administrative.

C'est d'ailleurs en partie à cause de cela que les débats politiques à propos de la télévision sont les plus constants et les plus inépuisables. Le lien de cause à effet est direct. Ce n'est pas la télévision qui crée la politisation, mais la politisation omniprésente qui envahit la télévision.

La télévision suscite aussi des débats politiques en Grande-Bretagne, mais la concurrence entre la B.B.C. et I.T.V., l'ouverture que l'on retrouve pour l'expérimentation et la commercialisation des nouveaux services permettent une relativisation des positions.

De même en R.F.A. les deux chaînes publiques sont complètement autonomes et décentralisées (y compris dans leur siège A.R.D. à Hambourg et Z.D.F. à Mayence). Elles sont traversées de conflits politiques liés à la représentativité de différents groupes socio-culturels qui accèdent à la télévision et la gèrent en partie, plutôt qu'à l'éternel problème de ce que doit être une « bonne » télévision nationale de service public. Le conflit a lieu entre les partis politiques qui sont directement impliqués dans le contrôle et la gestion de la télévision. Tandis qu'en France le contrôle et la gestion se situent au niveau gouvernemental et l'opposition, de l'extérieur, dénonce le manque d'objectivité du pouvoir. Les débats sur l'orientation et la finalité des nouvelles technologies sont également moins passionnés qu'en France parce que les cadres d'expérimentation sont plus décentralisés et les problèmes abordés plus empiriquement.

En France, l'État, la nation, le Service public, la méfiance vis-à-vis de l'économie sont des valeurs si étroitement imbriquées dans un système institutionnel centralisé que tout changement nouveau est investi d'une charge politique et émotionnelle nulle part ailleurs aussi forte.

2. LE RÉGIME ÉCONOMIQUE

Les régimes économiques des systèmes de communication découlent des choix politiques. Les télévisions de société acceptent le jeu du marché et accordent une place considérable à la publicité. Le spectateur est un produit « vendu » aux annonceurs puisque les tarifs publicitaires sont fonction des taux d'écoute. Chaque télévision cherche à capter l'audience la plus large possible, donc à faire les programmes non pas les plus qualitatifs mais les plus populaires. Dans le système américain, même la télévision publique est moins financée par l'État fédéral que par les entreprises, les particuliers et les fondations.

En conséquence l'économie de la télévision américaine se caractérise par trois éléments qui n'existent pas en France : un marché, un lien direct entre recettes et dépenses pour chaque émission et des acteurs économiques prenant des risques financiers. Dans plusieurs domaines du système audiovisuel, des biens et des services font l'objet d'une offre et d'une demande sur un marché.

C'est le cas d'abord des stations de télévision dont la valeur est fonction de l'audience. Ces stations, lorsqu'elles sont en vente, suscitent des batailles financières colossales entre des grandes entreprises dont certaines n'ont pas d'activité audiovisuelle.

Ensuite les tarifs des publicités sont fixés, pour chaque diffusion, en fonction de l'audience de l'émission. Si l'audience d'une émission a tendance à croître, son budget de production pourra être augmenté. De plus l'existence du marché de la « *Syndication* », sorte de marché de l'occasion pour la rediffusion, conduit à fixer la valeur d'une émission, non seulement en fonction de son coût de production mais également en fonction de son audience lors de la première diffusion. On saisit là toute la différence avec le système français qui ne confère pas de durée de vie équivalente aux programmes, et où une émission n'a d'autre valeur que son coût de production. L'amortissement de ce coût, sur le plan comptable, est réalisé lors de la première diffusion.

Les seuls programmes qui en France peuvent avoir une valeur marchande sont les films de cinéma, dont le prix de vente est calculé non seulement en fonction de leur coût de production, mais également de leur succès lors de la diffusion en salle. Pour toutes les autres émissions les sommes engagées sont indépendantes, à la fois de l'audience et des ressources publicitaires. Qu'une émission plaise ou non au public, cela n'a aucune répercussion financière. Il n'y a pas de cote des émissions et des auteurs, en dehors de la réputation faite par les critiques ou par le milieu.

Le système américain de hiérarchisation de programmes explique d'ailleurs certaines caractéristiques de la programmation et principalement la périodicité des émissions (séries, feuilletons, *soap operas, situation comedies...*) qui permet d'évaluer, dans la durée, l'audience d'un programme, et donc sa valeur publicitaire. On ne peut en effet savoir, pour une émission à diffusion unique, quel succès elle remportera.

Ce système explique également le soin accordé à l'élaboration de nouveaux programmes dans lesquels les *Networks* investissent environ 40 % de leur chiffre d'affaire. Dans un premier temps le réseau finance l'écriture de multiples scénarios, puis il en sélectionne quelques-uns pour réaliser des « pilotes », et en fonction du succès remporté par ces pilotes, il commande une série d'environ douze épisodes.

L'existence d'un marché influe également sur la structure du coût de production. C'est ainsi que la part du budget d'une série de fiction consacrée, avant tournage, à l'écriture de textes et donc aux auteurs est de 13 % aux États-Unis contre 1 % en France. En effet, en France, il n'y a pas de sanction du marché, et donc seuls les rapports de force syndicaux et professionnels permettent la répartition du budget entre les différentes catégories professionnelles. Il va de soi que les auteurs, extérieurs au système, beaucoup moins protégés et organisés, ne peuvent rivaliser avec les techniciens ou les réalisateurs.

Enfin le système américain est caractérisé par la multiplicité des acteurs économiques intervenant sur le marché audiovisuel. Les risques financiers liés à la création de nouveaux programmes interdisent aux petites sociétés de production de travailler directement pour les *Networks*, mais l'existence du marché de la *Syndication* et les nombreuses stations de télévision indépendantes créent un marché annexe qui permet aux petites sociétés d'entrer progressivement dans le système audiovisuel. Il existe donc des portes d'entrée sur le marché qui permettent de faire ses preuves pour des audiences limitées, sans être contraint de se confronter tout de suite aux publics de masse des *Networks*.

Le système américain de télévision pourrait être qualifié dans sa phase actuelle d' « oligopole fissuré ». Les *Networks* occupent une position stratégique. Ils sont les intermédiaires obligés entre les producteurs, les annonceurs et les stations locales. Seuls ils ont les moyens de financer les programmes. Les programmateurs du câble, les chaînes de télévision payante sont loin d'avoir la taille nécessaire pour rivaliser avec eux.

Mais la dimension symbolique de ces mini-concurrents a plus d'importance que leur surface financière réelle. Par exemple, un programme diffusé par la télévision payante est entièrement libre pour le marché de la *Syndication,* tandis que les *Networks* obligent le producteur à laisser passer sept ans entre la première diffusion et la vente du programme sur ce marché.

L'apparition de nouveaux acteurs économiques du côté de la programmation donne la possibilité aux producteurs de monter, en liaison avec les stations indépendantes, des combinaisons financières dont les *Networks* ne tiendraient pas nécessairement la clé, contrairement à la situation actuelle. C'est pourquoi, si l'émergence d'un nouveau marché de la communication ne menace pas le statut et la puissance des *Networks,* ceux-ci devront subir cependant pour la première fois une concurrence sérieuse. Elle ne concerne que des créneaux, des produits et des publics spécialisés, et ne remet pas en cause leur assise financière, leur audience, ni même l'éventail de leurs programmes. Les *Networks* resteront pour longtemps encore le système de base de la télévision américaine. Mais ils ne seront plus seuls.

Cette structure économique de l'audiovisuel est contestée par une partie des Américains et surtout par les autres pays, parce qu'elle consiste à transformer les programmes de télévision en marchandises. Une marchandise culturelle, bien sûr, mais une marchandise tout de même. Cependant en dépit, ou à cause, de ce régime économique, la télévision américaine est une des plus vivantes et des plus ouvertes des télévisions occidentales.

L'explosion du câble accentue le développement de ce secteur, autant sur le plan des matériels que sur celui des programmes et la convention annuelle du N.C.T.A.[1] grossit démesurément chaque année au fur et à mesure que des « *Franchises* » pour câbler les grandes cités sont accordées. Ce sont les possibilités de profit, donc l'existence d'une demande potentielle, qui expliquent le développement du câble à partir de 1975.

Les services offerts compensaient les insuffisances et les faiblesses de la télévision commerciale et les changements socioculturels au sein du public ouvraient la voie à un nouveau marché de la communication. L'apparition et le succès de la télévision payante illustrent bien le principe de base d'une télévision de société qui doit pouvoir tout offrir aux téléspectateurs, y compris la possibilité d'obtenir, par abonnement, des programmes exclusifs et sans publicité.

1. N.C.T.A. : National Cable Television Association, l'association qui regroupe tous les propriétaires et programmeurs de câble.

En France, au contraire, les règles du jeu économique sont tellement restrictives que le jeu lui-même est très limité. L'essentiel du financement y est public, payé par les citoyens par le biais d'une taxe parafiscale annuelle, dont le montant est décidé et voté par le Parlement. La publicité de marque est intervenue tardivement (1968), retardée notamment par l'hostilité de la presse écrite. Elle représente en 1982 dix-huit minutes par jour en moyenne et 25 % des recettes globales de la radio-télévision publique.

Les obligations de service public ont conduit la télévision à posséder un outil technique de production, la S.F.P., dont les coûts sont supérieurs à ceux des autres sociétés de production privées françaises ou étrangères, ce qui, du point de vue de la concurrence internationale, crée une situation délicate.

D'une manière générale, il n'est guère apprécié en France d'associer argent et production culturelle. L'exemple américain sert de repoussoir, autant pour le passé que pour l'avenir et les possibilités offertes par les nouvelles technologies provoquent des réactions négatives parce qu'elles peuvent déstabiliser le modèle de la télévision d'État. Le service public est jugé incompatible avec le règne de l'argent, au nom d'abord d'une position morale : la culture et l'information sont des activités trop importantes pour être laissées aux seules règles du profit.

C'est la raison pour laquelle dans l'organisation française de l'audiovisuel, il n'y a pas de lien véritable entre ressources et dépenses. La fixation des ressources est une donnée extérieure au système. Cela est vrai de la redevance qui est une taxe parafiscale. Mais cela est aussi vrai des ressources publicitaires puisqu'elles sont plafonnées et que ce plafond est largement en dessous de ce que propose le marché (on estime que la télévision pourrait doubler ses ressources publicitaires si elle n'était pas contrainte de les limiter). De plus les tarifs publicitaires ne sont pas fixés en fonction des émissions qui suivent ou qui précèdent les annonces.

La loi de 1974 tentait de mettre davantage les sociétés de programmes dans une logique économique, mais de façon artificielle puisque la séparation entre ressources et dépenses restait pratiquement la même. La concurrence existait sans la moindre sanction financière, réduisant les contraintes de rentabilité et rendant difficile le calcul de vrais coûts de production. Partout en Europe domine une sorte de méfiance éthique à l'égard de l'argent, tant la télévision est liée aux idées de culture, service public, éducation, sauf peut-être en Grande-Bretagne où la concurrence entre secteurs public et privé a montré la possibilité de faire coexister les deux logiques.

De nombreux pays (Belgique, Danemark, Norvège, Suède) refusent même la publicité. Et si le principe des co-productions a été finalement accepté c'est d'abord parce que les coûts de production devenaient trop lourds pour les télévisions nationales, et qu'il y a toujours la possibilité de justifier l'idée de coproduction au nom des vertus de l' « échange culturel ».

D'une façon générale, on peut remarquer une hostilité largement partagée des télévisions d'État contre l'économie de marché, qui dissimule pourtant assez mal une sorte de frémissement secret d'envie à l'égard des multinationales américaines de l'audiovisuel. Celles-ci sont l' « instrument de l'impérialisme culturel » mais en même temps, elles fabriquent des productions parmi les mieux faites et les plus attirantes du monde. Cette fascination ambiguë pour le régime économique de la télévision américaine est renforcée avec le succès du câble et des satellites depuis une dizaine d'années. Si en Europe, la télévision commerciale reste violemment critiquée, tout le monde sait bien qu'il faudra trouver de nouvelles sources de financement. Les coûts de production et de création ne cessent de croître comme dans les autres activités culturelles.

Le développement futur de l'audiovisuel dans les pays à télévision d'État est très directement lié à un réexamen, non seulement des coûts de production, mais aussi de la manière de concevoir l'économie de ce secteur. La diversification des supports, des programmes et de la demande obligera, notamment sous la pression de la concurrence étrangère, à un tel réexamen.

3. LES RELATIONS AU PUBLIC

Les institutions et le régime économique de la télévision ont une influence considérable sur les programmes, mais également sur la nature de la relation que celle-ci noue avec son public. Dans *les télévisions de société,* le public est d'abord un marché et un ensemble d'individus dont on ne juge pas les aspirations, mais qui doit pouvoir consommer ce qu'il désire. Cette conception du client-roi justifie la concurrence et même la stimule, réduisant d'autant l'idée de service public. La télévision attentive, par nécessité économique, aux changements de tous ordres est surtout un outil de divertissement. Le libre choix est le maître mot du système de valeurs, faisant du public la sanction, au sens économique — comme au sens culturel. Il est ce qui justifie l'offre. Si la télévision façonne les goûts du public, c'est que celui-ci l'accepte puisque personne ne force personne à regarder ce qu'il ne veut pas.

Cette relation marchande au public n'est pas plus synonyme

de mépris que ne l'est le rapport des producteurs de cinéma, ou des éditeurs avec leur public. Dans cette perspective, il n'y a aucune honte à raisonner en terme du public de masse, particulièrement dans un pays comme les États-Unis où la notion de masse n'a jamais eu la connotation péjorative existant en Europe.

Aussi la télévision de masse, à la suite de la radio, n'a-t-elle pas été vue de manière négative. Elle était un élément supplémentaire d'unification culturelle en même temps qu'une occasion de profits importants pour les *Networks.* Ce sont les intellectuels et d'une façon générale « les églises » qui se sont inquiétés de l'effet que pouvaient avoir ces messages identiques reçus à domicile par des milliers d'individus « anonymes ».

L'idée de « démocratie culturelle » a même été avancée pour qualifier les mass medias. Les défenseurs de cette idée, écrit G. Friedmann, « nient toutes les normes établies par des groupes d'individus et de prétendues autorités, de ce qui est " bon " ou " supérieur " dans le domaine culturel. Ce qui est bon est essentiellement défini par ce qui correspond aux " demandes " du public, en matière de télévision, par ce qu'il soutient de sa présence devant l'écran. L'accent est mis sur la valeur de ce qui est " authentiquement " éprouvé et senti, sur le rôle de la culture populaire et du goût des masses dans une société qui se veut démocratique : autre justification du slogan de la " démocratie culturelle ". On en vient à nier la responsabilité de l'État et même à se méfier de toute entreprise pédagogique dans le domaine de la culture.[1] »

Le développement rapide des enquêtes d'opinion (qui ont trouvé depuis toujours aux États-Unis leur terre d'élection et leurs plus grands instituts) a donc eu une double origine. D'une part il fallait connaître les goûts du public, pour lui donner ce qu'il souhaite et d'autre part on cherchait à comprendre les raisons de son intérêt pour les différents programmes de médias. La conséquence directe du développement systématique des enquêtes a naturellement été de révéler la profonde hétérogénéité du public de masse.

Cette découverte de l'hétérogénéité du public fut alors saluée comme une bonne affaire et aussi comme une vérification à la fois sociologique et morale. Les producteurs y ont vu le moyen de mieux cerner les demandes, les analystes celui de retrouver l'hétérogénéité sociale et culturelle nécessaire au fonctionnement de la société américaine. Cela n'a pas empêché de violentes attaques contre la conception du public développée par la télévision commerciale, accusée de jouer systématiquement sur

1. G. Friedmann, « Télévision et démocratie culturelle », in *Ces merveilleux instruments,* Paris, Denoël, 1979, p. 150.

les plus petits dénominateurs culturels communs pour accroître audiences et profits. Ce à quoi les responsables des *Networks* répondent inlassablement qu'ils ne sont pas maîtres de la demande.

Dans les pays à télévision d'État, le public c'est d'abord la nation, c'est-à-dire une entité historique, une collectivité unifiée par des combats et des guerres, que les techniques de communication perturbent au même titre que, par exemple, l'urbanisation. La radio, puis la télévision, n'ont pas relié des communautés récentes regroupant elles-mêmes des individus issus de tous les horizons, mais sont venues bouleverser des modes de communication très anciens existant entre classes sociales, villes et campagnes, jeunes et vieux. C'est pourquoi il paraît important de marquer l'unité de ce public. La communication audiovisuelle n'est pas conçue comme un marché, mais comme un projet démocratique d'émancipation culturelle. Il faut donc transcender les différences individuelles ou sociales pour s'adresser au peuple. Le droit l'emporte sur le marché, le collectif sur l'individuel.

À la limite, la télévision prend la suite de l'école dans la longue histoire des outils que les hommes se donnent pour se libérer et s'éduquer. Et ce n'est d'ailleurs pas un hasard si le public de la télévision fut aussi considéré au début, particulièrement en France, comme une « grande classe » dont les professionnels de la télévision auraient été les maîtres. C'est pourquoi également dans tous les pays de télévision d'État, la « politique de création » vise à « élever le niveau culturel de la population ». Le Service public constitue le bras armé d'un vaste projet de libération, privilégiant une télévision de l'offre et non pas de la demande.

Une telle conception du public n'implique pas forcément qu'on le connaisse en détail dans sa réalité. Au contraire même, puisque c'est l'idée qu'on s'en fait qui prime. D'ailleurs les études d'opinion n'ont réellement commencé qu'avec le développement de la publicité, les annonceurs souhaitant, eux, savoir qui regarde quoi, quand et comment. Auparavant les études de sciences politiques s'étaient intéressées à l'influence de la télévision sur le vote, mais avec prudence.

La connaissance progressive des publics n'a de ce fait pas rencontré beaucoup d'enthousiasme car elle mettait en péril la représentation que les professionnels de la télévision et les observateurs s'en faisaient. Les instituts de sondage se sont ainsi assez peu développés et même encore aujourd'hui l'étude de l'audience et de sa structuration, dans un pays comme la France, n'est faite que par un nombre limité de chercheurs et d'institutions. Quant aux résultats des sondages d'écoute, ils étaient interdits de publication jusqu'en 1982. Et l'on se souvient encore des réactions d'effroi suscitées par la réforme de 1974 qui, en introduisant timidement le principe de la concurrence à l'intérieur du Service public devait, paraît-il, conduire à une véritable dictature des sondages.

En définitive la différence la plus remarquable entre télévision d'État et télévision de société se situe dans le rapport qu'elles entretiennent à leur public. À l'origine, les télévisions d'État se sont construites sur un projet culturel. Il s'agissait de faire accéder le peuple à la culture. Il y avait donc là une relation de type pédagogique. Au fur et à mesure du développement de l'audiovisuel, cette relation s'est estompée, sans jamais complètement disparaître. Elle demeure notamment dans l'opposition entre émissions de divertissement et émissions culturelles, et dans l'espèce de mauvaise conscience avec laquelle les premières sont justifiées par la demande du public. À la limite, on entretient la fiction que la télévision est un moyen de montrer la culture et accessoirement une distraction, alors que l'évolution du style des émissions, l'apparition de la publicité, la relégation des émissions « sérieuses » en fin de programme, illustrent la prééminence de la fonction de divertissement. Mais tout cela reste encore dans le non-dit et s'enrobe de mauvaise conscience.

La télévision de société, au contraire, ne s'est pas construite sur un projet pédagogique mais sur un projet de communication à partir de la demande du public. Cette différence est liée au contexte historique et culturel des États-Unis. La dimension du pays, l'hétérogénéité ethnique et linguistique de ses habitants faisaient de la communication une question vitale. La télévision, à la suite de la radio, permettait de relier les hommes et les communautés. Elle a été conçue comme un moyen de rapprocher des hommes avec d'autres hommes, et non pas des hommes avec leur culture. Elle constituait une culture d'aujourd'hui pour des individus dépourvus de passé commun. Impossible aux États-Unis de faire référence à une mémoire et une histoire partagée comme en France, en Grande-Bretagne ou en Allemagne. Comment, dans ces conditions, nouer une relation pédagogique et occuper la position du professeur ?

Aujourd'hui cette opposition est moins nette. L'évolution depuis une quinzaine d'années, particulièrement en Europe, rapproche les deux modèles et renforce les fonctions de communication et de divertissement de la télévision. Cela correspond d'ailleurs à la reconnaissance du caractère hétérogène et fractionné des sociétés modernes. Mais le Service public s'y adapte mal. Et le décalage s'accroît entre ses discours et ses pratiques.

CHAPITRE IV

Les hommes politiques et la télévision

Les discours politiques tenus sur la télévision font partie du système de communication d'un pays. Ils contribuent même directement à le constituer puisqu'ils construisent une représentation de la télévision qui va guider les hommes politiques dans le choix d'un modèle d'organisation, influencer les professionnels dans leur élaboration des messages et les téléspectateurs dans leur interprétation.

Par exemple, si dans un pays la majorité des citoyens partage la croyance en une grande influence politique de la télévision, cette croyance même devient un fait politique qui, non seulement intervient sur la manière de concevoir les émissions de télévision, mais qui transforme aussi l'interprétation des messages.

D'une façon générale on constate une contradiction entre ce que les citoyens font de la télévision et ce qu'ils en disent. Elle est une pratique largement répandue et appréciée, mais accompagnée la plupart du temps de discours critique. Tel est le paradoxe de la télévision. Les discours tenus n'ont pas pour fonction de justifier la pratique mais au contraire de la nier. Les propos favorables sont dans l'ensemble faibles et souvent beaucoup moins séduisants que les discours critiques qui dénoncent les risques et les menaces.

C'est pour essayer de comprendre ce décalage que nous avons étudié les discours politiques sur la télévision. Nous avons pris les deux discours les plus répandus et qui sont naturellement critiques : celui qui dénonce la toute-puissance et celui qui craint l'uniformisation culturelle. Leur point commun est de considérer la télévision comme une technique de communication efficace. C'est parce qu'on suppose la télévision directement « branchée » sur les individus qu'on y voit une menace de manipulation, voire de destruction. Cette croyance implicite de la télévision comme technique de communication efficace explique les craintes et les convoitises de la classe politique. Mais elle explique aussi probablement l'enthousiasme des discours qu'elle a suscités à ses débuts.

En définitive c'est parce que le politicien suppose une continuité entre émetteur et récepteur et une bonne réception de ce qui est émis qu'il considère la télévision comme le lien indispensable à son action.

Dans sa version positive ou critique ce thème de la communication efficace constitue donc à notre avis la véritable idéologie de la télévision.

1. LA TOUTE-PUISSANCE POLITIQUE

La thèse de la toute-puissance de la télévision est trop connue, pour qu'il soit nécessaire de l'exposer longuement. « La télévision manipule et aliène les esprits en montrant à tous la même chose, elle véhicule l'idéologie de ceux qui la fabriquent quand ce n'est pas l'idéologie dominante, déforme l'imagination des enfants, appauvrit la curiosité des adultes, fonctionne comme une sorte de narcotique et enfin constitue un formidable instrument de contrôle politique. C'est elle qui aujourd'hui fabrique nos cadres de pensée, définit les valeurs culturelles, détermine les schémas politiques. Selon les variantes c'est soit l'influence politique par la manipulation de l'information qui est dénoncée : « Le pouvoir qui contrôle la télévision, contrôle le pays. » Soit l'imposition de modèles culturels, issus de l'idéologie dominante de la bourgeoisie et de l'impérialisme américain à travers les films et les séries : « Le système modèle les consciences à leur insu. »

La raison de cette toute-puissance tient à la structure même de la télévision. Un lieu unique, central, quasiment inaccessible, qui diffuse de façon univoque des paroles et des images en atteignant les individus dans leur intimité, c'est-à-dire le domicile, le foyer. Les éléments de la toute-puissance sont ainsi réunis : lieu central du pouvoir ; unité du message ; passivité de la réception ; absence de tout retour possible.

La perspective des nouvelles technologies qui progressivement transformeront la télévision de masse en une télévision beaucoup plus individualisée, puis interactive, ne change pas fondamentalement la structure du raisonnement et le confirme même plutôt. En effet chacun restera davantage devant la télévision, d'autant plus fasciné par l'image qu'il pourra choisir parmi un plus grand nombre de programmes. Chacun d'entre nous sera ainsi tétanisé et offert aux multiples pouvoirs. La multiplication des techniques de communication n'accroîtra pas la communication entre les gens, car elle servira d'abord des stratégies de pouvoir et de contrôle : la tentation de voir le monde extérieur, de sortir de chez soi, donc d'échapper au mur d'images sera définitivement caduque puisque, avec l'interactivité, nous serons branchés sur le travail, les institutions, l'éducation, les loisirs...

Enfermé dans sa petite boîte, chaque individu sera surveillé par les caméras à domicile, chouchouté par un *big Brother* connaissant ses goûts parce que les fabriquant partiellement. Bref *1984* devenu réalité.

Pour comprendre le problème que pose cette croyance dans la toute-puissance, il faut partir du fait qu'elle est indémontrable. C'est une représentation de l'influence de la télévision qui ne s'embarrasse pas des faits. Il y a bien longtemps, en effet, que les recherches empiriques en sciences politiques ont révélé l'extrême complexité de la relation entre les hommes politiques, la télévision et les citoyens, particulièrement dans le domaine des élections [1]. En aucune manière la thèse de la toute-puissance ne résiste à la confrontation avec les faits ou les données empiriques. Il n'est donc pas très utile de faire encore une fois la démonstration que cette croyance est fausse ou plutôt irrationnelle. Cela a déjà été fait et bien fait [2]. Mieux vaut donc plutôt se demander pourquoi et comment cette croyance résiste à la démonstration de son irrationalité.

Tout d'abord, l'autorité politique, en investissant la télévision d'un pouvoir, la désigne comme un enjeu. Autrement dit la croyance crée la situation. Et les citoyens considèrent logiquement que la télévision doit exercer une influence sur eux-mêmes, puisque les gouvernants le croient. Ils tendent à adhérer à la croyance, parce qu'elle semble partagée par tous.

D. Sperber propose de distinguer les croyances factuelles et les croyances représentationnelles [3]. Dans les premières « le sujet a seulement conscience d'un fait (ou de ce qu'il prend pour un fait) », tandis que dans les secondes, « le sujet a conscience d'accepter une certaine représentation ». Si l'on suit cette distinc-

1. Voir en particulier J.-G. Blumler, R. Cayrol, G. Thoveron, *La télévision fait-elle l'élection ?* Presses de la Fondation Nationale des Sciences Politiques, Paris, 1978. L'introduction de cet ouvrage présente une synthèse remarquable des travaux récents sur le rôle des mass-médias dans les campagnes électorales.

2. On pourra consulter, par exemple, parmi les ouvrages français : F. de Closets, *Le système E.P.M.*, Grasset, 1980, chapitre V, p. 101 et sq., ou J. Cazeneuve, *Les pouvoirs de la télévision*, Idées-Gallimard, 1970.

3. D. Sperber, *Le savoir des anthropologues*, Herman, Paris, 1982, p. 74 et sq.

tion, la toute-puissance est manifestement une croyance représentationnelle.

Il est rarissime, en effet, qu'un individu participe à cette croyance à partir d'une expérience personnelle de sujétion à l'image. Il est rare également que ce soit à partir d'expériences vécues par d'autres individus. Au contraire, la croyance vient seulement de la confiance que l'on accorde aux multiples sources qui diffusent cette représentation. Bien évidemment la croyance dans la toute-puissance de la télévision est fréquemment justifiée par des exemples. On peut citer, pêle-mêle, la guerre du Vietnam, le duel Kennedy-Nixon en 1960 ou le duel Mitterrand-Giscard d'Estaing en 1974.

Mais ces exemples ne prennent leur sens qu'à partir de la croyance elle-même : puisque tel événement s'est produit et que l'on considère que la télévision exerce une influence décisive, on en déduit que la télévision a provoqué cet événement. Et il se trouve toujours une autorité politique ou intellectuelle pour suggérer la croyance. L'homme politique qui a perdu les élections accuse la télévision. Lorsqu'en 1968 par exemple, Lyndon Johnson abandonna la politique, il rendit coupable la télévision de son échec au Vietnam [1].

Bien évidemment la télévision américaine a joué un rôle dans la guerre du Vietnam, mais le problème est de savoir lequel. L'idée qu'elle fut à l'origine de la volonté d'arrêter la guerre, même au prix d'une défaite, doit être accueillie avec précaution, car on ne peut savoir qui de l'opinion publique ou de la télévision a tiré l'autre. Est-ce le retournement de l'opinion américaine que la télévision a accompagné, ou bien a-t-elle suscité ce retournement ? Il est difficile encore aujourd'hui de le dire. La guerre du Viet-Nam est justement un bon exemple du décalage entre la complexité des faits et la simplicité de la croyance en la toute-puissance.

Quelles sont les raisons pour lesquelles les hommes politiques continuent, malgré tout, à adhérer à cette croyance ? Tout d'abord ils considèrent la télévision comme un moyen de faire passer leurs messages. Ils désirent croire qu'elle est l'outil idéal pour convaincre le peuple. Deux éléments structurent la croyance. D'une part la télévision touche un public de masse pour qui elle est la source principale d'informations ; et dans ce public se trouve cet électorat flottant si difficilement accessible par d'autres moyens. D'autre part il s'agit d'images, et l'homme politique espère se faire connaître en se montrant sous son meilleur jour.

Le jeu de la présentation de soi semble pouvoir se jouer sans intermédiaires. La représentation « idéale », fantasmatique, de la

1. D. Halberstam, *Le pouvoir est là*, Fayard, Paris, 1980, p. 409 et sq.

politique où le chef se montre, parle et convainc paraît acquérir une certaine consistance. Mais il faut aller plus loin pour comprendre comment s'organise et se développe l'idée de la toute-puissance. Celle-ci semble indispensable aux hommes politiques dans leurs relations au public d'une part et dans leurs rapports de forces avec les journalistes d'autre part.

Cette croyance contient, de manière implicite, une conception du public passif et manipulable. En effet pour que le public se laisse facilement influencer il doit être malléable, faible et fragile. Si l'on refuse ce présupposé, l'idée de toute-puissance s'effondre. Seule une vision homogène et corruptible de la société permet de concevoir qu'un message unique puisse avoir la même influence sur tous. Les individus doivent être identiques pour former une masse, et si l'on admet qu'ils sont différents, il faut alors que ce qui les réunit soit plus fort que ce qui les distingue. Or ce n'est pas parce que le public reçoit en silence le message qu'il l'assimile et y adhère. Ce n'est pas parce qu'il s'agit de la même image qu'elle est reçue de la même manière par tous, et ce n'est pas parce que l'on parle naturellement de ce qu'on a vu à la télévision que l'on est influencé par elle.

Par ses choix, le téléspectateur prouve qu'il sait ce qu'il désire, donc qu'il est actif. Mais son pouvoir dans la communication est en quelque sorte négatif (il peut se retirer du jeu) et surtout peu visible.

Aussi la thèse de la toute-puissance fusionne-t-elle la logique de l'émetteur et celle du récepteur. Elle conduit à croire que la transmission et la réception créent la communication, donc que le récepteur accepte ce qu'on lui dit. En réalité l'émetteur et le récepteur sont dans deux univers qui ne communiquent pas, n'obéissant pas à la même logique. Loin de voir cette discontinuité, chacun tend à investir la télévision d'un fantasme de puissance, parce que celui qui parle ne peut être sanctionné, ni agressé par celui qui écoute. De là à croire que le communicateur ou l'émetteur est entendu voire cru, il n'y a qu'un pas ! D'autant que statistiquement il y a toujours plusieurs centaines de milliers de personnes qui écoutent et que l'on peut négliger les mécontents qui n'ont la plupart du temps comme possibilité pour manifester leur opposition que de tourner le bouton. Mais il s'agit bien d'un fantasme, car la nature de l'écoute, l'esprit critique, le refus, la négation, la colère, sont évacués sous prétexte qu'on ne peut ni les voir ni les enregistrer.

Le silence du récepteur, qui est d'ordre technique, est toujours interprété de manière politique, c'est-à-dire dans le sens de l'acquiescement ou de la domination. C'est un silence d'approbation ou de manipulation par excellence.

Toute théorie du pouvoir de manipulation de la télévision dénie la compétence du public, dévalue la signification de ses choix et néglige la dynamique de la communication. En un mot, il s'agit de représentations du public statiques, hiérarchisées, non contradictoires et vaguement paternalistes. On sait aujourd'hui que les mécanismes de la perception sont très complexes et font intervenir un nombre considérable de facteurs sociaux, culturels et politiques. Une sélection s'opère sur la base d'un esprit critique et d'une représentation du monde qui sont bien évidemment préalables au message transmis et qui existent indépendamment de lui.

Comme l'école, la télévision est une activité qui a attiré un grand nombre de discours critiques tendant à en démonter et dénoncer les pouvoirs. Ce rapprochement est moins fortuit qu'il n'y paraît quand on sait que pendant longtemps les pionniers de la télévision et un bon nombre de leurs successeurs ont comparé celle-ci à une grande école, avec le désir d'en faire l'instrument de promotion collectif correspondant aux réalités du XXe siècle. D'ailleurs nombre d'hommes politiques vont jusqu'au bout de leur croyance et considèrent, encore aujourd'hui, que la télévision doit leur servir à orienter le peuple vers la bonne société.

Cette conception du public est également utile dans le rapport de force que construisent les hommes politiques à l'égard des journalistes. Ces derniers en effet tirent leur légitimité de l'opinion publique, ils se présentent comme les porte-parole des citoyens. Dévaloriser le public revient à les affaiblir. Si l'opinion est versatile et influençable, ils se doivent de rester sur la réserve.

Même comme simples intermédiaires les journalistes posent un problème, car ils démontrent par leur présence que la fusion entre émetteur et récepteur est impossible. Les hommes politiques se plaignent d'eux en leur reprochant de déformer leurs propos et de leur interdire de s'adresser directement au peuple. Ils sont un obstacle incontournable qui indique la dépendance des hommes politiques à l'égard du système de communication.

D'ailleurs pour lutter contre cette dépendance, la classe politique dans son ensemble cherche souvent à reprendre l'avantage par sa fonction de législation et de contrôle. Elle entretient une confusion entre la définition des règles du jeu et la subordination politique. Quand cela leur est possible, les gouvernants conçoivent la télévision comme un attribut de leur pouvoir. Dans ce cas, la croyance dans la toute-puissance finit par avoir raison de la communication.

L'un des aspects les plus curieux de cette croyance est qu'elle survit à l'expérience des hommes politiques eux-mêmes. Plusieurs d'entre eux, qui maniaient bien les médias, ont fini par être victimes d'une trop grande confiance dans l'efficacité de la télévision. Dans des registres différents, R. Nixon ou V. Giscard d'Estaing échouèrent dans leurs stratégies de communication, malgré une bonne maîtrise de l'outil audiovisuel, à cause notamment de l'usure de l'image que la télévision accélère. Mais les hommes politiques réussissent à intégrer cette expérience sans renoncer à l'idée de toute-puissance.

L'apparition du débat politique à la télévision a constitué, en soi, un événement dans les années cinquante aux États-Unis et soixante en Europe. Puis avec l'habitude, il a semblé qu'une discrimination s'établissait entre les hommes politiques « qui passaient bien » et les autres. Une interprétation a alors été avancée qui faisait de la « sincérité » du politicien le critère de sa réussite à l'antenne. Ensuite les hommes politiques se sont astreints à maîtriser leurs prestations, ils ont donc appris « à passer à la télévision ». Le critère de jugement est passé de la sincérité au professionnalisme. On apprécie maintenant ceux qui simulent bien la sincérité, mais une trop grande maîtrise finit par être mal jugée et une certaine maladresse dans l'expression et le comportement est de plus en plus souvent appréciée positivement.

On est face à une complexité croissante des critères de jugement qui intègrent la maîtrise de plus en plus grande de l'outil par les hommes politiques, et conduit à une sorte d'ajustement permanent entre le style de l'intervention politique télévisée et les critères de jugement du public. La relation entre hommes politiques, télévision et citoyens est un processus dynamique.

Autrement dit, les téléspectateurs perçoivent les stratégies de communication des hommes politiques, les jugent, s'y habituent et s'en lassent. Cette interaction infirme l'idée de toute-puissance. Elle est la réalité de la communication politique. Mais elle se développe à côté de la croyance, sans l'atteindre.

En fait les rapports entre le pouvoir et la télévision sont un jeu de dupes, chacun prêtant à l'autre une influence qu'il a dans certaines circonstances, mais qu'il n'a pas dans d'autres. Les circonstances, les contextes, les événements empêchent toute réponse définitive. Il est probable qu'en investissant la télévision d'un pouvoir qu'elle n'a pas toujours, le pouvoir politique contraint les professionnels à se comporter comme si elle en avait réellement, ce qui aboutit à une intoxication mutuelle.

L'image de la télévision comme pouvoir semble devoir ainsi résister à n'importe quelle réalité. C'est même sa force. La classe politique a trop besoin de croire à ce pouvoir pour s'en débarrasser. L'opposition dénonce la toute-puissance, la majorité cherche à s'en servir, et tout le monde fait *comme si* elle existait. C'est ainsi que la toute-puissance fait l'objet d'un consensus politique.

2. L'UNIFORMISATION CULTURELLE

Quand les hommes politiques ne dénoncent pas la toute-puissance, ils mettent en garde contre la menace de l'uniformisation culturelle, forme moderne de l'impérialisme américain. L'argumentation peut en être résumée ainsi : Cet outil, aux capacités fantastiques, sert à distribuer le même message à des millions d'individus que rien ne rassemble, si ce n'est regarder le « saint écran ». L'image, avec son impact et sa crédibilité naturelle, devient le modèle et la référence, puisque le monde arrive par l'écran avec l'attrait de la nouveauté, de la différence et de la modernité. Y résister sent bon le conservatisme. Y adhérer symbolise la participation au monde actuel. D'où le risque évident d'homogénéisation, lié aux modèles véhiculés. Car la télévision ne montre qu'une partie de la réalité. En gros la réalité urbaine, les classes moyennes, le travail tertiaire, les loisirs. Bref ce qui correspond finalement au milieu de vie et aux valeurs des professionnels de la télévision, et plus largement au milieu des médias et du spectacle.

Bien sûr le reste est montré, mais sur le mode pittoresque, anecdotique, avec un rien de nostalgie bucolique pour l'évocation de la campagne, des paysans, de la mer ou au contraire avec un réalisme légèrement populiste pour évoquer le monde ouvrier et le travail industriel. Finalement la télévision ne reproduit pas la diversité sociale.

Ainsi non seulement les aspects de la réalité montrés sont étroits et reflètent les valeurs dominantes de la modernité, mais en outre ce ne sont que ceux de la classe dominante avec en filigrane les modèles culturels de l' « impérialisme américain ». Les coproductions créent en effet des œuvres insipides, typiques de la « culture internationale » et marquées par un *american way of life* affadi. Cette uniformisation débouche sur le « grand village planétaire » de Mac Luhan où la communication internationale n'existe qu'à condition d'être homogène, banalisée, au mépris de toutes les cultures nationales, toutes les diversités et les originalités. Elle est le mal qui vient d'ailleurs et détruit le bonheur si fragile d'une nation, d'une classe sociale, d'une famille, d'un couple, d'un individu.

Non seulement la télévision marginalise les langues et les cultures nationales, mais aussi elle détruit les relations personnelles et la famille. Plus personne ne se parle et chacun ne fait que regarder la télévision. Elle isole les individus et les place seuls face à la société et à l'État. En supprimant les spécificités locales, régionales et nationales et les structures intermédiaires, elle impose en fait une culture moyenne.

Mais il y a plus, car non seulement la culture de masse tue la culture d'élite, mais l'image, progressivement, tue le livre et d'une certaine manière toute culture un peu complexe ou minoritaire. Elle véhicule un imaginaire pauvre qui joue sur les plus petits communs dénominateurs en refusant l'effort et en promouvant finalement par facilité une culture du pauvre. C'est un peu cette idée que l'on retrouve dans la formule d'Adorno : « Shakespeare, mon copain » qui suggère que le téléspectateur perd tous les points de repère, confondant l'idole de variété et le grand auteur. Au lieu d'être un outil de démocratisation culturelle, la télévision n'a conduit qu'à « un nivellement par le bas ».

Ce réquisitoire oublie que la télévision ne peut être un facteur unique d'homogénéisation. La radio, le cinéma l'ont précédée et en tout état de cause la société de masse dans laquelle la télévision est apparue lui préexistait et avait trouvé dans l'industrialisation, l'exode rural, le développement des grandes villes, la standardisation du travail, des facteurs d'homogénéisation bien supérieurs. Mais surtout l'homogénéisation des modes de vie n'empêche nullement le maintien des différences au plan des valeurs, des traditions et des comportements. Ceci est déjà vrai dans les vieux pays européens, où la modernisation s'est faite en deux siècles, en maintenant les caractéristiques propres à chaque pays et à chaque région. C'est encore plus vrai dans les pays neufs comme le Canada ou les États-Unis où l'apparente homogénéité des valeurs et des comportements n'est en fait que le moyen de faire vivre ensemble des communautés culturelles, ethniques, que presque tout sépare et qui ne renoncent pas à leurs spécificités.

Un livre récent [1] a par exemple montré que deux siècles après la Révolution française, la France, pays unifié s'il en est, n'est toujours pas homogénéisé, chaque région conservant ses particularités. Si la télévision a incontestablement un rôle d'homogénéisation, elle n'est que l'aboutissement d'un long processus, et s'est en tout cas répandue avec moins de contraintes que l'école publique, laïque et obligatoire, ou le chemin de fer, qui sont dans

1. Cf. H. Le Bras et É. Todd, *L'invention de la France*, le livre de Poche, Pluriel, 1981.

l'histoire contemporaine les deux plus formidables agents d'homogénéisation que nous ayons connus. Donc parler de facteur d'homogénéisation oblige à replacer l'action de la télévision par rapport à d'autres facteurs du même ordre et surtout remarquer que tous n'ont pas eu la même force contraignante.

Quant à la vie familiale, si perturbée par la télévision, était-elle si harmonieuse auparavant ? Sans doute puisque de nombreux essayistes le proclament. Pourtant ni les témoignages, ni le théâtre, ni le cinéma, ni la littérature, sans parler des « faits divers » ne donnent ce sentiment... Il y règne même souvent tellement d'autoritarisme, de conformisme, d'ennui que la télévision représente une fenêtre, un moyen de sortir du cocon familial et d'en relativiser les dogmes.

Quant à la « communication » qui serait brisée par elle, on peut rappeler au contraire que la télévision en est souvent l'occasion. Elle offre quotidiennement des sujets de conversation qui, s'ils ne sont pas toujours de la plus haute qualité, n'ont pourtant rien à envier aux échanges qui avaient lieu sans son support. À force d'enjoliver le passé, on le mystifie.

Le principal avantage de la télévision est de pouvoir être critiquée pour les menaces qu'elle fait peser sur cette vie familiale, sans qu'il soit réellement possible de prouver le contraire. Elle est un bouc émissaire.

Spectateur muet, à domicile, du drame familial, elle facilite toutes les projections et les rancœurs, et comme elle est souvent le principal agent de liaison avec le monde extérieur, elle peut être investie de toutes les colères, déceptions, amertumes causées par un monde rarement harmonieux.

En un mot la télévision n'a que peu à voir avec la dégradation de la cellule familiale et ressemble plutôt au fou du roi ou à la folle du logis. C'est pourquoi un homme politique peut toujours se tailler un succès facile en criant haro sur la télévision.

L'argument au cœur de la thèse de la télévision comme facteur d'homogénéisation est lié à la notion de culture de masse. Pour comprendre la connotation péjorative de la notion de « culture de masse » qui prévaut aujourd'hui, il faut remonter aux espoirs de démocratisation culturelle qu'avait suscités la télévision à ses débuts. À l'époque on disait qu'en une soirée une pièce de Molière était vue par plus de spectateurs qu'elle n'en avait eu depuis sa création.

La critique de la culture de masse s'est nourrie de ces espoirs déçus. Car l'espoir de voir la grande masse de la population accéder aux richesses culturelles jusque-là réservées à une élite, s'est heurté aux désirs contradictoires du public. L'adaptation des grandes œuvres attirait au début un public enthousiaste et curieux, mais peu à peu les émissions de distraction ont drainé l'audience la plus large, les émissions dites culturelles étant reléguées en fin de programme. Le public, au fur et à mesure que le choix entre des programmes différents est apparu, a montré qu'il se souciait davantage de distraction que de culture. L'idée s'est alors imposée que le public a naturellement tendance à choisir la facilité, et qu'il fallait donc s'opposer au principe de la concurrence qui, selon la formule consacrée, conduit au « nivellement par le bas ».

En fait le bilan devrait être plus nuancé. D'abord la télévision a effectivement permis l'accès d'un très large public au patrimoine culturel. Il ne faut pas oublier qu'en France une émission qui fait « seulement » 5 % d'écoute est vue par près de deux millions de personnes et il existe aujourd'hui une bien plus grande familiarité avec les grandes œuvres et les grands auteurs qu'auparavant, aussi bien en littérature qu'en théâtre et en musique. Et même plus largement une meilleure ouverture aux problèmes de société. De nombreuses personnalités scientifiques et intellectuelles s'expriment à la télévision. Cela pose d'ailleurs des problèmes nouveaux que l'on commence progressivement à cerner. À la légitimité professionnelle accordée par le milieu s'adjoint une notoriété « grand public » qui entre souvent en contradiction avec la première.

À leur manière les médias de masse ont opéré un brassage culturel, mais simultanément ils ont donné aux inégalités culturelles une visibilité qu'elles n'avaient pas. La télévision n'a pas créé le clivage entre culture de masse et culture savante. Il existait tout autant auparavant, simplement il était moins visible. Littérature de gare et grande littérature s'opposaient, mais en s'ignorant. Aujourd'hui elles cohabitent sur le même écran. Et comme tout le monde regarde la télévision, on voit aujourd'hui ce qu'on ne voyait pas hier, c'est-à-dire les goûts et la culture des autres. D'où cette situation étrange où l'élévation du niveau général des connaissances de la population suscite peu d'enthousiasme car on se focalise sur les inégalités rendues plus visibles, en oubliant simplement ce qu'était la réalité des années cinquante.

Le projet de politique culturelle à l'origine de la télévision en Europe est donc peut-être moins un échec qu'il n'y paraît. Simplement il a produit un effet inattendu et pourtant prévisible : le public a, peu à peu, pris confiance dans sa capacité à choisir et à affirmer ses goûts quels qu'ils soient. Et du coup, un nombre croissant de spectateurs refusent de laisser à d'autres le soin de savoir ce qui est bon pour eux, ce qu'ils doivent voir et ne pas voir.

S'il n'y a pas davantage de réactions négatives de la part du public, malgré la répétition de cette menace de la grande homogénéisation, est-ce la preuve de la domestication complète de celui-ci, de son inconscience, ou bien de l'existence de contrepoids visibles ou invisibles qui compensent l'effet homogénéisateur de la télévision et de la société ? En outre il peut exister des facteurs de différenciation aussi prégnants que ceux d'autrefois et à partir desquels les publics conservent naturellement un décalage par rapport à l'image de télévision.

Les diversités d'aujourd'hui n'ont simplement peut-être pas le même sens qu'autrefois, ne se repèrent plus de la même manière, ce qui ne prouve pas leur inexistence mais l'absence d'outils et de critères d'analyse pour en rendre compte. Autrement dit le fait de porter des blue-jeans, d'avoir la même culture cinématographique, le même mode de vie à New York et Paris n'implique pas forcément une standardisation. D'autant que la télévision dans les sociétés riches et développées va depuis une vingtaine d'années vers une différenciation non prévue par les analystes de la société de masse. Ceux-ci avaient pris pour définitif ce qui n'était qu'un moment du développement de la télévision, celui qui a correspondu d'ailleurs à l'apparition de la société de masse dont on voit bien qu'elle était avant tout tributaire d'une croissance économique forte et d'un stade du développement industriel.

De toute façon, même avant la récession de la décennie soixante-dix, il était évident que les caractéristiques de la société de masse, à savoir la standardisation des biens et des services, devaient progressivement faire place à une mobilisation des différences sur le plan du travail, de l'éducation, de la culture, des mœurs. Dans tous les pays il y a eu une lassitude pour une télévision trop standardisée. D'où la recherche, dans les télévisions publiques et encore plus dans les télévisions commerciales, de la diversification. C'est d'ailleurs parce que les professionnels sont maintenant persuadés de l'existence potentielle d'un marché audiovisuel fragmenté que des décisions politiques, techniques, commerciales allant dans ce sens sont prises dans les différents pays.

L'audiovisuel retrouve ainsi l'évolution des journaux et de l'édition qui, surtout depuis trente ans, se spécialisent et se diversifient en prenant appui sur ces transformations socioculturelles. Pourquoi le plus grand moyen de communication échapperait-il à cette évolution d'ensemble ? Si ce n'est parce que la classe politique s'y oppose. On est ainsi devant une contradiction : les hommes politiques dénoncent les risques de l'homogénéisation culturelle par la télévision sans jamais prendre les mesures qui permettraient une diversification et une ouverture.

De toute façon le terme « médium de masse », souvent utilisé pour caractériser la télévision, est uniquement d'ordre technologique. Si l'on s'intéresse à la communication des messages, il faut soit faire l'hypothèse que le public est une masse, soit trouver une autre représentation du public de la télévision. À la télévision, la masse n'a pas d'existence physique et ne se réunit jamais !... L'ensemble des publics de la télévision est une masse insaisissable, collection de classes sociales, classe d'âges, milieux urbains et ruraux... rassemblés fictivement, sans rapport les uns avec les autres. On peut parler de masses quand il y a rassemblement physique, volontaire en fonction d'un projet ou d'une cause. Or les téléspectateurs n'ont en commun que de regarder tous la télévision, c'est déjà beaucoup, mais cela ne suffit pas à faire une masse. Ou alors il s'agit d'une masse d'un genre bien particulier qui disparaît dès que la télévision s'éteint, les téléspectateurs redevenant bourgeois, ouvriers, paysans, intellectuels, chacun avec son système de valeurs, sa personnalité, son histoire. D'ailleurs dans les années soixante, au moment où triomphait cette idée de société et de médias de masse, quelques sociologues [1] ont déjà critiqué la notion de masse et donc celle de mass media.

En réalité, il est impossible d'assimiler le public de la télévision à une masse, comme il est difficile de le réduire à l'ensemble des études d'opinion qui en donnent une vision plus fidèle, mais trop oblique et étroitement sociologique. Cette double difficulté explique alors les multiples représentations du public qui existent. On pourrait en faire la liste. Il y a celle des hommes politiques, des professionnels de la télévision, des groupes de pression, des hebdomadaires de télévision (qui du plus populaire au plus intellectuel dessinent tous un profil particulier), des publicitaires, des instituts de sondage.

En fait comme il n'y a pas un public mais des publics, cela permet à chaque groupe de pression d'agir au nom de sa définition du public. Tournent ainsi autour de la télévision autant de définitions du public qu'il y a de catégories de téléspectateurs, chaque groupe de pression se réclamant d'une représentativité qui n'est ni jamais fausse ni jamais vraie. Ces multiples représentations doivent aussi compter avec celles des députés qui, en jouant sur leur légitimité d'élus, donc de représentants d'une partie du public, n'hésitent jamais à se faire les porte-parole de « ce que veut réellement le public ».

1. Cf. P. Bourdieu et J.-C. Passeron : « Sociologues des mythologies et mythologies des sociologues », in *Les Temps Modernes*, n° 211, décembre 1963, pp. 1998-2021.

Les gens du milieu même de la télévision n'échappent pas à cette autodéfinition du public. Il y a ceux qui pensent au peuple uni (souvent les pionniers de la télévision qui ont la nostalgie d'une époque où celle-ci était une grande classe d'école) ; ceux qui savent « ce que veut le public » par les centaines, parfois milliers de lettres reçues ou les indices de leurs émissions ; ceux qui ignorent délibérément qui est leur public et ne veulent pas le savoir de peur d'être découragés ou influencés ; ceux qui veulent parler à une catégorie bien particulière et avec qui consciemment ou inconsciemment ils poursuivent un dialogue intérieur ; ceux qui, soucieux de la réalité, analysent les résultats des sondages et essayent de rassembler le puzzle des catégories socioprofessionnelles ; ceux pour qui le public, c'est « le grand public », c'est-à-dire n'importe qui devant comprendre n'importe quoi, ce n'importe qui étant, selon l'imaginaire ou le souvenir des uns et des autres, le plombier, la crémière de Périgueux, le retraité d'Agen, le paysan de Lozère ou le mineur d'Anzin comme on disait dans les années soixante à Cognacq-Jay... la liste est infinie.

Tous ceux qui parlent du « public » de la télévision, et ils sont nombreux, ont en tête quelques images des réactions du « public » qui les ont séduits ou courroucés, en tout cas frappés, qu'ils ne communiquent pas, mais qui leur servent souvent de représentants de l'ensemble du « public ».

Le « public » devient ainsi progressivement l'extrapolation des quelques cas particuliers à partir desquels chacun raisonne. Ce qui explique le caractère assez pauvre de ces représentations et le fait que toute discussion sur le public de la télévision, mobilisant les images que chacun s'en fait, aboutit finalement à un véritable dialogue de sourds, tant les visions du public de l'un ne correspondent pas à celles de l'autre ! Et quand de telles confrontations ont tout de même lieu, elles révèlent de si violentes oppositions que chacun se retire bientôt en affirmant qu'en définitive, il n'y a pas un public, mais des publics. Ce qui permet de croire en sa propre représentation du public et de négliger celle du voisin.

Et chacun revient ainsi tout doucement à son manège personnel, où les quelques images du public qu'il se fait et avec lesquelles il dialogue lui servent finalement d'interlocuteurs exclusifs, silencieux et complaisants. Tout en souhaitant haut et fort que des études sérieuses soient faites pour mieux connaître le public, études rarement ou jamais utilisées quand elles existent...

La croyance en la télévision comme facteur d'uniformisation culturelle suppose deux représentations du public, aussi discutables l'une que l'autre : soit un public considéré comme une masse indifférenciée, dépourvue de capacités de réaction et influençable à l'infini, soit un public considéré comme l'extrapolation du comportement d'un groupe particulier. Toute prise en compte de l'hétérogénéité du public et du caractère dynamique de son comportement rend caduque la thèse de l'uniformisation, et oblige de ce fait à réfléchir en terme d'interaction et donc d'influence réciproque.

3. L'IDÉOLOGIE DE LA COMMUNICATION

Pourquoi la classe politique a-t-elle investi à ce point la télévision ? Pourquoi l'a-t-elle considérée comme l'agent essentiel de la communication politique ? Pourquoi les désirs et les craintes concernant son influence sont-elles demeurées si vives ? Tel est le point où il faut sans cesse revenir : les passions soulevées par la télévision viennent de cette hypothèse de départ qui la considère comme une technique de communication miraculeuse, opérant une sorte de branchement entre les individus et les messages.

Sinon, comme pour le cinéma ou la radio, on aurait réglementé les conditions de fonctionnement, sans y voir soit la menace de destruction ou de manipulation, soit l'outil de la communication sociale, ces deux versions contradictoires ayant pour postulat que la télévision est « branchée » sur les individus. Deux raisons expliquent cet état de fait. La première tient au contexte historique dans lequel la télévision est apparue et la seconde renvoie à l'idéologie techniciste.

La radio avait pris son essor après un conflit mondial et avait suscité craintes et espoirs, parce qu'elle cassait les échelles de temps et d'espace. Mais s'adressant à des publics de tailles différentes, peu onéreuse, très diversifiée dans ses programmes, permettant aux groupes de se répondre, elle apparut comme le complément naturel du téléphone. Se développant en même temps que lui, elle devint, avec le cinéma et l'automobile, l'un des symboles de la société moderne. Cependant son utilisation par les fascistes brisa l'optimisme naissant et fit naître l'idée que les nouveaux médias offraient un moyen de manipuler les foules.

La communication radiophonique était marquée par cette sinistre déviation qui, pour chacun, signifiait l'existence d'un lien étroit et définitif entre médias et manipulation politique. La télévision apparut dans ce contexte mais elle suscita également l'espoir de faire oublier les horreurs de la Seconde Guerre mondiale. Bien sûr l'instrument était lourd, techniquement onéreux, rigide et impliquait comme pour le cinéma un travail considérable pour rendre l'image attractive. Mais cette nouveauté était en même temps en symbiose avec l'atmosphère de l'époque. Elle symbolisait l'aboutissement du mouvement intellectuel et industriel qui en moins de trois siècles avait permis de reproduire artificiellement les conditions de la communication humaine.

Il aurait donc fallu beaucoup de scepticisme, dans les années cinquante, pour ne pas trouver dans la télévision la synthèse de toutes les techniques de communications précédentes. En outre elle était le moyen d'effacer ou plus exactement de dépasser le souvenir de la radio fasciste. L'image devait pouvoir empêcher ou neutraliser ce que le son avait rendu possible [1].

Il faudra attendre, selon les pays, les années cinquante-cinq ou soixante-cinq pour que les déceptions à l'égard de la télévision et les études sur les distorsions dans le processus de communication télévisuelle remettent en cause ces espoirs. Mais il y a plus. La télévision attira non seulement parce qu'elle représentait la volonté d'oublier les horreurs de la guerre et de la décadence, mais aussi parce qu'elle contribuait à véhiculer la nouvelle échelle du monde.

En effet l'une des conséquences directes du conflit, le premier réellement mondial, fut de changer l'échelle des problèmes internationaux. L'Europe n'était plus le centre du monde, les deux géants se partageaient le globe dans une compétition sans fin. Les questions changeaient de dimension. Le développement des techniques modernes de communication, le téléphone, la radio et la télévision apparurent progressivement comme les outils indispensables à un univers dont les frontières semblaient sans cesse repoussées. Pour éviter que ce nouvel outil n'accentue le sentiment de chaos, mieux valait lui assigner la mission d'améliorer les communications entre les groupes et les nations. Technique à l'échelle du nouveau monde, elle devait permettre à la fois de le connaître, de l'ordonner et de le représenter. Elle participait directement au « réenchantement » du monde.

C'est d'ailleurs dans cet espoir et avec une certaine euphorie que fut progressivement réorganisé, au plan mondial, le spectre de fréquences. D'une certaine manière la télévision participait un peu de l' « idéologie onusienne », mais de façon plus réaliste. Car si l'O.N.U. dès le départ rencontra le scepticisme, la télévision presque par antinomie semblait au contraire plus sérieuse. Elle constituait l'outil adéquat pour nouer les relations entre les peuples, et ses potentialités dans le domaine de l'éducation

1. À l'époque apparurent les premières analyses tendant à démontrer que l'emprise de Hitler sur les foules se serait effondrée avec la télévision alors qu'elle était amplifiée par la radio.

justifiaient tous les espoirs. Elle était le moyen à l'échelle du monde moderne de repousser l'ignorance et la haine.

Simultanément les gouvernants, mais aussi les opinions publiques, lui assignèrent la fonction de reconstruction de l'unité bouleversée par la guerre. En favorisant un retour sur soi, sur son passé, sa culture, la télévision devait contribuer à retrouver une unité nationale ébranlée. Elle assurait là aussi pleinement sa fonction de représentation à la fois du passé et du présent. Elle faisait le trait d'union. C'était le cas en Europe où les occupations et les collaborations avaient déchiré le tissu national, rompu les traditions, coupé le fil du temps. Mais c'était un peu la même chose, en moins tragique, en Amérique du Nord, où l'engagement massif dans un combat lointain avait définitivement poussé hors de chez elles des nations qui depuis le XIXe siècle s'étaient gardées dans la mesure du possible de s'engager sur le théâtre européen.

La télévision, en ouvrant sur le monde par l'information et surtout en permettant à chaque pays de se représenter lui-même son passé, sa tradition et ses pratiques culturelles, devait contribuer à reformer une certaine conscience collective. Elle était à la fois un moyen d'ouverture et de ressourcement. Au travers le théâtre, les variétés, le cinéma, elle fabriquait la paix, renouait la chaîne des générations. Et pour certains pays peut-être fut-elle le moyen d'oublier le passé récent ou de se légitimer...

Enfin, dans le climat de guerre froide qui s'imposa rapidement, la télévision fut incontestablement un moyen d'affirmer une unité de civilisation et de préoccupations. Elle devint la vitrine de l'Occident. Ce rôle d'unificateur des valeurs dans chaque pays, elle le jouait particulièrement dans le domaine politique.

L'image qui, pour la première fois, montrait les hommes politiques aux citoyens dans la quotidienneté de l'exercice du pouvoir devait permettre d'élargir la démocratie. La télévision comme miroir de la politique reposait sur le pari que la découverte visuelle du pouvoir et le sentiment de fierté d'appartenir à la même collectivité nationale l'emporteraient sur la déception que ne manquerait pas de provoquer la désacralisation de la vie politique ainsi montrée à tous.

La télévision fut investie d'un projet culturel et politique, parce qu'une telle démarche était rassurante. En effet, la multiplication d'images et la spectacularisation progressive de la réalité furent rapidement ressenties comme une rupture importante dans notre représentation du monde. Assigner des tâches et des objectifs à la télévision était probablement le moyen de donner un sens et une finalité noble à un processus troublant et fascinant.

Personne ne maîtrisait réellement la mise en rapport qui s'instituait entre la réalité et son double, mais on faisait semblant de décider d'une orientation. En agissant ainsi, il y avait de fortes chances que l'on fasse jouer à la télévision un rôle social qui la dépassait. Puisqu'il s'agissait d'une technique de communication, elle devait pouvoir favoriser la communication sociale. Cette confusion entre la fonction technique d'un outil et sa finalité sociale était caractéristique de l'idéologie techniciste.

Ce genre d'idéologie qui identifie une technologie à un modèle de société est bien plus ancienne que les techniques de communication, mais elle s'y est particulièrement bien appliquée. Ce fut le cas avec la radio, puis le cinéma, notamment muet, qui devait être compris par tous les peuples, et enfin avec la télévision de masse. Cette idéologie renaît aujourd'hui avec les perspectives offertes par la télévision fragmentée et la télématique. Une fois encore on parle de convivialité, d'échanges plus faciles, de communion.

On projette sur l'outil technique le désir de résoudre un problème qui ne l'est pas, et qui est d'ordre socio-historique, en l'occurrence, la « compréhension et la communication sociale ». Cet investissement idéologique de la technologie se traduit par exemple de la manière suivante : si la télévision n'a pu assumer cette fonction de communication qui, d'une certaine manière, est « naturelle » puisque « techniquement » la sienne c'est qu'elle en a été « détournée » par les « pouvoirs » qui l'ont contrôlée et par les contraintes de la diffusion de masse.

C'est à partir d'un tel raisonnement que l'on a cherché par exemple à créer, à côté de la télévision de masse nécessairement trop homogène, une télévision communautaire, plus proche de la communauté, comme on disait dans les années soixante, ou des usagers et des consommateurs comme on dit dans les années quatre-vingt. Ce thème de la « vraie » communication à restaurer avec la télévision communautaire est aussi vieux que celui de la toute puissance de la télévision de masse. Au Canada et aux États-Unis, deux pays à forte tradition individuelle et communautaire, des projets de télévisions locales ont vu le jour très tôt. Ils devaient briser l'éloignement, l'individualisation créée par la télévision de masse et surtout favoriser des rapports plus directs et authentiques. Le rêve d'un autre modèle de socialisation.

Le thème de la « communication communautaire » s'est ensuite développé proportionnellement aux déceptions nées de la télévision de masse. Au fur et à mesure que celle-ci ne rapprochait pas les individus, elle fut mise en cause et les espoirs d'une « vraie » communication s'investirent dans les télévisions locales et communautaires. On sait aujourd'hui que le grand mouvement de la télévision communautaire des années soixante-soixante-dix a échoué en grande partie justement à cause de cet objectif.

Reposant sur le mythe de la participation, il s'est heurté aux réalités sociales et idéologiques. Une fois passé le mouvement de curiosité pour l'outil et les expériences locales, la plus grande partie des usagers s'en sont détournés, trouvant la production triste, moralisante, militante, trop centrée sur les problèmes qu'ils connaissaient déjà, insuffisamment spectaculaire, manquant de moyens matériels, de travail de création et d'invitation à l'évasion. Bref reprochant à la télévision communautaire ses caractéristiques mêmes !

Le passage de la télévision de masse à la télévision de communauté ne semblait pas séduire les citoyens plus sensibles aux poisons et aux artifices d'une télévision de spectacle et de simulacre. Pourquoi a-t-on cru que la télévision pouvait établir la communication directement entre les gens ? Pourquoi ce fantasme de libre parole et d'expression ? Probablement parce qu'à un moment où tous les points de repère traditionnels s'effondraient, notamment à la suite de la guerre, on chargea ces techniques de résoudre un problème social, insoluble par ailleurs, celui de la communication dans une société moderne dont personne ne savait très bien comment elle fonctionnait.

Il y a d'ailleurs un point commun entre cette thèse de la télévision comme outil de la « vraie » communication et la thèse opposée qui insiste sur les risques de pouvoir et de contrôle : les deux reposent sur une représentation erronée des rapports entre technique et société.

La thèse qui dénonce la toute-puissance de la télévision renvoie à une représentation trop simple des rapports entre technologie et société. La technologie devient le véhicule et l'instrument du pouvoir. Le « social » détermine le « technique ». Le raisonnement est complètement social et politique.

Dans le second cas c'est l'inverse, la technologie, parce qu'elle est de communication, doit nécessairement permettre la communication sociale. C'est la technique qui transcende le social. Dans les deux cas on investit la technologie d'un rêve ou d'une menace sociale.

Si les professionnels des médias n'ont joué qu'un rôle limité dans le thème de la toute-puissance de la télévision, ils ont par contre joué un rôle non négligeable pour diffuser celui de la communication, en parlant de la « communication avec le public », de la capacité à « être en dialogue avec lui », de « savoir faire ce que les gens veulent », « les comprendre ». Bref leur discours démontrait que grâce à l'outil et au talent, les professionnels étaient capables d'être « en communication » avec les usagers. Mais cette idéologie n'est pas uniquement celle des professionnels de la communication ; elle est aussi répandue dans la classe politique pour les raisons historiques que nous venons d'évoquer.

D'ailleurs aujourd'hui les nouvelles technologies viennent progressivement raviver ces idées. Grâce au vidéodisque, à la vidéocassette, au satellite, au câble interactif, des programmes diversifiés devraient favoriser « une réelle communication ».

Et l'échec des dix premières années de la télévision communautaire est expliqué par l'inexpérience, le manque de moyens, les insuffisances techniques, le peu de curiosité des spectateurs encore fascinés par la télévision de masse. Demain les conditions d'une « réelle communication » seraient enfin réunies. C'est ainsi que les nouvelles technologies devraient satisfaire les besoins de communication des sociétés modernes, caractérisées par la grande ville, l'anonymat, l'homogénéisation des modes de vie...

Pourtant si l'on prend un peu de distance par rapport à ces thèmes sur les « besoins » de communication, on constate qu'ils sont aujourd'hui davantage commandés par le lancement des nouvelles technologies de communication que par l'évolution des besoins existants. C'est même plutôt sur des hypothèses de « besoins futurs de communication » que reposent les efforts d'investissements depuis dix ans dans les satellites, vidéodisques, fibres optiques... En matière de technique et de services de communication, l'offre est pour le moment largement supérieure à la demande. Et le pari politique consiste justement à supposer que ces technologies favoriseront l'émergence de besoins nouveaux de communication. De toute façon ces « besoins de communication » sont inséparables d'une logique marchande, c'est-à-dire de la constitution d'un grand marché de la communication. Ce qui renvoie à des conceptions sensiblement plus réalistes que celles d'une « réelle communication communautaire ou conviviale ».

Si tout le monde reconnaît aujourd'hui l'importance du thème de la communication, on remarque qu'il ne prend pas du tout la même signification selon que l'on écoute les adeptes de la « communication authentique », ou les partisans d'un nouveau secteur industriel et culturel. Ceux qui voient dans les nouvelles technologies le moyen d'élargir la communication ont raison, mais s'ils pensent briser ainsi les contraintes qu'ont rencontrées les communications de masse, ils se trompent. La communication, paradoxalement, est toujours définie par ses contraintes. On ne peut parler à n'importe qui, n'importe quand et n'importe comment. C'est-à-dire que les règles et les limitations sont indissociables du processus de communication. Et plus la communication est complexe, comme c'est le cas avec la télévision, plus les règles sont contraignantes et indispensables.

Le débat sur la nature de la communication dépasse aujourd'hui largement le cadre de la télévision pour s'appliquer à toutes les techniques du même nom. Il peut se résumer de la manière suivante : Est-ce que la multiplication des technologies de communication, informatique et télécommunications, ouvre la voie, comme certains le pensent, à une nouvelle forme de société, « la société de communication » ? Ou bien est-on victime une fois de plus de l'illusion de croire à un changement de société tout simplement parce que des technologies progressivement en changent le mode de fonctionnement ?

Le terme « société de l'information » ou « société de la communication » a l'avantage de rendre compte de l'accroissement des services et activités immatérielles nécessaires au fonctionnement de la société de masse qui gère à la fois les problèmes du grand nombre et les aspirations croissantes à l'individualisation dans le domaine de l'éducation, des loisirs, de l'habitat, de la culture, du travail. Ces contraintes trouvent incontestablement dans la panoplie des technologies de communication les outils adéquats à leur traitement.

Mais qu'y a-t-il de commun au bout d'un moment entre l'audiovisuel, les télécommunications et l'informatique, qui sont les trois pivots de toutes les analyses sur la société de communication ? Certes il s'agit de techniques de transport et de traitement de l'information, mais l'information et la communication ont ici un statut tellement différent selon que l'on envisage la voix humaine de la communication par téléphone, l'information codée et instrumentale de la télématique et le son et l'image de l'audiovisuel que les différences sont plus importantes que les ressemblances. L'unité technique ne conduit pas à une fusion des usages sociaux. Et le mot communication recouvre, comme toujours, des réalités différentes.

L'erreur est de croire que cette multiplication des techniques, des supports et des activités de communication conduit à une « société de communication ». Celle-ci existe aujourd'hui comme elle a toujours existé, car d'une certaine manière toutes les sociétés sont de communication. Simplement dans la nôtre, cette communication est beaucoup plus physique et moins symbolique que dans d'autres sociétés. Elle se fait avec des instruments qui répliquent et élargissent la communication humaine. D'où l'idée ou le rêve d'en faire le symbole d'une nouvelle société.

De même qu'il était insuffisant de caractériser la société des années cinquante-soixante de société de masse, parce que pour la première fois les techniques permettaient une production en grande série d'objets et de services, de même il est insuffisant de parler de société de communication parce que nous assistons à une multiplication des techniques portant ce nom et adéquates au fonctionnement de la société. Il est à la fois tentant mais réducteur de caractériser la société par ce qui en est le plus visible.

En tout état de cause, que ces techniques ouvrent ou non la voie royale de la société de communication, une chose est certaine, cette société n'aura pas grand-chose à voir avec les schémas idéaux qui l'évoquent et dans lesquels les stratégies de puissance, les inégalités sont systématiquement oubliées au profit de l'attention aux autres, de la création, de l'expression des petits groupes et avec une sorte de recherche de la communion et de l'épanouissement des êtres loin des violences du monde. Les représentations de la société ainsi véhiculées renvoient à une réalité apaisante qui a rarement existé.

Non seulement cette aspiration à l'expression et à la communication sous-estime les mécanismes de pouvoir et de domination, mais elle conduit en outre à une communication conçue comme auto-expression ! Qui seront en effet ceux qui écouteront et regarderont puisque tout le monde sera occupé à parler ? Et surtout, comment ne pas voir ici la dimension narcissique sous-jacente à ce thème apparemment altruiste de la communication !

Tel est le paradoxe d'une communication où il n'y aurait que des émetteurs sans récepteurs, et qui serait faite de la simple juxtaposition de monologues.

4. UNE COMMUNICATION INSAISISSABLE

La classe politique, en raison de ses intérêts propres, a joué un rôle important dans la diffusion des thèses de la toute puissance politique et de l'uniformisation culturelle. Par contre l'idéologie de la communication a toujours largement débordé le monde politique et ses débats. Dans sa version positive — la société transparente — ou négative — la société manipulée — cette idéologie imprègne l'ensemble de la société.

Mais chacune de ces versions suppose, comme nous venons de le voir, une représentation de la télévision comme une technique de communication efficace. Peut-être même la technique de communication par excellence. La question est de savoir pourquoi et comment la télévision a été investie de cette fonction de communication.

En fait il y a toujours une ambiguïté dans le mot communication. Celui-ci signifie à la fois un processus de diffusion de messages et un processus de réception où des spectateurs regardent, réagissent et interprètent. C'est dans cette dissociation entre diffusion et réception que résident les ambiguïtés de la communication audiovisuelle. Cela interdit de la comparer à la communication interpersonnelle car si à la télévision, comme dans toute communication, il y a quelqu'un qui s'adresse à quelqu'un d'autre, la différence est cependant radicale puisqu'on s'adresse à la « cantonade », presque dans le vide. Dans l'audiovisuel, le message est construit en fonction de l'absence de retour des récepteurs et de l'échelle de masse de la communication.

•

D'ailleurs l'étymologie du mot communication rend bien compte de ces ambiguïtés. Apparu dans la seconde moitié du XIVe siècle, le mot a pour origine « communicare » qui signifie « mettre en commun », « être en relation », proche alors du mot « communier », « partager à plusieurs ». Jusqu'au XVIe siècle, le sens est « participer à » et « faire partager ». Nous appellerons *communication-partage* cette première signification du mot communication.

À partir du XVIe siècle un autre sens se dégage, celui de « transmettre », lié notamment au développement de la poste et des routes. À partir du XIXe siècle c'est le second sens qui l'emporte avec le développement des techniques modernes de communication que sont le train, la voiture, le téléphone, la radio, le cinéma, la télévision[1]. Nous appellerons *communication-diffusion* cette deuxième signification. Après avoir essentiellement caractérisé la communication humaine naturelle entre deux ou plusieurs individus, le mot a progressivement désigné des activités médiées par des technologies. Ce passage de la communication « naturelle » à une communication « technique » s'est accompagné d'un glissement de sens, de l'idée de partage à celle de transmission.

Jusque-là il n'y a pas de difficultés. Celles-ci commencent quand, à l'intérieur de la communication instrumentale, on retrouve les deux sens. En effet tant qu'il s'agit de techniques de communication physiques comme le train, l'avion, la voiture, c'est bien le sens de transmission qui l'emporte. Mais le téléphone, puis le cinéma, la radio et la télévision mélangent évidemment les deux sens. Ce sont des techniques qui à la fois transmettent et assurent une communication entre les individus.

La polysémie naturelle du mot est renforcée par la multipli-

1. Nous reprenons ici l'étymologie du mot communication présentée par Yves Wikin dans *La nouvelle communication*, Paris, Seuil, 1981, pp. 13 et sq.

cité des activités de communication. La seule communication instrumentale qui se rapproche de la communication interpersonnelle demeure le téléphone. Le champ de la communication y est vaste, mais les intéressés, en l'occurrence les deux interlocuteurs, et eux seuls, ont tous les moyens pour essayer de s'expliquer et de se comprendre. La compréhension réciproque se fait par ajustements successifs. Les contresens et les ambiguïtés n'en sont pas exclus mais ils font partie du processus même de communication et les deux interlocuteurs sont libres de choisir le niveau exact et la précision de leur échange. Le téléphone permet encore une communication « naturelle » proche de la notion de « partage ».

Mais les contraintes internes à la conversation téléphonique, notamment la nécessité de lever les ambiguïtés, de définir le contexte et bien évidemment la possibilité de dissimuler beaucoup plus de choses que dans une conversation naturelle, rappellent que les conditions d'une communication-partage sont très strictes, et rarement réunies, comme chacun en fait souvent l'expérience dans sa vie personnelle.

Pour qu'il y ait communication-partage, il faut que les ressemblances soient supérieures aux différences, que les partenaires forment un petit groupe partageant les mêmes valeurs, avec un code et un objectif communs, que la communication se fasse dans les deux sens, dans un environnement qui ne perturbe pas l'échange.

Toutes ces conditions sont en fait contradictoires avec le statut de la télévision. Du côté de l'émetteur, il y a plusieurs logiques en jeu, puisque le message est une création collective. Ce sont autant de conceptions du message, de la télévision, de la communication qui s'entrechoquent. Ce qui explique que le message est toujours le fruit d'un compromis entre des logiques différentes, sorte d'alliage qui résiste aux multiples appropriations.

Si l'on se place du côté du récepteur, c'est-à-dire du public, outre qu'il est lui-même profondément hétérogène, on remarque que l'intensité de la communication est directement fonction de l'effort fourni par l'individu. Or cet effort pour accéder au message est bien différent pour la télévision de ce qu'il est pour les autres techniques de communication. Pour le livre il faut sortir de chez soi, acheter et se forcer à lire. Si pour le disque et le film l'effort « pour entrer » dans le message est plus faible, cela requiert de toute façon une certaine volonté et au moins l'acte d'achat. Pour la télévision c'est autre chose.

On y accède de chez soi, presque sans effort et gratuitement. Ce qui veut dire que le *rapport* au message est différent. On peut regarder, sans regarder, ou sans vouloir réellement regarder[1]. L'attention que l'on accorde à une émission est donc liée à la qualité de ce qui est montré, mais aussi à l'intérêt porté au sujet, qui est plus ou moins grand et tout à fait différent d'un individu à l'autre et d'un moment à l'autre. Ce qui explique d'ailleurs que par moment on se « branche » ou l'on se « débranche ». Il n'y a donc pas de téléspectateur moyen, ou à temps complet. *D'une certaine façon le téléspectateur est une abstraction ou une construction statistique.* Ceci est une conséquence directe du caractère massif de la diffusion et explique la contradiction qui existe entre communication et masse. Il peut tout à fait y avoir communication au deuxième sens du mot, c'est-à-dire diffusion massive de messages que le public capte selon son désir. Mais pour qu'il y ait communication-partage, il faudrait d'autres conditions, de taille, de lieu, d'échelle de temps et d'homogénéité sociale.

L'hypothèse implicite de la communication-partage est qu'en dépit de la diversité des images et des publics, le message provoque en gros la même réaction quels que soient les individus. C'est l'idée d'un retour invisible et collectif de la part des téléspectateurs. En réalité le seul retour, mais il est indirect, réside dans le fait que les gens parlent de la télévision. Elle est le support, le moyen, l'occasion d'une communication, entre deux ou plusieurs individus. Mais alors la communication ne s'épuise pas dans le rapport à la technologie ou dans le contenu du programme. Elle y trouve le support pour une relation dont la finalité et le sens sont ailleurs.

Il n'est d'ailleurs pas du tout évident, contrairement à l'idée largement répandue, que le public souhaite réellement répondre. Le public répond à sa manière, par ses réactions ou ses commentaires qui restent dans la sphère de ses relations personnelles. La télévision est une ouverture sur le monde qui n'implique pas un retour ou un échange immédiat lié au message. Le retour se fait autrement, ailleurs et nous avons peut-être besoin de ce décalage ne serait-ce que pour préserver cet autre décalage entre ce qui est montré et ce que chacun de nous vit.

Cette incertitude sur la volonté du public de répondre peut

1. Une confirmation de ceci est fournie en France par les différences de chiffres entre les sondages traditionnels par panel et la méthode de sondage automatique (audimat.). Ce dernier prend en compte le fait que le récepteur est allumé alors que dans le sondage par panel on interroge le spectateur et non pas le téléviseur. En moyenne les résultats du sondage automatique sont supérieurs de cinq à six points par rapport au sondage par panel, ce qui s'explique de deux manières. Premièrement dans le sondage par panel, on ne tient pas compte des enfants au-dessous de quinze ans, donc quand ceux-ci regardent seuls la télévision ; ils ne sont pris en compte que par le système audimat. Deuxièmement il y a de longues plages de temps où la télévision marche, sans que personne ne la regarde ou ne l'écoute.

paraître paradoxale au moment où le développement du câble interactif permettra aux téléspectateurs de manifester directement leurs réactions.

Ceux qui ont longtemps critiqué la télévision de masse, justement parce qu'elle ne permettait pas de retour, investissent d'ailleurs beaucoup d'espoir dans cette télévision interactive. Mais rien pour le moment ne permet encore de savoir si les usagers souhaitent utiliser, aussi largement qu'on le pense, le « retour ». Ce qu'ils apprécient peut-être dans la télévision, c'est la liberté de pouvoir regarder, écouter ou non, sans avoir en tout cas à s'expliquer, à répondre et à être présent. La télévision a l'avantage de permettre une communication différée dans le temps, une sorte de présence-absence qui risque d'être entamée par l'interactivité.

Ainsi la télévision multiplie les ambiguïtés dans le processus de communication. Du côté de l'émetteur le message est déjà un compromis entre plusieurs logiques. Du côté du récepteur l'interaction est invisible, décalée dans le temps et différenciée. Mais il y a plus, car ces deux propriétés ne s'appliquent pas seulement à la télévision mais aussi à la radio et dans une certaine mesure à la presse écrite. L'élément spécifique à la télévision concerne la *nature du message,* c'est-à-dire les images.

Loin de susciter la passivité, les images exigent un important travail d'interprétation de la part des spectateurs. Ce travail de reconstruction, à la réception par les publics, n'est pas visible. Il n'est même pas exprimé, mais il est en quelque sorte la condition pour que la télévision, comme technique de communication, fonctionne.

Il n'est pas visible parce qu'apparemment les gens parlent de ce qu'ils ont vu, répondent sagement aux questions des sondages et des enquêtes. Mais si l'on insiste on s'aperçoit par exemple qu'un groupe de personnes qui a vu la même émission, dans les mêmes conditions, ne l'a pas du tout comprise de la même manière, personne ne pouvant la résumer dans son ensemble et chacun ne retenant que ce qui le concerne dans sa propre existence. L'ensemble de ces « distorsions » oblige dans les multiples enquêtes sur l'audience à distinguer le message diffusé, reçu, regardé, mémorisé... pour délimiter par ajustements successifs ce qui a fait l'objet de la communication [1].

Savoir qui regarde quoi n'est pas difficile grâce aux indices

1. Cf. les travaux de M. Souchon, particulièrement *La télévision et son public,* Documentation française, 1978, *Petit écran et grand public,* Documentation française, 1980.

d'écoute qui permettent une très fine photographie de l'audience. Mais savoir pourquoi, comment les gens regardent et surtout ce qu'ils en font en termes de « communication » est beaucoup plus délicat. Cela reste, malgré les nombreux travaux de psychologie et de psychosociologie, une inconnue, c'est-à-dire le mystère de la communication. Bien sûr tout cela se fait dans le cadre de valeurs dominantes, des idéologies..., mais le sens ne s'épuise pas dans cette sociologie des messages et des publics car la force de la télévision est de mobiliser l'imaginaire de chacun et donc de dépasser, en tout cas de déplacer les déterminismes sociaux.

La communication par l'image est d'une certaine manière la meilleure puisqu'elle réplique la réalité, mais elle est aussi la plus mauvaise, parce qu'elle la réplique de manière ambivalente et tordue. L'important dans cette communication est ce qu'en font les individus dans une sorte de libre service de l'imaginaire.

Plus la communication instrumentale prend en charge d'aspects du monde, plus elle s'adresse à des publics hétérogènes, avec des logiques différentes, plus elle perd de son efficacité de communication. Elle n'existe alors que de manière éclatée, non systématique, en fonction des réappropriations et recombinaisons propres à chaque individu ou à chaque groupe et dans une sorte de marchandage permanent.

La télévision n'assure nettement ni la communication-partage ni la communication-diffusion, mais l'une et l'autre à la fois, et de manière à chaque fois incomplète. Elle ne peut donc être tirée ni du côté individuel pour la dimension échange, ni du côté collectif pour la dimension diffusion.

La communication audiovisuelle n'est que partielle, indirecte, peu performante, condamnée aux faux sens et aux ambiguïtés. Elle n'existe que dans le flou, les distorsions, le hasard, ce qui d'ailleurs explique son succès. S'il y avait réellement communication, c'est-à-dire si les multiples spectateurs recevaient de manière quasi identique les messages, et sans perte majeure de sens, ni contresens, il y aurait de quoi devenir fou, tant la communication à cette échelle ressemblerait à de la domination ou à de la fusion ! En définitive il faut retourner les caractéristiques de la télévision de masse comme technique de communication. Pour qu'il y ait réellement communication il faut qu'il y ait le plus de malentendus possibles.

Deuxième partie

LES ANALYSES

CHAPITRE V

Image et communication

Malgré les croyances, malgré les restrictions politiques, la télévision s'est développée et les catastrophes annoncées ne se sont pas produites. La démocratie n'est pas morte, elle a même eu suffisamment de vitalité pour intégrer le phénomène télévisuel. Par quel miracle les images n'ont-elles pas dévoré leurs spectateurs ? Et si elles n'ont pas imposé un conformisme politique et culturel, qu'ont-elles fait ?

Pour répondre à ces questions, il faut analyser le processus de la communication télévisée. Dès lors qu'on abandonne les préjugés sur la passivité du spectateur et les effets narcotiques de l'image et qu'on rejette l'idée d'une fusion entre émetteur et récepteur, il faut expliquer ce que l'on fait avec les images, c'est-à-dire étudier la relation qui se noue entre celui qui montre l'image et celui qui la regarde [1].

Cette relation est complexe, car elle fait intervenir la nature de l'image télévisée, les caractéristiques techniques de l'outil et la dimension du public.

Partons de l'exemple d'une conversation entre deux personnes. Dans cette conversation, le message énoncé par le locuteur appelle souvent une réponse de l'interlocuteur. Ensuite le message est énoncé par un individu qui s'adresse à un autre individu identifiable. Enfin, il y a dans le message une dimension de contenu et une dimension de relation. La première désigne ce que le locuteur veut dire et la seconde le registre de la communication sur lequel les interlocuteurs s'accordent, c'est-à-dire le jeu de

1. Notre problématique s'inspire — notamment — de la pragmatique, discipline qui étudie « ce que l'on fait avec les mots », c'est-à-dire « l'échange de paroles comme activité intersubjective, comme pratique sociale » (F. Recanati, *Les énoncés performatifs,* Éd. de Minuit, 1981, p. 12). Cf. notamment, J.-L. Austin, *Quand dire, c'est faire* (1962), Seuil, 1970. J.-R. Searle, *Les actes de langage* (1969), Hermann, 1972. *Communications,* n° 30 : « La conversation », n° 32 : « Les actes de discours ». Cf. également pour une extension de la pragmatique à l'ensemble de la communication humaine, P. Watzlawick, J. Helmick-Beavin, D. Jackson, *Une logique de la communication* (1967), Seuil, 1972.

présentation de soi-même pour celui qui parle et l'acceptation, le refus ou la correction de cette présentation par l'autre.

Il est clair que l'ensemble de ces caractéristiques n'existent pas à la télévision, ou sous des formes extrêmement dégradées. On peut même aller plus loin et dans une conception radicale de la communication, dénier à la télévision toute capacité de communication. Jean-Pierre Changeux note que pour certains théoriciens, « le simple fait d'échanger des messages ne suffit pas à définir une communication. Celle-ci n'existe que si l'un des partenaires manifeste d'une manière ou d'une autre qu'il a bien reçu le message. Son organisation interne, son comportement, doit changer[1] ».

Or à la télévision le destinataire du message ne peut manifester qu'il a compris, le nombre des destinataires empêche toute évaluation sérieuse d'un impact sur les comportements et l'image elle-même n'a pas un sens bien défini, elle est polysémique.

Ces éléments originaux de la communication télévisée conduisent à penser que le contexte a une importance décisive dans la communication. Car plus celle-ci est enserrée dans des contraintes, plus le sens dépend du contexte.

Si nous reprenons le cas d'une conversation entre deux personnes, les interlocuteurs sont dans le même lieu et le même temps, ils peuvent éventuellement percevoir les malentendus et les fausses interprétations, et choisir de les corriger s'ils le désirent. Ils peuvent faire allusion à des faits ou des personnes, et préciser leurs allusions si cela est nécessaire. Bref une interaction simple se déroule dans un contexte simple, que les interlocuteurs peuvent, en partie, percevoir et maîtriser.

Le contexte de la communication télévisée est d'une nature très différente, à la fois complexe et insaisissable. Les « interlocuteurs » ne sont pas dans le même espace, ni même en général dans le même « temps ». Ils ne se voient pas, ne se parlent pas. Il n'est, bien sûr, pas possible de corriger les malentendus ni de préciser les allusions. La forme de la communication est celle du spectacle, où des situations sont mises en scène et jouées, même quand il ne s'agit pas de programmes de fiction.

Des exemples très simples portant sur les temps, les lieux, les publics, les circonstances montrent que la signification du message est le résultat d'une interaction entre émetteur et récepteur dans un contexte daté :

— une émission diffusée en direct ou en différé n'a pas la même force, ni donc le même intérêt ;

— le même message diffusé à vingt heures ou à vingt-trois

1. J.-P. Changeux, « De la molécule au cerveau. Leçon inaugurale au Collège de France », in *Le Débat*, Gallimard, Paris, mai 1982.

heures n'a pas le même public en taille et en composition, donc pas la même importance ni la même signification ;

— Une attaque contre le pouvoir n'a pas le même sens dans une œuvre de fiction et au journal télévisé ;

— le même message est perçu de manière différente par le même individu s'il le regarde avec attention ou s'il est en même temps en conversation au téléphone ;

— la même information racontée ou montrée n'a ni la même force ni le même sens.

Et il s'agit là d'une liste très courte, car la signification des messages audiovisuels s'élabore en fonction d'un grand nombre d'éléments de contexte (historiques, sociaux, culturels...). Le contexte de la communication dépend autant de ce qui se passe du côté du récepteur que du côté de l'émetteur. C'est pourquoi la communication télévisée, quoiqu'elle s'exerce dans un seul sens, n'exclut pas une interaction entre émetteur et récepteur.

Comme la signification n'est pas seulement contenue dans le message et qu'elle dépend également de la relation nouée, la perception de l'image est un véritable travail d'interprétation. En permanence le récepteur doit élucider la position que prend l'émetteur à son égard, la position réciproque que ce dernier lui réclame, et doit décider s'il accepte ou s'il refuse ce rapport.

De plus le caractère nécessairement ambigu du message, qui est une conséquence de la nature des images, donne au spectateur une liberté d'interprétation supérieure à celle qu'il possède à l'égard d'autres messages. Il peut en effet accéder à une signification non prévue par l'émetteur. Il dispose également de plusieurs « portes d'entrée » dans le message, en raison de la relation spécifique des images à l'imaginaire. Dans ce travail d'interprétation, le spectateur trouve son autonomie, sa capacité d'action en retour.

Les codes sociaux et culturels, qui préexistent à la communication, jouent bien sûr un rôle dans l'interprétation des messages, mais ils ne contraignent pas complètement le spectateur. La télévision a donc pu s'intégrer au fonctionnement de la démocratie, non par miracle, mais parce qu'elle laisse au citoyen, au même titre que d'autres médias, la possibilité d'exercer des jugements et des choix dans le moment même de la communication.

Pour mener cette analyse pragmatique de la télévision, nous abordons successivement la forme de la communication — au travers une interrogation sur le spectacle —, la nature de la communication — c'est-à-dire les images — et le contexte de la communication — à partir d'une réflexion sur le temps construit par la télévision.

1. LA FORME DE LA COMMUNICATION : LE SPECTACLE

Depuis ses origines le spectacle est lié au sacré. Il est un élément qui, à travers les rites et la représentation des mythes, concourt à distinguer les temps et les lieux sacrés des temps et des lieux profanes. Cérémonies rituelles, cérémonies religieuses, mystères sont directement *des spectacles sacrés*. Le spectacle met en scène les dieux ou le destin. Et dès la naissance des sociétés historiques il a eu aussi pour fonction de poser le problème des valeurs. Il offre la représentation de la condition humaine et des forces qui la dépassent et la tourmentent. Le théâtre grec, qui reste à la frontière du sacré et du profane, a inauguré la laïcisation du spectacle.

En introduisant une distance dans la représentation, le spectacle contenait à terme sa nécessaire désacralisation dans la mesure où il introduit le jeu, le « comme si » dans un acte, l'acte religieux qui suppose au contraire l'unité et l'adhésion totale de la conscience : Porteur de l'idée de simulacre, le spectacle amenait sur la scène les forces de désacralisation, en exprimant cette faculté purement humaine d'agir et de se regarder agir.

Au fur et à mesure de la laïcisation du spectacle, la dimension du sacré (représentation des forces qui dominent l'homme) s'est déplacée ou effacée mais n'a jamais complètement disparu. Elle est restée notamment dans le lieu du spectacle — théâtre, opéra, stade — où se réunit le public avec ce que cela implique de communion. Elle est restée aussi dans le temps de la représentation, moment privilégié, séparé du temps des activités courantes et quotidiennes, et aussi dans quelque chose de plus mystérieux, de plus difficile à cerner que Walter Benjamin appelle l' « aura » de l'œuvre qui se joue dans le « ici et maintenant » de sa représentation[1]. C'est le caractère éphémère et fugace qui fait le prix et la qualité du moment du spectacle. Là se joue la relation, à chaque fois différente entre les artistes et le public.

Avec l'apparition des techniques d'enregistrement d'images, cinéma d'abord, puis télévision, la désacralisation a franchi un degré supplémentaire. Le cinéma conserve une relation avec les spectacles traditionnels, d'avant les techniques d'enregistrement, puisqu'il existe un lieu et un temps du spectacle. Même si le lieu du spectacle est déserté par les comédiens qui n'y laissent que leur ombre, la salle de cinéma demeure un endroit particulier, où

1. Walter Benjamin, « L'œuvre d'art à l'ère de sa reproductivité technique », in *L'homme, le langage et la culture*, Denoël, Paris, Coll. Médiations, 1971.

du fait des contraintes de diffusion le message doit avoir une durée limitée. Le cinéma a donc progressivement constitué un genre artistique dominant : le film long métrage de fiction.

La télévision au contraire a rompu ces derniers liens avec les spectacles traditionnels. Il n'y a plus de lieu du spectacle puisque le message arrive à domicile, ni de temps du spectacle puisque les images défilent en permanence. Il n'y a même plus d'unité du spectacle puisque le mélange des genres est la règle, et en particulier le mélange essentiel information-fiction.

Ce mélange des genres existait d'ailleurs à l'origine du cinéma. Le « programme » en deux parties dont la première était consacrée aux actualités, documentaire, annonce du prochain film ou publicité a, si l'on peut dire, condensé ou préfiguré ce qu'est devenu le programme de télévision. Le mélange des genres est donc apparu dès l'origine de la reproduction en images. Simplement la télévision a pu mener à son terme la logique du mélange parce qu'elle disposait à la fois de la durée et de la diffusion à domicile. C'est pourquoi, alors que le cinéma a constitué un genre artistique spécifique il n'en est pas de même à la télévision qui ne peut se définir que par le mélange.

C'est donc l'arrivée des images à domicile qui est l'élément essentiel. Pour la première fois le spectacle n'est plus situé dans un lieu public spécialement affecté à cet usage, il entre dans l'espace de la vie privée et n'est plus séparé des autres activités de la vie quotidienne. Ce fait essentiel explique que le rapport à la télévision soit radicalement différent du rapport aux autres techniques de communication.

L'absence d'un lieu du spectacle explique également la disparition d'un temps du spectacle et la tendance à un allongement du temps d'émisssion quotidien, jusqu'au point « idéal » de la diffusion vingt-quatre heures sur vingt-quatre. Le spectacle télévisé s'insère dans les rythmes et les habitudes de la vie quotidienne. Il devient lui-même un rythme et une habitude. À certains moments, la télévision remplit les mêmes fonctions qu'une horloge. Elle offre des points de repère pour marquer le temps. C'est ce qui explique en partie le goût des téléspectateurs pour la régularité des émissions et leur agacement à l'égard des bouleversements de programmes trop fréquents.

Ces trois caractéristiques — mélange des genres, réception d'images à domicile et rythme du temps de la vie quotidienne — définissent la spécificité de la télévision et modifient la nature et la place du spectacle dans les sociétés modernes.

Faut-il conclure à une désacralisation achevée, à une banalisation complète du simulacre, devenu industrie, marchandise, équipement ménager entre la machine à laver et le frigidaire ? C'est ce qu'affirment les théoriciens de la rationalisation de la société.

En saturant les regards d'images insignifiantes, la télévision détruit l'imaginaire, elle enlève aux images la force du merveilleux, du mystérieux, de l'authentique[1]. Bref, elle dévalorise tout ce qu'elle touche par une mise à plat des différences, des sens et des symboles. Tout coule en un flot ininterrompu d'images sans hiérarchies d'intensités. Le pape s'agenouille et baise la terre et maman lange bébé avec Pampers, Reagan reçoit une balle dans la poitrine et John Wayne sort son revolver, la speakerine vous sourit, deux hommes marchent sur la lune, Dalida chante, Scapin bondit sur scène, des acteurs d'Hollywood bien nourris entrent dans la chambre à gaz. Tout cela a été noté, finement analysé, savamment décortiqué. Tout cela n'est pas faux, mais largement insuffisant pour caractériser la place de l'image télévisée dans la société.

Il est frappant de constater à quel point les discours sur la télévision se situent dans une rationalité qui nie les composantes imaginaires, les échos profonds des mythes et des symboles. Comme s'il y avait une honte ou une peur fondamentale à reconnaître la complexité de la relation aux images. Comme s'il fallait se disculper ou renier la partie de soi-même qui est fascinée par la télévision.

Le paradoxe de nos sociétés actuelles est qu'elles n'ont jamais autant consommé d'images, et que jamais elles ne les ont autant dévalorisées, car dans notre système de valeurs, l'image est la préhistoire du concept, ce qui précède le sens. Il faut trouver l'origine de cette attitude réticente à l'égard de l'image dans le positivisme et le scientisme du XIXe siècle qui ont opéré une marginalisation des images.

Malgré l'immense succès qu'elles ont rencontré, elles n'ont pu conquérir une véritable légitimité comme moyen de connaître la réalité. Le cinéma, la photographie, ont acquis cependant une légitimité artistique tandis que la télévision restait un parent pauvre. Mais, tous supports confondus, les images ont été rangées du côté du sensible et non de l'intelligible.

Même les penseurs qui ont vu dans le cinéma ou la photographie la possibilité d'un « réenchantement du monde », n'ont guère crédité les images d'un rôle dans la compréhension du monde. Elles étaient trop frivoles.

1. Cf. parmi beaucoup d'autres, ce jugement de J. Baudrillard. « Il faudrait parler de la lumière froide de la télévision, pourquoi elle est inoffensive pour l'imagination (y compris celle des enfants), pour la raison qu'elle ne véhicule plus aucun imaginaire et ceci pour la simple raison que ce n'est plus une image. » *Simulacres et Simulation*, p. 80, Galilée, Paris, 1981.

Pourtant certains auteurs se sont élevés contre cette réduction des images à un archaïsme de la pensée. Mircea Eliade, par exemple, constate « la survivance subconsciente, chez l'homme moderne, d'une mythologie foisonnante et, quant à nous, d'un aloi spirituel supérieur à sa vie " consciente "... L'existence la plus falote fourmille de symboles, l'homme le plus " réaliste " vit d'images »[1]. Eliade prend l'exemple du « paradis perdu » pour montrer comment il survit sous la forme du « paradis océanien » dans la littérature et au cinéma. Et il ajoute : « L'image du Paradis perdu lâchée tout à coup par la musique d'un accordéon, quel sujet compromettant d'étude ! C'est oublier que la vie de l'homme moderne fourmille de mythes à demi oubliés, de hiérophanies déchues, de symboles désaffectés. La désacralisation ininterrompue de l'homme moderne a altéré le contenu de sa vie spirituelle, elle n'a pas brisé les matrices de son imagination : tout un déchet mythologique survit dans des zones mal contrôlées. » Et il conclut : « Pour assurer leur survie, les images se sont faites familières[2]. »

Cette attitude ambivalente à l'égard de l'image explique l'interprétation la plus répandue de la désacralisation telle qu'elle est développée par les théoriciens de la rationalisation. Pour eux l'image télévisée n'a plus rien à voir avec l'imagination et le spectacle parce qu'elle s'est séparée de l'essence du spectacle par une banalisation et une fusion avec la vie quotidienne. À trop rapprocher le spectacle de notre propre expérience individuelle nous perdons la distance qui permet de lui conserver son « aura », donc ce qui lui donne un sens. Ce rapprochement est fatal et produit l'insignifiance : en détruisant les règles du spectacle on le dissout. Dans cette thèse, la télévision apparaît finalement comme un élément du processus de rationalisation de la société et donc de la réalité.

Notre thèse est radicalement opposée. Elle accepte l'idée de désacralisation mais considère que les images, même devenues familières, demeurent un élément de résistance au phénomène de rationalisation. La duplication de la réalité par les images n'empêche pas celles-ci d'être investies de quelque chose qui dépasse leur contenu explicite.

La télévision entretient un rapport privilégié et complexe avec l'imaginaire de chacun. Elle touche à ces zones mal contrôlées dont parle Mircea Eliade. C'est peut-être pour cette raison qu'elle suscite tant de passions, tant de haines, critiques, méfiances, désirs de contrôle, besoins de rationalisation. Les images exhibées sont multivalentes, sans qu'il soit possible de leur affecter un sens

1. Mircea Eliade, *Images et Symboles*, Gallimard, Paris, 1979, p. 19.
2. *Ibid.*, pp. 20-21.

précis, un objectif déterminé. Elles sont le lieu privilégié des projections et des identifications. La télévision comme le cinéma, mais dans un registre différent, assure la réactivation régulière des mythes et des symboles qui hantent l'imaginaire d'une société, aussi rationalisée et moderne soit-elle.

La banalisation ne change pas fondamentalement ce qui se joue dans les rapports aux images, simplement elle élargit le champ du spectacle à la plus grande partie des aspects de la réalité.

2. LA NATURE DE LA COMMUNICATION : L'IMAGE

Il faut maintenant s'interroger sur le statut des images. Ce statut est le même au cinéma et à la télévision car dans les deux cas il s'agit d'une technique de reproduction mécanique de la réalité. La question de départ est la suivante : pourquoi la perception de la réalité à travers les images est-elle de nature différente de la perception directe d'une part et de celle assurée par l'écriture d'autre part ?

L'image est différente de la perception directe de la réalité parce qu'elle sert à communiquer. Un paysage, par exemple, n'est pas conçu pour être vu, alors que celui qui produit l'image d'un paysage a, la plupart du temps, l'intention de la montrer à quelqu'un. Et l'image est différente du langage parce qu'elle est analogique alors que le signe linguistique relie arbitrairement un signifiant et un signifié. Par exemple, le mot *chaise* désigne une chaise réelle par convention, tandis que l'*image d'une chaise* désigne une chaise réelle par ressemblance.

Il faut donc partir du fait que l'image est une réplique de la réalité. Elle est un signe qui ressemble à ce qu'il représente [1]. C'est pourquoi à la question : que peut contenir un message télévisé ? La réponse est : tout. Tout ce qui a une réalité. Puisque la télévision est une technique de reproduction en images de la réalité. Elle partage avec le cinéma cette redoutable capacité de copier le réel, mais elle amplifie et pousse à leur terme les conséquences de cette réplication.

« Le cinéma souffre à la fois d'un manque de langage spécifique par rapport aux autres langages artistiques et d'un manque d'originalité par rapport au réel qu'il est tenté de se

1. Cf. Ch. Metz, « Au-delà de l'analogie, l'image », in *Communications*, n° 15, 1970, pp. 1 à 10.

contenter de doubler, en raison de sa dangereuse proximité.[1] » Ce jugement de Clément Rosset sur le cinéma, s'applique peut-être davantage encore à la télévision dans la mesure où celle-ci peut être amenée à filmer à proprement parler « n'importe quoi ».

Le paradoxe du cinéma, qui est de faire œuvre de création à partir d'images capturées du réel, est amplifié par la télévision au point d'en devenir l'élément constitutif. Pour Julien Gracq, « la contradiction fondamentale — en tant qu'art — du film... est de dérouler une action humaine prédéterminée dans un environnement objectif et sur un fond naturel qui ne le sont pas, ou, si l'on veut, de juxtaposer à chaque instant et d'emmêler en chaque image deux séries sans affinités entre elles : celle de la contingence naturelle et celle de la cohésion impliquée par l'art »[2].

Autrement dit, on trouve toujours sur l'écran quelque chose de plus que ce que le cinéaste a voulu y mettre : les scories du réel.

Ces scories, ce « donné inerte et sans cohérence d'un morceau de nature brute[3] », Gracq considère qu'elles sont un handicap pour le cinéma, ou tout au moins que le cinéaste travaille en permanence à les intégrer à son œuvre, sans jamais y parvenir complètement. Il y a en quelque sorte divorce entre le regard du cinéaste et l'impression de la pellicule qui sera ce que le spectateur verra. « La part de remplissage neutre, inactif et insignifiant (le Q.S. d'eau distillée des préparations pharmaceutiques), nulle en principe dans un tableau, dans un poème, et même dans un roman, atteint dans le cinéma à son maximum. Dans l'image la plus rigoureusement composée et expurgée, la plus purement significative, la caméra, dans le cadre de son rectangle, accueille un fouillis d'objets ; bric-à-brac de décorateur, détails paysagistes, scintillements d'eaux, ombres portées, nuages, mouvements de feuilles qui sont de trop, qui sont seulement *là,* capturés en état de totale non-participation par la pellicule sensible, pareils à ces personnages de Piero della Francesca, souverainement non concernés, qui tournent le dos à la scène capitale...[4] »

Ce qui est vrai pour le cinéma ne l'est pas pour la télévision, car la réalité est en général l'objet même du message télévisé et non pas un résidu. La durée du message, la place qu'y occupent la non-fiction et le direct font de la saisie de la réalité la matière première et non pas le résidu de l'image télévisée. À partir du moment où, selon les circonstances et les événements, l'objet peut

1. .Cl. Rosset, *L'objet singulier,* Minuit, Paris, 1979, p. 53.
2. J. Gracq, *En lisant, en écrivant,* Corti, Paris, 1981, p. 234.
3. J. Gracq, *op. cit.*, p. 233.
4. *Op. cit.*, p. 232.

être toute réalité visible, il ne peut plus être question de considérer celle-ci comme un remplissage neutre et insignifiant.

La recopie du réel prend une signification différente, loin d'être une faiblesse qu'il faut dissimuler ou surmonter, elle est une chasse aux images, une recherche incessante, souvent infructueuse, d'un surgissement, d'un événement qui fasse effet de sens ou de vérité. Comme on le dit souvent à propos d'une émission de télévision : « Tout à coup il s'est passé quelque chose. » Le réel inerte s'est animé, l'imprévisible a eu lieu.

Comme le remarque Gracq, quand le chasseur d'images prend le pas sur le metteur en scène, il arrive que « la singularité du monde brusquement captée... émerge seule, étrangère et toute puissante, interposant dans la dynamique du récit un point d'orgue, une cassure moins brutalement dissonante, mais tout aussi inharmonieuse que le fameux coup de pistolet tiré dans un concert »[1].

On trouve ainsi dans l'image télévisée cette double dimension de réplique de la réalité et de construction subjective d'un ou plusieurs concepteurs ; avec cette particularité que les images de télévision sont souvent peu travaillées par comparaison avec celles du cinéma. Les retransmissions en direct et la nécessité de diffuser plusieurs heures de programme par jour conduisent à une proximité plus grande à l'égard de la réalité reproduite.

Mais il va de soi que ce qui est montré à la télévision n'est pas la réalité. Il y a reconstruction, dramatisation, donc simulacre, spectacle. Ces deux derniers mots doivent être entendus sans aucune connotation péjorative. Ils sont la condition même de lisibilité du message télévisuel. Le « spectacle » signifie simplement l'arbitraire et l'illusion indispensables à l'appréhension et à la mise en forme du message par le concepteur.

Par rapport à la réalité inerte, seul le regard, c'est-à-dire le désir, de celui qui met en images (ou conçoit ou commente) peut mobiliser le désir, donc le regard du spectateur. Le téléspectateur ne fait en effet rien d'autre que jeter un regard sur un autre regard — tout comme, d'ailleurs, le spectateur de cinéma.

Dire que la production télévisée est une recopie du réel ne signifie donc pas qu'il existe une objectivité des images, cela veut dire cependant d'une part que ce qui s'imprime sur la pellicule ou la bande vidéo est issu nécessairement de la réalité, du monde visible, d'autre part que fréquemment des éléments de réalité, signifiants ou non, s'intègrent au message indépendamment de la volonté de celui qui met en images.

Ainsi l'une des caractéristiques de l'activité de télévision, comparée à d'autres activités d'expression, est qu'une grande

1. *Op. cit.*, p. 234.

partie du message est autonome par rapport à celui qui met en images ou qui conçoit l'émission.

Bien évidemment cela n'élimine pas le rôle, la liberté, la responsabilité de ceux qui font les images. Mais cela relativise l'idée souvent exprimée selon laquelle la télévision substitue à l'imaginaire personnel, l'imaginaire de quelqu'un d'autre.

Or, cette idée est l'une des idées-clefs de la théorie de l'aliénation de la conscience par l'image. Pour que cette théorie soit cohérente, il faut en effet supposer l'existence d'une réalité objective, perceptible directement, indépendamment de l'image et masquée intentionnellement par celui qui fait les images. Autrement dit, le spectateur ne voit plus le monde, mais l'image du monde transformée, déformée par ceux qui le lui montrent. L'aliénation viendrait de ce que l'on n'accède au réel qu'à travers le regard de l'autre.

Mais personne n'accède jamais totalement au monde, seulement à une toute petite partie de celui-ci. Et c'est justement l'image et tout particulièrement celle de la télévision qui élargit notre accès au monde. La télévision montre des images d'une réalité qui n'est pas accessible directement. En effet, la réalité est fragmentée dans le temps et dans l'espace et si je regarde un match de football qui se déroule à Rio de Janeiro, selon toute vraisemblance je ne peux pas le voir d'une autre manière.

La télévision n'est donc ni une réplique du monde car le reflet est impossible ni un écran opaque qui empêche de voir le monde car cette seconde conception suppose la possibilité de voir le réel dans sa totalité, une fois l'écran ôté. Ce qui est impossible. L'image est, parmi d'autres, une voie d'accès à la réalité.

Il y a donc toujours simultanément dans l'image une reproduction de la réalité et une signification intentionnelle, apportée par l'auteur. Mais l'on comprend que la reproduction déborde toujours la signification intentionnelle et offre une pluralité de significations aléatoires qui sont la manifestation de la présence du réel. C'est la conséquence du double statut de l'image : elle exprime plus que l'intention de celui qui la fait. Elle offre au spectateur un moyen d'accéder à la réalité qui échappe à l'intention de l'auteur.

C'est à ce phénomène qu'il faut sans doute rapporter l'impression fréquemment formulée que la télévision est « incontrôlable », car ce qui échappe au contrôle, c'est-à-dire à l'intention, c'est l'ensemble des significations charriées par la reproduction mécanique de la réalité. C'est ce qui d'ailleurs fait probablement si peur aux hommes politiques : ils savent qu'il leur est impossible de maîtriser pleinement le message qu'ils transmettent.

Objective, l'image est une copie. Subjective, elle est un choix, une construction conçue pour intéresser, attirer l'attention, plaire. Elle renvoie alors à un système de valeurs, à une grille d'interprétation qui sont souvent d'ailleurs explicités par le commentaire, le texte. La parole qui peut situer, réduire, contredire ou magnifier l'image, est l'élément qui manifeste que la réalité transmise est médiatisée, qu'il s'agit bien d'un regard sur un regard.

La parole et le texte servent à lutter contre le flottement du sens. Ils guident le spectateur vers le « bon » niveau de signification, celui que l'émetteur veut communiquer. Roland Barthes appelle cette opération l' « ancrage »[1] et la décrit ainsi : « Toute image est polysémique, elle implique sous-jacente à ses signifiants, une " chaîne flottante " de signifiés, dont le lecteur peut choisir certains et ignorer les autres... Aussi, se développent dans toute société des techniques diverses destinées à fixer la chaîne flottante des signifiés de façon à combattre la terreur des signes incertains : le message linguistique est l'une de ces techniques... Le texte *dirige* le lecteur entre les signifiés de l'image, lui en fait éviter certains et en recevoir d'autres, à travers un dispatching souvent subtil ; il le téléguide vers un sens choisi à l'avance. Dans tous ces cas d'ancrage, le langage a évidemment une fonction d'élucidation, mais cette élucidation est sélective... »

Et Barthes précise que l'ancrage manifeste l'intention de l'auteur : « Le texte est vraiment le droit de regard du créateur — et donc de la société — sur l'image : l'ancrage est un contrôle, il détient une responsabilité face à la puissance projective des figures sur l'usage du message ; par rapport à la liberté des signifiés de l'image, le texte a une valeur *répressive,* et l'on comprend que ce soit à son niveau que s'investissent surtout la morale et l'idéologie d'une société.[2] »

L'autonomie relative de l'image par rapport à son ancrage permet au spectateur des décrochages partiels. Il peut rejeter la signification intentionnelle, l'interprétation que lui propose l'auteur, sans rejeter la totalité du message. Paradoxalement le téléspectateur dispose par rapport à l'image d'une liberté interprétative plus grande que face à un texte écrit ou parlé. La pluralité des sens qu'elle autorise est liée à sa pauvreté en tant que code et à sa richesse en tant que réplique, reproduction.

Mais le spectateur n'est-il pas prisonnier de la réalité transmise par les images ? Il subit certainement les contraintes de cette

1. On notera que les professionnels américains ont appelé, dès les années cinquante, le présentateur du journal télévisé Anchor-Man, l' « homme-ancre ».
2. R. Barthes, « Rhétorique de l'image », in *Communications,* n° 4, 1964, pp. 44-45.

réalité, au même titre que l'auteur du message. Ce dernier doit chercher un compromis entre ses intentions et la réalité qu'il capte. Il est limité dans son projet par le fait qu'il a réussi à saisir certains fragments de réalité et que d'autres lui ont échappé. Le message est le résultat de ce compromis.

Le spectateur trouve sa liberté interprétative dans le double statut de l'image, mais cela n'empêche pas qu'il soit soumis, lui aussi, à la pression de la réalité, dont on se débarrasse moins facilement lorsqu'elle est montrée que lorsqu'elle est racontée.

Ainsi le spectateur peut s'affranchir des intentions de l'auteur grâce à la présence de la réalité dans le message, mais il ne peut s'affranchir de la réalité elle-même à la manière d'un lecteur de journal qui dénie mentalement les faits évoqués par le journaliste.

Cependant le déni de la réalité peut aussi se pratiquer à l'égard de l'image. Pour cela le spectateur utilise le flottement du sens pour se détacher du sens principal et se diriger vers des significations marginales, ou même choisir une dérive libre vers son imaginaire personnel. En désespoir de cause, il peut considérer que la réalité a été falsifiée.

Tout dépend, en fin de compte, de la force émotionnelle de l'image. Ainsi les images de mort, de souffrance, de violence, de terreur, saisissent l'esprit et laissent peu de chemins de traverse : telle est la réalité, impossible d'y échapper. Quand cette réalité est trop contradictoire avec ses convictions, il ne reste au spectateur qu'à s'en prendre aux intentions de l'auteur. La réalité a été déformée, tronquée, manipulée. Puisqu'on ne peut montrer *toute* la réalité, alors on affirme que les fragments choisis ne représentent pas la réalité dans son ensemble.

De toute façon *ces images fortes* sont peu nombreuses à la télévision (on peut remarquer qu'elles sont toujours citées comme exemple de l'impact excessif de l'audiovisuel), et pour les autres images, la relation de contrainte est beaucoup moins importante. Dans la plupart des cas, le spectateur peut aller et venir entre la signification intentionnelle et les fragments de réalité saisis par l'image. Et il ne s'en prive pas.

S'il existe une telle autonomie, on peut se demander quel usage en fait le spectateur. L'hypothèse la plus intéressante est qu'il s'en sert pour nourrir ses images mentales. La faible contrainte interprétative permet un repli sur l'imaginaire individuel. Les images mentales, nées du travail de l'imagination, sont des images « intérieures », rattachées au psychisme de celui qui les élabore.

Mais l'imagination ne crée pas des images *ex nihilo,* elle

déforme, transforme les copies fournies par la perception. Les images perçues sont le matériau des images imaginées[1]. Si l'image de la télévision est apparemment loin de l'image au sens symbolique ou mythologique, il n'empêche qu'elle en est un aliment parmi d'autres et même un aliment privilégié. Car l'ambiguïté, la multivalence des images de la télévision, comme du cinéma, rendent plus facile la liaison entre la réalité et l'imaginaire.

L'image animée appartient à une classe tout à fait particulière d'objets perçus qui est intermédiaire entre le monde visible et l'imaginaire. C'est, si l'on veut, une fiction réelle. Il s'agit bien d'une chose extérieure perçue par le regard au même titre qu'une table ou une chaise. Mais la fugacité et l'irréalité de l'image lui donnent aussi le caractère d'une « vision », d'une fiction, c'est-à-dire quelque chose qui ressemble à une production de l'imaginaire. L'image enregistrée est un entre-deux. Elle est une réalité matérielle dans la mesure où elle peut toujours être décomposée en éléments qui concourent à sa fabrication, mais elle est quelque chose d'autre qui est pour le regard et la conscience une expérience psychique singulière : la présence-absence.

L'image enregistrée perçue sur l'écran de télévision tisse ainsi des liens avec les images mentales et donc avec la pensée. « Une pensée affinée, note G. Durand, une pensée de cent mille francs ne peut se passer des images de quatre sous.[2] » Aujourd'hui les images de quatre sous ne sont-elles pas celles de la télévision ?

Tout ce que nous venons d'évoquer se rapporte aux images qui, d'une manière ou d'une autre, reproduisent la réalité. Le développement récent des images de synthèse, créées à l'aide de l'informatique, pose un problème théorique complexe.

En effet, jusqu'à présent toutes les images animées étaient des copies mécaniques de fragments de réalité. Ce qui signifie que toute image représente des objets réels existant dans le monde visible. Avec les images de synthèse, apparaît une nouvelle classe d'images dont la caractéristique est d'être non pas une copie d'objets réels, mais des objets mathématiques. Peut-être faudra-

1. Cf. G. Durand, *Structures anthropologiques de l'imaginaire*, Bordas, Paris, 1969, pp. 20 et sq.

2. *Ibid.*, p. 26. Cette formule reprend celle de Binet quand il fit ses expériences sur ses nièces en 1903 pour essayer de cerner la distinction entre image et pensée. Binet affirma alors que l'image est « une maigre gravure, une pièce d'un sou quand la pensée est de mille francs ». *Étude expérimentale de l'intelligence* (1903), cité par J.-P. Sartre, *L'imagination* (1936), P.U.F.-Quadrige, 1981, pp. 76-77. Sartre critiqua cette conception en disant que Binet cherche à « établir *contre* l'image, l'existence d'une pensée ».

t-il employer le terme d'images conceptuelles pour caractériser cette nouvelle classe d'images.

Dans cette classe il sera vraisemblablement nécessaire de distinguer d'une part des images ne correspondant à aucun objet réel visible connu, d'autre part des images qui imitent des objets réels. La première catégorie ne posera pas de problèmes particuliers puisque relevant de la fiction. La deuxième catégorie sera de l'ordre de la simulation puisqu'il s'agira de la représentation d'objets réels n'ayant aucune existence matérielle.

S'il est possible de se poser les problèmes théoriques de la relation de ces images à la réalité, il est pratiquement impossible aujourd'hui d'analyser les transformations du rapport au réel que ces images susciteront chez les spectateurs. Existera-t-il une perception intuitive immédiate d'être face à des objets conceptuels et « non réels » ou bien la confusion sera-t-elle complète entre ces deux catégories ? Tout dépendra de la capacité de la simulation à imiter le réel dans sa durée et sa complexité. Et notamment sa capacité à simuler, en images, des êtres humains « vraisemblables » parlant de manière « naturelle ».

De toute façon, ces questions ouvrent un débat théorique considérable dont il est trop tôt pour poser les termes car les images conceptuelles n'en sont encore qu'à leur début. Et il est difficile de dire jusqu'où ces technologies pourront aller dans l'imitation du monde visible.

Si on laisse de côté la question des images conceptuelles, les images télévisées représentent une voie d'accès à la réalité. Et comme toute représentation celle-ci a une caractéristique propre qui est de donner, par la technique de reproduction, l'illusion du réel, ou la croyance que le monde est présent quand il n'est que représenté.

Mais il ne faut pas oublier que se façonne une habitude de la perception des images. Les premiers spectateurs du cinématographe, quand ils voyaient une locomotive lancée à toute allure vers l'objectif de la caméra, se couchaient sous leurs sièges. Il ne leur a pas fallu longtemps pour comprendre que jamais elle ne les écraserait, et pour réclamer ensuite des sensations un peu plus fortes qu'une simple locomotive devenue folle.

Il en va de même pour la télévision. Il ne faut pas confondre l'effet de choc du premier contact avec la nouvelle technique et ce qui se passe après quand elle entre dans les mœurs. C'est pourquoi une fois surmontée la première confrontation, chacun apprend à vivre avec la télévision. Le rapport que l'on entretient à elle évolue dans le temps, en fonction de l'accoutumance, des changements de sensibilité et de modes de vie. Ce phénomène n'a pas été perçu par les premiers analystes de la télévision qui ont eu tendance à généraliser une relation inaugurale, celle de la passivité fascinée face à l'objet technique montreur d'images.

Ce que nous avons vu du double statut de l'image, c'est-à-dire copie du réel et intention de celui qui la fait, se traduit donc pour le spectateur par l'existence de plusieurs lectures possibles. Les différents niveaux de perception des images — que l'on peut synthétiser sommairement en : perception de la signification intentionnelle/perception de la réalité non intentionnelle/déformation par le travail de l'imaginaire/mise en rapport avec les images mentales — peuvent être analysés globalement comme le travail de l'imaginaire individuel sur les images réelles. Chacun projette son imaginaire personnel sur ces copies de la réalité et y prend ce qu'il veut par association, souvenir, projection, identification, rejet ou tout autre mécanisme psychique de son choix. L'imaginaire marque la distance par rapport à la réalité montrée par les images. Il est une force de résistance et de transformation.

Beaucoup de résultats de psychologie expérimentale attestent cette distance à l'égard de la signification intentionnelle. Par exemple, les divergences dans la narration d'une même séquence vue par plusieurs individus sont considérables. Et les divergences dans l'interprétation sont plus considérables encore. Il est bien sûr possible de les rapporter à des différences sociales et culturelles, mais celles-ci n'expliquent pas tout. De plus les expériences sur la perception de l'image ont l'inconvénient de sortir le spectateur et la télévision de leurs contextes. Or le contexte joue un rôle essentiel dans la relation entre émetteur et récepteur. C'est pourquoi les résultats expérimentaux doivent être accueillis avec prudence tant les conditions de la perception sont différentes des conditions usuelles.

3. LE CONTEXTE DE LA COMMUNICATION : LE TEMPS DANS L'IMAGE TÉLÉVISÉE

Le message télévisuel, peut-être plus que tout autre message, n'est compréhensible que rapporté à son contexte. Dans l'étude de ce contexte une attention toute particulière doit être apportée au rapport au temps construit par l'image télévisée. Nous avons vu que la télévision abolit partiellement le temps du spectacle, d'une part en le privatisant et en l'individualisant, et d'autre part en diffusant un flux continu d'images qui dépasse journellement le temps que peut passer chaque individu à les regarder.

Cette permanence dans le temps du message télévisé a été soulignée par de nombreux auteurs et ce d'autant plus que la tendance est à l'ouverture de l'antenne de plus en plus longtemps, jusqu'au point « idéal » de la diffusion vingt-quatre heures sur vingt-quatre comme c'est le cas pour certaines chaînes déjà aux États-Unis. La télévision, telle une horloge, scanderait alors le temps sans jamais s'arrêter.

Le doublage permanent de la réalité par la télévision est fastidieux, souvent anecdotique et insignifiant. Les effets de sens y sont rares. Mais ils ne peuvent surgir que grâce et à partir de ce continuum. L'imprévu est un contraste, qui apparaît par différence. Par exemple le fait que l'on ait eu des images de ces événements imprévisibles que furent les tentatives d'assassinat contre Ronald Reagan et Jean-Paul II et la tentative de coup d'État au Parlement espagnol montre que la « couverture » audiovisuelle de la réalité est aujourd'hui suffisamment étendue dans les pays développés pour saisir même certains événements non programmés [1].

Il y a donc un *temps interne de la télévision* dont la caractéristique est de s'étendre sur une durée la plus longue possible. Bien évidemment ce sont les progrès dans la production des images qui permettent ce phénomène, mais il faut, en plus, un consensus culturel sur l'intérêt d'avoir en permanence des images, même si certaines d'entre elles sont d'un intérêt limité.

Le temps quotidien est découpé et rythmé par la télévision avec pour chaque horaire un genre d'émission adapté. La familiarité de la télévision est en relation avec cette organisation du temps : elle sonne les heures avec plus ou moins de force selon la taille ou la composition du public.

Dans le cadre de ce temps interne, la télévision construit trois types de chronologies perceptibles par le spectateur. D'abord le direct qui a longtemps été l'apanage de la télévision. Ensuite le temps réel différé. Enfin le temps de la fiction.

Le direct joue un rôle essentiel car il introduit à un temps simultané. Il montre une réalité qui se déroule ailleurs.

Certains grands événements, retransmis en direct, qui mobilisent un nombre considérable de téléspectateurs et qui peuvent être indifféremment des rencontres sportives, des mariages princiers ou des exploits techniques tels que les premiers hommes sur la lune, introduisent à un temps collectif de « communion » qui fait penser, toutes proportions gardées, à ce que Mircea Eliade

1. L'idée à la mode selon laquelle c'est la présence des médias qui provoque l'événement n'a pas beaucoup de consistance. Si elle peut se révéler exacte pour certaines manifestations (cf. plus loin la partie consacrée à l'information), les assassinats de chefs d'État comme les coups d'État n'ont pas attendu la télévision pour fleurir...

appelle le « Grand Temps » des mythes. « Un mythe arrache l'homme de son temps à lui, de son temps individuel, chronologique, " historique " et le projette, au moins symboliquement, dans le Grand Temps, dans un instant paradoxal qui ne peut être mesuré parce qu'il n'est pas constitué par une durée. Ce qui revient à dire que le mythe implique une rupture du temps et du monde environnant.[1] »

Malgré ses limites, l'analogie est intéressante car pour Eliade cette rupture du temps conduit à une expérience du réel, à une « reprise de contact avec la réalité », ce qui va à l'encontre de beaucoup d'idées émises sur les mythes comme sur la télévision. « On dépasse, en d'autres termes, la condition temporelle et la suffisance obtuse qui est le lot de tout être humain par le simple fait que tout être humain est " ignorant ", c'est-à-dire qu'il s'identifie, lui, et identifie le Réel, avec sa propre situation particulière. Car l'ignorance est en premier lieu cette fausse identification du Réel avec ce que chacun d'entre nous paraît être ou paraît posséder.[2] » Autrement dit, pour poursuivre l'analogie, le temps brisé de la télévison propose l'expérience nouvelle d'un temps réel différent du temps vécu.

E. Katz propose d'appeler « Media Events » (événements audiovisuels) les événements correspondant à ce type de temps direct. Ces événements se définissent ainsi : « retransmission en direct d'un événement programmé, limité dans le temps et l'espace, présentant un groupe ou une personnalité héroïque, ayant une signification dramatique ou rituelle et ayant la force d'une norme sociale qui oblige à regarder cet événement.[3] »

Dans un autre texte E. Katz fait allusion aux « trois C » : compétition, célébration, conquête, pour caractériser l'événement audiovisuel. Il se rapproche de l'idée de communion en considérant que le journalisme occidental ne s'intéresse qu'aux conflits, et donc aux informations portant sur les crises. Par opposition l'événement audiovisuel portera sur le dépassement ou la solution d'un conflit. « Prenez par exemple la conquête de la lune ou l'arrivée de Sadate à Jérusalem... ou la visite de Jean-Paul II en Pologne. Tout cela célèbre la tentative de dépasser un conflit.[4] »

En ce qui concerne les compétitions, sportives ou politiques, comme un débat entre deux candidats, il y a quand même un phénomène de réunion car il s'agit d'un conflit rituel entre des rivaux reconnus. Le rite permet de dépasser l'antagonisme, il

1. Mircea Eliade, *op. cit.*, p. 75.
2. Id., *op. cit.*, p. 76.
3. E. Katz, « Media Events : the Sense of Occasion », in *Studies in visual communications*, 1980.
4. E. Katz, *op. cit.*, p. 85.

renvoie à un jeu dont les règles sont établies depuis longtemps. On retrouve à travers les idées de célébration, révérence et sacré, des formulations similaires à celles de M. Eliade pour caractériser le « Grand Temps ».

Bien sûr le paradoxe de cette célébration et de cette communion est qu'elle se pratique dans l'isolement. On participe à l'universel humain, de chez soi. Mais il faut noter que cette forme de participation ne se substitue à rien d'autre. La participation à la célébration de l'événement se faisait de manière beaucoup plus limitée et diffuse. De ce point de vue la télévision offre une voie d'accès à cette catégorie d'événements dont l'écho demandait hier un nombre considérable d'intermédiaires.

Le phénomène du direct est davantage spatial que temporel, bien qu'il soit plus efficace de l'analyser sur le plan symbolique à partir du « Grand Temps » de la communion. Comme toute technologie de transmission à distance la télévision abolit, ou au moins rétrécit l'espace. Le succès de la notion de « village global » (Mac Luhan) pour caractériser cet accès immédiat au monde entier illustre cette perception intuitive de la fonction technologique.

Mais nous nous intéressons ici aux images, c'est-à-dire aux contenus, et non pas au medium. L'idée de suppression des distances est technologique, elle compare la télévision au chemin de fer ou à l'avion en l'assimilant à un moyen de communication. « Le " message " d'un medium ou d'une technologie c'est le changement d'échelle, de rythme, de modèle qu'il provoque dans les affaires humaines.[1] »

Il existe cependant une différence essentielle. Á la télévision les contrées lointaines restent lointaines et le vécu quotidien n'est pas fondamentalement affecté par cette irruption soudaine de l'autre, de l'ailleurs. « L'ouverture sur le monde », c'est-à-dire la possibilité à travers reportage, fiction ou documentaire de prendre contact avec d'autres lieux, d'autres peuples, d'autres cultures, d'autres événements a un impact plus ambivalent qu'il n'y paraît.

Le monde auquel on accède élargit la perception et la connaissance de la réalité selon une modalité paradoxale parce qu'elle n'intervient pas sur le vécu. Elle manifeste la présence de quelque chose d'autre qui n'est pas compréhensible ou accessible, mais dont on sait qu'il est là. Il n'y a pas, à proprement parler de communication avec d'autres cultures, simplement la manifestation de leurs présences et une prise de conscience de la complexité du monde. Ce temps et cet espace ouverts fictivement introduisent à la relativité du vécu quotidien.

1. M. Mac Luhan, *Pour comprendre les médias*, Seuil, Paris, 1967, p. 24.

Les images d'archives illustrent un autre rapport au temps noué par la télévision. Elles restituent dans sa plénitude une réalité saisie dans un autre temps. Le sentiment de présence du passé est beaucoup plus fort que dans le cas des archives écrites, du fait de la dimension de reproduction de la réalité. Dans les archives écrites le passé se manifeste par le support, le style ou les événements relatés, mais le contenu même, du fait du code utilisé, est spontanément actualisé par le lecteur.

Avec les images, au contraire, c'est le contenu lui-même qui manifeste la distance du temps. On entre dans un musée du réel où tout est daté, où chaque image porte la marque d'une époque, s'insère dans une chronologie, fragment de réalité volé sur le passé, et projeté dans le présent.

Dans les relations entre la signification intentionnelle apportée par l'auteur et la réalité brute saisie par la caméra la première a tendance à s'effacer devant la seconde. Ce qui reste c'est le non-intentionnel perçu différemment grâce à la distance du temps. L'altérité ne vient plus de l'espace, comme dans le cas du direct, mais du temps. À cela il faut ajouter la nouvelle intentionnalité de celui qui présente et commente les images d'archives.

Par exemple nous remarquons souvent dans les actualités du passé des éléments qui n'avaient pas de sens particulier à l'époque et qui en prennent un quelques années plus tard. Quand on regarde une rue de Paris en 1930, deviennent signifiants des comportements, des costumes, des voitures, des enseignes qui dans leur contexte « allaient de soi », mais qui aujourd'hui prennent une valeur parce qu'elles matérialisent la distance temporelle.

Cela confirme la proposition selon laquelle la reproduction déborde la signification parce que la signification intentionnelle peut être devenue secondaire, sans que l'image perde pour autant toute signification. Il ne peut y avoir d'image atemporelle. La réalité saisie est toujours datée et le simple écoulement du temps apporte des significations nouvelles à cette réalité.

À propos du cinéma, Julien Gracq fait la remarque suivante : « Ce à quoi une cinémathèque ressemble le plus, c'est certes par un côté à une bibliothèque, mais par un autre côté à un musée de l'automobile. Dans un tel musée on admire çà et là de merveilleux modèles, dont les formes et les trouvailles techniques semblent même enjamber les années et pressentir l'avenir, mais l'admiration qu'on leur accorde reste serve de la chronologie : ce qui est venu ensuite, même moins réussi, les déclasse formellement. S'installer à leur volant ne peut relever que du travestissement et de la parodie : tout en eux ressuscite autour d'eux agressivement leur époque en tant qu'elle est différente de la nôtre et à jamais datée, alors que le lecteur d'un roman de qualité gomme automatiquement par sa lecture de tels anachronismes. On peut certes admirer en 1977 (et j'admire ô combien) *Cuirassé Potemkine, Nosferatu* ou *La rue sans joie* — nul ne peut nier que le charme puissant qu'ils dispensent a quelque chose de celui d'un petit monde d'autrefois et de ses robes surannées. Nul ne peut se vanter d'avoir à eux aujourd'hui le même accès de plain-pied qui nous est accordé, chaque fois que nous rouvrons un des grands romans du siècle dernier, et qu'on retrouve même dans un musée de peinture en face d'un primitif. [1] »

Ce qui, aux yeux de Gracq, est comme un handicap de l'œuvre cinématographique de fiction parce qu'elle ne peut posséder le caractère atemporel de l'œuvre d'art, constitue au contraire l'intérêt essentiel des images d'archives captées du réel, dans la mesure où celles-ci manifestent pour ainsi dire spontanément leur caractère historique. Et même dans le film de fiction, nous recherchons souvent l'esprit, le style d'une époque révolue. Le jeu de la nostalgie et de la mémoire se joue de plus en plus avec des images.

Le temps de la fiction à la télévision est un temps imaginaire semblable à celui du roman. Il correspond aux notions d'évasion et de distraction, même si comme on l'a vu au travers la citation de J. Gracq, les images dans l'œuvre de fiction sont beaucoup plus marquées par le temps réel que la littérature. Il reste que l'esprit du spectateur est mobilisé dans une chronologie dictée par la simple logique interne du récit. Cela veut dire qu'elle est purement conventionnelle, c'est-à-dire qu'elle fait l'objet d'une convention implicite entre l'auteur et le spectateur ; j'invente une fiction ayant son temps propre, et si tu la regardes, tu acceptes ce temps.

Le temps de la fiction bien évidemment n'est pas spécifique à la télévision, mais le fait qu'il s'insère dans un flux continu parmi d'autres formes de temps provoque une sorte de télescopage. La mosaïque des temps, ainsi composée, fait penser à un jeu de l'esprit. Chacun d'entre nous joue, sans danger, avec ces temps différents en passant du vécu au temps simulé comme pour expérimenter la relativité du temps.

Ainsi le temps de la communication télévisuelle se situe à l'intersection de trois « moments ». Le moment *interne* du message est le temps qui a été capté à travers la réplication de la réalité.

1. J. Gracq, *op. cit.* p. 244.

Le moment de la *diffusion* confère une signification particulière au message et indique que la signification est fonction du décalage de temps entre le moment interne du message et le moment de sa diffusion. Pour reprendre les exemples évoqués plus haut, le même événement diffusé en direct ou en différé change de force, bien qu'il conserve le même contenu. À l'inverse pour les images d'archives, leur force est bien souvent proportionnelle à la distance temporelle entre le moment du tournage et celui de la diffusion.

Le moment du *spectateur* est la façon dont le message s'insère dans le vécu quotidien. Le contexte d'énonciation du message télévisé est la résultante de ces trois moments.

On saisit la complexité de ce contexte d'énonciation, par comparaison avec celui de la communication humaine naturelle. Pour celle-ci les deux interlocuteurs sont dans le même espace-temps et le message est contemporain de son énonciation.

Pour se retrouver dans cette complexité, les messages télévisuels sont accompagnés d'indicateurs de temps, sorte de *marqueurs d'énonciation* qui sont autant de points de repère spatio-temporels face à un message dont on ne sait jamais s'il est communiqué ici et maintenant. Il y a donc dans le message une signification interne liée à son contenu et un sens pragmatique qui relève du moment, du contexte et des conditions dans lesquelles le message est émis.

En résumé, pour comprendre la communication télévisuelle, il faut partir de l'image, et l'image est d'abord réplique de la réalité. La signification vient d'un côté de l'intentionnalité de l'auteur et de l'autre de l'interprétation du spectateur, ce qui explique le « mal-vu » toujours possible dans lequel la signification perçue est différente, voire contradictoire avec la signification émise.

La reproduction déborde la signification parce que l'image est polysémique, la signification principale résultant de l'intentionnalité de l'auteur. Et c'est l'intentionnalité de la signification confrontée à l'ensemble de la réalité reproduite qui suscite les autres significations potentielles.

Il est possible de caractériser le processus de communication de l'image animée et sonorisée par quatre plans en interaction.

Premier plan, l'*intention* de l'auteur. C'est là que se décide la *signification* intentionnelle de l'image. Celle que l'auteur *veut* transmettre au spectateur. Cette intention s'exprime dans une double dimension, d'une part la signification de ce qui est montré et dit, d'autre part une *communication sur la communication,* c'est-à-dire l'indication adressée au destinataire du *registre de la communication* (par exemple : informer, faire rire, éduquer, convaincre, raconter une histoire...). Par cette indication l'auteur s'assigne une certaine *position de communication* et du même coup assigne au destinataire une position complémentaire.

Deuxièmement, l'image comme saisie mécanique de la réalité, c'est l'image comme *reproduction* qui déborde et rend ambiguë la signification car il y a toujours dans la réalité saisie quelque chose que l'auteur ne voulait pas montrer, ou qu'il n'a pas vu. La reproduction de la réalité fragilise les deux niveaux de communication évoqués ci-dessus. Au niveau du *contenu*, elle apporte des éléments signifiants involontaires, au niveau de la *relation*, elle introduit des possibilités pour le destinataire de se décaler ou de refuser le jeu relationnel proposé.

Troisièmement la perception et l'*interprétation* de l'image par le spectateur, qui met en relation la compréhension de l'image avec les conventions, les codes et la culture de celui-ci. Cette interprétation socio-culturelle relève de la sociologie en mettant en jeu le contexte social, les inégalités, les valeurs, l'usage. Le double niveau de la communication est ici hiérarchisé, c'est-à-dire que le spectateur doit d'abord comprendre le registre de la communication établi par l'auteur pour pouvoir comprendre le contenu communiqué.

Quatrièmement l'effet d'écho sur l'*imaginaire* à travers la mise en relation des images réelles perçues, avec les images mentales propres à chaque individu. Sur ce plan l'autonomie de perception et d'interprétation, aussi bien par rapport à la relation qu'au contenu est très grande. Le spectateur a la possibilité de « prendre » dans le message ce qu'il veut, presque sans tenir compte du registre et du sens. C'est là la qualité propre de la forme image du message, ainsi que de la nature de la communication où l'auteur ne peut vérifier si son double niveau de communication a été d'abord saisi, et ensuite accepté, refusé, ou dénié.

En ce qui concerne les deux derniers plans, il y a globalement deux thèses en présence. Dans la première, le filtre socio-culturel joue un rôle déterminant et les images réelles n'accèdent à l'imaginaire qu'à travers ce filtre. Par contre, si on considère que les deux plans ont une autonomie l'une par rapport à l'autre, cela veut dire qu'à côté de l'approche sociologique il faut construire une pragmatique de l'image qui tienne compte du processus dynamique de la transmission des messages et de leur interprétation dans le « ici et maintenant » de la communication.

Les deux thèses rejettent le discours mythique sur l'audiovisuel et la notion de communication de masse. Elles soulignent la pluralité des significations, mais dans la première la différenciation des interprétations par les spectateurs est expliquée principalement par le code socio-culturel, alors que la seconde accorde à l'image un statut particulier et lui donne une relation privilégiée avec les images mentales.

La limite de la thèse sociologique est qu'elle considère l'iconicité — c'est-à-dire l'image comme représentation de la réalité — comme un handicap de la signification, et à partir de cette restriction, analyse l'interprétation du message audiovisuel en fonction du contexte socio-culturel du spectateur, comme elle analyserait n'importe quel autre message, écrit ou parlé.

Ce n'est que si l'on fait l'hypothèse d'un niveau supplémentaire et autonome d'interprétation, à savoir la relation avec les images mentales, comme espace de liberté de l'individu par rapport à la société, que l'on peut éviter le piège classique de la définition de l'image comme un signe dégradé ou immature. On peut alors cerner la spécificité du processus de *communication par l'image,* et par là, comprendre ses différences par rapport aux autres types de messages. Ces différences sont au nombre de quatre :

1. Le message est systématiquement ambigu et il n'existe pas de moyens simples pour lever les ambiguïtés.

2. Il existe une interaction entre interlocuteurs — il y a donc bien une communication — mais d'un type particulier puisque dans la relation, l'un des deux interlocuteurs est muet. Le processus de communication a donc une forme paradoxale puisque le retour du spectateur doit se faire par d'autres voies que celle du médium lui-même.

Le processus d'implicatation de la compréhension — à savoir que dans une communication l'auditeur comprend ce qu'a dit le locuteur et lui signifie implicitement qu'il a compris — est invisible, complexe et ambigu. Mais il existe. Pour cerner ce processus il faut élargir le domaine d'analyse et intégrer la télévision à un système de communication plus vaste, comprenant la presse écrite, la publicité, les instituts de sondage et les conversations privées sur la télévision [1].

3. L'ambiguïté du message accentue le caractère essentiel du contexte pour la signification et la compréhension. Les circonstances de temps et de lieu qui définissent le contexte d'énonciation sont une combinaison de plusieurs temps (le temps capté par les images, le temps de la diffusion et le temps vécu du spectateur).

De plus l'environnement social, économique, historique, institutionnel et technologique joue un rôle important dans la

1. Un effet paradoxal de ce système est que la plupart du temps, ce sont les rejets de la communication qui sont explicités. En effet, ce sont les émissions qui font scandale dont la presse écrite parle le plus, et qui suscitent le plus de réactions de la part du public. D'où la tentation pour les professionnels de la télévision de faire « juste ce qu'il faut » de scandale pour obtenir un retour.

signification du message, aussi bien pour son émission que pour sa réception. Le simple fait qu'il existe un ou plusieurs canaux de communication, un ou plusieurs types de supports, un ou plusieurs modes d'organisation (public ou privé)..., modifie les conditions de communication du message, et par contrecoup sa signification et sa force. D'où la nécessité d'étudier ces différents éléments de contexte, pour analyser les messages eux-mêmes.

4. Dans la multiplicité des significations des images, la signification choisie par le spectateur est partiellement aléatoire, puisque les filtres socio-culturels ne ferment pas complètement l'interprétation individuelle.

CHAPITRE VI

Les empiriques et les critiques

À lire les livres sur les mass-médias, on s'aperçoit que les chercheurs désirent souvent, consciemment ou inconsciemment, répondre à la question : « Est-ce que les mass-médias transforment ou altèrent la démocratie politique ? » Mais curieusement cette question, qui traverse de nombreux écrits, demeure implicite. Sans doute les théoriciens ont-ils le sentiment que leurs travaux peuvent être dévalorisés s'ils explicitent leurs hypothèses ou leurs choix politiques.

Pourtant les deux grands courants qu'on appelle traditionnellement l'école empirique et l'école critique se sont bel et bien opposés sur des questions politiques. Ces deux courants se sont constitués à l'occasion des premières recherches sur la radio et se sont consolidés avec les recherches sur la télévision. Dès 1941, P. Lazarsfeld, un des pères fondateurs du courant empirique, avait distingué « recherche administrative » et « recherche critique »[1]. Pour lui, la première renvoyait à une méthode d'enquête empirique et à un objectif positif d'amélioration de la communication de masse, tandis que la seconde, d'inspiration plus philosophique et politique, préférait une méthode qualitative et poursuivait un objectif de critique de la domination culturelle et politique. De plus, elle menait une critique des résultats des recherches de l'école empirique.

Ces deux courants se sont structurés principalement aux U.S.A. entre 1940 et 1950, et se sont progressivement retrouvés dans tous les pays du monde au fur et à mesure de la croissance des médias. Cette cristallisation en deux grands courants dépasse d'ailleurs le cadre des médias et se retrouve dans les différents domaines (travail, éducation, urbanisme...), étudiés par les sciences sociales. Mais c'est peut-être à l'occasion des recherches sur les médias qu'elle s'est constituée avec le plus de netteté.

1. P. Lazarsfeld, « Administrative and Critical Communication Research » (1941), in *Quantative Analysis*, Boston, Allyn and Bacon, 1972.

Les figures les plus marquantes de l'école empirique, outre P. Lazarsfeld, sont entre autres B. Berelson, E. Katz, C. Hovland, J. Klapper, W. Schramm, H. Lasswell.

De l'autre côté, trois principaux courants composent l'approche critique : l'école de Francfort, les marxistes orthodoxes et des chercheurs isolés, dont M. Mac Luhan est probablement un des représentants les plus connus et les plus brillants. Nous nous intéressons ici, presque exclusivement, à l'école de Francfort (Adorno, Benjamin, Marcuse, Habermas) parce qu'elle a abordé directement la question des rapports entre médias de masse et système politique, et celle de la démocratie. En outre, contrairement aux autres courants marxistes, elle a posé, dans une certaine mesure, l'autonomie du système politique par rapport au système économique.

L'opposition entre ces deux courants est maintenant connue et a fait l'objet d'un grand nombre de publications sur lesquelles il n'est pas nécessaire de revenir. Nous voulons simplement montrer d'une part que les questions de départ de ces deux courants étaient identiques, liées au contexte historique dans lequel se sont développés les médias, à savoir le fascisme en Europe, puis la guerre froide, et d'autre part que le clivage politique sur la nature de la démocratie à l'époque des médias de masse est essentiel pour expliquer leurs divergences.

1. LES MASS-MÉDIAS ET LA LIBERTÉ POLITIQUE

À leur origine les recherches se sont portées vers la question de la manipulation des masses. Menées en effet aux États-Unis au cours de la Seconde Guerre mondiale, notamment par des réfugiés européens (principalement des philosophes allemands et autrichiens liés à l'école de Francfort), elles portaient sur l'utilisation de la radio par le régime nazi à des fins de propagande.

Un grand nombre d'entre elles étaient financées par l'armée américaine. A. Silbermann note, par exemple, qu'en 1949, Harold Lasswell travaillait au « War Communication Research Project », et Carl Hovland et son équipe étudiaient les effets de la propagande à la « Research Branch of the Army Information and Education Division »[1].

Les interrogations sur la manipulation des masses sont donc vraisemblablement liées au fait que l'apparition des médias est

1. *Communication de masse*, p. 19, Hachette Université, Paris, 1981.

contemporaine des grands régimes totalitaires du xxe siècle[1]. L'idée que le totalitarisme, qui veut façonner, ou tout au moins contrôler, une masse homogène et obéissante, trouvait dans les moyens de communication de masse l'instrument nécessaire à la réalisation de ce projet, était très répandue.

Le livre de S. Tchakhotine, *Le viol des foules par la propagande politique* (publié à Paris en 1939) avait rencontré un certain écho et semblait confirmé par les déclarations de Goebbels sur l'usage de la radio par les nazis. Il faut se souvenir également que *1984*, publié en 1949, décrit une société totalitaire entièrement contrôlée par une radio omniprésente. D'autres ouvrages de politique-fiction ont dépeint les médias de masse comme une manifestation exemplaire des visées totalitaires.

Nous voyons bien aujourd'hui les affinités que ces auteurs ont perçues entre les systèmes totalitaires et les médias de masse. Dans ce genre de systèmes, l'État revendique le monopole de la parole légitime, et la radio-télévision, avec un lieu de diffusion unique vers des millions de personnes atomisées et silencieuses, semblait pouvoir réaliser cette confiscation de la parole. De là à considérer que les médias de masse étaient, dans leur essence, de type totalitaire, il n'y avait qu'un pas que certains ont franchi.

Après l'expérience de la Seconde Guerre mondiale, les événements avaient détruit l'optimisme qui avait entouré le développement de la radio entre 1918 et 1930. La réflexion sociologique sur la télévision eut d'abord à se dégager de cette conception, véritable mythe fondateur qui accompagne la naissance des moyens de communication de masse.

Tel est le point de départ commun aux deux courants, empirique et critique. C'est dans la façon de s'en dégager que le clivage va apparaître. Une comparaison entre les évolutions des pensées de P. Lazarsfeld et de T. Adorno est révélatrice.

L'origine de la divergence vient des conceptions différentes de la démocratie et de la liberté et surtout des jugements contradictoires portés sur la société américaine comme démocratie réalisée. La découverte de cette société par ces Européens ayant fui le nazisme et la guerre, a provoqué en effet des réactions opposées.

Pour Lazarsfeld, c'est un ralliement sans enthousiasme à la démocratie américaine, et il se pose alors cette question fondamentale : la Démocratie peut-elle supporter et intégrer les communications de masse ? Son ouvrage classique sur ce sujet, *The*

1. Cf. S. Moscovici, *L'âge des foules,* Fayard, Paris, 1981.

people's choice[1], est traversé par cette interrogation, et porte logiquement sur le rôle des médias dans les élections présidentielles. Au-delà, il va s'intéresser aux conditions nécessaires pour que les médias de masse soient compatibles avec la liberté individuelle.

Chez Adorno, par contre, la réaction négative est très nette, et il voit dans les médias de masse une sorte de confirmation de ce que la société américaine, sous ses apparences démocratiques, est en réalité manipulatoire et aliénante. Pour lui, domination politique et standardisation culturelle vont de pair et les médias jouent un rôle de premier plan dans ces phénomènes. Les médias sont un élément essentiel d'un système de domination sociale et culturelle dont les effets sont d'autant plus dangereux qu'ils donnent l'illusion de la liberté. Et dans cette perspective les travaux empiriques sont des leurres positivistes ayant pour fonction essentielle de masquer les mécanismes de domination.

Depuis les années quarante et en fonction de ce clivage de départ, chacun de ces deux courants a eu tendance à construire son objet « communication de masse », sa problématique et sa méthodologie de recherche en relation avec une représentation de la société et une conception de la démocratie. *En définitive, l'opposition entre les deux courants portait, et porte encore, autant sur une interprétation du modèle de la démocratie occidentale que sur une analyse du rôle que peuvent y jouer les médias.* C'est d'ailleurs cette proximité entre le choix politique et le modèle d'analyse qui caractérise les recherches des deux courants. Ils correspondent en fait aux deux manières de concevoir les rapports entre système de communication et démocratie. C'est ce qui nous a frappés à la lecture de ces textes, et que nous avons voulu restituer ici.

Il ne s'agit donc pas de présenter un panorama complet des recherches, mais *de dégager comment la question du politique et de la démocratie, et leurs relations avec le statut même de la télévision ont été posées par les deux courants.*

Nous avons volontairement choisi, à quelques exceptions près, des recherches des décennies cinquante et soixante, car c'est à cette époque que les argumentations et les idées essentielles à propos des médias se sont constituées. On y distingue mieux la nature des positions et des clivages. Il faut ajouter que dans l'ensemble la décennie soixante-dix n'a pas apporté de contributions réellement originales par rapport à la nature des débats tels qu'ils se sont constitués dans les années précédentes. À l'exception bien entendu des travaux de sémantique et de sémiologie, qui ont

1. P. Lazarsfeld, B. Berelson, H. Gaudet, *The people's choice*, Columbia University Press, éd., New York, 1948.

justement pris le relais au cours de cette décennie. La preuve que les idées ont peu progressé dans le domaine socio-économique est que le débat relancé aujourd'hui par les nouvelles technologies retrouve les argumentations des années cinquante.

2. L'APPROCHE EMPIRIQUE

Dès l'origine, les enquêtes empiriques ont cherché à apporter des réponses aux questions que tout le monde se posait à propos de la télévision. D'ailleurs, au fur et à mesure que les préoccupations de l'opinion se déplaçaient, par exemple de la politique à la violence ou à l'enfance, les thèmes de recherche ont eu tendance à suivre eux-mêmes cette évolution.

Dans le domaine politique, les chercheurs américains ont tenté d'abord de cerner les *effets politiques* de la télévision *sur* les individus et la société, puis par un élargissement de leur problématique, ils ont étudié *la fonction politique* de la télévision *dans* la société et les communautés locales. Enfin, à travers la prise en compte des relations entre le medium et son environnement, ils ont étudié *l'interaction de la télévision et de la société.*

Ces recherches ont montré à quel point le problème des effets de la télévision était complexe, et au fur et à mesure de leur développement, elles ont multiplié le nombre de variables qu'il fallait prendre en compte pour analyser les effets ou les fonctions sociales de la télévision. Elles ont suivi ainsi un processus classique de complexité croissante, mettant en lumière l'impossibilité de généraliser les résultats de telle ou telle observation ainsi que l'importance du contexte social, économique, culturel et institutionnel dans lequel le processus de communication se déroule.

Elles ont surtout montré que « l'influence » de la télévision était un élément parmi d'autres, impossible à isoler des autres facteurs qui agissent sur les attitudes et les choix individuels dans les sociétés modernes. Comme le notait G. Friedmann en 1965 : « Tout un ensemble de recherches ont trouvé que dans tous les domaines les " effets " directs des communications de masse, isolés des conditions où leur action s'exerce, des groupes variés auxquels les individus appartiennent, des interrelations (institutionnalisées ou plus fluentes, " informelles ") entre individus, sont beaucoup moins nettes qu'on ne le croyait, qu'il s'agisse d'opinions politiques ou d'achats commerciaux. Les gens ne changent pas si facilement que cela.[1] »

Ainsi, la plupart des enquêtes qui se sont focalisées sur l'influence et les effets, ont abouti à démontrer la relativité des effets et à détruire l'idée d'influence directe sur les comportements et les opinions. *Paradoxe d'une problématique qui, d'abord centrée sur les effets, en vient à la conclusion que les effets sont limités et difficiles à isoler...* D'ailleurs au fur et à mesure qu'il apparut nécessaire de rendre compte des différents contextes dans lesquels le message télévisé est produit, diffusé et reçu, les recherches sur la télévision en sont arrivées à un point où toute généralisation devenait impossible. C'est finalement très tôt que cette constatation a été perçue intuitivement, puisqu'à la célèbre question-programme de Harold Lasswell, formulée en 1948 : « Qui dit quoi à qui, par quel canal et avec quels effets ?[2] » Bernard Berelson fit, la même année, cette réponse en forme de boutade : « Certaines sortes de *communication* sur certaines sortes de *sujets*, portés à la connaissance de certaines sortes de *personnes*, dans certaines sortes de *conditions*, ont certaines sortes d'*effets*.[3] » Ce qui prouve que les sociologues empiriques savaient vers quoi ils allaient.

Après trois décennies de recherches et d'enquêtes, il n'est pas sûr qu'il soit possible d'énoncer de proposition générale plus précise. Car les conditions mêmes des enquêtes sur les effets de la télévision, interdisent de tirer des conclusions générales.

Il faut noter, d'ailleurs, que cette proposition est à la fois décevante et satisfaisante. Décevante parce qu'elle ne caractérise pas un effet global et massif sur le public; satisfaisante parce qu'elle balaie les théories simplistes et réductrices sur les effets de la télévision, en montrant qu'à tous les niveaux du processus de communication interviennent des facteurs contingents et particuliers. On comprend que ces résultats relativistes ne pouvaient satisfaire un public à la recherche de réponses définitives.

Dans son livre-bilan sur les effets de la communication de masse, J. Klapper fait les remarques suivantes : « Les enseignants, les prêtres, les parents et les législateurs nous ont posé des milliers de questions au cours de ces quinze dernières années. Est-ce que la violence dans les médias incitent à la délinquance ? Est-ce que le caractère d'évasion de la plupart des émissions ne rend pas les gens aveugles à la réalité ? Et est-ce que les médias

1. G. Friedmann : « Le sociologue face aux communications de masse », in *Ces merveilleux instruments*, Denoël, Paris, 1979, p. 12.

2. « The structure and function of communication in society », in *The communication of ideas*, L. Bryson, New York, 1948.

3. « Some kinds of *communication* on some kinds of *issues* brought to the attention of some kinds of people under some kinds of *conditions*, have some kinds of *effects*. » « Communication and Public Opinion » in *Communications in Modern Society*, W. Schramm, éd., Wibaner, 1948. (Traduit par nous.)

pratiquent la persuasion politique de leur public ? Non seulement nous avons échoué à répondre à ces questions, mais nous avons fait pire : nous avons fourni des arguments en faveur de n'importe quel point de vue... Il n'y a rien d'étonnant à ce qu'un public désorienté regarde avec cynisme une tradition de recherche qui fournit à la place de réponses définitives une multitude de résultats pertinents mais peu concluants et parfois apparemment contradictoires.[1] »

Il reste cependant que l'un des grands mérites de ces travaux est de démontrer que les idées reçues et les préjugés existants sur les effets sociaux ou psychologiques de la télévision sont dénués de bases sérieuses. Ce n'est pas parce que le message est reçu par une masse de gens que cette masse forme un tout homogène et réceptif à qui on inocule des idées sur le modèle de la seringue hypodermique.

L'étude la plus célèbre, *The people's choice,* de Lazarsfeld, Berelson et Gaudet[2], avait déjà démontré l'essentiel (à propos de la radio et de la presse écrite). Dès les années quarante ! Cette enquête à large échelle sur le rôle des moyens de communication de masse dans les élections présidentielles de 1940 entre Roosevelt et Wilkie, révélait en effet que les électeurs modifient très peu leurs opinions politiques sous l'influence des médias.

Elle soulignait également que les individus sélectionnent les messages qui confirment leurs opinions au détriment des autres. D'où cette proposition fondamentale : *les effets des médias de masse sont différents selon que le contenu du message est en accord avec les normes du groupe auquel appartient celui qui le reçoit.*

Sans doute parce qu'ils écrivent à un moment où la communication de masse suscite beaucoup de craintes mais aussi beaucoup d'espoirs, Lazarsfeld et ses amis semblent presque déçus par les résultats qu'ils découvrent, comme en témoigne ce passage : « Dans les années récentes, il y a eu de nombreuses discussions parmi les hommes de bonne volonté pour savoir s'il était désirable et nécessaire de garantir le libre échange des idées au sein de l'opinion publique. Une telle discussion s'est centrée sur le problème suivant : comment laisser libres les canaux d'expression et de communication ? Maintenant nous savons que ceux qui consomment les idées, s'ils avaient pris une décision sur ce problème, auraient eux-mêmes fixé des barrières douanières élevées contre les idées qui leur sont étrangères.[3] »

1. J. Klapper, *Effects of Mass Communication,* The Free Press of Glencoe, New York, 1960, pp. 2 et 3.
2. *Op. cit.*
3. *Op. cit.* (Traduit par nous.)

En effet si les résultats de *The people's choice* tendaient à montrer que la thèse de la manipulation des opinions ne résiste pas à une approche empirique, ils mettaient en lumière également que la libre confrontation des opinions n'était pas assurée par la simple existence des médias de masse. La volonté de ne pas être exposé à des points de vue contradictoires est la plus forte chez ceux dont les choix politiques sont les plus affirmés.

Autrement dit le débat politique, dans sa dimension de confrontation, touche une minorité de citoyens, ceux qui ne répugnent pas à écouter des arguments qui heurtent leurs convictions et ceux dont les convictions ne sont pas encore établies et qui cherchent à se faire une opinion. La démocratie trouvait là une de ses limites.

Avec *Personal influence*[1] (1955), E. Katz et P. Lazarsfeld tentent une explication d'ensemble des résultats de *The people's choice*. Après avoir montré empiriquement que les opinions ne changent pas, ou peu, sous l'influence des médias, ils ont essayé de comprendre pourquoi.

Cela revenait à chercher les facteurs de résistance de la société à l'influence des médias. D'où la théorie du « two step flow of communication », c'est-à-dire communication à deux niveaux, ainsi résumée par G. Friedmann : « L'effet de communication de masse s'exerce selon le modèle du " two step flow " : d'abord un courant *direct vertical* de la source émettrice du message (radio, TV...), vers les guides d'opinion, individus à la fois très exposés aux communications de masse, participant très étroitement aux valeurs et croyances d'un groupe social et y jouissant en certaines matières d'une autorité indiscutée ; ensuite à travers eux, un courant *indirect horizontal* de retransmission de messages par contact personnel et interrelation des individus au sein du groupe[2]. »

Cette théorie mettait en valeur l'importance des relations interpersonnelles, du groupe et des normes du groupe (famille, milieu de travail, religion, communauté...), et bien sûr des guides d'opinion comme médiation entre le message et l'individu.

C'était le début d'une longue réflexion sur les limites ou la faiblesse des effets directs de la télévision. Car l'une des conséquences de la théorie du « two step flow » est que le message n'a d'effet le plus souvent que lorsqu'il vient renforcer des opinions préexistantes.

1. E. Katz et P. Lazarsfeld, *Personal influence*, The free press of Glencoe Illinois, 1955.
2. Cf. G. Friedmann, *op. cit.*, p. 13.

Joseph Klapper[1] résume ainsi la question du renforcement ou du changement des opinions :

« 1. La communication de masse n'est en général pas une cause nécessaire et suffisante d'effet sur le public, mais fonctionne plutôt parmi, et à travers, un ensemble de facteurs et d'influences de médiation.

« 2. Ces facteurs de médiation sont tels qu'ils font des communications de masse un agent, mais pas une cause unique dans le processus de renforcement des conditions existantes (quelle que soit la condition en question, qu'il s'agisse des intentions de vote, de l'attirance ou de la répulsion pour un comportement délinquant, ou du sentiment général à l'égard de la vie ou de ses problèmes, et que l'effet en question soit social ou individuel, les médias auront plus tendance à renforcer qu'à changer).

« 3. Dans les occasions où les communications de masse agissent dans la direction du changement, l'une de ces deux conditions doit vraisemblablement être remplie : soit les facteurs de médiation se révèlent inopérants, et l'effet des médias est direct ; soit les facteurs de médiation, qui normalement favorisent le renforcement, se révèlent être eux-mêmes en faveur du changement. »

En soulignant le rôle des facteurs sociaux de médiation dans le processus de communication, cette analyse mettait en lumière l'importance du temps et de la durée pour évaluer l'effet d'un ensemble de messages. On retrouvait la distinction essentielle entre court terme et long terme et le rôle actif des individus et des groupes dans l'interprétation et l'assimilation des messages.

Apparaissaient ainsi les idées d'apprentissage, d'habitude et d'expérience de la part du public à l'égard de la télévision. C'était une étape nécessaire vers une problématique de la fonction et de l'interaction. Dès lors que l'on introduisait la durée on ne pouvait plus raisonner en termes d'effets car la notion d'effets à long terme ne se prête pas à une étude expérimentale.

Cette conception des effets de la télévision (communication à deux niveaux, normes du groupe, guide d'opinion, effet à long terme ou « effets dormeurs » selon la formule de C. Hovland...) a eu deux conséquences importantes sur le plan politique qui nous intéresse ici.

Du point de vue de la problématique, cette conception a conduit d'abord à une critique de la notion de masse. En soulignant que le public est composé d'individus dont les réac-

1. J. Klapper, *op. cit.*, p. 8. (Traduit par nous.)

tions sont différentes en fonction de leur appartenance familiale, régionale, professionnelle, on relativise la notion de masse et l'on détruit la connotation d'uniformité et d'indifférenciation qui prévalait à l'origine dans le terme de mass-média. On passe d'une vision où les médias détruisent l'adhésion des individus aux communautés de base dans une société de masse, à une conception ou les communautés de base filtrent, sélectionnent, réagencent et transforment les messages diffusés.

Il s'agit d'un renversement de problématique, illustré par la formule célèbre de W. Schramm : « Nous devons d'abord écarter le concept non réalisé de ce que la télévision fait aux enfants, et lui substituer le concept de ce que les enfants font de la télévision[1]. » Formule qui fait écho à celle d'E. Katz : « *Il faut concentrer l'attention moins sur ce que les médias font aux gens que sur ce que les gens font des médias...* Même le plus puissant des moyens de communication de masse ne peut pas, en règle générale, influencer un individu qui n'en a que faire, dans le contexte social et psychologique où il vit[2]. »

Au lieu de considérer la télévision comme le sujet (ou l'élément actif) et le public comme l'objet (ou l'élément passif), on fait l'inverse et l'on raisonne en termes de fonctions, c'est-à-dire que les différentes catégories de public utilisent la télévision en fonction de leurs besoins et attentes. Cette appropriation active invalide l'idée de passivité qui est à l'origine de la problématique des effets. Cela ne signifie pas que la télévision n'a pas d'influence, mais que cette influence est sélectionnée de façon active par le spectateur et se heurte de toute façon, dans une sorte de marchandage, à un certain nombre d'autres influences.

Pour tenter de mener cette analyse fonctionnelle, la sociologie empirique a progressivement élargi le nombre des facteurs explicatifs de la communication. Mais ce faisant elle a dilué le phénomène de la télévision dans un nombre croissant d'interactions, au point de ne plus être capable de distinguer celui-ci de n'importe quel autre processus social. C'est d'ailleurs ce que relevait J. Klapper : « Il est possible que l'approche phénoménologique détourne tellement notre attention vers les facteurs qui sont en interrelation avec la communication de masse ou vers le fait que de telles interrelations existent, que nous oublions notre objectif original de déterminer les effets des communications de masse elles-mêmes[3]. »

1. W. Schramm, J. Lyle, E. Parker : *Television in the life of our children*, Stanford University Press, 1961. Cité par J. Cazeneuve, *La société de l'ubiquité*, Denoël, Paris, 1972, p. 53.

2. E. Katz : « Mass Communication research and the Study of culture », in *Studies in public communication*, n° 2 , 1959. Cité par J. Cazeneuve, *op. cit.*, p. 53.

3. *Op. cit.*, p. 6.

L'aspect positif de cet élargissement de la problématique a été de mettre en valeur l'importance décisive du contexte dans la communication télévisée. Mais paradoxalement cette découverte n'a pas été utilisée là où elle prenait son sens, c'est-à-dire pour le message.

La sociologie a souvent considéré le message télévisé comme « la boîte noire » du système et ne s'est intéressée qu'aux « émetteurs » et aux « récepteurs ». Et quand elle a tenté de faire une sociologie des messages, elle a surtout cherché ce qui, dans le message télévisé, correspondait aux modèles sociaux et culturels existant par ailleurs dans la société.

Mais elle n'a pas cherché les interactions entre l'ensemble des facteurs de contexte et la nature même du message. Il n'y a donc eu que peu de réflexion sur l'image. Même s'il a été dit ici ou là que l'image charriait de multiples significations, on en a rarement tiré des conséquences. Au contraire même, on a eu tendance à faire l'hypothèse que l'émetteur pouvait maîtriser totalement la signification de son message. Ce qui est contradictoire avec l'idée précédente.

Du point de vue politique, la conception du filtrage systématique a conduit logiquement à l'idée que la télévision est conservatrice au sens où elle est utilisée par le spectateur pour confirmer ses opinions et ses valeurs existantes plutôt que pour les changer.

Après avoir craint que la télévision ne bouleverse les systèmes de valeurs, les critères de goût avec un impact direct du message, de nombreux chercheurs en sont arrivés à la conclusion inverse. Non seulement le spectateur est moins influençable qu'on pouvait le penser, mais en outre il a tendance à prendre dans ce qui lui est offert les éléments qui renforcent ses propres choix plutôt que ceux qui les modifient.

La télévision s'adressant à de larges audiences aura donc tendance à exprimer les valeurs communes à celles-ci. C'est pourquoi dans cette conception se sont développées des analyses de la télévision comme agent unificateur de symboles.

Reprenant les grandes études américaines de la période 1960-1964, G. Friedmann écrit par exemple : « Pour qu'une société puisse vivre, ses membres doivent participer à un noyau commun de symboles qui correspondent à des valeurs, des opinions, des connaissances, des expériences... Les moyens de communication de masse et particulièrement celui qui est aujourd'hui le plus répandu, la télévision, ont pour fonction de réexprimer, réinterpréter (ou maintenir) ces symboles communs, d'en susciter de nouveaux en les disséminant et les rendant assimilables par des masses d'individus dont les traits intellectuels et affectifs sont, par ailleurs, très variés [1]. »

Et G. Friedmann précise : « La nécessité où sont les systèmes de symboles d'être reçus par une large audience leur assure une action de renforcement des valeurs existantes [2]. »

Nous voyons bien aujourd'hui, avec le recul, comment ces analyses étaient dépendantes du contexte historique. La cohésion de la société américaine au début des années soixante explique, beaucoup plus que les caractères propres de la télévision, cette apparente homogénéisation. La mise en commun des symboles opérée par la télévision participait d'un phénomène beaucoup plus vaste d'intégration économique, sociale et culturelle.

Moins de dix ans plus tard la révolte de la jeunesse, l'explosion des ghettos noirs et la guerre du Vietnam transformaient profondément les rèprésentations et la cohésion de la société américaine. À l'occasion de ces conflits et de ces fractures il est apparu que la désintégration des symboles, l'expression des minorités, la critique des valeurs, la représentation des conduites déviantes étaient aussi une « fonction » de la télévision.

Autrement dit ce que l'on a pris tout d'abord pour un facteur de renforcement de l'ordre social, s'est révélé être aussi bien un facteur de fragilisation. L'influence de la télévision ne pouvait plus être analysée sans tenir compte du contexte historique précis dans lequel elle s'exerçait.

Mais on pourrait dire également qu'en représentant la contestation des valeurs, la télévision l'abolissait ou la « digérait » et renforçait ainsi la cohésion sociale. Plus généralement on pourrait dire que « reflet de la société », la télévision oscille entre ordre et changement et évolue en fonction même de ces oscillations.

Nous entrons, à travers ces analyses différentes et qui s'excluent mutuellement, dans le jeu infini des interprétations dont chacune est vraie et chacune insuffisante à saisir les multiples plans de référence des images. En définitive, il apparaît vraisemblable que globalement la télévision fait coexister des images unificatrices de symboles, donc allant dans le sens de l'homogénéité, avec des images critiques, destructrices de symboles, donc allant dans le sens de l'hétérogénéité.

Nous retrouvons donc ici la place décisive du contexte dans l'analyse du message. Mais on ne peut cependant pas en rester à la thèse de la télévision élément neutre et simple reflet de la société, car il est évident qu'elle a une influence spécifique. C'est pour

1. *Op. cit.*, p. 136.
2. Op. cit., p. 137.

essayer de cerner cette influence que l'école empirique s'est intéressée davantage à la place et au rôle des « communicateurs » dans le processus de communication, en introduisant dans son raisonnement la notion de *feed back*, et passant ainsi à une analyse interactionniste.

La conséquence, selon nous essentielle, de cette évolution de la problématique, a été une *réintroduction du concept d'opinion publique*. En dépit de ses ambiguïtés, ce concept est nécessaire à l'analyse interactionniste. En considérant le communicateur comme sujet actif, notamment au travers de son rôle de « gate keeper »[1], on est amené à étudier comment il perçoit et anticipe une opinion publique qui est une représentation construite par lui pour créer un destinataire symbolique du message.

De l'autre côté on s'intéresse à l'interaction entre l'individu et l'opinion publique, c'est-à-dire comment celle-ci est une représentation symbolique pour chaque individu, et comment celui-ci est influencé par elle. Cette problématique du communicateur a connu un certain succès pendant de nombreuses années, elle précisait l'analyse et mettait en valeur le fait que les messages audiovisuels étaient conçus par des individus.

Deux articles publiés dans les années soixante-dix montrent l'intérêt, mais aussi les limites d'une approche quantitative du rôle des communicateurs. Le premier porte sur la *fonction de structuration du temps par les mass-médias* (Agenda setting Function)[2]. La thèse est la suivante : la fonction des médias est d'attirer l'attention de l'opinion sur certains problèmes. Leur influence ne consiste pas à dire aux gens ce *qu'ils doivent* penser mais *ce à quoi* ils doivent penser.

Les médias définissent donc le calendrier des événements et la hiérarchie des problèmes (particulièrement pendant les campagnes électorales). Cette fonction de structuration du temps et des événements revêt une importance considérable car elle conduit à forcer l'attention sur certaines questions, et à la détourner d'autres.

Cette approche remet en cause la notion de perception sélective telle qu'elle avait été exprimée par la sociologie empirique, qui suppose de la part du télespectateur la possibilité de choisir librement dans un ensemble de sujets qui lui sont offerts.

La thèse de l'Agenda setting Function laisse entendre au

1. « *Gate keeper* », « portier » renvoie à la fonction de sélection des informations des journalistes. Cette notion avancée par K. Lewin et développée par D. M. Withe (The Gate-keeper, in *journalism Quarterly*, n° 27, 1950) met en valeur l'importance du rôle des journalistes (en tant que groupe) dans la « construction » de la réalité perçue par les usagers des médias.

2. M.-E. Mac Combs et D.-L. Shaw : « The Agenda setting Function of Mass-Media, in *Public Opinion Quarterly*, n° 36, 1972, pp. 176-187.

contraire que la liberté de choix est moins importante en définitive que le caractère arbitraire avec lequel les médias décident de couvrir telle ou telle partie de la réalité.

Le second article porte sur les grands sujets d'information des années soixante (Vietnam; révolte étudiante; problèmes raciaux...[1]) et met en relation leur couverture par les médias, l'opinion publique et la « réalité ». L'étude montre que sur la période 1964-1970, « l'importance de la couverture par les médias d'un problème pendant une année donnée est en relation très nette avec l'importance qui lui est accordée par l'opinion dans les sondages ».

Mais l'auteur affirme qu'en répondant à la question « quel est selon vous les problèmes les plus importants auxquels font face les États-Unis », l'opinion ne fait que refléter le point de vue des médias : « Ce n'est rien d'autre que la régurgitation par le public vers l'institut de sondage de ce qu'il y a couramment dans les nouvelles, avec peu ou pas de relations à ce que l'interviewé lui-même trouve important ».

La preuve en est que lorsque l'on pose les questions : « quels sont les problèmes que le gouvernement doit traiter en priorité » ou « quels sont les problèmes qui vous préoccupent, vous personnellement » on obtient une hiérarchie de réponses très différente, et qui est en décalage avec celle proposée par les médias.

L'auteur en tire deux conclusions. D'une part que les médias ont une logique propre de couverture des événements qui a tendance à n'être conforme ni avec l'état de l'opinion à un moment donné, ni avec la « réalité » des problèmes, mesurée à l'aide d'indicateurs quantitatifs. D'autre part que pour certains problèmes (guerre du Vietnam; luttes urbaines; révolte étudiante), les médias précèdent souvent d'une ou deux années les préoccupations de l'opinion et les moments où les problèmes deviennent cruciaux.

En comparant les sujets où les médias jouent effectivement ce rôle de « vigile » avec ceux où ils ne le jouent pas, l'auteur distingue les événements qui peuvent faire l'objet de nouvelles, et ceux qui ne le peuvent pas. Les premiers sont des faits situés dans le temps et l'espace, qui permettent d'exprimer un problème plus général. Les seconds obligent la presse à créer des nouvelles « artificielles » ou des « pseudo-événements » parce qu'ils ne sont pas porteurs eux-mêmes de ces faits, par exemple l'écologie, la santé, la pauvreté.

D'où la tendance des médias à refléter non pas la « réalité », mais cette partie de la réalité qui peut faire l'objet de « nouvel-

1. G. R. Funkhouser; « The issues of the sixties : an exploratory study in the dynamics of public opinions », in *Public Opinion Quarterly*, n° 37, 1973, pp. 62-75.

les ». Et donc à négliger l'autre partie dont il est plus difficile de rendre compte. Le biais introduit par les médias est donc lié à leur structure même. Les communicateurs, à cause des contraintes des médias, transforment les perceptions collectives de la réalité.

Ces deux approches ont cependant des limites très précises. Premièrement, elles comparent, pour l'essentiel, de façon *quantitative* l'importance accordée à des sujets par les médias d'une part et par l'opinion publique d'autre part. L'idée sous-jacente à ce genre de comparaison est que la fonction des médias est de refléter l'ensemble des opinions d'une société à un moment donné. Mais cela est discutable : la presse joue un rôle de communication entre le pouvoir et les institutions d'une part, le public d'autre part, autant qu'elle reflète des opinions. En outre il peut arriver que la presse insiste à juste titre sur des problèmes qui ne préoccupent pas forcément l'opinion.

Ensuite l'approche quantitative interdit de dire quoi que ce soit sur le contenu de l'information apporté par les médias. Les deux études s'intéressent au nombre et à la dimension des articles ou des émissions sur chaque sujet. Il y a là une limite qui touche presque à l'absurde car on cherche à étudier l'interaction entre les médias et le public sans s'intéresser au contenu du message. On concentre simplement l'attention sur le nombre de messages. La préoccupation quantitative conduit même à définir la réalité de façon purement statistique. Par exemple la criminalité est définie par le nombre de crimes commis sur un an, et l'engagement américain au Vietnam par l'importance du corps expéditionnaire.

Ces deux articles tendent à démontrer que les médias ont des préoccupations et des priorités qui leur sont propres, mais c'est pour le regretter, voire le condamner. Ils sous-entendent que les médias devraient être une sorte d'élément neutre, simple reflet de la réalité (les faits) et de l'opinion (les préoccupations à propos des faits), comme si ces deux entités étaient objectives et indépendantes.

C'est oublier que l'information est toujours le résultat d'un travail par lequel un événement devient une information, elle-même hiérarchisée par rapport à d'autres informations, avec des erreurs et des corrections. Il existe une part d'arbitraire dans l'importance accordée à un événement pour la simple raison que son évolution et ses répercussions sont aléatoires et que l'information donnée à son sujet peut le transformer.

S'il est donc vrai que les médias organisent le calendrier et la hiérarchie des événements, il est non moins vrai que le public exerce aussi une perception sélective à ce niveau c'est-à-dire qu'il soutient ou rejette le calendrier et la hiérarchie proposée par les médias. *L'interaction s'exerce non seulement sur le contenu du message mais aussi sur la structure.*

La théorie de la spirale du silence développée par E. Noelle-Neumann[1] se situe dans la même perspective d'une mise en rapport entre le point de vue des médias et la structure de l'opinion publique. Mais elle a l'avantage d'être plus élaborée. E. Katz en présente une synthèse claire dans *Publicity and Pluralistic ignorance : notes on the « spiral of silence »*[2] :

« 1. Les individus ont des opinions ;

2. Craignant l'isolement les individus n'exprimeront pas leurs opinions s'ils ne se sentent pas soutenus par d'autres ;

3. Un " sens quasi-statistique " est utilisé par les individus pour repérer, dans leur environnement, des signes de soutien ;

4. Les mass-médias constituent la principale source de références pour l'information sur la distribution de l'opinion, et ainsi sur le contexte de soutien ou d'absence de soutien ;

5. D'autres groupes de référence agissent de la même manière... ;

6. Les médias tendent à parler d'une seule voix, presque de façon monopolistique ;

7. Les médias tendent à tordre la distribution de l'opinion de la société, parce qu'ils sont biaisés par les opinions (de gauche) des journalistes ;

8. Se sentant sans soutien, des groupes d'individus — qui peuvent même parfois constituer une majorité — perdront confiance et se retireront du débat public ; ils accélèrent ainsi la destruction de leur position à travers la spirale du silence qui s'auto-alimente. Ils ne changent pas leur propre conception, mais ils ne cherchent pas à convaincre les autres et abandonnent le combat ;

9. C'est de cette façon que la société est manipulée et appauvrie. »

Le premier intérêt de cette théorie est qu'elle établit une relation complexe entre individus, mass-médias et opinion publique. Elle fait jouer un rôle d'interface à l'opinion publique, sans pour autant faire du medium un agent d'influence. Les médias sont conçus comme des témoins de la distribution des opinions légitimes, et ils sont utilisés par les individus comme des

1. E. Noelle-Neumann, « Spiral of silence : a theory of public opinion », in *Journal of communication,* vol. 24, 1974, pp. 43-51. « Turbulence in the climate of opinion : methodological implications of the spiral of silence theory », in *Public opinion Quarterly,* vol. 41, 1977, pp. 143-158. « Mass-Media and social change in developed societies », in E. Katz and T. Szecsko Éd., *Mass-Media and social change,* Sage, London, 1981.

2. E. Katz, in *Public opinion and social change Melanges pour E. Noelle-Neumann,* Éd. by H. Baier, H. M. Kepplinger et K. Reumann, West Deutscher Verlag 1982. (Traduit par nous.)

indicateurs pour déterminer qui a le droit de parler et qui doit rester silencieux.

Dans cette conception l'origine socio-professionnelle, le mode de vie et les valeurs des communicateurs interviennent dans la construction de l'opinion publique, sans toucher aux opinions individuelles. Autrement dit, l'influence ne joue pas sur les idées de l'individu (il ne change pas d'opinion) mais sur sa conscience d'être représenté ou non dans l'opinion publique. Quand un individu constate que son opinion n'est pas confirmée par le medium, il sort de l'espace public et se replie sur son espace privé.

Cette distinction dématérialise la notion d'opinion publique pour en faire un lieu symbolique. Celle-ci n'est pas la somme des opinions privées. Cependant, E. Noelle-Neumann ne tire pas cette conséquence de sa théorie, mais réclame au contraire, implicitement, une meilleure représentativité des communicateurs. Ce faisant, elle se rapproche du raisonnement des théoriciens critiques qui reprochent justement aux communicateurs d'avoir une trop grande influence sur la manière de construire l'information.

En demandant aux communicateurs d'être plus représentatifs on chercherait à mettre en parallèle l'opinion des journalistes et les grandes familles d'idées politiques qui se partagent l'interprétation de la réalité. Une telle orientation, qui est apparemment démocratique, pose cependant de redoutables questions. Les journalistes peuvent-ils être représentatifs de l'opinion ?

Cette conception reviendrait en effet à considérer les communicateurs comme les élus du peuple et la fonction de communication de masse, comme la fonction politique de l'assemblée. S'il est évident que les communicateurs ont, comme tous les citoyens, des opinions politiques, ce n'est pas pour autant que leur travail nécessite un engagement politique.

L'espace de la communication ne se confond pas avec l'espace de la politique. Et c'est d'ailleurs l'intérêt du concept d'opinion publique qui est la condition symbolique du fonctionnement de la communication de masse. E. Katz montre d'ailleurs à l'aide d'un certain nombre d'exemples que des collectifs d'opinion, non représentés ou orchestrés par les communicateurs, réussissent néanmoins à faire irruption dans l'espace public, et à cristalliser des opinions privées atomisées...

Tout dépend en fin de compte de la place que l'on accorde dans le processus de communication aux « groupes de référence » (ou « communautés de base »). La théorie de la « spirale du silence » part de l'hypothèse que les mass-médias se sont substitués aux groupes de référence, puisque les individus décident de participer ou de ne pas participer au débat public en fonction de la distribution des opinions telle qu'elle est présentée par les médias.

Autrement dit, les communautés de base de la vie réelle pèseraient de peu de poids face aux médias. Cette théorie remet donc en cause celle du « two step flow of communication » sans pour autant en revenir à une conception d'un effet direct et massif des médias puisqu'en fait, selon elle, les individus ne changent pas d'opinion, ils se bornent à ne plus l'exprimer.

La théorie de la « spirale du silence » présente, selon nous, l'avantage de montrer qu'une approche complexe et interactive de la communication de masse peut aboutir à des conclusions assez précises sur le rôle politique de la télévision. Et de façon paradoxale, ce raisonnement conduit à l'idée que la télévision est plus progressiste que la société, notamment sur le plan des valeurs morales. Elle illustre également, *a contrario*, l'impossibilité de conserver la définition empirique et statistique de l'opinion publique, et la nécessité, pour étudier la communication, de revenir à une conception symbolique de l'opinion publique dans sa relation avec le système politique et les fondements de la démocratie.

On retrouve là ce que réclamait déjà P. Lazarsfeld en 1957 [1], à savoir l'utilisation de la conception « politique » de l'opinion, par la recherche empirique. Ce qui revient à sortir l'opinion publique d'une définition statistique et en faire un objet théorique plus élaboré, auquel l'école empirique pourrait se consacrer.

3. L'APPROCHE CRITIQUE

Les théoriciens critiques de la communication ont posé, eux, d'emblée le problème des rapports entre mass-médias, démocratie et système politique. Dans leur problématique, en effet, le système économique et politique joue un rôle déterminant et commande le système des médias. Les conséquences de cette approche sont bien connues. Les médias n'ont pas d'autonomie vis-à-vis du pouvoir économique et/ou étatique ; ils servent à reproduire l'idéologie dominante et même à y faire participer directement les dominés ; ils représentent une étape nouvelle du développement du capitalisme qui généralise le règne de la marchandise à la sphère de la culture.

Ces éléments montrent que les théoriciens critiques conçoivent leur rôle d'analyste de façon très différente de celui des empiristes. Leur rôle est de dévoiler la vérité cachée d'un système

1. « Public opinion and the classical tradition », in *Public Opinion Quarterly*, n° 21, 1957.

de domination qui ne peut fonctionner que par la dissimulation. C'est pourquoi selon eux une approche empirique ne peut que participer à l'idéologie de la communication. Il ne s'agit pas, en effet, de savoir comment fonctionne le système, pour l'améliorer, cadre à l'intérieur duquel raisonnent les empiristes, mais au contraire, de le dénoncer pour le changer radicalement. La fonction critique de l'intellectuel est donc de dévoiler les présupposés ou l'impensé d'un système de domination.

Quatre thèmes sont essentiels dans les travaux de l'école de Francfort :

Les industries culturelles : Comment l'extension de la logique du profit à la sphère culturelle dénature la création, par la rationalisation et la standardisation.

L'idéologie dominante : Pourquoi et comment il existe un phénomène d'aliénation alors même que le public semble choisir librement les produits qui lui sont offerts.

La masse : En quoi les médias révèlent ou produisent une évolution de la société vers une homogénéisation des valeurs.

L'espace public : Comment les médias de masse actualisent le principe de publicité qui a émergé avec les révolutions démocratiques du XVIIIe siècle, et comment ils le dénaturent.

Nous allons essayer de montrer, à partir de ces quatre thèmes, que la plupart de ces théoriciens critiquent le système de communication au nom des valeurs qui l'ont rendu possible, c'est-à-dire au nom des principes démocratiques. Mais, par contre, ils ne cherchent pas à penser un système de communication indépendant des valeurs ou des principes énoncés par les révolutions démocratiques.

D'où un appel permanent à un retour à la « démocratie authentique » et une comparaison (particulièrement chez Adorno et Benjamin, mais que l'on retrouve également chez Habermas) entre le système culturel et politique des Lumières et celui d'aujourd'hui. Cette comparaison tourne, en général, à l'avantage du premier, considéré comme plus pur et progressivement perverti par le développement du capitalisme industriel. Il est d'ailleurs assez étonnant que les implications élitistes de cette comparaison n'aient jamais été discutées par les auteurs du courant critique.

Les théoriciens critiques ont utilisé la notion d'*industrie culturelle* pour désigner l'ensemble des activités de communication de masse (radio, cinéma, presse, télévision...). Ce terme reflète la double dimension commerciale et spirituelle de la culture dans la société moderne.

Il y a, particulièrement chez T. Adorno, une connotation

morale péjorative dans ce terme qui contient une condamnation de l'application de la logique du profit aux activités culturelles. T. Adorno écrit : « Dans toutes ses branches, on confectionne plus ou moins selon un plan, des produits qui sont étudiés pour la consommation des masses et qui déterminent, dans une large mesure, cette consommation. L'industrie culturelle, c'est l'intégration délibérée de ses consommateurs... La praxis entière de l'industrie culturelle applique carrément la motivation du profit aux produits autonomes de l'esprit.[1] »

De cette conception découle une caractéristique essentielle des produits culturels modernes : la rationalisation et la standardisation de leur production. Ce phénomène est attribué à l'extension de la logique du capital. « Les productions de l'esprit dans le style de l'industrie culturelle, note Adorno, ne sont plus *aussi* des marchandises mais le sont intégralement.[2] »

Le primat ainsi accordé à l'économie fait des changements technologiques (apparition de techniques de reproduction mécanique...) et des changements socio-culturels (l'accès des masses populaires à la consommation culturelle) de simples conséquences de l'extension de la marchandise[3].

En refusant de concevoir une interaction entre ces trois facteurs, la pensée critique laisse de côté l'hypothèse d'une évolution du phénomène démocratique. Elle se contraint ainsi à postuler une rupture radicale entre culture populaire et industrie culturelle, et à analyser la « culture de masse » comme une perversion de la démocratie.

Il est frappant en effet de constater l'antagonisme entre le jugement positif porté sur le système politique et culturel issu de la révolution démocratique et celui négatif porté sur le système contemporain. L'accès des masses à l'industrie culturelle n'est donc pas interprété comme un phénomène d'égalisation des conditions culturelles.

Bien au contraire pour H. Marcuse : « Les défenseurs de la culture de masse trouvent ridicule qu'on puisse protester contre l'emploi de Bach comme musique de fond dans la cuisine, contre la vente de Platon, de Hegel, de Shelley, de Baudelaire, de Marx et de Freud au Drugstore. Ils insistent sur le fait que les classiques ont quitté le mausolée et sont revenus à la vie, sur le fait qu'ainsi le public est éduqué. C'est vrai, mais s'ils reviennent à la vie

1. T. Adorno, « L'industrie culturelle », in *Communication*, 1963, n° 4.
2. *Op. cit.*, p. 13.
3. Il faut faire cependant une exception pour W. Benjamin, qui, dans son article, « L'œuvre d'art à l'ère de sa reproductibilité technique », met l'accent sur la dimension technique du phénomène en montrant que pour la première fois de son histoire, l'humanité est capable de reproduire des images et des sons issus de la réalité.

comme classiques, ils revivent comme autres qu'eux-mêmes, ils sont privés de leur force antagonique, de leur étrangeté qui était la dimension même de leur vérité. Le but et la fonction de ces œuvres ont donc fondamentalement changé. Si à l'origine, elles étaient en contradiction avec le *statu quo*, cette contradiction a maintenant disparu. Ce phénomène d'assimilation culturelle est historiquement prématuré. Il établit une égalité culturelle, mais il protège en même temps la domination.[1] »

La culture classique, les grandes œuvres sont ravalées au rang de produits de grande consommation, sans critères de hiérarchisation. Tout est placé sur le même niveau. Comme le dit T. Adorno : « La radio a fait de la Cinquième symphonie une rengaine facile à siffloter. » H. Arendt exprime en d'autres termes une idée voisine : « La culture de masse fait des classiques, non des œuvres à comprendre mais des produits à consommer.[2] »

Cette conception exprime évidemment une certaine nostalgie du passé en même temps qu'un certain idéalisme. Elle oublie que la forme marchande de produits culturels a toujours existé et que la « démocratie des lumières » mettait en mouvement un processus d'élargissement de l'accès à la culture que le système de communication moderne exprime à sa manière.

La seconde question à laquelle l'école critique essaya de donner une réponse concernait le succès de ces produits culturels, c'est-à-dire le goût manifeste du public pour ceux-ci. Une réponse s'imposa : celle de l'aliénation et de la fausse conscience.

Adorno écrit par exemple : « L'idée que le monde veut être trompé est devenue plus vraie qu'elle n'a sans doute jamais prétendu l'être. Non seulement les hommes tombent, comme on dit, dans le panneau, pourvu que cela leur apporte une satisfaction, si fugace soit-elle, mais ils souhaitent même cette imposture, tout conscients qu'ils en sont. » Et il précise un peu plus loin : « Par la vertu de l'idéologie de l'industrie culturelle le conformisme se substitue à l'autonomie et à la conscience.[3] »

Marcuse, pour sa part, explique : « Je viens de suggérer que le concept d'aliénation devient problématique quand les individus s'identifient avec l'existence qui leur est imposée, et qu'ils y trouvent réalisation et satisfaction. Cette identification n'est pas une illusion, mais une réalité. Pourtant cette réalité n'est elle-même qu'un stade plus avancé de l'aliénation ; elle est devenue

1. H. Marcuse, *L'homme unidimensionnel* (1964), Seuil, Paris, 1970, pp. 97-98.
2. G. Friedmann : « Culture pour les millions », in *Ces merveilleux instruments, op. cit.* Ces citations de T. Adorno et H. Arendt sont extraites du livre *Culture for the million*, D. Van Nostrand, Princeton, 1961.
3. *Op. cit.*, pp. 16 et 17.

tout à fait objective ; le sujet aliéné est absorbé par son existence aliénée. Il n'y a plus qu'une dimension, elle est partout et sous toutes les formes. Les réalisations du progrès défient leurs mises en cause idéologique aussi bien que leur justification. Devant son tribunal, " la fausse conscience " de leur rationalité est devenue la vraie conscience.[1] »

Ainsi, c'est la soumission qui caractérise le rapport du public à l'industrie culturelle. Le spectateur est soumis quotidiennement à l'influence de messages contenant implicitement des stéréotypes rigides favorables à l'ordre établi. Et bien qu'il ait une certaine conscience de cet état de fait, il ne peut s'en passer.

Cette analyse maintenant bien connue soulève deux objections. La première concerne la position de l'intellectuel qui porte un diagnostic d'aliénation sur le rapport du public aux médias de masse. Comment échappe-t-il lui-même à cette aliénation, et à partir de quels critères peut-il analyser celle des autres ?

La seconde porte sur le modèle sous-jacent d'interaction entre émetteur et récepteur. Voir dans l'interaction, la soumission du récepteur au message revient paradoxalement à se rapprocher d'une problématique des effets, où le message influence de façon directe le public. La soumission permet simultanément d'expliquer l'existence d'une demande du public et de la disqualifier.

Cette même interprétation appliquée aux communicateurs conduit à considérer qu'ils sont soumis objectivement ou subjectivement au pouvoir économique et politique, donc à l'idéologie dominante. Leur rôle finalement est de consolider le conformisme, et de justifier l'ordre établi, en démontrant que le monde tel qu'il est ne peut pas être autre (ce qu'Adorno appelle « la soumission à. la puissance et l'omniprésence de ce qui est »). Ils masquent les contradictions et les clivages sociaux pour donner l'illusion d'une égalité des conditions humaines et développer la fausse conscience d'une homogénéité sociale.

Cette question de l'apparence ou de la réalité de l'homogénéité sociale fabriquée par les médias explique l'intérêt de l'école critique pour le concept de *masse*. On a vu que, de son côté, l'école empirique avait rapidement abandonné la réflexion sur la masse à la suite des résultats de ses enquêtes qui montraient que ce concept ne permettait pas de rendre compte de la réalité du comportement du public à l'égard de la télévision.

Par contre, en raison de leurs choix théoriques et politiques, les chercheurs de l'école critique ont fait jouer à la notion de masse un rôle central. En effet, en fonction de leur double

1. H. Marcuse, *op. cit.*, p. 39.

référence au marxisme d'une part et à la philosophie des Lumières, d'autre part, ils pensaient, à l'origine, que de façon spontanée les masses étaient révolutionnaires et cherchaient par la révolution, à réaliser les idéaux démocratiques.

Mais leur expérience du nazisme, dans les années trente, puis de la société américaine, dans les années cinquante, les a contraints à réviser ce jugement. Ce qui explique l'ambivalence de la notion de masse telle qu'elle sera utilisée dans la pensée critique. Celle-ci cherchera à conserver l'idée d'émancipation collective dans la formation de la masse révolutionnaire, tout en expliquant la masse fasciste déchaînée des années trente et la masse conservatrice et satisfaite des années cinquante. Elle verra alors dans les médias un des grands facteurs de constitution d'une masse dominée et aliénée par le pouvoir.

T. Adorno écrit ainsi : « L'effet d'ensemble de l'industrie culturelle est celui d'une anti-démystification, celui d'une anti-*Aufklärung;* dans l'industrie culturelle, comme Horkheimer et moi l'avons dit, la démystification, l'*Aufklärung,* à savoir la domination technique progressive, se mue en tromperie des masses, c'est-à-dire en moyen de garrotter la conscience... Si d'en haut, on diffame les masses comme masses, c'est justement souvent l'industrie culturelle qui les réduit à cet état de masse qu'elle méprise ensuite et qui les empêche de s'émanciper.[1] »

Mais il y a plus, car la société de masse, telle que les médias la façonnent, est une illusion. L'homogénéité sociale n'y est qu'apparente, elle est inventée par les médias. Les empiristes partagent également cette idée d'absence d'homogénéité de la société mais c'est pour insister sur les interactions entre groupes sociaux, tandis que les critiques mettent l'accent sur la domination de classe : « Si l'ouvrier et son patron regardent le même programme de télévision, si la secrétaire s'habille aussi bien que la fille de son employeur, si le Noir possède une Cadillac, s'ils lisent tous le même journal, cette assimilation n'indique pas la disparition des classes. Elle indique au contraire à quel point les classes dominées participent aux besoins et aux satisfactions qui garantissent le maintien des classes dirigeantes.[2] »

Ainsi la boucle est bouclée. La société de masse est une société de classe, et la masse de la communication de masse n'existe que dans la mystification, l'aliénation et la soumission. C'est ainsi que l'on explique comment un système de communication, dont les origines se confondent avec celles de la démocratie, a pu connaître une telle inversion de ses valeurs.

1. T. Adorno, *op. cit.*, p. 18.
2. H. Marcuse, *op. cit.*, p. 36.

Cette analyse du rôle joué par les médias dans la domination politique conduit à une critique de l'opinion publique. Pour J. Habermas, la définition psychosociologique de l'opinion publique qu'utilise la sociologie empirique est réductrice et peu pertinente, car elle néglige les rapports qui lient l'opinion publique à la démocratie et au pouvoir politique.

Pour faire l'objet d'une méthode quantitative, la notion d'opinion publique est diluée dans une vague analyse des phénomènes de groupes. « L'opinion, dit Habermas, est définie comme " les réactions provoquées par un problème ", puis comme " la manière dont s'exprime une attitude " et enfin comme l'attitude elle-même. À la limite, l'opinion finit par ne même plus requérir d'expression verbale et comprend non seulement des habitudes qui s'expriment d'une manière quelconque à travers certaines représentations mais aussi à travers de pures et simples manières d'être. Seul le fait qu'elle soit référée aux phénomènes de groupe permet encore d'attribuer à une telle opinion le qualificatif de " publique "... Une opinion de groupe est dite " publique " lorsqu'elle est parvenue à être, sur un plan subjectif, l'opinion régnante...[1] »

Habermas conteste cette dilution. C'est au XVIIIe siècle, à l'époque du capitalisme naissant, que s'élabore le « *principe de publicité* », moyen de contrôle créé par la bourgeoisie pour protéger la société civile contre l'État et sa pratique du secret. Ce " principe de publicité " permet la discussion et la critique publiques des choix politiques.

Les entrepreneurs et les marchands ont notamment besoin d'une sphère publique pour discuter avec le pouvoir " les règles générales de l'échange, sur le terrain de l'échange des marchandises et du travail social — domaine qui reste essentiellement privé, mais dont l'importance est désormais d'ordre public. Le medium de cette opposition entre la sphère publique et le pouvoir est original et sans précédent dans l'histoire : c'est l'usage public du raisonnement.[2] »

L'espace public représente donc la médiation entre la société civile et l'État. C'est le lieu où se forme et s'exprime l'opinion publique. « Une conscience politique se développe au sein de la sphère publique bourgeoise et elle formule, face au pouvoir absolu, l'exigence et la notion de lois abstraites et générales, en apprenant ainsi à s'affirmer enfin elle-même, en tant qu'opinion publique, comme l'unique source légitime de ces lois. Au cours du XVIIIe siècle, l'opinion publique revendiquera d'être compétente

1. J. Habermas, *L'espace public* (1962), Payot, Paris, 1978, p. 252.
2. J. Habermas, *op. cit.*, p. 38.

sur le plan législatif pour l'élaboration de ces normes qui lui sont redevables, et à elle seule, de leur sens rationaliste et critique.[1] »

C'est pourquoi dans l'esprit d'Habermas l'opinion publique n'a de sens que par rapport au pouvoir politique dans un système démocratique et dans une perspective de rationalisation de la domination. *L'opinion publique désigne « l'usage que fait de sa raison un public capable de porter des jugements*[2] », elle est une force critique mais elle est limitée à une élite éclairée seule capable d'énoncer une critique rationnelle du pouvoir.

Aussi l'espace public bourgeois porte-t-il en germe sa propre destruction, car il ne peut passer à une échelle de masse sans se pervertir. Les antagonismes sociaux empêchent l'opinion publique d'exprimer l'intérêt général. Il ne peut plus y avoir que des intérêts particuliers défendus par des groupes de pression.

Aussi intéressante que soit cette interprétation de la dénaturation de l'espace public, on peut remarquer qu'elle est contradictoire avec ses prémisses. Elle considère en effet que la logique du capitalisme entre en conflit avec le principe de publicité et le détruit. L'intervention croissante de l'État dans l'activité économique, conduit à la dépolitisation de l'espace public. L'État et les grands groupes capitalistes instrumentalisent la communication pour la mettre au service d'une domination des citoyens, dans une logique de rationalité économique et technicienne.

La fonction critique de la publicité (des débats) se transforme en une fonction d'intégration par la publicité (commerciale). Comme les intérêts privés priment l'intérêt général, l'État est obligé de prendre le contrôle des grands médias. D'où ce renversement : c'est le pouvoir politique qui prend en charge et contrôle l'espace public qui avait été construit contre lui, pour le juger et le contrôler.

Paradoxalement, Habermas approuve ce renversement car il trouve que c'est en fait le seul moyen de préserver la fonction traditionnelle de l'espace public : « En France, en Angleterre et en Allemagne fédérale, ces nouveaux médias (radio et télévision) sont des organismes publics ou semi-publics ; sans ce statut leur fonction proprement journalistique n'aurait pu en effet être suffisamment protégée face aux intérêts capitalistes qui n'auraient pas manqué de s'y affirmer si ces entreprises étaient restées sous contrôle privé[3]. »

Son hostilité au capitalisme dépasse sa méfiance à l'égard de l'État technocratique. Mais on peut se demander alors pourquoi les « intérêts privés » des marchands et des entrepreneurs du

1. Id., *op. cit.*, pp. 63-64.
2. *Ibid.*, p. 100. (Souligné par nous.)
3. Habermas, *op. cit.*, pp. 195-196.

XVIIIe siècle étaient légitimes tandis que ceux des capitalistes du XXe siècle ne le sont plus...

En définitive, il refuse l'idée que les groupes de pression, les partis politiques, la technocratie et les médias de masse puissent être la forme moderne de l'espace public. Il cherche à construire un modèle idéal où le public éclairé du XVIIIe siècle se serait étendu à l'ensemble des citoyens sans que la nature de ce public, ses modes de communication et ses représentations ne se soient modifiés. Il semble pourtant évident que la démocratisation ne peut être l'élargissement d'un espace public immuable, mais plutôt une différenciation des registres et des réseaux de communication dont le résultat est la construction d'un nouvel espace public, beaucoup plus hétérogène tant du point de vue des acteurs que des activités qui le composent.

L'école empirique, pour sa part, aurait dû s'intéresser directement à ces questions. Mais elle s'est concentrée sur les « fonctions réelles » des médias de masse sans trop explorer les relations entre médias, démocratie et opinion publique. Elle a ainsi construit son objet d'analyse en faisant l'impasse sur la transformation de l'espace public, opéré par la télévision.

E. Katz fait remarquer, par exemple, qu' « en examinant les concepts de l'analyse des effets des médias, on est frappé par la façon dont l'étude de la communication de masse s'est déconnectée de l'étude de l'opinion publique. Dans la théorie classique de la démocratie, elles étaient étroitement imbriquées ». Et il s'étonne que l'école empirique n'ait pas cherché à confronter les médias de masse avec « la théorie libertarienne de la société » où « le gouvernement propose, le parlement débat, la presse diffuse, le peuple discute, l'opinion publique se forme, et d'une manière ou d'une autre, rétroagit sur les décideurs [1] ».

L'école empirique a construit ainsi un concept d'opinion publique purement statistique, c'est-à-dire sans référence à sa dimension politique sur laquelle repose l'édifice démocratique [2].

L'ironie de cette impasse est qu'en utilisant une définition aussi faible de l'opinion publique, les empiristes donnaient toutes

1. E. Katz, « On conceptualising media effects » in *Studies in communication*, 1980, vol. 1, p. 120. (Traduit par nous.)

2. L. Quéré, dans *Les miroirs équivoques* (Aubier-Montaigne, 1982) souligne le caractère juridique ou institutionnel de la notion d'opinion publique, p. 65. Voir aussi C. Lefort, « Droits de l'homme et politique », in *L'invention démocratique*, Fayard, Paris, 1981.

les armes nécessaires au courant critique pour démontrer que cette notion n'existe pas, qu'elle recouvre des rapports sociaux inégalitaires et qu'elle sert en fait à masquer des phénomènes de pouvoir et de domination[1].

L'école empirique, composée de partisans de la démocratie libérale, est donc restée aveugle au problème de la relation entre le principe démocratique et la communication sociale, tandis que l'école critique, où dominait une philosophie d'inspiration marxiste, soulevait le problème de cette relation et cherchait, en critiquant la neutralité du medium, à découvrir son rôle dans les mutations de l'organisation sociale et du système politique.

Dans cette perspective ce sont les notions de manipulation et d'aliénation qui ont été privilégiées au détriment de la notion de liberté de communication jugée purement formelle (suivant l'opposition traditionnelle entre « liberté formelle » et « liberté réelle »). Le fonctionnement des médias de masse était progressivement rapporté à une analyse de la domination politique. Avec même, pour certains auteurs, une inclinaison à penser les médias comme des phénomènes d'ordre totalitaire.

En témoigne cette comparaison de R. Debray sur le contrôle politique à l'Est et à l'Ouest[2] : « Ce qui ressemble d'un côté à un fabuleux gaspillage de ressources (radio, télévision, affiches, dépliants, films, spots, magazines...), peut aussi bien se comprendre comme une précieuse épargne pour le système dans sa totalité. N'y a-t-il pas un rapport entre le suréquipement en appareils de surveillance des pays socialistes et leur sous-équipement informatif et imaginaire — le même qu'entre la gigantesque panoplie symbolique des pays capitalistes et la discrétion, en temps de paix, de leurs appareils de coercition — omniprésence du parti, omniprésence des médias. Nos commis aux belles images ont la même fonction d'encadrement/contrôle, et le même statut de cadre supérieur, que les préposés à la ligne juste. Mais à productivité supérieure ils sont plus rentables. Ils assurent cette contre-révolution préventive et permanente, aussi visible et indolore que le fonctionnement normal du système (extorsion/inculcation), avec lequel il ne fait qu'un. En d'autres termes, parce que le journal télévisé, *l'Express, Marie-Claire* et *France-Soir* ont chacun la puissance de feu d'un régiment de gendarmerie blindé, les ministères de l'Intérieur et de la Défense nationale peuvent réduire d'autant leurs dépenses de personnel et d'équipement. Si par malheur tous les médias étaient mis demain hors-service,

1. Cf. pour un exposé de cette position : P. Bourdieu, « L'opinion publique n'existe pas », in *Questions de sociologie,* Minuit, Paris, 1980.

2. In *Le pouvoir intellectuel en France,* Ramsay, Paris, 1979, pp. 220-221.

peut-être la puissance étatique se verrait-elle contrainte, à brève échéance, à avancer sa deuxième ligne de défense " pour faire respecter l'ordre républicain ". On l'a bien vu en 1968 : un repos de longue durée à la télévision, c'est bien vite le surmenage des C.R.S. »

Si toutes les analyses du courant critique n'ont pas cette surprenante radicalité, force est de constater qu'elles débouchent souvent sur l'idée que les médias de masse servent à manipuler. J. Habermas, par exemple, qui pose remarquablement le problème de la place des médias de masse dans l'espace public, n'échappe pas à l'utilisation des concepts de détournement et de manipulation. Quant aux théoriciens moins habiles ils rejoignent les discours mythiques évoqués plus haut, sur la toute-puissance des médias et l'uniformisation culturelle.

Il y a donc une sorte de chassé-croisé entre les deux courants. Les *empiristes,* en s'intéressant aux effets réels des médias, ont bien montré les limites de l'influence de ceux-ci. Mais ils ont par contre évacué toute une interrogation sur les conditions politiques du fonctionnement du champ de la communication, alors que leurs conclusions sur le caractère limité et complexe de l'influence auraient dû les conduire à un renouvellement de la réflexion sur le jeu démocratique.

Les *critiques,* quant à eux, sont partis d'une interrogation sur la politique, dans sa dimension symbolique, mais en postulant que le symbolique ne servait qu'à masquer le réel (c'est-à-dire les inégalités et le pouvoir), ils sont arrivés à la conclusion que les médias exerçaient une influence décisive dans la domination politique réelle.

Aujourd'hui, la question essentielle porte sur la dimension et la nature de l'espace public. Assiste-t-on à une désintégration de cet espace sous la pression d'une logique de rationalisation de la société, qui exclut tout débat sur l'orientation des décisions politiques ? Ou bien s'agit-il d'un changement d'échelle de l'espace public lié notamment à la complexité croissante de la communication sociale et au nombre des acteurs sociaux qui participent à la formation de l'opinion ?

La liberté de communication posée par les textes fondamentaux de la démocratie occidentale (Constitution américaine et Déclaration des droits de l'homme et du citoyen) fut le point d'appui de toutes les batailles pour la liberté de la presse. Elle a été le principe à partir duquel s'est organisé le fonctionnement de la démocratie. Sans espace public, c'est-à-dire sans lieu symbolique où s'expriment, s'échangent et se combinent les opinions, il n'y a pas de démocratie.

Dans cette perspective la télévision est-elle un élément essentiel de l'espace public contemporain, et se situe-t-elle dans la filiation de la liberté de communication ? N'a-t-elle, au contraire, rien à voir avec cet espace public, ou pire, contribue-t-elle à le détruire ?

CHAPITRE VII

Les intellectuels et la télévision

Une attention particulière doit être accordée au rapport que les intellectuels entretiennent à la télévision. Ces rapports sont passionnés, empreints de méfiance, et prennent des formes multiples qui vont de l'hostilité déclarée à la sympathie bienveillante ou à la participation sélective. Dans tous les cas ils ne sont pas placés sous le signe de l'indifférence, même si c'est souvent sur ce mode qu'ils se jouent.

Plusieurs raisons expliquent l'importance de la relation entre les intellectuels et la télévision.

La première est historique. Dans de nombreux pays, des intellectuels ont participé au développement de la télévision, particulièrement dans les pays à télévision d'État. Porteurs souvent d'un projet de « culture pour tous » ils ont souhaité faire de la télévision un grand outil de démocratisation. Leur déception à l'égard de l'évolution de la télévision et du comportement du public ainsi que leur difficulté à trouver une autre place expliquent la distance qu'ils ont prise depuis une vingtaine d'années à son égard.

La seconde raison est que leur position, comme celle des hommes politiques, a été remise en cause par la généralisation des médias, alors même qu'ils constituent un groupe de référence pour toute question liée aux rapports entre culture et démocratie. Quand on conteste la standardisation des produits culturels on fait référence à une conception de la culture élaborée par les élites cultivées. Quand on dénonce la consommation culturelle, on vise un changement d'attitude à l'égard de « l'œuvre ». Celle-ci est désacralisée, banalisée, par manque de respect intellectuel. Quand on spécule sur la désintégration de l'espace public, on se réfère implicitement à la disparition du public éclairé qui, aux siècles précédents, organisait les débats publics et exprimait les opinions.

Or ce public éclairé, c'était l'intelligentsia. Avant la croissance des médias de masse, celle-ci contrôlait l'espace public. Son pouvoir vacille quand les débats politiques ou culturels passent d'un public confidentiel à un public de masse.

Culture de masse, communication de masse, ces deux termes montrent que les intellectuels sont concernés car la culture et la communication constituent leur domaine d'élection. C'est pourquoi les attitudes des intellectuels à l'égard de la télévision soulèvent toutes les questions de la démocratie et de l'opinion publique à l'heure des mass-médias.

Oscillant entre élitisme et populisme, entre la défense d'un territoire menacé et le fantasme de la démocratie culturelle réalisée, l'intelligentsia est de toute façon impliquée dans la constitution du nouvel espace public créé par les médias de masse. Cependant sa réticence à l'égard de la télévision ne peut pas être réduite à une attitude de défense, car les questions qu'elle pose sont déterminantes pour le fonctionnement de la démocratie.

Il n'y a eu pourtant que peu de recherches sur les relations entre les intellectuels et les médias. Cette relation a surtout été l'objet d'échanges polémiques. C'est ainsi qu'Adorno traite les intellectuels favorables à l'industrie culturelle de « béniouioui » et sous-entend même que leur attitude positive s'explique par le respect de « sa puissance ». P. Lazarsfeld de son côté, ironise sur la déception des intellectuels de gauche à l'égard des classes populaires. Ceux-ci attendaient de l'accroissement du temps libre et du développement de la télévision un engouement des masses pour la culture et non pas pour les feuilletons [1].

Si les recherches sur ce sujet ont été rares, c'est sans doute que les intellectuels éprouvent une répugnance à se prendre eux-mêmes comme objet d'analyse et qu'ils sont dans une double position. Par leur fonction ils réfléchissent sur le sens des mass-médias et, simultanément, ils sont engagés dans un rapport de force vis-à-vis d'eux.

Il y a donc une interférence entre deux plans. D'une part, la vocation universelle de l'intellectuel au nom de laquelle la société lui accorde le droit de porter un jugement sur les phénomènes qu'il étudie. D'autre part, ses intérêts particuliers qui, en l'occurrence, sont directement en jeu.

La confusion de ces deux plans est source permanente de malentendus et de polémiques ; car l'intellectuel peut être suspecté, quand il analyse la communication de masse, de parler au

1. P. Lazarsfeld, « Les intellectuels et la culture de masse », in *Communications*, Seuil, Paris, n° 5, 1965, p. 5.

nom des intérêts de son groupe, quand bien même il tente de s'exprimer au nom de la connaissance. Inversement, il peut dissimuler derrière l'objectivité scientifique de simples comportements de groupe de pression.

Nous allons donc tenter cet exercice périlleux dans lequel nous laissons de côté, bien sûr, toute prétention à l'objectivité, qui consiste à analyser la relation entre les intellectuels, en tant que groupe social, et les mass-médias.

1. LA CRITIQUE DE L'ALIÉNATION POLITIQUE

Les intellectuels de gauche ont très rapidement tenu un discours critique sur la télévision. Ils y ont vu un risque d'aliénation, tant sur le plan politique que culturel, et ont dénoncé le poids de l'idéologie dominante ainsi que l'asservissement de la télévision aux intérêts de la classe dirigeante. Cette attitude, souvent radicale, présente plusieurs avantages.

Le premier est de ne pas remettre en cause une certaine représentation de la classe ouvrière et plus généralement des dominés dont le comportement, positif à l'égard de la télévision, ne peut s'expliquer que par la manipulation. Il faudrait, sinon, admettre que la culture ouvrière ne se distingue pas assez nettement de la culture bourgeoise, ou bien qu'elle n'est pas assez forte pour y résister.

Cela permet également de sauvegarder le grand projet pédagogique des années cinquante, qui devait garantir l'accès de tous à des œuvres jusqu'à présent réservées à l'élite. Comme l'expérience a montré que l'accès à cette culture ne dépend pas seulement de moyens techniques mais aussi de l'existence d'une demande, il est préférable de parler de manipulation de la demande pour expliquer que le public ait partiellement rejeté ce projet de la « culture pour tous ».

Le second avantage est de donner un sens à une activité populaire qui se dérobe à l'analyse. Il y a quelque chose d'irritant à voir autant de moyens financiers et techniques, de personnes mobilisées, de messages lancés dans le vide et reçus par une masse de spectateurs anonymes, sans que l'on soit capable de donner un sens clair à ce phénomène.

Les analyses en terme de pouvoir permettent au moins de combler le vide. Il y a là le moyen d'unifier les significations, de parler un langage compréhensible par tous, de dévoiler une domination cachée et de rendre service au peuple. Montrer que la télévision est moins un appareil de communication que de pouvoir constitue une mise en garde contre des dangers et même un acte d'émancipation. D'ailleurs encore aujourd'hui toute analyse insistant sur les pouvoirs de la télévision bénéficie, *a priori,* d'un accueil favorable. Surtout si elle dévoile un mécanisme de pouvoir jusque-là ignoré. On est toujours du bon côté dès lors qu'on analyse et dénonce le pouvoir.

Enfin, affirmer l'aliénation des autres permet de ne pas s'interroger sur sa propre position dans le processus de communication. Celui qui formule l'analyse échappe par définition à la manipulation puisqu'il est capable de l'observer et de la nommer. Comment a-t-il fait ? Par quel miracle ? Pourquoi est-il protégé d'une aliénation qui selon lui s'abat indifféremment sur tous ? Quelle science ou quelle sagesse lui permettent de voir ce que le commun des mortels ne peut pas voir ?

En un mot il fait partie d'une élite capable de découvrir la supercherie. Car ce sont toujours les autres qui sont manipulés. Celui qui dénonce l'aliénation est, par définition, à l'abri de celle-ci. Bien sur il faut lui faire confiance, car seule sa bonne foi est la preuve de sa clairvoyance tandis que les autres sont aveugles.

S'il nous vient cette idée saugrenue que son jugement n'est pas fondé sur sa clairvoyance, mais sur ses préjugés, son idéologie, ses choix politiques, ses goûts artistiques, alors le doute s'installe. Ne serait-il pas lui, le manipulateur ? Lui dont l'objectif serait de faire taire un message qui ne lui convient pas pour en faire passer un autre qui lui convient ? À qui se fier ? Où est cet être pur de tout *a priori,* vierge de tout préjugé qui serait capable de dire ce qu'est le message non aliénant, l'information non manipulée ?

Mais il faut aller plus loin dans l'analyse, car l'hostilité à la télévision n'est pas l'apanage des intellectuels de gauche. Les élites culturelles qui ne s'intéressent pas nécessairement à la politique, ou celles qui sont conservatrices, partagent souvent cette hostilité. Le problème dépasse donc cette partie de l'intelligentsia qui ne se satisfait pas « du monde tel qu'il est ».

Il est significatif par exemple que l'intelligentsia, si prompte ordinairement à se mobiliser pour la liberté d'expression et l'autonomie de la parole, ne se soit jamais véritablement émue, notamment en France, du monopole d'État sur la communication audiovisuelle. Tout s'est passé comme si le statut d'exception de celle-ci était la preuve que dans la discussion publique, l'image ne pouvait être mise sur le même pied que la parole où l'écrit.

Ce préjugé tenace existe non seulement parce que l'image est faite pour le grand nombre, mais surtout parce qu'elle est jugée étrangère à la raison. La politique y est « mise en scène », tandis que la discussion sérieuse reste du domaine du petit nombre pour qui la politique n'est pas un spectacle mais une action et des choix rationnels. Comme si le statut à part de la télévision sanctionnait le statut à part de l'image. Comme si le caractère ambigu de la communication imposait un régime d'exception.

Mais quel est le danger ? C'est un risque de réduction de la discussion politique à la mise en scène du pouvoir à cause de l'irrationalité de l'image. Spectacle et discussion rationnelle ne peuvent faire bon ménage. C'est pour cette raison que la télévision est considérée comme étant d'une nature différente de la presse. En étendant la logique du spectacle, du divertissement à la politique, elle risque de favoriser une régression.

En effet le jeu démocratique et la presse avaient réussi, dans une certaine mesure, à rationaliser l'activité politique mais ils peuvent subir les contrecoups de ce retour en arrière. L'image dérationalise la politique et privilégie les actes symboliques destinés à frapper l'imagination. L'opinion publique n'est plus cet ensemble de citoyens qui exercent leur esprit critique, pour examiner les questions d'intérêt général, mais un public de théâtre qui regarde les acteurs jouer la comédie. D'où l'idée d'un recul de la raison, et les risques d'un archaïsme.

Pour nous c'est cette conception même qui est archaïque. Elle est fondée d'abord sur une hypothèse très discutable selon laquelle l'image est un signe dégradé ou immature et qu'il n'est pas possible de se faire une opinion rationnelle par l'image.

Elle postule ensuite un clivage radical entre connaissance et croyance qui fait fi des nombreux travaux qui depuis trente ans montrent justement les liens étroits entre connaissance et croyance alors que cette conception au contraire fait preuve d'une croyance « irrationnelle » dans la connaissance.

L'irrationalité a toujours été un des éléments essentiels du jeu politique et de ce point de vue-là l'image ne change pas grand-chose. Une décision politique n'est jamais prise à l'issue d'un débat approfondi où chacun fait usage de sa raison pour élaborer une opinion commune. Les actes symboliques, les simulacres et les élans émotionnels interfèrent toujours et ramènent moins vers les idées que vers les personnes.

Dans ce jeu des passions, les images de la télévision peuvent paradoxalement avoir un effet refroidissant. Par la répétition quotidienne de la mise en scène, elles éduquent le regard et font perdre au spectacle son caractère exceptionnel. Quand l'effet de surprise ne joue plus les conditions sont réunies pour qu'une certaine distance soit prise. En multipliant les actes symboliques télévisés, les hommes politiques scient un peu cette branche de leur pouvoir. Mais ils seront peut-être les derniers — avec les intellectuels — à s'en apercevoir.

Cette appréciation négative portée sur l'image, source d'irrationalité, conduit en général au thème de la dépolitisation de l'opinion publique.

Là encore les médias audiovisuels servent de facteur d'explication parce qu'ils incitent au divertissement et à l'égoïsme, donc au repli des individus sur leur vie privée. Cependant les aspirations individualistes ont une origine qui dépasse largement le cadre de la télévision. Et il n'est pas difficile de trouver dans de nombreux autres domaines une tendance similaire vers une autonomie individuelle dans la satisfaction des besoins.

En réalité il faut revenir aux rapports complexes entre vie privée et vie publique dans une société démocratique pour éclairer cette question. Car la critique de la dépolitisation suppose l'existence d'un modèle idéal de l'engagement du citoyen dans la vie de la cité.

Or la dialectique homme privé-homme public est constitutive de la démocratie occidentale, et l'évolution de la relation entre ces deux pôles est une contradiction au cœur même de l'idéal démocratique. Sans égoïsme privé, il n'y a pas de société et sans civisme, il n'y a pas d'État démocratique. Ces deux aspects contradictoires du fonctionnement des démocraties existent depuis toujours et se soutiennent mutuellement.

Les médias audiovisuels nés il y a une quarantaine d'années, même s'ils constituent d'excellents boucs émissaires, peuvent difficilement être accusés de créer un phénomène vieux de plusieurs siècles. En outre l'originalité de la liberté moderne est justement qu'elle n'oblige pas à participer de manière consciente et permanente au système démocratique et à la cohésion sociale.

Comme le remarque Marcel Gauchet : « L'événement crucial et tragiquement méconnu qui nous a coupés des sociétés antérieures, le voici en effet : ... *la conquête du droit de vivre sans penser qu'on est en société,* avec ce postulat implicite que celle-ci n'en tient pas moins fort bien ensemble lorsque les individus cessent de participer en conscience, à son acte instituant... libre à eux, désormais, de ne plus songer qu'à leurs affaires propres, de perdre de vue la chose publique. Étant en fait entendu que la collection qu'ils forment n'a pas besoin qu'on y pense et qu'on y travaille pour acquérir et conserver consistance de société[1]. »

Paradoxalement la démocratie moderne réside en effet moins

1. M. Gauchet, *Préface à Benjamin Constant. De la liberté chez les modernes,* Le livre de poche, Coll. Pluriel, 1980, pp. 49-50.

dans l'institution de l'espace public que dans la reconnaissance et la légitimation de l'espace privé. Le droit au repli sur l'espace privé est donc une conquête de la démocratie en même temps qu'une menace contre elle. La contradiction de la démocratie est qu'elle défend le droit aux passions privées et que celles-ci peuvent la détruire. La question de la dépolitisation est donc bien plus complexe que certains auteurs le laissent penser.

Il est par contre intéressant de s'interroger sur les raisons pour lesquelles cette question sociale et politique, ancienne et immense, émerge régulièrement à propos de la télévision. La raison principale n'est-elle pas justement à chercher dans la place qu'occupe la télévision dans la société moderne, à la frontière de l'espace public et de l'espace privé ?

Elle assure un lien entre les deux espaces, c'est pourquoi elle est parfois considérée comme la cause d'un processus, alors qu'elle le rend simplement plus visible.

Il est tentant de voir dans la croissance des médias un symbole de cette hypertrophie de la vie privée. R. Sennett par exemple considère que la revendication de l'intimité risque de provoquer la mort de l'espace public. Pour lui : « Les communications électroniques sont l'un des moyens par lesquels la notion même de vie publique a été étouffée... Les mass-médias augmentent énormément le savoir qu'ont les gens de ce qui se passe dans la société, mais bloquent radicalement leur capacité à transformer ce savoir en action politique[1]. »

Ce point de vue critique appelle trois observations. D'abord le repli sur l'espace privé peut être autant considéré comme un désintérêt du citoyen à l'égard de la démocratie, que comme l'exercice d'une liberté démocratique.

Ensuite cette impression d'un désengagement général à l'égard du monde public est invérifiable. Elle s'appuie tantôt sur une comparaison avec un passé idéalisé, tantôt sur une comparaison avec un idéal qui ne tient pas compte de cette contradiction essentielle entre le privé et le public et qui semble rêver d'une absorption complète de la société par l'espace public.

Enfin cette idée repose sur une erreur d'observation. Elle confond les moments où l'on regarde avec ceux où l'on s'engagea. Elle assimile le regard porté sur les images du monde, de chez soi, à un désengagement en oubliant que le temps de l'engagement est différent. Pourquoi cette vision à distance serait-elle une déconnection de l'espace public ? Qui peut dire que les images des massacres et des famines à la télévision incitent à partir en vacances plutôt qu'à manifester et voter ? Elles incitent peut-être

1. Richard Sennett, *Les tyrannies de l'intimité* (1974), Seuil, Paris, 1979, p. 220.

aux deux à la fois. Et tel est probablement le privilège des démocraties.

Cette critique de la télévision comme facteur de dépolitisation s'accompagne souvent d'une critique voisine qui la considère comme un instrument du conformisme. Là encore le problème déborde largement la dimension des médias audiovisuels, mais la télévision sert de surface de projection.

Celle-ci semble en effet répondre au travers le nombre et la régularité de ses programmes à un besoin d'unanimisme, de consensus, d'absence de conflits ou de conflits suffisamment ritualisés pour être inoffensifs.

On pourrait certes objecter que la fragmentation de l'audiovisuel traduit un certain refus du conformisme, puisque les téléspectateurs réclament dans l'ensemble une plus grande liberté de choix et rejettent de plus en plus la loi du grand nombre. Mais chacun sait bien que le conformisme peut exister quelle que soit la dimension du groupe et qu'il y a un conformisme du petit nombre, le snobisme ou l'élitisme par exemple. Celui-ci peut donc très bien s'épanouir avec des médias individualisés.

Le problème du conformisme se pose de façon particulière dans les démocraties parce qu'il est en rapport direct avec la liberté d'opinion. Dans les sociétés non démocratiques, le conformisme pose moins de problèmes car il peut toujours être ramené à une contrainte extérieure, donc à la domination et à l'obéissance. Tandis que dans la démocratie il y a en permanence une énigme : comment et pourquoi l'individu libre accepte-t-il de se soumettre à l'opinion des autres ?

Cette question touche donc, elle aussi, aux contradictions du phénomène démocratique et égalitaire. Les éléments de cette contradiction sont en gros les suivants.

Puisque chaque citoyen a le droit d'avoir des opinions qui lui sont propres, comment faire en sorte que la société tienne et fonctionne ? La plupart des dissidents soviétiques qui s'installent en Occident sont d'ailleurs au premier abord effrayés par des sociétés chaotiques qui leur semblent toujours à la limite de l'effondrement. La liberté de la presse et la cacophonie des opinions leur semblent catastrophiques et semblent menacer l'État puisque chacun critique sans retenue le gouvernement, et que les revendications sont permanentes.

Or il est extrêmement difficile de comprendre qu'un pouvoir puisse s'exercer normalement malgré ces coups de boutoir. Il faut un certain temps pour percevoir le clivage entre la société et l'État, et saisir les fonctions et les limites de l'espace public dans lequel la critique radicale peut s'énoncer, sans nécessairement porter atteinte à l'autorité du pouvoir[1].

Mais tout en disposant de cette liberté extraordinaire, le citoyen de la société démocratique n'en éprouve pas moins un sentiment d'isolement et de faiblesse. La cause en est que la puissance de l'opinion vient du nombre et que l'opinion ne prend son sens que partagée par autrui.

C'est d'ailleurs en cherchant à faire partager leurs opinions que les individus passent de l'espace privé à l'espace public. Et le partage des opinions devient la condition du fonctionnement de l'espace public qui n'existe que par le processus dynamique constitué par l'échange et le heurt des opinions. Le partage des opinions suppose à la fois l'existence des autres et l'existence d'un processus de communication.

Hannah Arendt souligne ce point : « La faculté de juger repose sur un accord potentiel avec autrui, et le procesus de pensée en acte dans le jugement n'est pas, comme dans le processus mental du pur raisonnement, un dialogue entre moi et moi-même ; il se trouve toujours, et primitivement, même si je suis tout à fait seul à faire mon choix, dans une communication anticipée avec autrui avec qui je sais finalement devoir trouver un accord. C'est de cet accord potentiel que le jugement tire sa validité spécifique[2]. »

Plus la société est égalitaire et plus le mécanisme du partage des opinions fonctionne comme une contrainte extérieure. Il est de plus en plus difficile à l'opinion d'un seul de s'opposer à l'opinion de tous. Vérifier que son opinion est partagée par autrui devient un motif essentiel de l'intérêt de l'individu pour l'espace public. Dans ce contexte, le conformisme est souvent l'abandon de son opinion propre, au profit d'une autre, pour l'unique raison qu'elle est insuffisamment partagée.

« Plus les conditions deviennent égales, dit Tocqueville, moins les hommes sont individuellement forts, plus ils se laissent aisément aller au courant de la foule et ont de peine à se tenir seuls dans une opinion qu'elle abandonne[3]. »

Si l'on suit Tocqueville, le conformisme serait un résultat de « l'égalité des conditions » avec une forte dimension psychologique : ce serait un mouvement de la conscience, un refus de penser par soi-même et surtout de penser contre l'opinion des autres. Donc une adhésion à l'opinion d'autrui par peur du conflit ou de la séparation.

1. Cf. P. Manent, « Démocratie et totalitarisme ; à propos de Claude Lefort », in *Commentaire*, n° 16, Hiver 1981-1982, Julliard, Paris, pp. 574-583.
2. Hannah Arendt, *La crise de la culture* (1954), Gallimard, Paris, 1972, p. 281.
3. A de Tocqueville, *De la démocratie en Amérique*, t. 2 (1840), Garnier-Flammarion, Paris, 1981, p. 146.

Tocqueville n'accorde pas aux moyens de communication un rôle décisif dans ce processus psychologique. Ils ne font que manifester la contrainte égalitaire : « Le journal représente l'association ; l'on peut dire qu'il parle à chacun de ses lecteurs au nom de tous les autres, et il les entraîne d'autant plus aisément qu'ils sont individuellement plus faibles. L'empire des journaux doit donc croître à mesure que les hommes s'égalisent[1]. »

Dans cette conception, le journal exprime l'opinion de ceux qui le lisent. Il ne crée pas *ex nihilo* des opinions, il les rend communes. Le medium est utilisé par l'individu isolé pour vérifier que son opinion est partagée et cette vérification est fondatrice de l'opinion publique.

De ce point de vue la télévision n'innove pas beaucoup. Elle remplit les mêmes fonctions pour un public plus large, au travers la diffusion des images. À moins d'accepter la thèse absurde que l'image paralyse la conscience, on ne voit pas pourqúoi la télévision favoriserait particulièrement le conformisme. Celui-ci est une figure parmi d'autres du jeu du partage des opinions.

Il ne peut être favorisé qu'à la suite de certaines circonstances historiques où la société se ferme et le pouvoir se bloque et se durcit, ou dans certains contextes psychologiques dans lesquels les individus sont vulnérables à la peur du conflit.

À vrai dire, si beaucoup d'intellectuels ont vu dans la télévision un outil du conformisme, c'est surtout à cause des perturbations qu'elle introduisait dans le contrôle et la séparation des réseaux de communication. Le réseau de la discussion rationnelle et approfondie au sein d'une élite culturelle était doublé, entouré d'un réseau plus vaste, plus flou dont les critères de légitimité et de fonctionnement étaient différents.

L'étanchéité sociale et culturelle entre réseaux de communication n'étant plus parfaite, il fallait se situer par rapport au réseau le plus large en tentant de préserver l'essentiel. Et l'essentiel était la culture classique qui devenait culture minoritaire dans un système de communication socialement hétérogène. La critique du conformisme apparaît alors comme une tactique défensive dans un combat supposé entre culture d'élite et culture de masse.

1. A. de Tocqueville, *op. cit.*, p. 146.

2. CULTURE D'ÉLITE ET CULTURE DE MASSE

Le problème de l'intelligentsia est de limiter les transformations négatives, subies par la culture classique avec la généralisation des médias.

Pour bien comprendre ce problème, il faut partir du sentiment de rattrapage qu'éprouvent les élites. C'est-à-dire le sentiment d'effacement progressif de certaines barrières culturelles dû à la croissance du niveau de l'instruction générale des populations dans les pays développés. P. Lazarsfeld note « la tendance croissante d'une population de plus en plus instruite à se rapprocher de la position des intellectuels et à réfléchir sur les problèmes de la culture contemporaine »[1].

Il faut distinguer plusieurs aspects dans le rattrapage. D'abord les élites n'ont plus le privilège du temps libre nécessaire à l'accès à la culture. La réduction du temps de travail dans les sociétés développées a donné à une majorité de la population le temps hier réservé à une minorité. De plus les pratiques culturelles sont devenues moins onéreuses pour atteindre presque la gratuité, dans le cas de la télévision. Les deux critères quantitatifs du temps et de l'argent qui marquaient nettement la différence ont donc perdu une partie de leur force de discrimination.

Par ailleurs, l'élite cultivée est elle-même beaucoup plus nombreuse, grâce à la démocratisation de l'enseignement. Mais elle est également beaucoup plus hétérogène et ses goûts sont de plus en plus étrangers à ce qu'on appelle les humanités. La culture classique a ainsi tendance à perdre de sa force parce que le système éducatif s'en éloigne et que les nouvelles élites la pratiquent moins. Le rattrapage prend ici la forme d'un nivellement et d'une certaine perte de spécificité de la culture d'élite.

Enfin il existe une interaction entre culture de masse et culture d'élite — nous reprenons ces deux notions dans leur acception commune. Non seulement parce que les élites ont tendance à produire de nouvelles valeurs culturelles au fur et à mesure que les anciennes entrent dans le patrimoine commun, et donc à fabriquer de nouvelles différences, mais aussi parce que « ce qui différencie la culture de masse de la haute culture ne tient pas à l'œuvre même, mais essentiellement au regard que l'on porte sur elle[2] ». Ce qui signifie que l'appréciation d'une œuvre se

1. P. Lazarsfeld, *op. cit.*, p. 4.
2. E. Morin, « Les intellectuels et la culture de masse », in *Communications*, n° 5, 1965.

fait soit à partir des critères de goût liés à une éducation, soit à partir d'autres critères pour ceux qui n'ont pas cette éducation.

À ce moment-là, l'œuvre peut être mise sur le même pied que d'autres œuvres « non culturelles » et s'intègre dans la culture de masse.

On retrouve ici les différences de perception liées au contexte socio-culturel : un opéra, un ballet, une pièce du répertoire classique ne sont pas perçus de la même façon selon les milieux et les classes. L'accessibilité pour tous ne signifie pas l'effacement des niveaux et des barrières.

R. Barthes a explicité cette contradiction apparente en opposant « la confusion des contenus à la permanence du partage ». L'opposition demeure même si son contenu change. Car « l'opposition entre culture de masse et culture supérieure constitue une manifestation du paradigme majorité-minorité »[1].

Cette remarque permet de rendre compte du paradoxe actuel où le brassage culturel semble n'avoir jamais été aussi fort, notamment grâce aux médias de masse, alors que les clivages culturels se maintiennent avec des contenus de plus en plus difficiles à cerner. Cela s'explique par le fait que la culture est inséparable d'une situation sociale et exprime dans l'ensemble une certaine hiérarchie. Ce n'est pas parce que l'on accède, grâce aux médias, à la culture des élites que l'on accède pour autant à la situation sociale qui lui correspond.

C'est ainsi que la télévision a une double action. D'une part, elle permet effectivement l'accès du grand nombre à des œuvres qui leur étaient autrefois inaccessibles. D'autre part, elle révèle des différences de goût qui existaient auparavant mais qui étaient beaucoup plus dissimulées. Elle permet donc simultanément à « la masse » de prendre connaissance des produits culturels prisés par l'intelligentsia et contraint cette dernière à voir les œuvres qui ont les faveurs du grand public.

La télévision fait ainsi cohabiter sur un même écran toutes les formes de culture. Et les réticences de l'intelligentsia posent une question fondamentale : comment éviter que le brassage culturel n'aboutisse au triomphe de la culture moyenne et à la disparition des formes d'expression minoritaires ?

Cette question ne dissimule pas une attitude purement corporatiste. Elle est certes une réaction de minorité menacée mais elle contient aussi une défense de principes généraux.

Le premier principe est la nécessité de maintenir des critères

1. R. Barthes, « Les intellectuels et la culture de masse », in *Communications*, n° 5, 1965.

culturels pour juger la qualité des œuvres. La dimension de l'audience, qui est la règle d'or des mass-médias, ne fournit *a priori* aucune indication sur cette qualité. Ce refus de la dictature du succès traduit donc la volonté de préserver des formes d'expression minoritaires et exprime le rejet des règles de standardisation qui sacrifient l'œuvre aux intérêts du grand nombre sur la base d'un calcul économique.

Elle contient également un plaidoyer pour la complexité des idées face aux tendances réductrices et simplificatrices des mass-médias. En effet, une pensée ne se résume pas en quatre minutes trente, et un livre n'est pas lu parce que l'on a vu son auteur en parler. Il y a là une critique du « court-circuitage » des médias et un rappel du temps et du travail nécessaires à l'accès à une idée ou à une œuvre.

Le second principe est une défense du travail individuel de création face à la « production d'équipe » des médias qui dissimule parfois, derrière les contraintes techniques, une irresponsabilité à l'égard du produit final. Il est difficile, pour les formes d'expression qui nécessitent un travail collectif comme le cinéma ou la télévision, de préserver dans la hiérarchie nécessaire à tout travail commun l'indispensable part de création individuelle.

Comme le note J. Gracq : « Il n'y a pas un seul élément de son art, ni visuel, ni auditif, ni même rythmique, dont le cinéaste soit maître au premier degré, comme l'écrivain l'est de ses mots et le musicien de ses notes. Tout film, si magnifique soit-il garde ainsi, à la sortie de sa chaîne de production, le caractère d'un objet manufacturé, à prendre ou à laisser tout entier[1]. »

La difficulté est naturellement d'évaluer la pertinence de cette critique de la course à l'audience et de cette défense de la création individuelle. S'il s'agit de la défense d'un territoire culturel menacé par l'extension de la logique des médias, les arguments semblent tout à fait valables. Mais s'il s'agit d'appliquer le seul critère du travail créatif individuel à l'ensemble de la production audiovisuelle, on tombe dans le défaut qui consiste à vouloir imposer un seul et même modèle à des productions de nature différente. La difficulté est d'arriver à trouver, dans la production audiovisuelle, les moments où s'appliquent des critères d'ordre individuel, ceux où s'appliquent des critères d'ordre collectif, de façon à construire des critères de jugement propres à la télévision.

Tous les arguments critiques des intellectuels à l'égard de la télévision n'ont pas cette hauteur de vue. Certains sont parfois

1. J. Gracq, *op. cit.*, p. 235.

utilisés pour dissimuler des réactions plus discutables, comme par exemple l'aversion à l'égard du grand public. Celui-ci est dans l'ensemble le public populaire, le moins cultivé, et dans son évocation il n'y a pas loin d'une sorte d'effroi et de fascination devant cette foule anonyme qui broie les différences et les hiérarchies. La télévision heurte les élites culturelles parce qu'en jouant sur le grand nombre elle ne privilégie plus ce groupe qui perd ainsi, à la fois sa spécificité et son prestige.

La télévision d'ailleurs ne s'adresse pas d'abord aux intellectuels, et semble pouvoir même fonctionner sans recourir à leurs normes et à leurs jugements. Ou plus exactement elle a tendance à faire coexister deux systèmes de hiérarchie qui ne renvoient pas aux mêmes émissions ni aux mêmes horaires. Celui des émissions grand public et celui des émissions culturelles. Dans la première catégorie, la référence n'est pas l'élite culturelle dont l'importance est secondaire dans le système de légitimité de la télévision.

Il se pose alors, pour cette élite, un problème d'identité et de maintien de ses prérogatives, d'autant plus qu'après avoir longtemps résisté à la télévision, elle s'est mise à la regarder tout en jurant qu'elle ne s'y laisserait pas prendre. Dans ces conditions, la forme principale que prend la distinction pour marquer ses distances vis-à-vis du grand public se situe dans le discours sur la télévision. Au travers celui-ci l'élite reprend en quelque sorte sa distance puisqu'elle donne le sens, critique et juge.

La caractéristique principale de la distinction est celle-ci : quand on parle du public de la télévision c'est toujours des autres qu'on parle, jamais de soi-même. Comme le dit F. de Closets : « La victime de la télévision c'est toujours l'autre[1]. »

« Academicus » est le surnom donné par G. Steiner[2] à cette catégorie de téléspectateurs américains dont les comportements réels sont en décalage avec les déclarations. Ils représentent un quart des téléspectateurs, ceux dont le niveau d'instruction est le plus élevé. Ils regardent en effet beaucoup la télévision et déclarent la regarder peu. Ils affirment qu'il n'y a pas assez d'émissions éducatives dans les programmes, mais regardent de préférence les émissions de pure distraction. Ils critiquent violemment la qualité des programmes, mais choisissent globalement les mêmes émissions que la moyenne des téléspectateurs. C'est donc par ses jugements et non par son comportement de téléspectateur, qu' « Academicus » se distingue de l'ensemble du public.

1. Dans son livre *Le système E.P.M.* consacré à la télévision, F. de Closets est l'un des seuls auteurs récents à ne pas avoir une vision négative ou désabusée du public mais à souligner au contraire que celui-ci est beaucoup plus intelligent et critique qu'on ne le croit. L'argumentation est particulièrement nette dans le chapitre V, pp. 101-125, Grasset, Paris, 1980.

2. G. Steiner, *The people look at television,* Knopf, New York, 1963.

Ainsi, affirmer que la télévision est un outil d'éducation et de culture pour la masse, revient à se placer soi-même hors de la masse. Et s'il doit justifier sa préférence pour les émissions de distraction, le spectateur d'élite explique qu'il n'a pas besoin de la télévision pour se cultiver, puisqu'il a pour cela les livres, les expositions, les magazines et le cinéma. Le discours qui définit ce que devrait être la « bonne télévision » pour les autres dissimule peut-être une mauvaise conscience et une difficulté à accepter d'avoir les mêmes distractions que tout le monde.

P. Lazarsfeld appelle justement ce comportement, « intégration par rejet » : « Nous sommes sans doute au centre d'un très curieux phénomène : la division en compartiments de l'existence des gens cultivés. D'un côté, ils ont part à la culture populaire de leur temps et y prennent plaisir. De l'autre, ils ont part aux débats sur la culture populaire et s'inquiètent de ses méfaits possibles.[1] »

Telle est l'intégration par rejet partiel : « Les gens cultivés suivent les discussions sur la culture de masse parce qu'elles favorisent un rejet partiel, mais cela leur permet en même temps d'intégrer l'expérience d'une participation à la culture de masse. » En somme le téléspectateur moyen et l'intellectuel regardent tous les deux le feuilleton américain, mais le premier se contente de le voir, tandis que le second en fait une analyse en termes d'aliénation et d'impérialisme.

Si ce discours des élites avait comme seule fonction d'atténuer la culpabilité qu'elles éprouvent à regarder la télévision comme tout le monde, cela n'aurait guère d'importance. Mais, il a au moins deux répercussions négatives. La première est qu'il maintient, dans le débat social sur la communication, des mythes tels que celui de la toute-puissance de la télévision auxquels une partie de l'intelligentsia apporte sa caution. Ce qui entraîne une certaine stagnation du débat sur la nature de l'influence de la télévision. La deuxième est que de nombreuses « analyses objectives » de la télévision apparaissent souvent comme un moyen de ne pas savoir. Parler « des autres » évite de réfléchir sur soi et sous couvert de mieux comprendre on s'extériorise du champ d'analyse.

La « sociologisation » a signé une sorte de fuite en avant. Les discours sur le public doivent ainsi être regardés à l'envers. Ils en disent moins sur le public et sur ses rapports à la télévision que sur ceux qui les tiennent.

L'importance de la réflexion sur les autres (public ou masse)

1. P. Lazarsfeld, *op. cit.*, p. 9.

est devenue le symptôme d'un examen personnel qu'on ne veut pas faire. Or, la réflexion sur les rapports personnels que les intellectuels entretiennent à l'image et à la télévision devrait inviter à plus de modestie et de tolérance, tant le phénomène apparaît complexe, ambigu, contradictoire.

3. LA PLACE DES INTELLECTUELS DANS LE NOUVEL ESPACE PUBLIC

Hier, l'organisation du débat politique, l'orientation des goûts et des opinions et la critique du pouvoir se faisaient dans un petit cercle. Aujourd'hui, non seulement les élites sont plus larges mais les médias de masse paraissent étendre à l'ensemble des citoyens le cercle de ceux qui sont habilités à juger et à légitimer.

Cette ouverture de l'espace public transforme les règles du jeu. Elle augmente simultanément le nombre des intervenants (ceux qui expriment des opinions légitimes) et le nombre des participants (ceux qui jugent les opinions, les rejettent ou les acceptent). De plus, les systèmes de légitimité se différencient. Au jugement par les pairs qui n'a pas disparu, est venu s'ajouter un jugement par le grand public, dont les critères sont bien évidemment différents. Le jeu devient donc plus complexe et l'on comprend que certains y aient vu une menace quant au maintien du rôle des intellectuels.

La question est en effet de savoir si les deux types de critères sont compatibles.

Un intellectuel qui séduit le grand public par l'intermédiaire des médias sera jugé sévèrement par ses pairs. À l'inverse celui-ci considérera facilement que sa légitimité est supérieure à celle de ses collègues, incapables de faire passer leurs idées à une échelle plus large que celle de leur petit milieu. En outre, apparaît une catégorie d'intellectuels qui choisit délibérément de contourner le système de sanction traditionnel de l'Université, de la Recherche ou de l'édition, pour s'adresser directement au grand public. Il y a donc une sorte de concurrence entre ces deux types de légitimité qui bien souvent s'excluent mutuellement.

Mais pourquoi craindre la victoire de l'une sur l'autre? D'abord la question n'est pas nouvelle puisque depuis longtemps, l'élargissement de la production culturelle et la multiplication des moyens de communication, font cohabiter des logiques culturelles qui s'ignorent et parfois s'opposent. La télévision ne change pas radicalement cette situation.

Nous allons essayer de montrer que la cohabitation conflictuelle des différentes légitimités est appelée à durer. Autrement dit, il n'y a pas d'absorption de la légitimité traditionnelle par celle du grand public, et contrairement à ce que pense Habermas, par exemple, l'opinion du public éclairé conserve un poids réel dans le système de communication de masse.

La thèse de la « fin de l'intelligentsia » est affirmée, de façon abrupte, par R. Debray dans *Le pouvoir intellectuel en France*[1].

Selon celui-ci, « en reculant les bornes de l'écoute, les mass-médias ont donc démultiplié les sources de la légitimité intellectuelle en englobant l'étroite sphère de l'intelligentsia professionnelle, source classique de légitimité, dans des cercles concentriques plus larges, moins exigeants et donc plus faciles à gagner. D'où la possibilité de faire jouer les grands anneaux contre les petits, l'exotérique contre l'ésotérique, les amateurs contre les professionnels. C'est-à-dire, par exemple, l'hebdomadaire contre la revue spécialisée, voire le grand quotidien contre l'hebdomadaire culturel et en dernière instance la télévision contre l'hebdomadaire. La loi du marché donne par définition raison au plus grand cercle, le plus petit ne pourra que s'aligner sur le grand s'il ne veut pas se voir confisquer son propre marché. Les mass-médias ont fait sauter les clôtures de l'intelligentsia traditionnelle, et avec elle ses normes d'appréciation et ses barèmes de valeurs.[2] »

On ne peut plus clairement affirmer que les médias détruisent la fonction et la place de l'intelligentsia, et que cette destruction est une catastrophe car la qualité de la production intellectuelle ou artistique, en passant d'un public averti à un public non averti, ne peut que baisser.

R. Debray affirme par exemple : « En diluant le moi collectif de l'ancienne intelligentsia, les médias désagrègent l'ancien surmoi professionnel de ses membres. En 1950, aucun philosophe — la peur du ridicule aidant — n'aurait oser publier un ouvrage comme ceux qui ont dernièrement occupé les magazines, car l'environnement universitaire avait gardé assez de compacité

1. Ce livre de R. Debray est représentatif, y compris dans ses outrances, du courant intellectuel critique dominant en France. Cette représentation de l'intelligentsia débouche sur une critique radicale du système des médias au nom des valeurs morales et culturelles dont les intellectuels sont censés être les gardiens. Cette conception de l'intellectuel comme conscience universelle est bien évidemment présentée comme la seule possible. Toute autre attitude de celui-ci étant une trahison de sa vocation critique. La France est le pays où cette position est le plus largement répandue, pour des raisons historiques dont l'analyse détaillée dépasserait l'objet de ce livre. Toujours est-il que la plupart des ouvrages publiés depuis vingt ans en France, sur la question du rapport entre intellectuels, médias et société sont une illustration de cette théorie.

2. R. Debray, *op. cit.*, pp. 96-97.

pour fonctionner comme autocensure. » Et il précise : « Puisque le marché fait loi, et que l'Université n'a plus le monopole des légitimités intellectuelles, il n'est pas du tout déraisonnable de faire ouvertement l'impasse sur l'avis de deux mille professionnels, en leur opposant un million de lecteurs de magazines, et dix millions de téléspectateurs.[1] »

Le raisonnement s'appuie en fait sur l'hypothèse implicite que le commerce des idées relève exclusivement d'une logique économique. Pour R. Debray c'est la puissance économique et financière des médias qui broie l'intelligentsia. Il s'agit d'un point de vue marxiste traditionnel : dans les pays capitalistes avancés, la sphère de la circulation domine la sphère de la production. Puisque les idées sont des marchandises, la sphère de la circulation sont les médias et la sphère de la production sont les intellectuels. Même si l'on accepte cette problématique marxiste, il faut signaler que dans aucun pays, le capitalisme industriel n'a été totalement dominé par le capitalisme commercial ou bancaire. Pourquoi les industriels de la pensée seraient-ils plus mal lotis que ceux de l'électronique ?

En outre, cette explication par l'économie résiste mal à l'analyse. Dans les sociétés démocratiques la dimension symbolique des systèmes de légitimation subsiste même si les contraintes économiques et financières interviennent. La diffusion des idées nécessite évidemment des moyens économiques. Mais ceux-ci ne peuvent à eux seuls « fabriquer » une légitimité ou alors, on en revient toujours à la thèse de la manipulation absolue du public par les médias. La preuve en est que R. Debray, comme d'autres, parle de la légitimation par les médias et non de la légitimation par le public des médias, confondant les médias et leur public, ou plutôt insinuant que le medium contrôle et manipule complètement son public.

En réalité, un système de légitimation n'ayant pas de grande puissance financière, ni un large public — comme celui de l'intelligentsia — n'est pas nécessairement appelé à disparaître. La dimension symbolique de l'espace public est un élément essentiel pour comprendre que ce ne sont pas seulement les rapports de force économiques et financiers qui règlent le succès ou l'échec, la reconnaissance ou la méconnaissance d'une idée, d'un auteur ou d'une pensée. Seule la volonté de chercher une

1. Soit dit en passant, aucun philosophe n'aurait non plus publié un ouvrage comme *Le pouvoir intellectuel en France* où sont assenés des jugements péremptoires sur la télévision, sans que manifestement l'auteur se soit donné la peine de confronter ses préjugés ou son hypothèse aux résultats de recherches largement accessibles, entreprises depuis plus de vingt ans. Comme le dit lui-même R. Debray, « disserter brillamment sur un sujet dont on ignore presque tout relève d'une gymnastique tous terrains » (*op. cit.* p. 104.)

détermination économique en dernière instance, c'est-à-dire un modèle d'analyse où une cause unique détermine l'ensemble des facteurs, empêche de saisir la complexité du jeu qui s'appelle, à juste titre, *commerce des idées.* Surtout dans une société démocratique, c'est-à-dire une société d'opinions.

Il faut plutôt se représenter un système qui fait coexister, à travers tensions et rapports de force, la logique de la connaissance et la logique de la communication. Aucune des deux *a priori* ne peut vivre sans l'autre, ni ne peut la dominer. Chacune de ces deux logiques dispose d'armes non négligeables. Les professionnels des médias jouent sur le prestige et l'autorité qu'apporte le grand public, ainsi que sur la puissance financière, tandis que les intellectuels s'appuient sur le prestige de la connaissance et la légitimité universitaire.

La complexité de l'espace public moderne tient donc aux relations qui unissent la production et la circulation des idées et des opinions. Depuis toujours les idées servent à autre chose qu'à la connaissance pure, elles ont un rôle dans les rapports de force et les conflits politiques. Elles jouent sur un double registre, à la fois connaissance et stratégie. Quand elles sont énoncées dans certains réseaux face à certains publics, elles deviennent des actes stratégiques. Cela n'est pas nouveau, mais aujourd'hui ce double statut est beaucoup plus visible, et surtout beaucoup plus reconnu et admis. Il est devenu lui-même un objet d'analyse.

Dans ce système, les médias de masse, et particulièrement la télévision, jouent un faible rôle dans la production des idées, mais par contre un rôle non négligeable dans leur mise en position stratégique. Ils sont souvent surestimés parce qu'on confond ces deux fonctions, ou qu'on ne s'intéresse qu'à la seconde.

Dans cette interaction, la critique radicale et le mépris de la télévision affiché par une partie de l'intelligentsia devient d'ailleurs un élément du rapport de forces au sein de l'espace public. Ils sont à la fois un signe de solidarité et une position de repli qui n'empêchent pas des négociations individuelles pour accéder soi-même aux médias...

D'où le paradoxe de la situation. C'est en s'appuyant sur la légitimité universitaire que les critiques dénoncent la mort de celle-ci, tuée par la logique des médias. Mais c'est bien parce qu'ils savent qu'elle n'est pas morte qu'ils peuvent encore parler. Les médias de leur côté font un travail d'écho et d'orchestration, en rendant compte du discours de la mort de la vie intellectuelle sous les coups des médias. Et c'est ainsi que l'on peut voir à la télévision des intellectuels qui, au nom de leur légitimité, expliquent que la télévision détruit la légitimité intellectuelle.

Mais si le monde universitaire ne pouvait résister à cette « logique des médias », c'est qu'il serait déjà moribond. Cela signifierait que les intellectuels n'arrivent plus à faire respecter leur propre système de valeurs.

D'une façon plus générale, quand la télévision arrive à imposer ses critères, ce n'est pas à cause d'une force mystérieuse, mais simplement parce que les autres milieux n'ont plus assez d'autorité pour s'affirmer. Observés de près, les médias ne sont pas un rouleau compresseur. Le milieu professionnel manque d'assurance et de confiance en soi dans le débat d'idées.

En outre le grand problème des professionnels est de savoir à qui accorder la parole. Ils ont toujours peur de faire appel à quelqu'un dont l'autorité et la légitimité ne sont pas reconnues. Car il y a toujours un risque ou un pari à faire parler quelqu'un à la télévision. Mais ce risque est réduit si la personne bénéficie préalablement de la reconnaissance de son milieu professionnel. Et cette reconnaissance est particulièrement importante en ce qui concerne les intellectuels, car c'est souvent vers eux que l'on se tourne pour les questions difficiles ou conflictuelles.

La légitimité de la connaissance, surtout si elle est sanctionnée par l'institution universitaire, rassure le professionnel de télévision. Au point que l'on peut se demander qui colonise qui. Les journalistes sont d'ailleurs parfois agacés par le fait qu'une légitimité externe au medium semble toujours supérieure ou préférable à une légitimité interne.

Bien évidemment il peut y avoir des erreurs dans le choix du spécialiste convié à s'exprimer, et il est vrai à ce moment-là que le public n'est pas armé pour découvrir la supercherie, ou pour sentir l'incompétence. Mais l'intelligentsia elle-même commet régulièrement des erreurs de jugement sur l'attribution des compétences à ses pairs. Elle n'échappe ni à l'irrationalité ni aux modes, et en la matière, il n'y a pas d'infaillibilité. Accorder une légitimité à quelqu'un relève au moins autant d'un acte de confiance, d'un système de croyance et de valeurs que d'un quelconque jugement scientifique.

Il faut ajouter que la véhémence du débat sur la légitimité de celui qui s'exprime dans les médias est différente selon les domaines. C'est dans le domaine des idées philosophiques, politiques et morales que la polémique est la plus violente.

La télévision ne fait que révéler, ici, un phénomène qui existe depuis toujours, à savoir que le consensus de la communauté intellectuelle est plus faible dans les sciences humaines et sociales que dans les sciences de la vie et de la nature, ou plus exactement qu'il prend des formes plus polémiques et plus publiques.

De plus, pour les secondes, il est admis qu'il existe deux domaines relativement distincts, celui de la science pure et celui de la vulgarisation. La tradition a façonné les conventions de la vulgarisation scientifique et a suscité des professions (journalistes scientifiques ou médicaux) qui assurent la médiation entre les spécialistes et le grand public.

Mais il n'en va pas de même pour la sociologie, l'économie ou la science politique. Que signifie, en effet pour ces disciplines la vulgarisation puisqu'elles traitent des problèmes de la cité sur lesquels chaque individu, en tant que citoyen, est compétent pour intervenir ? Il faut alors considérer que l'ensemble des médias font de la vulgarisation dans la mesure où les sciences sociales fournissent, par imprégnation, les catégories d'analyse et les grilles d'interprétation appliquées aux problèmes de la cité.

En fait, des relations particulières relient les médias aux sciences sociales et humaines, car il existe un parallèle étonnant dans le développement des uns et des autres. Tandis qu'en quarante ans, un nouveau système de communication s'est mis en place, une tierce culture est née, celle des sciences sociales, venue s'ajouter aux deux cultures traditionnelles, celle de la science et celle des humanités. Cette tierce culture n'est pas, comme on l'a dit, une culture mass-médiatique, mais plutôt le résultat du développement et de l'enseignement de toutes les disciplines liées au fonctionnement de la société (économie, sociologie, sciences politiques, psychologie, gestion, organisation...).

La question n'est donc pas de savoir si les médias ont plus ou moins détourné ou simplifié certaines disciplines, mais au contraire, d'analyser de quelle manière elles ont contribué directement à leur développement et à leur succès.

La diffusion de cette tierce culture repose en fait sur trois pôles : L'élargissement du champ de la politique (santé, éducation, urbanisme, travail...) et l'utilisation de connaissances sur la société pour la décision politique. Le développement de ces disciplines dans le cadre de l'Université et leur enseignement à un nombre croissant d'étudiants. Enfin, la multiplication des médias qui ont besoin en permanence de faire appel à des « spécialistes de la société », pour s'adresser au grand public et lui expliquer un certain nombre de problèmes.

Les médias ont donc une action beaucoup plus profonde sur les sciences sociales que sur les autres sciences. Si pour les sciences exactes ils ne font qu'accroître la diffusion des connaissances et améliorer la qualité de la vulgarisation sans toucher beaucoup au contenu même des connaissances, il n'en va pas de même pour les sciences sociales. Ils ne servent pas seulement à diffuser des connaissances qui existent par ailleurs mais ils contribuent également à les fabriquer en partie. Autrement dit, il n'y a qu'une autonomie relative de la « culture sociale » par rapport aux médias.

Ce constat apporte un éclairage différent sur la question de la participation des intellectuels aux activités des médias. On s'aperçoit que ceux-ci ont créé un « rôle social » nouveau, celui de « spécialiste de la société », et qu'ils offrent à l'intelligentsia l'occasion d'exercer une activité de communication qui, de toute façon, est la sienne. Ceux qui produisent les idées sont de plus en plus sollicités pour intervenir à la télévision à cause de cette logique de la communication. Trois attitudes sont possibles de leur part :

La participation sélective : l'intellectuel conserve son statut mais accepte de participer, soit comme intervenant, soit comme producteur d'émissions. Son travail consiste à traduire les préoccupations intellectuelles dans un langage accessible au grand public, en choisissant à chaque fois ce qui peut faire l'objet d'une traduction et ce qui reste incommunicable d'un champ à l'autre.

L'intégration : l'engagement est ici beaucoup plus profond. L'intellectuel devient un professionnel des médias mettant au service de ceux-ci sa compétence et sa formation, mais en acceptant de se plier aux exigences d'un travail à destination du grand public. Il devient un « communicateur ».

Le retrait : le refus de participer aux médias peut avoir deux causes. Soit une opposition à la logique et aux contraintes qu'ils imposent. Soit la conscience que la nature de certaines activités intellectuelles est difficilement compatible avec une expression audiovisuelle.

Cette question de la participation des intellectuels aux médias est souvent posée en sous-entendant que « participer » signifie s'adresser au « grand public ». Pourtant les émissions dans lesquelles s'expriment les intellectuels ne s'adressent en réalité jamais au grand public, sauf peut-être dans le cadre des journaux télévisés, mais il s'agit là d'interventions brèves, de même nature que celles d'autres personnalités interviewées.

En général, les intellectuels participent à des émissions, des débats ou à des documentaires dont les taux d'écoute dépassent rarement, en France, les 5 %[1]. Soit moins de deux millions de téléspectateurs ; c'est l'équivalent du nombre de lecteurs du *Nouvel Observateur*. Il y a donc un fantasme du grand public qui consiste à croire qu'il y a en permanence dix millions de personnes devant les récepteurs (c'est-à-dire 25 % d'audience), alors que cela n'arrive, en réalité, que pour les films du soir.

D'où vient cette erreur d'appréciation sur la dimension exacte du public ? Peut-être y a-t-il auto-intoxication par le

1. *Apostrophes*, l'émission de B. Pivot qui a fait couler tant d'encre chez les intellectuels, est un succès exceptionnel d'audience. Elle ne touche pourtant en moyenne que 9 % des téléspectateurs, soit environ trois millions et demi, ce qui est déjà considérable.

maniement abusif de la notion de masse ? Peut-être y a-t-il aussi confusion entre diffusion et réception (c'est-à-dire croire que l'on est encore dans la situation des années cinquante où chaque téléspectateur regardait tout) ? Mais il y a peut-être surtout la double fascination d'une part de l'image, et d'autre part du caractère indéterminé du public.

Quand on parle à la télévision on éprouve le sentiment de parler à la cantonade, alors qu'en réalité, on ne parle en général qu'à une catégorie limitée de téléspectateurs. Ce qui est particulièrement le cas pour les émissions culturelles[1].

Les intellectuels sont donc comme tout le monde, fascinés par l'outil, souhaitant naturellement l'utiliser pour toucher un public plus large. Mais ils craignent la simplification des idées qu'il impose. En un mot, ils se demandent si les inconvénients ne sont pas supérieurs aux avantages et s'ils ne risquent pas, au nom du public à toucher et des avantages supposés de la démocratie culturelle, de perdre leur identité, si ce n'est leur âme.

La version la plus radicale de ce même discours tend à refuser de participer au fonctionnement d'un système corrompu où règnent les clientèles, les passe-droits et le prêt-à-penser. Mais à bien regarder, ces arguments n'ont rien de nouveau. Ils ont été régulièrement utilisés depuis le XVIIIe siècle contre la librairie d'abord, puis contre la presse, enfin contre la radio et la télévision. Ils ne sont pas totalement faux, mais ils ne peuvent rendre compte du fonctionnement du système de la communication, ni expliquer qu'en dépit de ses défauts structurels, des œuvres et des idées circulent.

Même ceux qui refusent la logique des médias se situent en permanence par rapport à elle. À partir du moment où des idées politiques, sociologiques, morales sont débattues à la radio ou à la télévision il y a nécessairement une circulation entre l'intelligent-

1. A partir d'une enquête effectuée durant les six premiers mois de 1974, M. Souchon a montré que « c'est dans la télévision reçue par les foyers de cadres supérieurs que les émissions artistiques et documentaires occupent la place relative la plus forte », et il donne les précisions suivantes : « Parmi les émissions documentaires et artistiques... les différences les plus nettes portent sur les émissions d'histoire, de littérature, de musique et de zoologie. Les émissions d'histoire occupent une part relative plus importante chez les cadres moyens et surtout chez les cadres supérieurs, cette part étant au contraire plus faible chez les ouvriers et les agriculteurs. Les émissions littéraires occupent une place relativement plus grande que la moyenne chez les cadres supérieurs. C'est chez les retraités que les émissions musicales tiennent la place relative la plus grande. Enfin les émissions sur la vie des animaux sont, toujours relativement, mieux reçues que la moyenne chez les ouvriers et les agriculteurs et, au contraire, moins reçues chez les cadres supérieurs. » In *Petit écran grand public,* La Documentation française, 1980, pp. 162 et 165.

sia au sens strict et un public plus large. C'est la rançon de l'interaction entre culture sociale et mass-médias...

La question n'est pas de savoir s'il faut accepter un peu ou beaucoup l'existence des médias — qui de toute façon se passent très bien du jugement favorable ou défavorable des intellectuels — mais plutôt de savoir ce que l'on peut en faire. Car en définitive toute position de refus absolu revient à considérer que le public non spécialisé est incapable de comprendre.

Le contexte de la communication audiovisuelle impose un certain nombre de contraintes de temps, de simplification et de présentation. Il faut tenir compte également du caractère inévitable de l'ambiguïté du message et donc du risque d'être mal compris. Mais est-il seulement possible de n'être jamais mal compris ? Il y a toujours quelqu'un qui comprend mal. Dès que l'on accepte une situation de communication vers plusieurs auditeurs anonymes qui n'ont pas la possibilité de signifier qu'ils ont compris le message, on est obligé de faire un pari sur cette compréhension.

En définitive, pour un intellectuel, s'exprimer dans les médias ou y travailler est un acte de confiance à l'égard du public et la responsabilité spécifique des intellectuels en tant que groupe est de construire positivement les conditions de ce débat sur une place publique élargie. Tout n'est pas joué d'avance, et de la même manière que l'élite éclairée a construit les structures de la formation de l'opinion publique dans un espace public restreint au XVIIIe siècle, l'intelligentsia partage aujourd'hui, avec d'autres acteurs sociaux, une responsabilité similaire à l'égard du nouvel espace public.

Toute structure de communication impose des contraintes à la diffusion des idées, et donc risque de les dénaturer d'une certaine manière. Mais il est absurde, selon nous, de rejeter ces contraintes au lieu de travailler à les rendre compatibles avec la déontologie intellectuelle. Rien ne prouve que le nouvel espace public soit une vaste entreprise de dépolitisation des citoyens, et de toute façon si cela le devenait, les intellectuels y auraient une part de responsabilité. Il n'y a plus d'un côté la pureté des idées et de l'autre l'impureté de la communication de masse. Demain les intellectuels seront jugés aussi sur leur capacité à se situer à l'égard des médias et sur l'usage qu'ils en feront.

Troisième partie

LES RUPTURES

CHAPITRE VIII

De la télévision de masse à la télévision fragmentée

La situation de la télévision en France et dans une moindre mesure en Europe, donne l'impression d'être bloquée. On dirait la fin d'une époque avec tout ce que cela comporte de lassitude et de nostalgie. L'immobilisme semble d'autant plus fort dans les télévisions que les choses bougent à l'extérieur et en dehors d'elles. La société a changé, ainsi que l'attitude du public, le cadre économique et les technologies, et dans ces conditions il est logique que les télévisions entrent dans une période de turbulence et d'incertitude.

Les télévisions d'État sont peut-être les plus touchées parce que leur mode de financement, leur organisation et leur système de valeurs ne sont plus adaptés à la nouvelle situation. Mais les télévisions de société n'échappent pas non plus à la remise en cause. La logique de la concurrence ébranle leur pouvoir, et la prolifération des initiatives privées risque de réduire à néant les principes d'intérêt général difficilement mis en avant dans les législations.

C'est donc tout l'équilibre de l'audiovisuel qui lentement se modifie. Les nouvelles techniques sont souvent perçues comme le facteur le plus important des mutations actuelles, mais à tort car le rôle déterminant joué par les technologies n'est possible que parce qu'il y a eu préalablement un certain nombre de transformations sociales et culturelles.

Autrement dit, le passage d'une télévision de masse, dominante depuis quarante ans, à une télévision fragmentée, c'est-à-dire à un ensemble de programmes diversifiés sur des supports différents se fait sous une double impulsion.

D'une part celle du public qui ne se contente plus de deux ou trois chaînes mais souhaite avoir la possibilité de choisir entre le plus grand nombre possible de programmes, même s'il faut payer davantage. Ce changement de comportement est souvent une question de génération car les contemporains du développement de la télévision dans les années 1950-1960 acceptent encore l'ancien système, alors qu'il n'en est plus de même pour les jeunes. Les nouvelles générations ne se tiennent pas à la même distance respectueuse et craintive de l'écran que leurs aînés.

D'autre part celle des nouvelles technologies qui sont activement développées dans tous les pays aussi bien pour des raisons politiques qu'économiques. Les motivations de ces décisions d'équipement en technologie de communication sont d'ailleurs complexes et contradictoires. Parmi elles, la concurrence internationale occupe une bonne place car aucun pays développé ne veut être hors de la course pour l'avenir d'un secteur si prometteur.

La plupart du temps ce sont donc des objectifs de politique industrielle et non de politique de communication qui sont à l'origine des décisions, au point même que le volontarisme technologique ne s'accompagne presque jamais d'une politique de la communication. Le décalage se creuse progressivement entre les problèmes de contenu et de contenant, de programmes et de supports. Et comme il n'y a pas de consensus en Europe ni de réflexions en profondeur sur la réforme du système de communication, les États sont confrontés progressivement à une internationalisation de la communication, sans l'avoir vraiment voulu.

Les mutations de la télévision touchent les trois dimensions qui la caractérisent : la technologie ; le produit ; le public. Nous allons analyser les transformations techniques, économiques et socio-culturelles qui sont en interaction les unes avec les autres, sans donner à la technologie ou à l'économie une importance déterminante. Il n'y a pas de cause première, et s'il fallait hiérarchiser ces facteurs nous accorderions l'avantage aux mutations socio-culturelles.

1. LES NOUVELLES TECHNOLOGIES

Dans les livres sur la télévision, il y a toujours un passage consacré aux nouvelles technologies. C'est, pour le lecteur courageux et patient, un moment réjouissant. Car le survol de ces ouvrages montre que d'un côté on parle depuis vingt ans toujours des mêmes nouvelles technologies dans les mêmes termes et de l'autre on se trompe, sans coup férir, sur leurs délais d'application. En 1960 on annonçait pour 1980 ce qu'en 1980 on annonce pour 1990.

Témoin, cette petite anticipation datée de 1967 et intitulée « Les beaux dimanches de 1980 » : « M. Durand s'amuse. D'un doigt négligent, il " prend " successivement une partie de baseball à Boston, une pêche sous-marine à Tahiti, un festival Mozart à Salzbourg, un défilé de jonques chinoises, le carnaval de Rio, une corrida espagnole, et le Challenge-Round de la Coupe Davis en Australie. Le monde lui paraît ridiculement étroit. Un coup d'œil au programme : non, rien de prévu depuis la lune aujourd'hui, et ce n'est pas encore l'heure de son spectacle favori : l'observation en direct des grands fauves d'Afrique télévisés de nuit grâce aux caméras sensibles aux infrarouges.[1] »

1980 est passé, la lune est loin, la crise est là et pour ses « beaux dimanches » M. Durand a le choix entre la première et la deuxième chaînes. Par chance à partir de dix-sept heures son choix s'élargit car la troisième chaîne commence à émettre. Grandeurs et misères de la prévision technologique... Nous souhaitons donc, par avance, au lecteur de 1990 beaucoup d'amusement à la lecture de ce qui va suivre.

Parmi les technologies que nous allons passer en revue, certaines ne sont pas nouvelles. Par exemple, le premier câble installé aux États-Unis pour relayer la télévision l'a été en 1948 en Pennsylvanie. D'autres par contre sont très récentes comme la télévision numérique ou les fibres optiques.

La situation actuelle n'est donc pas caractérisée par une percée technologique unique qui vient bouleverser d'un seul coup une industrie, même si à l'origine de bien des changements on trouve les avancées de la micro-électronique en termes d'efficacité, de fiabilité et de coût. Ce que l'on appelle aujourd'hui la révolution des techniques de communication vient plutôt de la conjonction de deux phénomènes :

Un certain nombre de procédés techniques de production et de diffusion, connus depuis longtemps, ont atteint un seuil de rentabilité qui autorise l'épreuve du marché. Des grandes firmes ou des États ont décidé de faire des investissements très importants qui permettent de passer du stade de la recherche-développement à celui de l'expérimentation et de la commercialisation. Qu'il s'agisse de câbler une ville, de lancer un satellite ou de commercialiser à l'échelle d'un pays un lecteur de vidéodisque, les moyens financiers ont été ou sont en passe d'être mobilisés. C'est une donnée essentielle pour comprendre la décennie quatre-vingt, où ces techniques et ces services passent du stade des potentialités à celui des réalités.

Les technologies de l'audiovisuel, des télécommunications et de l'informatique ont tendance à se rejoindre pour former progressivement un système intégré. Les barrières qui existaient,

1. Jean-Guy Moreau, *Le règne de la télévision*, Seuil, 1967.

dues aux incompatibilités techniques, à la nature des services offerts et aux séparations juridiques et institutionnelles s'estompent plus ou moins vite en fonction des traditions de chaque pays.

Bien sûr, il s'agit d'un processus très lent, car ces trois secteurs se sont constitués séparément dans le temps et fonctionnent encore aujourd'hui de façon autonome, voire conflictuelle au niveau des organisations. Mais les nouveaux services qui commencent à être développés se situent bien souvent à la croisée des technologies de ces trois secteurs. L'emploi successif des termes d'informatique, puis télématique puis vidéomatique illustre ce processus.

Cette évolution a des conséquences importantes pour la télévision qui se retrouve en situation de concurrence avec d'autres services sur le même support, et avec d'autres supports pour le même service. Aussi, l'activité de télévision sera davantage caractérisée par le contenu du message que par la technique utilisée.

Dans la production et l'édition audiovisuelle, les deux tendances principales sont le développement de l'équipement vidéo, notamment de la vidéo légère et les progrès de la télévision numérique [1] à travers l'apparition de nouveaux matériels de post-production et de contrôle de l'image. La période actuelle est marquée par une entrée en force des microprocesseurs dans le domaine de la télévision depuis les caméras et les magnétoscopes jusqu'aux systèmes de montage et de traitement de l'image.

Le mouvement conjoint vers la vidéo et le numérique semble inéluctable pour des raisons de coût et d'efficacité, et également parce qu'il va dans le sens d'une homogénéisation technique de tous les maillons de la chaîne, de la production à la diffusion finale. L'aboutissement logique de ce processus est ce qu'on pourrait appeler le « tout vidéo, tout numérique », mais c'est un aboutissement lointain et encore incertain. En tout cas des obstacles importants restent à franchir dans ce processus.

Dans le domaine de la vidéo, les premières applications de la vidéo légère ont eu lieu dans le secteur de l'information mais elle commence à toucher les autres domaines de la production audiovisuelle. Les avantages de maniabilité, de légèreté et de relecture immédiate sont encore limités par le problème de la qualité de l'image et sa détérioration rapide en cas de recopie.

1. Les termes « analogique » et « numérique » désignent deux techniques de codage du signal. Télévision analogique : le message visuel est codé par des variations continues en amplitude et dans le temps. Télévision numérique : le message visuel est codé par une série de nombres (0 ou 1).

Mais des progrès dans ces domaines sont prévisibles notamment à travers la numérisation du signal.

Du point de vue économique, l'avantage de la vidéo sur le film devrait s'accentuer puisque d'un côté les coûts des matériels électroniques continuent à baisser de façon spectaculaire tandis que de l'autre les coûts du support film auront tendance à croître au rythme des fluctuations du prix des matières premières qui le composent, argent et pétrole. Qu'il s'agisse d'efficacité technique ou d'efficacité économique, la vidéo fera encore des progrès considérables et devrait s'imposer comme l'outil privilégié de la production télévisuelle.

La télévision numérique représente le changement prévisible le plus important pour la décennie quatre-vingt dans les domaines de la production et de l'édition. Avec la numérisation, la télévision s'alignera pour le traitement et le transport de l'information sur l'informatique et les télécommunications, et l'on devrait assister à une véritable « informatisation de la télévision ».

Sans entrer dans le détail des avantages de la numérisation, on peut remarquer qu'elle augmente la robustesse du signal en permettant des transmissions et des recopies sans perte de qualité, qu'elle simplifie les contrôles et les réglages et permet la mémorisation, condition d'un travail élaboré sur l'image. On utilise déjà de nombreux appareils en numérique, les synchroniseurs, les convertisseurs de standard, les générateurs d'effets spéciaux (mémoires d'images).

Au cours des prochaines années, la numérisation concernera l'ensemble de la chaîne production-édition à l'exception des deux extrêmes, à savoir la prise de vue d'un côté et la diffusion finale de l'autre. En ce qui concerne la prise de vue numérique, les caméras à senseurs solides n'existent aujourd'hui qu'à l'état de prototype et une commercialisation n'est envisagée que vers 1990. Enfin le « téléviseur numérique » qui permettrait d'atteindre le « tout numérique » depuis la prise de vue jusqu'à la diffusion finale, s'il est réalisable techniquement, est improbable avant une vingtaine d'années pour des raisons de coût et surtout parce qu'il exigerait un renouvellement complet du parc des téléviseurs.

La généralisation de matériels équipés de microprocesseurs et de dispositifs à mémoire se traduit par deux contraintes. La première concerne la part croissante des logiciels par rapport aux matériels de post-production. La seconde est la nécessité de concevoir des logiciels adaptés. La conception de systèmes intégrés de production et de post-production exigera de plus en plus des compétences de haut niveau en informatique.

La diffusion des programmes audiovisuels est certainement le domaine où se déroulent les changements les plus spectaculaires. La raison en est que contrairement à la production où le changement est continu, diffus et souvent peu visible pour le grand public, le changement dans la diffusion suppose l'apparition de nouveaux réseaux et de nouveaux services proposés au public.

La télévision radiodiffusée fut longtemps le seul service audiovisuel accessible à domicile. C'est cette situation de monopole qui est en train de changer avec la croissance de la télévision par câble, l'apparition des premiers satellites de télévision directe, la percée des magnétoscopes grand public et les promesses des vidéodisques et des fibres optiques.

On se trouve face à une multiplication des supports audiovisuels susceptibles d'être utilisés à domicile. Et ces supports apportent soit des services similaires à ceux de la télévision classique soit des services nouveaux. La diversification des supports audiovisuels produit trois transformations importantes.

Tout d'abord on assiste à *la fin de la pénurie relative,* liée aux limites des bandes de fréquence attribuées à la radiodiffusion. Par rapport à la télévision diffusée, la télévision par câble représente l'abondance : il n'y a plus de limite physique à la multiplication des canaux. Il existe aux États-Unis et au Canada plusieurs systèmes à trente canaux et l'on trouve des projets à quatre-vingts (Boston), voir cent vingt canaux (Houston). La question n'est alors plus celle de la possibilité mais celle de l'utilité et du coût.

Encore s'agit-il là de câble coaxial. L'abondance sera encore plus marquée avec les fibres optiques. Cette transformation déplace donc le problème des limites vers les consommateurs et les producteurs de programmes. Les premiers auront-ils la disponibilité en temps et en intérêt pour faire usage de tous ces services ? Les seconds auront-ils les moyens financiers et créatifs pour fournir en programmes l'ensemble de ces supports ?

Ensuite des réseaux multiservices se développent. Il existe aujourd'hui une pluralité de réseaux séparés, chacun étant consacré à un service et un seul, téléphone, transmission de données, télévision diffusée, télévision câblée. Un double mouvement commence à s'opérer et devrait aller en s'accélérant : d'un côté, la tendance de chaque réseau à proposer des services supplémentaires, à côté de son service principal. Par exemple le vidéotex et la transmission de données pour la radiodiffusion, le vidéotex et la télécopie pour la téléphonie. Cette évolution crée des zones de recoupements et donc de concurrence entre réseaux distincts. De l'autre la tendance à l'interconnection, puis l'intégration des réseaux. Le codage numérique et l'accroissement des capacités de transport permettent de concevoir des systèmes qui transportent et distribuent indifféremment les sons, les données informatiques, les images fixes et animées. L'aboutissement d'un tel processus d'intégration n'est pas un réseau unique, mais un système intégré de réseaux compatibles entre eux.

Cette évolution se traduit par un double phénomène de complémentarité et de concurrence entre réseaux. La concurrence est particulièrement forte dans les pays où il existe des opérateurs de câble, des radiodiffuseurs et des entreprises de télécommunication séparés, comme c'est le cas aux États-Unis et au Canada. Mais la complémentarité apparaît également quand on observe, toujours aux États-Unis, comment la vidéotransmission par satellite a apporté un nouveau souffle aux systèmes de télévision par câble en leur donnant les moyens d'une programmation nationale et d'une généralisation de la télévision payante.

Dans le domaine de l'intégration des services dans un réseau unique, c'est la fibre optique qui représente certainement l'avancée la plus significative. Elle autorise en effet la gamme la plus large des services vidéo, depuis la télévision classique jusqu'à la visiophonie.

Enfin des services vidéo nouveaux apparaissent sans grand rapport avec la télévision traditionnelle. Ces nouveaux services d'images et de sons (tels que la consultation de banques d'images) transformeront le rapport du public à l'audiovisuel comme nous le verrons plus loin. Mais surtout ils obligeront la télévision à spécifier la nature de son activité et à tracer les limites de son domaine d'action par rapport aux autres services.

À partir du moment où il ne s'agit plus d'une activité unique et où la définition par le réseau ou la technologie ne suffit plus, il faudra trouver dans le programme et l'activité du programmateur les éléments permettant de tracer ces frontières. C'est ainsi que l'on passera peut-être progressivement de la notion de programmateur à celle d'éditeur. L'idée de programmation renvoie en effet au principe du réseau unique : le programmateur choisit un sujet et des hommes pour le réaliser, assure son financement, contrôle sa production puis choisit une « tranche horaire » pour le diffuser à l'antenne. Dans l'idée d'édition on retrouve les deux premières étapes, sélection et fabrication, mais la troisième devient non plus le choix d'un horaire mais le choix d'un réseau de diffusion et d'un mode de commercialisation en fonction du sujet et des catégories de public que l'on souhaite toucher.

À côté de la télévision classique il existe aujourd'hui cinq catégories de support qui peuvent apporter des images à domicile; les satellites, le câble coaxial, les fibres optiques, les magnétoscopes et les vidéodisques.

— *Les satellites de télécommunications* servent de relais au téléphone, mais aussi à la télévision hertzienne et au câble. Ils se sont multipliés depuis une vingtaine d'années notamment aux États-Unis, où sur les huit satellites nationaux (en fonction en 1982), cent quatre-vingts canaux sont consacrés à la distribution de programmes audiovisuels. Environ trois mille systèmes de câble reçoivent entre six et vingt-quatre heures de programmes par jour distribués par l'une des vingt-deux entreprises spécialisées dans la programmation par satellite.

— *Les satellites de diffusion directe,* contrairement aux précédents, diffusent des signaux qui peuvent être captés directement par les usagers à l'aide d'une antenne parabolique. Ils n'existent actuellement qu'à l'état de projet sauf au Canada où ont lieu les premières expérimentations pour des programmes de télévision, notamment en direction du nord du pays. Ces satellites représentent un enjeu technologique et industriel très important pour l'équipement des pays en voie de développement. C'est pourquoi il existe une forte concurrence entre les différents projets industriels conçus dans les pays développés comme les États-Unis, la Grande-Bretagne, l'Allemagne ou la France.

Les satellites ne suscitent pas seulement une concurrence industrielle mais également des conflits politiques en Europe, du fait des « zones de débordement » qui permettront à de petits pays, comme le Luxembourg, de toucher un public considérable. Ce sont les difficultés techniques et financières, ainsi que l'incertitude au sujet de la demande susceptible de rentabiliser de tels équipements, qui expliquent les retards pris depuis quelques années par rapport aux prévisions. Celles-ci annonçaient les satellites de diffusion directe pour les années 1983-1985. On pensait même dans les années soixante-quinze que le premier pays capable de mettre sur pied un service réellement opérationnel serait assuré d'emporter des marchés dans le monde entier.

Le sentiment dans les années quatre-vingt est beaucoup plus prudent tant la crise économique et les difficultés de tous ordres ont montré les limites d'un certain volontarisme technologique.Il existe actuellement quatre grands projets, dont le plus avancé a longtemps été le satellite franco-allemand, décidé en 1979, qui devrait être lancé en 1984-1985 mais qui a pris aujourd'hui du retard. À son sujet, s'est posé le problème de la télévision privée pour laquelle ni l'État français ni l'État allemand n'ont pour l'instant pris de décision claire.

Trois autres difficultés existent en dehors du principe de l'attribution d'une chaîne privée sur des satellites gérés par des États. C'est d'abord celui des équipements nécessaires à la réception des programmes dont il est difficile de savoir s'ils seront disponibles à un prix raisonnable. C'est ensuite celui de l'existence de programmes suffisamment nombreux et diversifiés pour attirer l'usager. C'est enfin le niveau de la demande ainsi que le temps et le budget que les consommateurs décideront d'accorder à ces activités.

Le problème est un peu le même pour le satellite du Luxembourg que la Compagnie Luxembourgeoise de Télévision pourrait lancer si un accord n'intervenait pas, lui confiant l'un des canaux du satellite français. L'expérience de la C.L.T. et ses moyens financiers en font le premier groupe de communication privé européen. Certains voient en elle le prototype des entreprises qui demain devront exister pour occuper l'espace audiovisuel européen, d'autres au contraire y voient le cheval de Troie de l'impérialisme culturel américain et parlent déjà du « satellite coca-cola ».

Si les futurs satellites de diffusion directe représentent une rupture pour l'Europe dans la mesure où les débordements sont inévitables et où il n'y a pas beaucoup de réseaux câblés, il n'en va pas de même aux États-Unis ni au Canada. C'est pour cela que la perspective des satellites de diffusion directe n'a pas le même sens et n'est pas investie de la même charge idéologique des deux côtés de l'Atlantique.

Pour l'Amérique du Nord c'est un instrument supplémentaire dans une panoplie large de techniques de communications, alors que pour l'Europe c'est, d'un seul coup, la perspective de la disparition de la souveraineté nationale sur la circulation des images.

— *La télévision par câble* est une technique ancienne qui est encore appelée à connaître un large essor. Les deux pays les plus câblés du monde sont la Belgique et le Canada. En Belgique 65 % des foyers équipés en téléviseurs sont câblés, tandis qu'au Canada plus de 50 % le sont. Aux États-Unis ce chiffre est de 30 %. Mais compte tenu de la population, cela représente vingt-cinq millions de foyers câblés sur quatre-vingts millions de foyers équipés de téléviseurs.

C'est dans ce pays que les conséquences du câble sont les plus spectaculaires. Celui-ci a pris son essor quand il est sorti du cadre de la télévision communautaire dans lequel il avait été cantonné. Il existe environ quatre mille systèmes de câble dont le nombre des canaux varie entre cinq et trente. Plus les installations sont récentes, plus le nombre de canaux est important. Mais les coûts d'installation sont considérables, notamment en zone urbaine. On prévoit trente-cinq millions de foyers câblés en 1985, ce qui représente pour la télévision classique une concurrence sérieuse.

En France le câble n'a jamais vraiment connu de succès. Le projet de 1973 de câbler sept villes était resté inachevé sans jamais donner l'occasion d'un fonctionnement en grandeur nature. On a vu précédemment que les causes de cet échec ont été autant politiques qu'économiques. Le gouvernement socialiste a décidé de relancer la politique de câblage en liaison notamment avec le développement des fibres optiques. Un million et demi de foyers devraient être câblés à partir de 1985. Mais là aussi les problèmes de coût et de délai sont considérables puisqu'il faudra environ trente années pour câbler l'ensemble de la France urbaine. Les expériences étrangères montrent que les consommateurs s'abonnent au câble pour des raisons précises. La première motivation est d'obtenir une meilleure qualité d'image (U.S.A., Canada). Le problème ne se pose pas en France sauf d'une manière marginale pour les zones d'ombre. Ensuite le câble permet d'accéder à des programmes étrangers non accessibles par ondes (Belgique, Canada). Le problème ne s'est posé en France que pour les zones frontalières qui sont d'ailleurs progressivement câblées actuellement. Enfin il permet d'offrir, comme aux États-Unis, des programmes exclusifs, financés par de la publicité ou des programmes de télévision payante.

C'est pourquoi le développement du câble en France suppose que des programmes de même nature (chaînes étrangères, chaînes commerciales spécialisées et chaînes payantes) soient disponibles. Sinon il y a peu de chance que le câble trouve son équilibre financier.

— *Les fibres optiques* représentent pour l'avenir la mutation la plus importante car elles décuplent les possibilités de transport des messages, quelle que soit leur forme. Ce sont elles qui favorisent l'intégration technologique la plus forte des activités de communication. Il existe aujourd'hui deux cents systèmes de fibres optiques dans le monde. La plupart sont utilisées pour le téléphone ou la transmission de données pour les voies à trafic très important.

Un seul système local transportant sons, données et images jusque chez l'usager existe actuellement, c'est le système expérimental Hi Ovis à Higashi Ikoma au Japon, qui dessert deux cents abonnés. Deux autres systèmes locaux seront expérimentés prochainement. L'un au Canada, à Elie (Manitoba), avec deux cent cinquante abonnés qui fournira le téléphone, la radio F.M. stéréo, la télévision et le vidéotex Télidon. Il présente la particularité de se situer en milieu rural. L'autre se trouve en France, à Biarritz, et concernera quatre mille abonnés. Ce système devrait fournir des services de télévision, téléinformatique, télécopie, téléphone, visiophone, visioconférence, télévision à la demande, etc. La capacité du système permettra à l'abonné de recevoir simultanément deux images de télévision, un programme Hi Fi en stéréo et une liaison visiophonique. Un système optique en local coûtera, selon les estimations actuelles, entre 15 000 F et 30 000 F par abonné [1] soit cinq fois plus cher qu'un système coaxial. Mais la transmission optique devrait connaître une baisse relative des coûts au cours des dix prochaines années.

Il est possible que le retard relatif de la France en équipement téléphonique et en télédistribution représente une occasion pour passer directement aux systèmes optiques. Mais il n'est peut-être pas si facile de sauter l'étape du câblage coaxial, même si aujourd'hui les discours officiels sont très optimistes à ce sujet.

— L'apparition des *magnétoscopes* et la croissance de ce marché ont été la grande surprise des dix dernières années. La production a d'ailleurs doublé chaque année : deux millions deux cent mille en 1979 ; quatre millions quatre cent mille en 1980 ; neuf millions cinq cent mille en 1981 et treize millions en 1982.

Les Japonais disposent encore d'un quasi-monopole, malgré la concurrence des standards et les résistances protectionnistes de certains pays. Il y avait plus de trois millions de magnétoscopes aux États-Unis en 1982. En Europe le pays le plus équipé est la Grande-Bretagne, suivi de la R.F.A. et de la France dont le parc est d'un million d'appareils en 1982.

Son succès inattendu, en France comme en R.F.A., s'explique probablement par la pénurie de programmes de télévision et le manque d'émissions attrayantes. Le public s'en sert principalement comme un moyen d'élargissement de la programmation (enregistrement de films et location de cassettes pré-enregistrées). Si le succès du magnétoscope se confirme il sera l'indicateur le plus net de la crise prochaine des télévisions de service public.

— *Les lecteurs de vidéodisques* illustrent parfaitement tous les aléas qui affectent les délais d'apparition des nouveaux produits. En effet le vidéodisque est l'arlésienne des nouvelles technologies puisque son développement massif est annoncé chaque année pour l'année suivante depuis plus d'une dizaine d'années. En 1981 et 1982, R.C.A. et Philips ont testé le marché américain avec des résultats fort peu encourageants. Aussi n'est-il pas impossible que le vidéodisque disparaisse à nouveau des prévisions pour y réapparaître un jour ou l'autre.

1. Il s'agit d'un coût en phase de production industrielle. L'expérience de Biarritz de construction d'un prototype atteint un coût de 300 000 F la prise chez l'abonné.

Il existe aujourd'hui trois systèmes incompatibles : le système à lecteur optique de Philips et M.C.A. (Magnavox) ; le système capacitif à lecture par sillon de R.C.A. (Selecta vision) ; le système à lecture électronique de J.V.C. (V.H.D.). Il existe également chez Thomson un système à lecture optique mais qui pour le moment ne vise que le marché institutionnel.

D'un côté R.C.A. vise un lecteur bon marché dont les performances sont limitées (monophonie) et l'usage, simple. De l'autre côté, Philips et M.C.A. visent un lecteur plus cher dont les performances sont sophistiquées (stéréo, ralenti, accéléré, arrêt sur l'image, adressage d'images, mémorisation, etc.) et bien sûr l'usage plus complexe. Les systèmes à lecture optique se heurtent encore à des problèmes techniques mais ils sont porteurs des potentialités les plus riches. La difficulté majeure pour le vidéodisque grand public consiste à évaluer la dimension réelle du marché à un moment où la multiplication des supports mettra en concurrence plusieurs services dont certains seulement seront choisis par le public. Ce choix dépendra évidemment du prix, mais aussi du moment de la commercialisation. Le retard du disque sur la cassette et le câble constitue probablement un handicap.

Les différents supports que nous venons d'examiner ont une caractéristique commune : transporter des programmes jusqu'à l'écran de télévision. Celui-ci devient selon les moments une console de visualisation (lecture de cassettes et de disques) ou un terminal télématique (vidéotex). Il peut être également connecté à un micro-ordinateur et se transformer en terminal intelligent.

Mais pour servir à *tous* ces usages le téléviseur doit connaître des transformations et des adjonctions qui sont loin d'être négligeables. On peut noter parmi les matériels nouveaux qui peuvent être soit intégrés au récepteur, soit apportés en complément : le décodeur vidéotex ; les claviers numérique et alphanumérique ; les cartes à mémoires pour décrypter des émissions ou pour servir de compteur pour la télévision payante ; les cassettes de jeux vidéo ; les micro-ordinateurs connectables ; les caméras vidéo pour la visiophonie et la visioconférence ; les antennes de réception pour les satellites de diffusion directe.

Cette liste, dans laquelle nous avons omis volontairement les écrans plats pour la télévision à haute définition, qui ne verront pas le jour avant dix ans, montre qu'il y a loin des possibilités techniques aux réalités sociales et économiques.

Tout d'abord, les consommateurs sont-ils prêts à consacrer une part croissante de leur budget à l'équipement vidéo à domicile ? À partir de quels prix ces matériels trouvent-ils leur marché ?

Ensuite, jusqu'à quel point est-on prêt à multiplier les équipements vidéo chez soi ? Jusqu'où peut aller la miniaturisation des matériels ? Se dirige-t-on vers un terminal intégré multiservices ou vers des terminaux spécialisés et multiples ?

Enfin, quel temps peut-on accorder aux images ? Entre les deux heures et trente minutes par jour consacrées en France à la télévision, et les six heures trente par jour aux États-Unis, il y a encore une marge mais le temps n'est pas extensible. Même si l'on prévoit une augmentation de cette pratique de l'audiovisuel en fonction du renchérissement du coût des transports, de la réduction et de l'aménagement du temps de travail et du développement d'activités à domicile, notamment de formation, il y aura de toute façon un butoir quantitatif. Il restera à savoir comment se distribuera à l'intérieur de ce temps les différentes consommations de services audiovisuels.

Il est aujourd'hui encore difficile de faire une liste complète de l'ensemble des services vidéos rendus possibles par les nouvelles technologies. Ne serait-ce que parce que certains services se révéleront peu attractifs tandis que d'autres s'imposeront alors qu'ils n'avaient pas été prévus. Si l'on s'en tient aux seuls « services d'images » à domicile, le *critère de classement* le plus efficace tient compte de la part d'initiative et de choix laissée à l'usager dans la programmation des images. On obtient alors quatre catégories :

— *Les services programmés* s'apparentent à la télévision classique. Il s'agit d'un système unidirectionnel, passif, où un programme est envoyé sur le réseau par un programmateur, sans aucune intervention de l'usager. Il n'y a pas d'interactivité. On trouve dans cette classe de services la télévision publique ou commerciale, la télévision locale ou communautaire, la télévision payante par onde ou par câble, le vidéotex passif. Tous les réseaux sont susceptibles de fournir ces services, mais le câble apporte une gamme beaucoup plus large de programmes que la radiodiffusion. De même les services de télévision payante peuvent être plus nombreux sur le câble que sur les ondes mais ils sont possibles sous les deux formes comme le montre l'exemple américain. La tarification peut se faire soit par abonnement, soit à la consommation.

— *Les services autoprogrammés* supposent la mise en communication des usagers avec un système central. C'est-à-dire qu'il existe une programmation mais que l'usager peut intervenir sur celle-ci en choisissant le programme, ou le moment de la programmation, ou bien en participant à l'émission. Le flux principal d'informations va donc du système central vers les usagers tandis que ceux-ci envoient en retour un flux d'informations beaucoup moins important.

Le système est partiellement interactif, par le biais d'un retour son ou numérique mais en tout cas sans image. Cela veut dire aussi que le service s'adresse à un public restreint mais qui n'est pas totalement individualisé.

Parmi ces services, la télévision à la demande désigne une banque de programmes stockés dans le système central et diffusés à la demande des abonnés. Suivant la complexité du système de gestion du réseau, ce service peut être plus ou moins individualisé. Ce type de service pose des problèmes de gestion des demandes (files d'attente) ainsi que des problèmes de droits d'auteur nouveaux. La télévision locale interactive permet aux téléspectateurs de participer en direct à des débats ou des jeux par des votes ou des interventions. Les programmes enregistrés interactifs concernent principalement les jeux, l'éducation et la formation. Les usagers sont amenés à répondre à des questions, et le programme évolue en fonction de ces réponses. Ce genre de service peut être en concurrence (mais aussi dans une certaine mesure en complémentarité) avec des ensembles autonomes composés d'un ordinateur individuel et d'un vidéodisque. Enfin le vidéotex interactif permet la consultation de banques de données ou de banques d'images fixes, etc.

— *Les services interactifs individuels* nécessitent une interactivité complète permettant la mise en communication audiovisuelle de deux ou plusieurs usagers sans passer par un système central. Il n'y a bien sûr pas de programmation ni de programmateur. Seuls des réseaux optiques et certains satellites sont susceptibles de fournir cette catégorie de services. Parmi ceux-ci on peut noter : la visiophonie ; la visioconférence ; la vidéomessagerie et la programmation privée.

— A côté de ces services qui dépendent d'un réseau, il existe ce que l'on pourrait appeler *les services autonomes,* formés de l'ensemble des matériels et des programmes dont l'usage ne dépend pas de la connection à un réseau. Il s'agit principalement des magnétoscopes, des lecteurs de vidéodisques et des ordinateurs personnels. Ces systèmes peuvent ou pourront être connectés entre eux ainsi qu'aux différents réseaux. La liaison ordinateur-vidéodisque ouvre des possibilités pour les programmes interactifs de formation, tandis que le branchement sur le réseau devrait permettre l'enregistrement et le stockage de programmes de jeux, de données sur les mémoires d'ordinateurs,

Quels que soient les services qui finiront par s'imposer, on peut déjà tracer les grands traits du paysage audiovisuel tel qu'il existera. Le premier élément important est *la fin de la rareté des réseaux.* C'est essentiellement le câble qui met fin aux limites physiques imposées par la radiodiffusion. La possibilité d'avoir un nombre très élevé de canaux conduit à une situation où le nombre des canaux dépasse la capacité de programmation. Cela met ou mettra un terme à la raison première du monopole d'État, à savoir la gestion d'une ressource rare appartenant à la collectivité.

Cette transformation décisive ne peut s'opérer réellement qu'à travers la télédistribution. En effet les satellites de diffusion directe, qui sont souvent présentés comme un élément de mise en cause du monopole, restent cependant dans un domaine de ressource rare avec seulement cinq canaux affectés à chaque pays par la conférence mondiale de Genève (1979). On est loin du nombre de canaux que peut fournir un système de câble. En fait les satellites de télévision directe introduisent un changement de nature différente, notamment en Europe : le débordement des frontières.

Le second élément concerne *la souveraineté des États.* Les satellites de diffusion directe mettent en cause la souveraineté, car les États ne peuvent plus contrôler la diffusion audiovisuelle sur le territoire national. L'ampleur des débordements des faisceaux émis par les satellites se traduit par un accès du public aux télévisions étrangères non plus seulement dans les zones frontalières, mais également sur des portions considérables du territoire national. Les émissions reçues ne sont donc pas soumises aux règles de droit du pays de réception.

Ce phénomène entraînera de nombreuses négociations internationales entre États ou organismes spécialisés comme l'U.E.R. (Union Européenne de Radiodiffusion) pour traiter les problèmes de diffusion vers d'autres pays, notamment en ce qui concerne le copyright, la publicité, les injures et diffamations et le droit de réponse. On peut prévoir un effort pour harmoniser les législations afin d'empêcher, dans la mesure du possible, la création de « paradis télévisuels », à l'image des « paradis fiscaux ».

Le troisième trait essentiel est *d'ordre juridique.* Dans la plupart des pays, jusqu'à présent, les réglementations de l'informatique, des télécommunications et de l'audiovisuel sont différentes. La loi instaure même des séparations strictes entre ces secteurs en interdisant à une entreprise spécialisée dans un domaine de s'engager dans un autre. Or l'intégration technique oblige à construire une nouvelle législation de la communication où seront précisés les domaines d'activités de chacun, les zones de recoupement et les relations qu'ils doivent entretenir entre eux.

L'intégration technique entre l'informatique, les télécommunications et l'audiovisuel n'aboutit pas à un rapprochement des services. Au contraire, les différences de contenu demeurent bien que les services soient disponibles sur les mêmes supports. Ces différences sont d'ailleurs directement perçues par les usagers. Cependant, du point de vue des entreprises, on se dirige vers un pôle d'activité de la communication.

Ce qui pose le problème des réglementations à mettre en œuvre pour organiser l'action des groupes multimédias et définir les principes d'intérêt général qu'ils devront respecter. Il faut pour cela caractériser les activités de production, édition et diffusion ainsi que les conditions d'accès aux réseaux existants. De même, le marché de la communication ne pourra se développer que si les législations concernant les droits des auteurs et des interprètes sont réexaminées. Des négociations vont probablement commencer dans tous les pays entre syndicats d'artistes, interprètes, sociétés d'auteurs et les producteurs et éditeurs de programmes audiovisuels. La grève d'août 1980 des artistes d'Hollywood, qui portait essentiellement sur les droits versés pour les vidéogrammes et les passages à la télévision payante, montre que des conflits sérieux peuvent déjà avoir lieu à propos des nouvelles technologies.

2. LES TROIS ÉTAPES DE LA FRAGMENTATION

Les nouveaux services audiovisuels qui apparaissent et se développent ne se substituent pas à la télévision de masse, mais croissent à ses côtés. Leur présence, même limitée, modifie profondément le paysage de l'audiovisuel, car elle introduit la diversité là où régnait l'unité. Il ne s'agit donc pas d'annoncer la mort de la télévision de masse, hypothèse absurde et hautement invraisemblable, mais de montrer que l'équilibre des systèmes de communication est bouleversé par la simple possibilité d'apporter des images à domicile de plusieurs manières et non plus d'une seule. La fragmentation du système audiovisuel s'opère en trois étapes :

— La première correspond à une diversification des programmes dans un cadre traditionnel de télévision de masse. La diversification tient compte de la multiplicité des publics.

— La seconde correspond à la fragmentation de la télévision. Les supports se multiplient (câble, cassettes, disques...) et des programmes adaptés à ces supports apparaissent.

— La troisième correspond à l'interactivité qui permet à la

fois une individualisation complète du service audiovisuel (télévision « à la carte »), une intervention du spectateur dans le programme et l'élargissement de la gamme des services, allant de la télévision à la télématique.

LA DIVERSIFICATION

Dans tous les pays, le volume des programmes et les temps d'antenne ont augmenté en même temps que le nombre de récepteurs. Il y eut la croissance du nombre d'émissions traditionnelles (films, jeux, variétés) mais aussi la recherche d'une diversification de la grille des programmes pour contrecarrer la tendance à la stagnation de l'audience de la télévision et pour soutenir une concurrence de plus en plus vive entre les différentes entreprises de programmes. Dans le domaine des programmes, la diversification s'est traduite par l'apparition de nouveaux genres d'émissions, notamment celles qui relient information et loisirs et sont consacrées à la consommation, à la vie quotidienne, à la santé, à la gymnastique, au bricolage, à la maison, aux voyages... Ces émissions partent des préoccupations quotidiennes des spectateurs et de leurs centres d'intérêts.

La conséquence de cette évolution a été une programmation opérée en fonction des classes d'âge, des milieux sociaux ou des aspirations culturelles. La caractéristique de cette période est de combiner une télévision de masse où les programmes sont regardés par tout le monde, avec une attention prioritaire accordée aux publics particuliers.

Cette évolution sanctionne simplement la prise de conscience de l'hétérogénéité des publics, visible dès les années soixante-dix, et qui a commencé à se traduire concrètement à la fin de la décennie. La seule réelle nouveauté de cette période est le développement d'un usage professionnel et institutionnel de la télévision avec les cours de recyclage et la formation continue et professionnelle.

En élargissant le cadre des utilisations de la télévision, cette nouvelle fonction fait de la maison un lieu relié au monde non seulement pour les loisirs et l'information mais aussi pour le travail, la formation professionnelle et les relations administratives.

Diversité et souplesse, dans le cadre inchangé de la télévision de masse, correspondent à cette première étape qui est en fait déjà l'effritement d'une certaine conception. Dans l'étape suivante la programmation ne sera plus le seul moyen de s'adresser de façon différenciée aux publics, puisqu'il sera possible de choisir des supports différents. On se rapprochera d'une activité d'édition.

LA FRAGMENTATION

Dans le passage du *Broadcasting* au *Narrowcasting,* c'est-à-dire d'une télévision de masse à une télévision fragmentée, les programmes et les supports se combinent progressivement jusqu'à ce qu'une sorte de correspondance s'établisse entre type de produit, nature du support et taille du public. Cette étape est rendue possible par le développement des nouvelles technologies.

La première condition de la télévision éclatée est évidemment l'accroissement des capacités de transmission (câble, satellites) et des supports. La seconde concerne la capacité à évaluer les goûts des publics et à leur fournir les programmes qu'ils désirent. La troisième est l'existence de sources de financement qui ne peuvent venir, pour l'essentiel, que des consommateurs eux-mêmes.

Il est en effet évident que cette transformation n'est possible que si les usagers acceptent de payer pour obtenir des programmes spécifiques. Cette généralisation de la télévision payante est une condition *sine qua non* de la fragmentation. S'il s'agit par exemple de chaînes spécialisées dans le sport, on peut imaginer que le nombre élevé de téléspectateurs facilitera un prix peu élevé du service. À l'inverse un créneau très spécialisé de programmes (la danse, par exemple) obligera à trouver un public à haut pouvoir d'achat. Certains aspects du *Narrowcasting* peuvent être bien sûr financés par une collectivité locale, l'État, les entreprises ou bien par la publicité. Mais la logique conduit à ce que le service soit payé par le consommateur final.

La fragmentation concerne les trois aspects du programme : le divertissement, l'information (jusqu'aux différentes formes d'information spécialisée par milieux socio-professionnels) et l'institutionnel (avec notamment le marché de la formation permanente).

Elle se caractérise, là où elle existe, c'est-à-dire aux États-Unis et dans une moindre mesure au Canada, dans un premier temps par la spécialisation. C'est là où la conception traditionnelle de la télévision comme médium de masse change.

Si l'on observe l'évolution déjà en cours aux États-Unis, on trouve sur le câble des chaînes entièrement consacrées au sport (E.S.P.N. et Madison Square Garden), au cinéma (Channel Z, The movie channel), aux informations (C.N.N.), aux minorités... En fait la condition technique du développement de ces programmes spécialisés dépend des possibilités de transmission au plan local (câble) et sur grande distance (satellite). C'est la combinaison des deux techniques qui permet le succès de ces services. On assiste ainsi au plan national à la constitution de nouveaux réseaux qui diffusent des programmes spécialisés et s'ajoutent aux réseaux traditionnels de *Broadcasting*.

Il n'y a donc pas d'incompatibilité entre l'idée de fractionnement de programmes et d'audiences, et celle de réseau, au contraire. Le « *Narrowcasting* » *n'est pas synonyme de programme individuel, mais plutôt de spécialisation des programmes.* Plus l'audience potentielle du programme est étroite plus la diffusion doit se faire à une large échelle. D'où la nécessité des capacités de transmission par satellite.

Le paradoxe du *Narrowcasting* est de représenter un raffinement du choix individuel mais de ne pouvoir se développer que dans le cadre d'un système intégré à une échelle assez vaste. C'est en cela qu'il se distingue fondamentalement du principe de la télévision locale.

Les deux formes ne sont pas contradictoires mais leurs principes sont différents. La télévision locale communautaire représente un fractionnement de la programmation sur une base géographique et se justifie au nom des goûts et des intérêts communs liés au voisinage. La télévision fragmentée fait au contraire beaucoup plus appel à la différenciation des goûts et des demandes sur une base individuelle.

Ces deux conceptions de la télévision correspondent à des aspirations différentes. On peut simplement remarquer que la logique actuelle va beaucoup plus dans le sens de la télévision fragmentée que dans celui de la télévision communautaire.

Aux États-Unis celle-ci est apparue la première, mais semble moins dynamique que la télévision fragmentée. Cette inversion de tendance traduit un changement de conception du câble. Celui-ci, à l'origine, avait pour justification de favoriser l'expression locale, par opposition aux programmes nationaux de télévision hertzienne. Or le câble explose littéralement aujourd'hui, non sous la pression d'une demande locale, mais sous celle du *Narrowcasting* rendu possible par l'augmentation du niveau de vie, la diversification des goûts du public et les capacités de transmission sur longue distance.

Le changement de logique du développement du câble exprime la modification du rapport entre télévision locale et télévision nationale. C'est probablement la dernière étape du processus, la télévision interactive qui permettra de redonner un second souffle à la télévision locale.

La télévision fragmentée est donc une télévision de réseau qui mobilise de puissants moyens financiers. Elle est faite par de grands groupes de communication, seuls capables de faire l'analyse des demandes pour offrir les programmes correspondants aux différents marchés solvables. C'est d'ailleurs pourquoi ce sont de très puissantes entreprises comme United Artists, Time-Life, Warner, Times Mirror, Show Time (filiale de Viacom et Télé-prompter) qui sont à l'origine de cette nouvelle forme de télévision. Elles seules ont les moyens financiers de se lancer dans cette production de programmes spécialisés et dans le cas par exemple de Home Box Office (qui appartient à Time-Life et qui est le premier programmateur de télévision payante), de pouvoir constituer un portefeuille de films. Elles seules pourront subir sans trop de mal quelques échecs, comme c'est le cas actuellement où après cinq années d'expansion accélérée, le secteur du câble connaît ses premières difficultés.

Cette puissance financière, indispensable au développement de la télévision fragmentée, explique pourquoi la situation est défavorable à la télévision locale, et pourquoi elle ne semble pas inquiéter outre mesure les chaînes commerciales. Celles-ci ont commencé à pénétrer ce marché dès qu'elles ont jugé qu'il devenait réellement menaçant.

La situation est nettement plus délicate pour le réseau public P.B.S. qui s'est traditionnellement développé autour des activités culturelles et éducatives, peu rentables pour les *Networks*. Or aujourd'hui il y a un marché potentiel pour la danse, l'art, la musique, l'opéra... dans le cadre justement de la télévision fragmentée. Et ce marché est rentable dès lors que l'on peut toucher tous les individus intéressés par de tels programmes sur toute la superficie du territoire.

C'est alors la base même et la justification de P.B.S. qui risquent d'être remises en cause ou plutôt d'être exploitées par d'autres, sans grande attention pour l'intérêt public. C'est pourquoi P.B.S., à son tour, veut diversifier ses activités et notamment lancer des programmes de télévision payante. Ayant été le seul à avoir défendu le droit à l'existence de certains programmes trop hétérogènes pour une télévision de masse, le réseau public ne souhaite pas perdre le bénéfice de son expérience au moment où la segmentation du marché de la culture et de l'éducation en fait une source de profit.

En résumé on peut d'ores et déjà rassembler les conditions du développement d'une télévision fragmentée : il faut d'abord que des marchés solvables, de tailles suffisantes, existent. Cela avantage les grands marchés, comme les États-Unis, et désavantage les petits marchés nationaux, comme la France par exemple, ou les marchés plus vastes, mais divisés par les souverainetés étatiques et les langues, comme l'Europe.

Il faut ensuite qu'une différenciation des modes de diffusion soit possible, grâce à l'existence de fréquences et de supports nombreux et bon marché, les plus intéressants étant le câble et le vidéodisque.

Il faut enfin une capacité de production et de distribution, jouant au moins au plan national, si ce n'est international. Il est évident que certains marchés ne sont rentables qu'en s'appuyant sur des demandes qui dépassent le cadre d'un pays. Ce qui est possible quand on réfléchit par exemple aux possibilités de programmes pour la musique, l'opéra, le sport. Il se constituera ainsi probablement des multinationales produisant des programmes spécialisés.

La caractéristique du *Narrowcasting* est donc de marier les contraires. Il permet une individualisation des produits, mais à condition qu'il y ait un élargissement et même une mondialisation des conditions de fabrication et de distribution des produits. Il permet le fractionnement des programmes par public mais en reconstituant des réseaux spécialisés. Il permet des programmes très différenciés, grâce à la puissance économique des grandes entreprises.

Le *Narrowcasting* se réalise donc au travers *un double mouvement de diversification et d'intégration.* Mais rien ne permet aujourd'hui de dire que l'intégration l'emportera sur la diversification puisque la diversification est la condition d'existence de ce marché. La diversité des goûts et des demandes devrait permettre le développement de grandes entreprises de communication. Celles-ci sont et seront peut-être très puissantes, mais elles seront aussi contraintes de tenir compte des goûts de plus en plus diversifiés des publics.

Il existe bien sûr un problème de contrôle et de réglementation de ces groupes de communication. Mais la situation sera certainement plus ouverte et plus complexe que certaines analyses simplistes le laissaient croire. Craindre pour la standardisation des produits, l'appauvrissement progressif des cultures voire leur élimination par une culture dominante, c'est méconnaître la capacité de résistance et d'innovation culturelle des différents pays. Et c'est oublier que la situation économique du secteur de l'audiovisuel a longtemps été celle d'un monopole alors que le mouvement actuel semble au contraire favoriser une ouverture et une augmentation du nombre des acteurs économiques et culturels.

L'INTERACTIVITÉ

L'aboutissement du processus de fragmentation de la télévision est l'interactivité. La taille du public destinataire est la plus petite possible, puisqu'il s'agit de l'individu. Celui-ci dispose d'une voie de retour, soit pour commander personnellement un programme, soit pour consulter une banque d'images ou de données, soit pour donner son avis sur un programme, ou encore y participer.

Dans l'histoire des rapports entre la télévision et son public, la position de l'usager aura donc profondément changé. Parti d'une situation de « passivité technique » face à la chaîne unique, il en arrive à une position de « programmateur » où il choisit le programme, son support et le moment de sa diffusion. Avec l'interactivité le téléspectateur se trouve progressivement dans la situation du lecteur de journal ou de livre, c'est-à-dire de celui qui choisit, achète et feuillette, qui pose la publication et la reprend comme il l'entend.

Le développement de l'interactivité devrait obliger à abandonner enfin les notions de passivité et de manipulation des publics, car si tel avait été le mécanisme central du fonctionnement de la télévision, point n'aurait été besoin, au cours de sa si brève histoire, d'aller toujours plus avant dans une recherche de l'adéquation entre la demande des publics et la structure des programmes.

Il faut distinguer dans l'interactivité deux aspects très différents. Un aspect « commercial » qui est la programmation individuelle, et un aspect « politique » qui est la participation des usagers aux programmes, débats, jeux, votes, grâce à la voie de retour. Comme d'habitude, on parle beaucoup du second alors que c'est le premier qui est important, du moins sur le plan financier.

C'est en effet la programmation individuelle (télévision « à la demande » ou « à la carte ») qui sera vraisemblablement le moteur du développement des réseaux interactifs.

Mais ce sont les implications de l'interactivité dans l'espace public local ou régional qui suscitent le plus d'interrogations. Car elle permet d'organiser des débats, des sondages, de participer aux décisions politiques par le vote à distance, de dialoguer dans le cadre d'un enseignement, etc. Et déjà on imagine la retransmission des débats du conseil municipal et la possibilité pour les administrés d'intervenir et de voter de manière indicative sur les questions importantes.

Les idéologues affublent bien vite de l'adjectif « électronique » les mots de « démocratie », « convivialité » ou « autogestion ». Ils oublient que les nouvelles formes de démocratie relèvent plutôt de conditions politiques et culturelles et non pas de technologies. Celles-ci ne peuvent avoir d'influence que si les changements politiques et culturels le permettent.

En outre les conditions à satisfaire pour que l'interactivité fonctionne avec efficacité, dès lors qu'elle dépasse l'échelle duelle du téléphone, sont assez rigoureuses. Quand elle met en rapport plusieurs intervenants devant un public participant elle réclame des règles du jeu strictes et acceptées par tous. Car le problème est celui de la confiance que l'on accorde aux individus et aux organismes chargés d'organiser et de contrôler la communication.

C'est pourquoi les expériences ont lieu plus facilement dans un contexte où les relations sociales ne sont pas trop violentes. Pour le moment les expériences de vidéotron (Canada), Q.U.B.E. (États-Unis) et Hi Ovis (Japon) se sont faites dans un contexte où la notion de débat démocratique au plan local se fait sans affrontements idéologiques violents. Ce qui n'est pas le cas en France par exemple, où l'on peut redouter des déchirements incessants sur la question du contrôle des canaux communautaires. On sent déjà poindre un conflit entre le ministère des P.T.T. et les collectivités locales pour la propriété et la gestion des réseaux câblés, auquel viendra s'ajouter un autre conflit à l'intérieur même des communautés locales.

Trois questions se posent : Quelles structures se chargent de l'affectation des canaux, et selon quels critères ? Quels sont les sociétés et les individus qui feront la programmation ? Quel contrôle s'exercera sur eux ? Telles sont les questions préalables dont dépend le consensus nécessaire au fonctionnement du système.

L'expérience la plus ancienne d'interactivité est celle de vidéotron au Québec qui fonctionne depuis 1964[1]. Cette expérience menée avec des moyens modestes, est issue du mouvement de la télévision communautaire née au Québec dans les années soixante. L'interactivité a été mise au service d'un projet social d'animation et de service local. Et cependant ce sont les jeux interactifs et la télévision à la demande qui remportent du succès ! De plus l'interactivité est techniquement assez limitée.

La perspective est différente à Columbus aux États-Unis où la

1. Vidéotron, qui avait jusqu'à début 1980, quatre-vingt mille abonnés à Montréal, est devenu ensuite, en rachetant Cablovision (trois cent mille abonnés) le plus gros câblodistributeur du Québec. Le système est composé de trente-cinq canaux avec sept voies de retour. Il y a treize chaînes classiques (six françaises, trois anglaises, quatre américaines), un canal communautaire, plusieurs canaux d'informations alphanumériques (petites annonces — jeux interactifs — annonces d'emploi) et six canaux de télévision à la demande vingt-quatre heures sur vingt-quatre. Les demandes sont faites par téléphone à la vidéothèque où cinq mille documents sont disponibles.

société Warner expérimente depuis 1977 son système Q.U.B.E.[1].

Bien sûr le discours de présentation vante lui aussi les mérites de la convivialité, mais en fait l'expérimentation est avant tout commerciale. L'expérience n'est pour le moment pas rentable mais permet de faire fonctionner le système et de tester les différentes possibilités de voies de retour et leur utilisation potentielle.

Parmi les services originaux du système on peut noter une télévision communautaire interactive intitulée « Columbus Alive », où les abonnés peuvent assister par exemple aux débats du conseil municipal et voter.

« Qube-Campus » est un système d'éducation interactive où les enseignants peuvent poser des questions à choix multiples et adapter leurs cours en fonction des réponses qu'ils reçoivent.

L'expérience Qube a permis de soulever trois types de problèmes. Premièrement un problème de libertés individuelles puisque l'ordinateur central fait un sondage d'écoute toutes les six secondes et sait en permanence qui regarde quoi. Deuxièmement un problème de sécurité des matériels. À Columbus environ 5 % de la population concernée trouvent différents moyens de tricher. Troisièmement un problème de rentabilité. La compagnie Warner refuse de dire combien lui a coûté l'investissement. Mais le coût annuel d'exploitation était en 1980 de onze millions de dollars tandis que les recettes étaient de l'ordre de six millions de dollars.

Avec la crise économique, les expérimentations se sont faites moins nombreuses et surtout moins ambitieuses. Elles visent aujourd'hui à tester les possibilités techniques de la fibre optique et à acquérir le savoir-faire dans le domaine des réseaux optiques.

C'est le cas du système Hi Ovis à Higashi Ikoma au Japon comme du projet français de Biarritz. La recherche de services assez attractifs pour financer ces réseaux conduit tout naturellement vers la télévision à la demande plutôt que vers la télévision participative. Les contraintes économiques remettent à plus tard les tentatives plus audacieuses mais ne les condamnent pas car, une fois installés, ces systèmes offrent assez de canaux et de souplesse pour que les « utopies concrètes » trouvent une place.

1. À Columbus, où trente mille foyers sont abonnés, le système dispose de trente canaux et cinq voies de retour. Les trente canaux sont divisés en dix canaux pour la télévision classique (chaînes commerciales, chaînes publiques, télévisions indépendantes); dix canaux pour la télévision communautaire et des services spéciaux; dix canaux sont réservés à la télévision payante ainsi qu'à d'autres services payants.

Dans la chaîne de la communication instrumentale il n'y avait jusqu'à présent que deux extrêmes, le plus individuel, le téléphone, et le plus collectif, la télévision. Avec seulement un intermédiaire public, le cinéma. Demain il y aura, à domicile, tous les intermédiaires, depuis l'usage individuel (banque d'images, vidéodisques, mini-ordinateurs) jusqu'à la diffusion classique de masse en passant par les diffusions vers des collectivités restreintes (vidéotransmission, télévision cryptée).

Tout cela signifie un assouplissement et une diversification considérables, aussi bien pour les produits que pour les supports, les publics et les moyens de diffusion et fait irrésistiblement penser au secteur de l'*édition.* Aujourd'hui personne ne s'étonne de l'étendue et de la fragmentation du marché du livre. Pourquoi n'en serait-il pas de même demain avec l'audiovisuel ?

L'ouverture sans cesse plus grande des domaines couverts et la gamme des services offerts, du plus individuel au plus collectif, finiront par briser les cadres institutionnels dans lesquels a fonctionné l'audiovisuel. Il restera comme pour le livre, une masse considérable de produits offerts, dans laquelle le consommateur choisira ce qu'il voudra.

Toute la question est de savoir jusqu'où le parallèle entre deux produits aussi différents que le livre et l'audiovisuel peut être fait. La comparaison avec la diffusion du livre permet en tout cas d'imaginer les mutations qui bouleverseront progressivement le statut et l'organisation de l'audiovisuel et que nous anticipons avec difficulté car nous sommes encore marqués par les quarante premières années de la télévision de masse.

3. LE DÉMANTÈLEMENT D'UN MONUMENT PRESTIGIEUX

Les perspectives de transformation du système audiovisuel suscitent des réactions passionnées au fur et à mesure que les échéances se rapprochent. Tout simplement parce qu'il ne s'agit pas seulement de l'évolution classique d'un secteur industriel mais aussi d'une mutation culturelle qui donne lieu à de multiples affrontements. La fragmentation de l'audiovisuel devient un symbole et un enjeu qui dépassent le cadre de la télévision. Et le paradoxe est là aussi de constater un décalage entre les discours et les faits. Alors que dans la plupart des États les décisions de politique industrielle et le choix des grands groupes favorisent très directement ces mutations, on assiste parallèlement, notamment de la part des élites, à une réticence assez forte à l'égard de cette évolution. Deux thèmes sont particulièrement développés pour justifier l'hostilité à la fragmentation et la nécessité de s'y opposer.

Le premier souligne les risques que fait peser un tel processus sur l'unité politique et culturelle d'un pays. La télévision étant conçue comme un lien social, il apparaît dangereux que ce lien se dissolve. De plus la fragmentation ne peut avoir à terme qu'un seul effet : renforcer et légitimer les inégalités sociales et culturelles.

Le second conteste l'idée d'une réelle diversification. La multiplication des programmes et des supports n'entraîne pas une augmentation du choix. Nous entrons simplement dans un nouveau stade de l'industrialisation de la culture où, comme pour l'industrie automobile, on est capable autour d'un même modèle de base de multiplier les variantes et les options.

Les adversaires de la fragmentation se divisent donc en deux catégories : ceux qui sont contre et ceux qui la considèrent comme illusoire. De toute façon la perspective d'un développement tous azimuts et non contrôlé des images ne peut qu'angoisser ceux qui, acteurs politiques ou analystes, se sentent investis d'une responsabilité dans la construction de la « représentation de la société ».

Mais il faut dire que si les hommes politiques ont été les premiers à vouloir « organiser » la télévision, ils ont rencontré dans l'opinion publique, surtout en Europe, un assez large consensus. Comme si les publics eux-mêmes, craignant ce miroir, avaient rapidement préféré le voir sagement orienté...

L'idée que la diversité des images rende impossible la maîtrise d'une image cohérente de la collectivité existe depuis longtemps. On a parlé de cacophonie, d'anarchie, voire d'anomie et la situation italienne est citée en exemple pour montrer où mène la déréglementation de la communication. Certains hommes d'État considèrent même que l'évolution de l'audiovisuel vers la fragmentation peut contribuer à déchirer le tissu social. Pourquoi un tel sentiment ? Ils remarquent que l'intégration sociale est trop récente et fragile, pour ne pas être remise en cause ou menacée par une évolution du système audiovisuel, qui reproduirait, voire légitimerait les divisions sociales. Le mouvement de socialisation n'aurait pas encore atteint un degré d'intégration suffisant pour justifier un retour à l'individualisme. Celui-ci, d'une certaine manière, continue à menacer l'ordre social.

La télévision fragmentée deviendrait alors l'amplificateur de l'hétérogénéité sociale et culturelle. Non seulement elle ne change pas le rapport dominant/dominé, mais elle peut déstabiliser un équilibre social fragile et bouleverser les représentations et les systèmes de valeur collectifs. La télévision fragmentée est susceptible de faire apparaître les fractures toujours menaçantes d'une société. Dans cette perspective, la télévision, comme l'école, doit être davantage un outil de solidarité et d'intégration que de division.

Et si l'on admet l'existence d'une crise des rapports entre l'individu et l'État, la solution ne semble pas en être apportée par la diversification de la télévision. Celle-ci risque au contraire d'approfondir les différences. Il faudrait plutôt transcender ces différences par l'affirmation d'un projet collectif auquel la télévision pourrait participer.

De plus, et c'est là un autre aspect de cette critique, la fragmentation satisfait moins l'aspiration à l'autonomie individuelle qu'elle ne renforce la stratification sociale et culturelle.

Sous prétexte d'offrir à chacun ce qu'il souhaite, on ne fait que retrouver le « mille feuilles social » où chaque individu est à sa place. La diversification introduit à la sérialisation. Chacun est cantonné là où il est et l'on fait semblant de satisfaire à sa demande en ne lui offrant rien d'autre que ce qu'il connaît déjà.

Dans ce contexte, les inégalités culturelles ne sont pas réduites mais réifiées, aucun effort n'étant réllement entrepris pour séduire un plus large public et dépasser la stratification sociale. Où est le projet d'émancipation ? C'est plutôt une régression par rapport aux ambitions qui animaient les promoteurs de la télévision de masse. Le libéralisme apparent de la démarche est finalement le meilleur moyen de satisfaire et de renforcer les habitudes, la facilité, les inégalités. Cette pression par la demande oblitère en outre le travail des créateurs. Ceux-ci seront obligés de se soumettre à la loi d'un marché segmenté. Les professionnels peuvent y voir une menace, puisque l'obsession du sondage ou de la vente ciblée constitueront autant de freins à l'initiative.

L'autre critique adressée à la fragmentation consiste à nier l'élargissement du choix individuel. On retrouve là d'ailleurs la critique des « industries culturelles ». Ce seraient finalement les mêmes programmes que l'on retrouverait, puisque les grands groupes de l'audiovisuel ne feraient qu'offrir la même chose sous des formes différentes. Le choix ne serait qu'un leurre, une illusion liés à un savoir-faire qui permet de dissimuler la standardisation.

La Belgique est pour les tenants de cette thèse la preuve qu'une multiplication des programmes n'entraîne aucune augmentation du choix, puisque les câblo-distributeurs jouent sur les mêmes crénaux pour attirer le grand public, et faute de disposer de moyens de production, ne font que diffuser les mêmes produits américains.

En somme il n'y a pas de lien entre la diversité des supports et l'augmentation de la qualité et du choix. C'est même le contraire qui se produit puisque la logique marchande accentue la tendance à la standardisation. Quel intérêt y a-t-il à disposer de soixante canaux si l'on y trouve ce qu'il y avait déjà sur trois ?

Ainsi, selon les versions, la télévision fragmentée risque, soit d'être une illusion, soit de légitimer les inégalités sociales et culturelles et d'accentuer la fragilité de la société. Pour toutes ces raisons la télévision de masse, malgré ses inconvénients, est un moindre mal. Telles sont les critiques qui sont en général adressées au mouvement qui se dessine. Pour le moment, elles sont exprimées par un petit nombre de personnes, l'étroit milieu des professionnels, analystes ou hommes politiques qui suivent de près l'évolution de la télévision. Mais ce sont probablement des arguments de cet ordre qui, dans cinq à six ans, seront largement débattus, aussi bien à droite qu'à gauche, au fur et à mesure que la transformation du système audiovisuel se précisera. C'est pourquoi il est intéressant de discuter la pertinence de ces critiques.

Il semble, tout d'abord, qu'elles négligent encore une fois le contexte social et culturel dans lequel se produit cette évolution. Celle-ci en effet ne se produit pas en vase clos, mais s'inscrit dans un jeu de forces qu'il convient d'examiner.

Le démantèlement progressif de ce monument prestigieux qu'est la télévision de masse, correspond à une transformation qui n'affecte pas seulement la télévision mais aussi la société. Le mouvement actuel d'individualisation est d'ordre culturel et concerne la plupart des pratiques sociales.

L'un des grands paradoxes de l'après-guerre est d'avoir construit une société de masse à partir d'une immense aspiration à l'autonomie individuelle. La télévision de masse, tout comme la consommation de masse, a donc été travaillée tout au long de son développement par un mouvement d'affirmation de l'individu. Mais ce mouvement, pour des raisons politiques et surtout économiques, n'a pu finalement apparaître vraiment entre 1945 et 1965 puisqu'il fallait bâtir l'appareil productif de cette société de masse. Ce n'est qu'à partir des années soixante-dix, avec la contestation de la société de consommation, puis la crise économique, qu'il a resurgi, à la fois en continuation et en rupture par rapport à la période précédente.

Il y eut en effet à la sortie de la guerre — et en réaction contre elle — une formidable aspiration à la liberté, tant sur le plan individuel que collectif. La volonté d'échapper aux souvenirs sinistres poussait au changement et d'ailleurs la reconstruction fut marquée par de profondes transformations qui allaient dans le sens de l'individualisation et remettaient en cause la place de la cellule familiale ainsi que celle des structures communautaires de base. Tout a joué dans le sens d'un réaménagement des rapports individu-société. Ce fut notamment le cas avec l'exode rural et l'affirmation progressive du mode de vie urbain.

Le redressement démographique, la transformation du travail, l'élévation progressive du niveau de vie et des connaissances, le désir d' « autre chose » renforçaient ce mouvement.

Enfin le développement fantastique des moyens de communication matériels (voiture, avion, train) et culturels (radio, cinéma, disque, télévision), en multipliant les possibilités de déplacement, favorisa une diversification des valeurs de référence, ébranlant encore un peu plus les cadres communautaires culturels traditionnels.

Tout a donc été dans le sens d'une individualisation et d'une diminution du rôle des groupes intermédiaires. Mais l'aspect négatif de ce processus a été de laisser les individus seuls face à la société et surtout face à l'État dont le rôle, en un demi-siècle, au travers la redistribution, l'éducation, la planification n'a cessé de croître.

C'est ainsi que ce qui devait être une société plus libérale et individualisée est devenue progressivement dans la période 1950-1970 une société de masse où les individus anonymes se sont perdus dans les grandes conurbations et dans les emplois sans caractères des grandes organisations. Avec en outre cet étrange cordon ombilical invisible de la télévision qui n'a cessé de relier chaque année un peu plus les citoyens-consommateurs les uns aux autres.

Bref la révolution individuelle de l'après-guerre s'est perdue dans les marais de la société de masse, dont la télévision des années soixante constitua le symbole. L'outil qui devait assurer la libération et l'ouverture au monde se mua en une entreprise de standardisation. Ou tout au moins il a semblé qu'il participait de ce mouvement de massification plutôt qu'il ne s'y opposait.

C'est dans ce sens qu'il faut comprendre les écrits publiés aux États-Unis dans les années soixante (D. Riesman[1], Marcuse[2]...) qui soulignèrent la relation entre la télévision et la société de masse. La configuration des idées tournait autour de la foule solitaire, du règne de la consommation, de la perte de l'homme public, du repli narcissique et égoïste, de l'aliénation et du triomphe de quelques vedettes moyennes auxquelles s'identifiaient des millions d'individus.

À quoi cela avait-il servi de vouloir reconstruire le monde si cela ne devait aboutir qu'à un frileux et égoïste hédonisme individuel satisfait de la banalité des marchandises et des

1. *La foule solitaire, op. cit.*
2. *La société unidimensionnelle, op. cit.*

images ? Triste destin d'une aspiration à la liberté et à la responsabilité individuelle... Mais le règne de la société de masse fut bref. Ce qui constituait un horizon indépassable s'effrita avant même qu'une génération n'en ait subi le joug ou les délices. La contestation des valeurs morales par une jeunesse directement bénéficiaire de l'abondance, apparut rapidement.

La crise culturelle, née des contradictions entre les nécessités de la vie économique et sociale et le désir d'autonomie individuelle, relança un nouveau mouvement d'affirmation de l'individu. C'est celui dans lequel nous sommes depuis les années soixante-dix et auquel participe la transformation de la télévision. Il vise à renforcer le rôle de l'individu notamment contre la toute-puissance de l'État. Et ceci malgré la crise économique qui, tout en réduisant la puissance du mouvement par rapport à ce qu'il était dans les années soixante-dix, ne le fait pas disparaître.

Quelque chose a bougé en quarante ans dans la manière de concevoir les rapports entre la société et l'État, dans les pays développés. Si l'on pouvait craindre, comme ce fut le cas dans les années soixante, que le mouvement d'affirmation de l'individu ne se soit dissous dans la société de consommation, on remarque aujourd'hui sa réapparition et probablement sa force grandissante. L'après-crise ne sera pas le retour aux *sixties*.

On peut alors avancer l'hypothèse suivante : le mouvement d'affirmation de l'individu tel qu'il émergea après la guerre ne pouvait vraisemblablement pas dépasser dans un premier temps le stade de la société de masse. Mais celle-ci a transformé les structures économiques, sociales, le mode de vie, l'habitat et les loisirs. La deuxième étape, en prenant appui sur les acquis et les limites de la première, peut retrouver le mouvement qui, dès les années vingt, a donné naissance à la société moderne, égalitaire et individualiste. De même que la télévision de masse avait contribué à la première mutation, de même le mouvement actuel de diversification de la télévision participe à la seconde.

C'est parce que les transformations, sociales d'abord, puis techniques, vont dans le même sens, que le changement affectant la télévision a une importance réelle qui d'une certaine manière la dépasse. Cette évolution vers une société plus différenciée et mobile retrouve le mouvement de la société occidentale qui depuis le XVIIIe siècle, et malgré les guerres et les dictatures, continue à promouvoir un système de valeurs et une organisation sociale reposant sur l'individu.

Si jamais la télévision de masse a joué un rôle de lien social dans une société de masse, tout porte à croire que la télévision diversifiée puis fractionnée et interactive sera un lien correspondant à une société où les niveaux intermédiaires seront plus importants qu'aujourd'hui et où les rapports individu-société-État seront différents.

Les trente années de société de masse que nous avons connues ont donc permis de transformer les structures socio-économiques, les cadres de références, les communautés de base pour instaurer des modes d'organisation sociale davantage centrés sur les individus. Paradoxalement, cela n'a pu se faire que par l'action intégratrice de l'État et de la société de masse qui en créant de nouvelles contradictions, ont suscité un phénomène ultérieur de rejet.

La phase de la société de masse a été la voie de passage pour aller d'un certain modèle des relations entre l'individu et la collectivité à un autre. Il fallait probablement cette forme préalable d'intégration et d'inscription dans une économie de masse avant d'innover, sans d'ailleurs qu'il soit réellement possible de savoir la nature du modèle de relations qui dominera demain.

Une chose est sûre, l'affrontement entre une conception intégrée et une vision plus éclatée de la société sera long et probablement douloureux car tout actuellement va encore dans le sens du renforcement de l'État providence, de l'éducation à la santé et de la culture aux loisirs, au détriment de la responsabilité individuelle. Ce sont d'ailleurs les abus et les limites de ce processus d'intégration qui provoqueront la vigueur du mouvement en faveur d'une revalorisation du rôle de l'individu.

Il est normal que la télévision, plus que d'autres moyens de communication, reflète cette crise des rapports individu-société parce qu'elle est un secteur neuf, sans tradition. Et surtout parce qu'elle est à cheval entre la vie publique et la vie privée, à la fois lien social et objet domestique.

Replacées dans ce contexte historique, les mutations de l'audiovisuel prennent leur véritable dimension. Les critiques de la télévision fragmentée font comme si la société n'avait pas changé et même inversent la causalité en affirmant que c'est l'audiovisuel qui fait bouger la société.

Pourtant l'observation de la société française montre qu'un nombre considérable de forces s'oppose à cette évolution. Ni la classe politique, ni la législation, ni le service public de la télévision n'y sont favorables. Mais l'on comprend mieux pourquoi les blocages politiques ne peuvent enrayer un mouvement qui touche au dynamisme même des sociétés, même dans un pays comme la France où les blocages sont pourtant particulièrement forts. Il y a une sorte de contradiction à condamner la société de masse au motif qu'elle nie les différences et à vouloir conserver, au nom d'une certaine conception du service public ou de la culture, une télévision de masse. Car nous sommes aujourd'hui dans une situation cocasse. C'est au moment où les choix vont se multiplier, répondant enfin au désir de ceux qui depuis si longtemps ont condamné l'effet unificateur de la télévision que ces mêmes critiques se mettent à louer ce qu'ils dénonçaient hier, et à redouter ce qu'ils appelaient de leurs vœux.

On a en effet longtemps reproché à la télévision simultanément de massifier et d'isoler les individus pour aboutir à « l'individu de masse » dont parle P. Schaeffer [1].

La seule alternative à cet isolement était la télévision communautaire qui devait faciliter la communication entre gens vivant au même endroit et ayant le même mode de vie. Or il est possible que la communication communautaire (dont on a vu d'ailleurs la difficulté à se développer réellement dans les années soixante) soit moins importante aujourd'hui qu'hier.

C'est-à-dire que l'appartenance à une société globale, finalement abstraite l'emporte en intérêt et en satisfaction sur ce que peut apporter une communication au niveau communautaire local. Les désirs de regroupements jouent davantage sur des « activités », rassemblant des individus parfois éloignés les uns des autres plutôt que sur un simple critère de proximité.

Il n'y a rien de surprenant à ce qu'une bonne partie de nos aspirations, curiosités et désirs soient suscités justement par la complexité et l'abstraction de la société et ne trouvent pas dans le cadre local l'occasion de se réaliser.

L'intérêt de la fragmentation est qu'elle permet un regroupement sur une base d'affinités entre individus dispersés. Ce nouveau mode de regroupement reflète d'ailleurs bien la caractéristique de nos sociétés où l'intégration sociale est suffisamment forte pour permettre un processus de différenciation autre que géographique.

Autrement dit la multiplicité des réseaux de communication, loin de représenter un danger d'anomie, risque d'apparaître au contraire comme un signe d'intégration sociale. Le plus étrange dans cette crainte de déchirement du tissu social est qu'elle se fait jour dans les pays à télévision d'État où il y a donc un réel moyen de contrôle sur le processus en cours et où la disparition d'une télévision publique de masse semble improbable.

L'évolution actuelle en effet ne substitue pas la télévision diversifiée et fractionnée à la télévision de masse, mais au contraire les fait cohabiter. Il y aura *à la fois* télévision de masse et télévision fractionnée et interactive.

L'audience se répartira sur un grand nombre de programmes

1. P. Schaeffer, *Les Antennes de Jericho*, Stock, Paris, 1980.

mais selon une distribution inégale, de la même manière que dans la presse écrite il existe des gros et des petits tirages. Le pluralisme est assuré par l'existence des « petits » et par la multiplicité des contrôles et des pouvoirs qui s'exercent sur les différents canaux. Un simple déplacement d'audience de 5 à 10 % par rapport à l'ancien système suffit à modifier le contexte et donc la nature du système de communication. Ce changement est capital parce qu'il diminue d'autant la charge politique dont était investie la télévision, du simple fait qu'elle mobilisait un public immense sur trois ou quatre canaux. À partir du moment où il y a multiplication des canaux et dispersion des publics sur un plus grand nombre de programmes, la question de l'influence de la télévision se relativise. Elle ne disparaît pas, mais la diversité permet l'expression de points de vue minoritaires et de surcroît permet de montrer qu'ils sont minoritaires.

Avec la télévision fractionnée les questions et les enjeux deviennent plus modestes. Il y a une sorte de banalisation, ce n'est pas à chaque fois les libertés ou le pouvoir qui sont en jeu. Le seul problème réel posé par la télévision fractionnée concerne l'information et les risques de son éclatement en une multitude de créneaux spécialisés.

En effet ni le risque de voir disparaître un certain modèle de télévision culturelle, avec la multiplication des supports et des programmes, ni celui d'une diminution de l'importance de la télévision dans la société ne sont véritablement inquiétants. Mais l'éclatement du champ de l'information pourrait avoir un impact sur les rapports entre information et citoyenneté dans la démocratie occidentale. C'est là le risque de la liberté : à partir du moment où l'État ne joue plus le rôle d'agent unificateur de l'information télévisée par l'intermédiaire du service public, la fragmentation du marché risque toujours de déboucher sur une fragmentation de l'espace public.

CHAPITRE IX

Le talon d'Achille

L'information a toujours été le symbole, le fleuron, la distinction de la télévision. Car les films, les variétés, le théâtre, les jeux, existaient avant elle et si la radio avait capté le bruit du monde, jamais auparavant l'image instantanée de l'événement n'avait pu être saisie et portée à domicile.

Rupture considérable dans la perception des événements qui fit rapidement de la télévision l'outil par excellence de la démocratie de masse. Pour la première fois le public accédait à l'information à une échelle beaucoup plus vaste que celle permise par la presse écrite, et avec l'apport incontestable de l'image. Cette transformation réalisait une des valeurs essentielles de la démocratie qui, depuis le XVIIIe siècle, tend à rendre les individus égaux devant l'information.

Pourtant l'information n'est pas le seul moyen d'accéder à la connaissance de la réalité. Les documentaires ou les fictions ont parfois même mieux exprimé et montré certains faits de société ou de culture. Mais l'information occupe une position essentielle parce qu'elle est censée montrer la réalité du monde. Montrer et non pas raconter, telle est la nouveauté de l'information télévisée.

La difficulté jusqu'à présent a été d'obtenir des images. Demain au contraire, grâce aux nouvelles techniques, celles-ci seront disponibles sur presque tous les sujets. En tout cas, les obstacles ne seront plus d'ordre technique. Trois changements techniques vont améliorer considérablement les conditions de production et de circulation de l'information.

C'est d'abord la généralisation des caméras vidéo légères, c'est ensuite l'augmentation du nombre de satellites de télécommunication permettant de disposer facilement de faisceaux pour la transmission immédiate des reportages à partir d'un grand nombre de stations dans le monde. C'est enfin la possibilité d'utiliser des banques d'images qui seront constituées notamment à partir des échanges entre télévisions. En un mot on passera d'une situation de rareté à une situation d'abondance d'images.

L'information audiovisuelle pourra donc s'exprimer de plus en plus par l'image. C'était le vœu de ceux qui lancèrent cette presse il y a quarante ans. Mais l'absence de moyens d'une part, les contraintes liées au film et les difficultés de transmission d'autre part ont empêché pendant un quart de siècle que se réalise ce projet, hier inconsidéré et aujourd'hui presque déjà banal, d'un immense réseau d'images couvrant les événements du monde. Voir de chez soi l'événement devient une réalité à laquelle des centaines d'ingénieurs et de techniciens ont pendant un demi-siècle consacré leurs efforts. Le monde ne devient pas pour autant plus transparent ou moins cruel, il devient simplement plus visible, et l'on commence à deviner les conséquences de ce nouveau regard sur la logique des événements.

L'information télévisée a toujours été, dans les pays démocratiques, un objet de conflit entre les partis politiques, les syndicats, les organisations « représentatives » en général. La lutte portait et porte sur l'accès à l'antenne, le droit à la parole, l'objectivité des informations.

Mais il existait cependant un consensus sur le statut de l'information télévisée, notamment dans la référence aux traditions de la presse écrite et dans le fait que le public intéressé était composé de l'ensemble des citoyens. Malgré ses imperfections, elle devait s'adresser à tout le monde. Par contre le consensus était beaucoup moins fort au sujet de la culture. Deux conceptions s'opposaient, d'un côté la télévision culturelle de l'autre la télévision de divertissement.

Cette opposition a traversé tous les pays quel que soit le mode d'organisation de leur télévision. C'est pourquoi le conflit fondamental des quarante première années, qui touchait à l'essence de la télévision, portait sur les programmes et non sur l'information.

La situation est en train de se renverser. *Demain c'est l'information et non les programmes, qui sera au cœur des affrontements.* Et ceci pour trois raisons. La première est liée à l'évolution des programmes. Ils sont progressivement en train de se diversifier et l'opposition entre les deux formes de télévision, culturelle ou de divertissement, s'estompe puisqu'il est admis que les programmes doivent répondre à des attentes et des goûts très différents.

Par contre l'information est la partie des programmes qui s'est le moins diversifiée et qui continue à bénéficier d'un public de masse. Les journaux télévisés restent des points de rencontre de l'ensemble des publics. C'est pourquoi ils occupent une position stratégique au fur et à mesure de la dispersion des pratiques culturelles.

Ensuite l'information audiovisuelle va connaître une évolution vers la spécialisation. Ce processus qui s'observe dans la presse écrite depuis une vingtaine d'années se traduit par le déclin de l'information universelle et la montée de l'information spécialisée. Il pose des problèmes complexes concernant la légitimité politique de l'information et le fonctionnement de la démocratie. Son apparition dans le domaine de l'audiovisuel lui donnera une ampleur particulière compte tenu du nombre des téléspectateurs.

Autant la diversité de la culture ne pose pas de problèmes majeurs, sauf à ceux qui sont attachés à une vision unifiée de celle-ci, autant l'éclatement de l'information risque d'en poser parce que la conception démocratique implique que le citoyen puisse accéder à une information universelle. Et l'information télévisée répondait jusqu'à présent à cette définition.

Enfin, sur le plan international, la différence des conceptions de l'information entre les pays démocratiques et les autres pays va trouver dans les questions de l'accès aux sources et de la libre circulation des images un objet de conflit particulièrement violent. Il y a là, potentiellement, un risque de fragilisation des démocraties occidentales qui exhibent de plus en plus leurs faiblesses et leurs contradictions dans un univers où dominent la force et le mensonge. Tout cela dans un contexte où les pays du Tiers-Monde, appuyés par les pays socialistes, réclament un « nouvel ordre mondial de l'information ».

1. INFORMATION UNIVERSELLE ET INFORMATION SPÉCIALISÉE

L'observation de l'évolution de la presse écrite dans les pays occidentaux montre une croissance régulière de la presse spécialisée au détriment de la presse d'information générale. En France par exemple on constate que le tirage annuel total (en millions d'exemplaires) de la presse d'information générale est passé de quatre mille deux cents en 1962 à trois mille huit cents en 1977 tandis que celui de la presse technique et spécialisée allait de mille à deux mille cent[1]. De plus, à l'intérieur de la presse d'information générale, on assiste à un tassement de la presse quotidienne nationale d'information tandis que seule résiste la presse quotidienne régionale.

Pour répondre à cette transformation du champ de l'informa-

1. *Des chiffres pour la culture*, ministère de la Culture, Documentation française, 1980, p. 311.

tion, la presse d'information générale accroît sa pagination, multiplie les suppléments et les domaines couverts. Les quotidiens ressemblent à des magazines et les magazines à des encyclopédies. La presse écrite ne subit donc pas seulement la concurrence de la radio et de la télévision mais aussi celle d'une presse spécialisée très rentable qui bénéficie de cette transformation du champ de l'information[1]. Une illustration ironique de cette situation est qu'en France les deux seuls hebdomadaires qui tirent à plus d'un million d'exemplaires sont des journaux de... télévision et non plus des hebdomadaires d'information générale comme en 1960[2].

Pendant ce temps, pour l'information télévisée, c'est d'une certaine manière l'âge d'or. Elle bénéficie de la conjonction de trois facteurs favorables. D'abord il n'y a pas de concurrence possible de la presse spécialisée, le grand public est là et il est captif. Ensuite les outils techniques sont de plus en plus adaptés à la fonction d'information : légèreté, maniabilité, rapidité. Enfin la demande du public est soutenue. C'est donc cette situation relativement privilégiée qui devrait être remise en cause par la fragmentation de la télévision. Mais dans un premier temps la phase de diversification va encore bénéficier à l'information télévisée.

Dans le domaine de l'information quotidienne, quelques exemples récents montrent l'existence d'une demande. En France c'est la réussite des journaux de la mi-journée, puis des éditions de fin d'après-midi. En Grande-Bretagne le succès du journal de vingt-deux heures, *News at Ten* sur I.T.V., va dans le même sens. Ce journal a la meilleure audience mais la B.B.C. 1, avec son journal de vingt et une heures, soutient la concurrence. Le succès des journaux du soir tard sur Z.D.F. et A.R.D. en République Fédérale Allemande est similaire.

Même phénomène aux États-Unis où le succès rencontré par le journal de vingt-trois heures trente créé exceptionnellement par A.B.C. au moment de la crise iranienne a montré que contrairement à toutes les analyses des programmes et du comportement des spectateurs il y avait là un créneau important. Depuis, A.B.C. a maintenu ce journal et C.B.S. et N.B.C. ont suivi leur concurrent, tout en augmentant la durée de leur grand journal du soir (d'une demi-heure à trois quarts d'heure) ce qui est une rupture dans l'histoire de la télévision américaine et illustre la croissance de l'information.

Le développement des informations se fait également le

1. CF. D. Wolton et J.-L. Lepigeon, *L'information demain. De la presse écrite aux nouveaux médias*, Documentation française, 1979.
2. *Des chiffres pour la culture, op. cit.*, p. 313.

matin. Là aussi l'expérience anglaise montre ce qui pourrait se passer en Europe à la suite de ce qui existe aux États-Unis. La chaîne privée britannique I.T.V. ainsi que la B.B.C. ont commencé en février 1983 des informations du matin. Les premiers résultats d'audience semblent favorables. En Allemagne il existe également des expériences d'information matinale.

Mais l'exemple le plus symbolique de cette croissance de l'information demeure le pari de la chaîne Cable News Network (C.N.N.), créée aux États-Unis en mai 1980, qui diffuse des informations sur le câble vingt-quatre heures sur vingt-quatre. Un tel projet n'aurait pas été possible il y a dix ans. Le câble n'était pas assez développé, ni les moyens de transmission par satellite suffisants pour fournir les programmes. Ensuite, et surtout il n'y aurait probablement pas eu de demande significative.

L'idée est simple et symbolise à la fois l'importance de l'information et sa banalisation, puisque celle-ci doit pouvoir être traitée en continuité. Il s'agit d'offrir au spectateur une information audiovisuelle permanente mais non répétitive puisque plus de 60 % de la production quotidienne est originale. La programmation est faite en fonction des différentes catégories de spectateurs susceptibles d'être touchées avec un effort particulier entre dix-neuf heures et vingt-deux heures pour concurrencer les chaînes commerciales.

Le réseau de communication au niveau national et international (la station d'Atlanta d'où part le programme possède six coupelles de réception de satellites) permet de traiter l'information en direct : « *News Now* » est le slogan de C.N.N. Les capacités techniques sophistiquées offrent même la possibilité de suivre plusieurs événements à la fois. La grille des programmes comporte des informations politiques traditionnelles, de la bourse, des informations sur les affaires, du droit, de l'éducation, des informations sur la vie quotidienne, la santé, la consommation, les loisirs, avec plusieurs éditoriaux par jour, des débats, des magazines, etc. Chacun de ces programmes a une durée spécifique. C'est en fait un service continu qui mêle informations générales, informations services, informations spécialisées et commentaires.

Il s'agit d'un service payant, mais qui est gratuit pour l'abonné puisque le financement est assuré par la publicité et par un droit d'accès de 15 à 20 cents par abonné et par mois, payé par l'opérateur de câble. Treize millions huit cent mille abonnés ont accès à la chaîne en 1982. Le fait que des grands annonceurs aient soustrait une partie de leur budget de publicité aux chaînes commerciales au profit de C.N.N. indique leur confiance dans une chaîne spécialisée dans l'information.

L'avenir dira en terme de qualité de programme et de nombre

de souscripteurs si C.N.N. est économiquement et financièrement possible[1]. En tout cas cette expérience illustre au mieux les possibilités offertes par un changement technique du point de vue de son utilisation, c'est-à-dire du programme. Et elle traduit une croyance dans la diversification de l'information et dans la demande qui en sera faite, par un spectateur pris au sérieux, dont on ne doute pas qu'il saura choisir librement ce qu'il veut, quand il veut.

C'est d'ailleurs le principe de base de cette chaîne qui fonctionne comme une radio, en continu, et que les gens consultent quand ils ont envie de se tenir au courant de l'actualité. L'image est là en permanence, bouleversant le rapport à l'événement et à la durée, faisant de la télévision une succession d'instantanés. Pour capter l'attention flottante du spectateur il faut bien sûr une mise en valeur et une construction attirante de l'information.

Mais la dimension spectaculaire ne peut suffire car elle s'épuise dans la durée, si elle ne s'appuie pas simultanément sur un travail crédible. Il faut donc à la fois un effort de spectacularisation et d'approfondissement pour que le téléspectateur comprenne l'intérêt d'une image en continu, par rapport à ce que lui offre la radio. Le spectateur prend ce qu'il veut, plusieurs fois par jour, pour de cours moments.

Ses créateurs définissent C.N.N. comme un libre-service de l'information dont le principe de base est « switch on-switch off » (allumer-éteindre). C.N.N. suscite d'ailleurs une compétition puisque un an après sa création, Westinghouse Broadcasting et A.B.C. se sont associés en août 1981 pour créer « Satellite News Channel » un réseau qui fournit sur deux canaux vingt-quatre heures sur vingt-quatre d'informations, financé par la publicité et gratuit pour les abonnés.

Il faut ajouter à cela un événement qui peut avoir une influence considérable pour le mouvement des États-Unis vers le bilinguisme, c'est le lancement par la télévision de langue espagnole (Spanish International Network) du premier journal télévisé diffusé par satellite en espagnol (Noticiero Nacional) en juin 1981. L'Europe est très en retard par rapport aux États-Unis dans cette étonnante transformation de l'information, mais nul doute qu'un mouvement similaire apparaîtra, mettant fin à la conception traditionnelle de l'information télévisée.

L'expérience de C.N.N. illustre bien le risque que court la télévision classique face au câble, aux satellites, à la télévision

1. En 1981 C.N.N. a perdu onze millions de dollars et sans doute autant en 1982 selon une étude de Knowledge industry publication, « The cable television advertising market 1982-1987 » (1982). Mais cette étude précise qu'à deux exceptions près les grands réseaux câblés sont déficitaires en 1982.

payante et à l'ensemble des conditions nouvelles. Non pas un risque financier car la différence de puissance entre les chaînes classiques et les réseaux spécialisés est considérable. Pas même un risque de perte d'audience car la plupart des projections prévoient que les nouveaux services retireront d'ici à 1990 au maximum 10 % d'écoute aux chaînes commerciales.

Le risque majeur est que la télévision classique cesse d'être le lieu où la télévision s'invente au profit de ces nouvelles structures plus petites, plus audacieuses. Les forces d'innovation et de renouvellement peuvent se déplacer vers les nouveaux services, laissant à la télévision classique le soin de mettre en forme et de présenter au grand public ce qui a été découvert ailleurs.

D'ores et déjà on peut percevoir comment la télévision traditionnelle commence à intégrer l'accroissement et la banalisation de l'information. Tout d'abord le style officiel et institutionnel de l'information, qui existait aussi bien dans les télévisions d'État que de société, ne peut résister à la diversité des sujets et des genres. En se généralisant l'information télévisée se désacralise lentement. Elle se rapproche de la société, donc d'une vision plus ouverte et contradictoire des événements. La présentation de la politique et de l'action du pouvoir suivent ce mouvement d'ensemble.

Ensuite la banalisation s'applique également aux journalistes vedettes. Non pas que la notoriété disparaisse mais elle perd son caractère exceptionnel, lié au fait qu'elle n'était focalisée que sur un ou deux présentateurs du journal. La concurrence entre journaux et magazines permet aux spectateurs de juger les journalistes par comparaison et conduit surtout à la séparation entre notoriété et crédibilité. Le fait d'être connu par le passage à l'écran ne préjuge pas de la confiance qu'on vous accorde. Le phénomène des « monstres sacrés » de l'information était d'ailleurs davantage américain que français, car en France aucun journaliste présentateur n'a bénéficié de l'autorité et de la durée nécessaire pour réussir, en cas de conflit, à jouer l'opinion publique contre le pouvoir politique. Cette figure de jeu n'existe pas dans une télévision d'État.

Aux États-Unis par contre la crédibilité est une condition essentielle de la popularité des présentateurs. Walter Cronkite a représenté à la fois la quintessence de ce phénomène et une exception car il est douteux, avec la croissance des médias audiovisuels, qu'une situation comme la sienne se renouvelle.

En effet pendant les années soixante, Cronkite est devenu peu à peu la « conscience politique » de l'Amérique, comme le note David Halberstam : « Pendant dix sombres années d'événements catastrophiques, il parvint à convaincre des audiences énormes qu'il était digne de confiance. Il en arriva même à être l'homme auquel le pays se fiait le plus, tout simplement.[1] » Cette focalisation sur le présentateur du journal est à mettre en relation avec le nombre limité des canaux et le nombre limité des journaux sur chaque canal. C'est pourquoi la multiplication des médias audiovisuels transformera la relation du public à l'information et aux journalistes. C'est certainement l'un des aspects positifs de la fragmentation.

Ce phénomène est particulièrement net quand on observe l'évolution des magazines. Après la période des débuts, où le public s'émerveillait à la simple découverte des images du monde, sont apparus les magazines qui répondaient à un besoin de recul et de mise en perspective de cette vision instantanée du monde. *Cinq colonnes à la Une* en France et *Sixty minutes* aux États-Unis ont correspondu à ce modèle[2].

Celui-ci se caractérisait d'abord par une certaine volonté pédagogique, ensuite par un travail sérieux et bien mené, enfin par la capacité à aborder tous les sujets d'une manière non conformiste, voire critique.

Dans un deuxième temps il y a eu une dissociation entre les magazines politiques (interview approfondie d'une personnalité) et les magazines d'investigation, ces derniers allant de plus en plus dans le sens de la dramatisation. Aux États-Unis, on a même eu très nettement tendance, après le Watergate, à situer le journaliste en position de justicier ou de redresseur de torts.

On est ainsi passé d'une relation de pédagogue à l'égard du public à une relation d'avocat, de « nous vous expliquons le monde » à « nous vous défendons face aux pouvoirs ». La dramatisation présente un avantage ; la construction d'une intrigue fait du sujet un spectacle en soi. Mais elle a un inconvénient : elle rapproche l'information de la fiction. Elle déréalise la réalité. Cette confusion entre réalité et fiction a peut-être l'intérêt d'accrocher l'attention du spectateur grâce à l'effet de surprise mais elle risque d'être dévastatrice à terme dans la mesure où elle touche à des points de repères essentiels du psychisme.

La tentation est grande chez certains journalistes d'opérer des « reconstitutions », c'est-à-dire de faire jouer par des acteurs des scènes qu'ils n'ont pu tourner et de les mélanger à des reportages classiques. Le risque que font courir de tels procédés à la crédibilité de l'information est considérable car ils obligent à

1. D. Halberstam, *Le pouvoir est là*, Fayard, Paris, 1980.
2. Cf. pour une analyse détaillée des magazines d'information en France, J.-N. Jeanneney, M. Sauvage, *Télévision, nouvelle mémoire. Les magazines de grand reportage*, Seuil, Paris, 1982.

s'en remettre entièrement à la bonne foi du journaliste qui mêle vérités et mensonges.

En définitive la dramatisation représente le dernier avatar de différents modes de mobilisation des spectateurs. Autrement dit ce style de l'information devrait progressivement perdre de son importance comme ce fut le cas pour le style pédagogique. Aux États-Unis on sent déjà un essoufflement de ce style notamment dans les magazines *Sixty minutes* de C.B.S. et *Twenty twenty* de A.B.C.

La difficulté à choisir un mode de relation entre le style pédagogique et le style dramatique renvoie à une question plus générale qui est la nature des relations avec le pouvoir politique. Par exemple aux États-Unis, ni la guerre du Vietnam ni l'affaire du Watergate n'ont permis l'élaboration d'un *modus vivendi* entre la télévision et le pouvoir politique.

Ces événements représentent au contraire un cas limite de l'engagement d'un média dans des combats politiques. Aujourd'hui encore, un code de relations entre le pouvoir et la télévision sur le plan quotidien, c'est-à-dire en dehors des crises et des événements graves, reste à définir même aux États-Unis, qui sont pourtant sur ce point en avance sur l'Europe. L'audiovisuel américain oscille toujours entre l'information, critique radicale du pouvoir (née du Vietnam et du Watergate) et « l'information du consensus », dont le traitement de la crise iranienne a montré également les limites.

Il est vraisemblable que le style dramatique et la mise en cause des pouvoirs au nom des téléspectateurs moyens sont comme une mise en scène du rapport de la presse télévisée au pouvoir politique. Ce style correspond assez bien à un certain stade de ce rapport, il évoluera avec la transformation du système audiovisuel.

Car il apparaît clairement aujourd'hui que la fragmentation représente une solution positive aussi bien pour les télévisions de société que pour les télévisions d'État. Seule la multiplication des canaux et des supports et surtout la diversification de leur mode de contrôle (public, privé, associatif) permettront de résoudre ce problème insoluble. Mais cette évolution favorable n'empêche pas que la fragmentation comporte aussi plusieurs aspects négatifs.

Le problème essentiel concerne les rapports entre l'information universelle et l'information spécialisée.

Si la télévision payante réussit à trouver un public, on

assistera à la croissance d'une information spécialisée plus approfondie et plus complète.

Le volume, ou en tout cas la qualité de l'information universelle pourrait ainsi diminuer au profit d'une information mieux faite, par thème ou par public. L'information générale serait en quelque sorte le minimum de l'information audiovisuelle dont l'approfondissement se ferait par le truchement de l'information spécialisée.

Cet appauvrissement de l'information générale pose d'abord un problème d'inégalité socioculturelle puisqu'il consisterait à n'offrir gratuitement au grand public que l'essentiel des titres. À charge aux publics spécialisés et intéressés de pouvoir accéder par une démarche volontaire et payante à l'approfondissement de l'information.

Mais la question n'est pas véritablement financière, elle est d'abord culturelle, puisque la curiosité et l'intérêt dans un domaine comme l'information sont assez directement liés au niveau culturel. Plus on est dominé, plus on reste dans son espace, indifférent et même craintif par rapport au monde extérieur, moins on veut savoir. Et c'est un cercle vicieux : moins l'on s'intéresse, plus on veut rester dans son coin. Le retrait exprime directement une position dominée dans la hiérarchie sociale.

Il serait absurde qu'aujourd'hui, au moment où les moyens techniques permettent enfin de voir le monde, une nouvelle organisation de l'information favorise l'exclusion de certains groupes sociaux. Ce problème n'a rien de théorique, il suffit de se souvenir de la difficulté de la presse française, au sortir de la guerre de 14-18, à toucher le public populaire pour comprendre comment, à l'occasion d'une mutation culturelle, des échecs de ce type sont possibles.

Le risque serait que l'élargissement du champ de l'information et la multiplication des supports conduisent à remettre en cause une conception de l'information universelle élaborée dans un contexte où sa production et sa diffusion se faisaient pourtant plus difficilement qu'aujourd'hui, mais où un système de valeurs transcendait les contraintes techniques.

L'enjeu n'est pas seulement lié aux inégalités socioculturelles. Il porte aussi sur le rapport même que l'on entretient au monde extérieur. *Nous accédons souvent à l'information par hasard.* Le hasard de la lecture du journal ou de ce que l'on entend ou voit quand on ouvre le poste. Cette découverte non maîtrisée fait partie intégrante de notre processus d'information.

Si l'on réduit le volume ou la qualité de cette information au profit d'une information qu'il faudra aller chercher volontairement on diminue d'autant cet accès contingent, mais fondamental, à l'information et donc au monde.

Or il faut se rendre compte que le principe politique de l'universalité se réalise dans cette contingence de l'accès à l'information. Si l'on offre à chacun l'information dont il considère avoir besoin, on passe à côté de la fonction politique de l'information et on réduit les dimensions de l'espace public. Celui-ci a besoin de cette déperdition et de cette dépense qui consiste à jeter l'information à la cantonade sans que l'on sache très bien si quelqu'un s'en empare et l'utilise. La spécialisation de l'information correspond au contraire à une « rationalisation » qui essaye d'adapter le produit aux consommateurs dans le but de réduire cette déperdition.

Et le risque de rationalisation est d'autant plus grand que le prix de l'information ne cesse d'augmenter. L'information, paradoxalement, devient un bien rare et cher au moment où se multiplient les canaux de sa diffusion. L'expansion de son marché ne change rien au fait qu'elle est un bien rare.

Tant que les médias étaient peu nombreux, le problème du prix de l'information se posait moins puisque les acteurs, ceux qui « font l'événement », souhaitaient absolument pouvoir y accéder. La situation se renverse avec la pluralité des canaux. La concurrence risque de se traduire par une hausse des coûts. On le voit aujourd'hui à une petite échelle avec les événements sportifs dont les droits s'obtiennent à des tarifs de plus en plus élevés.

Plus généralement on devrait assister à un phénomène similaire à celui qui s'est produit dans la presse écrite, où une concentration dans le recueil de l'information, notamment internationale, s'est produite simultanément à la multiplication des titres. Quelques agences de presse et quelques quotidiens très riches sont les seuls à disposer des moyens nécessaires pour produire l'information la plus coûteuse. L'accroissement des moyens de diffusion des images n'empêche pas la croissance des coûts humains, c'est pourquoi le recueil de l'information dans les pays lointains coûte de plus en plus cher, tandis que le coût de sa diffusion baisse. Pour cette raison, des facteurs économiques poussent également à l'abandon de la gratuité de l'information audiovisuelle.

Il reste à savoir qui acceptera de payer pour cette information, dont la place et le rôle vont grandissant. L'information à la télévision a toujours été un secteur moins coûteux que les autres programmes mais aussi moins rentable. S'agira-t-il bientôt — compte tenu des prévisions de croissance du secteur — d'un produit susceptible de procurer des profits au même titre que les autres programmes ? C'est aux États-Unis où le processus est le plus développé, que le débat est le plus avancé.

Deux thèses s'opposent. L'une, animée notamment par les chaînes commerciales, soutient que même si l'information coûte moins cher que les autres programmes, elle coûtera plus cher que ce qu'elle rapporte, et demain encore plus qu'aujourd'hui du fait de la concurrence acharnée entre les différents réseaux de télévision pour répondre à une demande croissante.

L'autre thèse envisage au contraire une rentabilité prochaine du secteur de l'information. Elle est soutenue notamment par les sociétés qui profitant du fractionnement progressif du système audiovisuel se dirigent vers des créneaux particuliers de l'information spécialisée. Arrivant dans le secteur de l'information avec une volonté de service payant à fournir à des demandes de différentes catégories, ces sociétés considèrent que les usagers prendront progressivement l'habitude de payer l'information à son coût.

Ils voient même dans cette évolution la condition indispensable pour maintenir la place et le rôle de l'information dans une économie de l'audiovisuel de plus en plus rigoureuse où la règle sera l'autofinancement de chaque service. Ils affirment même que l'information fournie par les *Networks* est déjà rentable, puisque la minute de publicité la plus chère des États-Unis se trouve actuellement sur le magazine d'information *Sixty minutes* de C.B.S.

En tout cas une chose est certaine, *le prix des événements* va augmenter, obligeant probablement à une sorte d'accord au niveau mondial pour éviter des surenchères préjudiciables à l'idée d'information telle qu'elle existe. Si un accord n'intervient pas, « les faiseurs d'événements » imposeront leurs conditions, ce qui aboutirait à une situation contraire à celle recherchée depuis deux siècles, à savoir fournir à tous, au moindre coût, la même information. Si le prix des événements accuse des distorsions trop grandes, il y aura deux marchés, l'un pour les riches et l'autre pour les pauvres.

Au travers ce débat économique sur le coût et la rentabilité de l'information se joue donc une opposition entre deux conceptions de l'information audiovisuelle.

Aujourd'hui la règle, aussi bien dans les télévisions commerciales que publiques est de fournir l'information gratuitement. C'est la redevance ou la publicité qui financent l'information. Demain, la croissance, la diversification et la spécialisation des programmes d'information ne pourront se faire que sur une base marchande puisqu'il s'agira d'informations intéressant des publics spécialisés.

Le paiement par le consommateur favorise l'engagement personnel et donc confère à l'acte d'information sa dimension de liberté. En dépendant moins de l'argent public et davantage de l'argent des consommateurs, la presse audiovisuelle ne ferait que retrouver la situation de la presse écrite. C'est en effet de cette façon que celle-ci s'est développée pendant deux siècles et demi. Et jusqu'à aujourd'hui, elle a réussi à être capitaliste tout en étant un outil indispensable de la démocratie.

S'il est évident qu'une grande partie de l'information universelle restera gratuite dans tous les pays, au nom même des principes qui la fondent, il est non moins vrai qu'une autre partie de cette information, et pas seulement l'information spécialisée se développera sur une base marchande.

C'est la seule alternative à un financement public de l'information dont nous avons évoqué les effets négatifs. Il ne peut y avoir d'indépendance à l'égard de l'État, si cette indépendance n'est pas également financière. Le désengagement de l'État par rapport à l'information audiovisuelle fait courir un risque réel, mais ce risque est peut-être le prix à payer pour la démocratie.

2. LA PRÉCARITÉ DE L'INFORMATION

La pratique de l'audiovisuel, en prolongeant les habitudes forgées par la presse écrite dans les sociétés démocratiques, a construit un certain rapport à l'information télévisée. Celui-ci se caractérise de la manière suivante :

— Tout événement important est l'objet d'un traitement en images.

— Les citoyens ont globalement confiance dans ce qui est montré et il est admis que ce qui est montré reflète la réalité et n'est pas intentionnellement déformé.

— Quant aux événements moins importants, ils sont davantage évoqués que montrés.

Il existe une sorte de consensus tel que chaque citoyen accorde à la télévision la responsabilité de hiérarchiser les événements importants, en tout cas de n'en manquer aucun d'essentiel[1]. Cette délégation renvoie à la fois à la place de l'information dans un système démocratique et à l'importance prise aujourd'hui par l'image dans l'ensemble de la société.

1. Cf. ce sondage de janvier 1983 qui confirme de nombreux autres sondages sur le même thème : « Comment en général vous informez-vous sur les événements de l'actualité ? » Par les journaux : 54 % — par la radio : 46 % — par la télévision : 80 %. « Si à propos d'une même nouvelle vous entendiez dire des choses assez différentes par la radio et par votre journal quotidien, à qui feriez-vous le plus confiance ? » Au journal quotidien : 24 % — à la radio : 15 % — à la télévision : 31 %. (Sondage T.F.1, L. Harris, *Télérama*, n° 1725, 2 février 1983.)

Chacun a donc pris l'habitude de s'informer par l'intermédiaire de la télévision parce qu'elle apporte l'image et qu'elle est le moyen d'information qui touche le plus grand nombre. En France par exemple seize millions de personnes en moyenne regardent les journaux quotidiens de vingt heures[1]. Les individus n'adhèrent pas pour autant à ce qui est montré, mais il n'y a pas de défiance générale à l'égard de la presse télévisée.

Ces éléments sont essentiels car ils montrent que la force de l'information dépend à la fois de la crédibilité de son message et de la dimension de son audience.

De ce point de vue, la télévision bénéficie d'un double avantage. D'un côté, le téléspectateur fonde sa confiance sur le fait que le journaliste audiovisuel doit apporter des preuves visuelles de ce qu'il avance ; il fait donc surtout confiance aux fragments de réalité manifestés par les images et accorde (peut-être à tort) davantage de crédit à l'image qu'au journaliste.

De l'autre côté, le téléspectateur se sert du médium pour vérifier que ses opinions sont partagées, la taille du public touché a donc une importance capitale. Et la télévision semble être l'instrument idéal pour évaluer la distribution des opinions dans l'espace public.

On comprend bien le déséquilibre profond qui s'établit alors avec le grand nombre de pays où n'existe pas une telle conception de l'information, et où la télévision ne remplit pas la même fonction.

Ce déséquilibre prend un relief particulier car la diminution des contraintes techniques fait apparaître avec encore plus de netteté le poids des contraintes politiques. Le nombre d'États qui refusent l'accès de leur territoire aux équipes de télévisions étrangères ou qui contrôlent étroitement leur travail ne cesse d'augmenter au moment où la presse audiovisuelle, grâce à la vidéo légère et aux satellites peut couvrir n'importe quel événement dans le monde.

Aujourd'hui c'est une donnée de fait qu'il existe une différence essentielle entre les événements montrés et les événements cachés. Par exemple le décalage semble immense entre les guerres télévisées et celles où l'on tue loin des caméras.

Pour résister à l'intrusion de la télévision, les États hostiles à la liberté de l'information profitent de son dernier handicap : une équipe de télévision est facilement repérable car elle est composée de deux à quatre personnes avec du matériel. Situation plus visible et plus contraignante que celle du journaliste de presse

1. En 1981, 62,5 % des téléspectateurs regardent le journal télévisé tous les jours ou presque. 13,4 % le regardent trois ou quatre fois par semaine, In *Les pratiques culturelles des Français (1973-1981)*, ministère de la Culture, Dalloz, Paris, 1982.

écrite ou de radio qui peut se promener seul et parfois même avec un simple visa de touriste.

Mais le problème n'est pas seulement celui de la « visibilité » de l'équipe de télévision. La presse écrite et même la radio peuvent en effet recueillir des témoignages, tandis que la presse télévisée doit être là où se passent les choses. Elle doit montrer. Car à la télévision, l'image, c'est la preuve. Un événement qui n'est pas montré, mais seulement raconté, perd de sa force, voire de sa crédibilité, il prend un air suspect.

Les États qui ne respectent pas la liberté de l'information ont vite compris le parti qu'ils pouvaient tirer de cette vulnérabilité. C'est en ce sens que l'on peut dire que la presse télévisée est un maillon faible dans le système d'information des démocraties.

Il faut toutefois distinguer parmi ces États les pays du Tiers-Monde et les pays communistes. Les deux attitudes ont des origines différentes.

•

L'attitude de réserve, voire d'hostilité des pays du Tiers-Monde s'inscrit dans la confrontation Nord-Sud. La presse occidentale, par ses maladresses, sa méconnaissance des réalités et son manque de respect pour ce qu'elle ne comprend pas, a suscité depuis une vingtaine d'années une hostilité croissante de la part des pays pauvres. Ceux-ci ont de moins en moins envie de devenir les zoos ou la réserve ethnologique des pays riches qui trompent leur ennui ou leur mauvaise conscience en montrant les images de la misère du monde.

Ces pays supportent mal ces équipes de télévision qui débarquent comme en terrain conquis, toujours pressées, mystérieuses, encombrées de matériel sophistiqué et qui au travers une débauche de technologie viennent pour montrer le plus brillamment possible, et souvent en concurrence les unes avec les autres, les misères et les violences du Tiers-Monde.

Ils ont le sentiment que cette information-là, qu'ils ne peuvent ni maîtriser ni concurrencer, les dépossède de leur réalité et même de leur identité. D'autant que domine souvent le côté pittoresque et spectaculaire susceptible d'éveiller la curiosité blasée du téléspectateur occidental au détriment d'une approche peut-être moins facile, mais plus authentique des réalités lointaines.

En outre il s'agit bien d'un déséquilibre quantitatif. Les flux d'informations vont du Nord vers le Sud, sans que le Sud ait les moyens financiers et humains d'inverser ce courant. Et d'ailleurs les pays riches accepteraient-ils de voir périodiquement débarquer des dizaines d'équipes de télévision, de langue, nationalité, couleur différentes dont le fruit du travail leur échapperait pour être montré ailleurs ?

Le regard porté sur le Tiers-Monde par l'Occident est codé dans un système de valeurs qui n'a rien d'universel. La connaissance apportée par les médias demeure ambiguë et la manière de hiérarchiser l'information est souvent fonction des intérêts occidentaux. Les pays non-alignés ont exposé ces griefs dans le cadre de l'O.N.U. et réclamé un « nouvel ordre mondial de l'information ».

Le rapport de la commission Mac Bride tente une analyse des causes du déséquilibre et propose un certain nombre de solutions[1]. La faiblesse essentielle de cette analyse est toutefois de traiter l'information en termes purement quantitatifs, sans tenir compte du fait qu'il existe un affrontement entre plusieurs conceptions de l'information mettant en jeu des valeurs politiques, morales et philosophiques. Et cet affrontement concerne l'opposition entre l'Est et l'Ouest qui est bien autre chose que l'opposition entre les pays riches et les pays pauvres.

L'hostilité des pays communistes à l'égard de la conception occidentale de l'information n'a rien à voir avec des questions économiques mais renvoie directement à leur idéologie. Ils refusent le pluralisme politique et la liberté de la presse. Pour eux l'information est le « fer de lance » du parti unique.

Dans ce contexte l'idée de montrer la réalité dans sa diversité et ses contradictions est totalement hors de propos. Il n'y a aucun intérêt à voir les événements et à essayer de les restituer fidèlement puisque c'est le pouvoir politique seul qui décide ce qui est la réalité. La couverture en images des événements se confond avec la couverture officielle de la réalité officielle. Dans ces conditions les pays socialistes n'ont aucune envie de voir venir chez eux des équipes de télévisions étrangères, si ce n'est en filtrant soigneusement ce qu'elles tournent. Ils n'ont pas davantage envie que leurs populations voient ce qui se passe chez les « impérialistes »[2].

On voit donc que la résistance de la grande majorité des pays à la conception occidentale de l'information a deux causes bien différentes : l'affrontement Est-Ouest d'une part, le déséquilibre

1. *Voix multiples, un seul monde,* Rapport de la commission présidée par Sean Mac Bride. Commission Internationale d'étude des problèmes de la Communication, Paris, Documentation française, Nouvelles Éditions Africaines, U.N.E.S.C.O., 1980.

2. Pour une présentation détaillée de l'information dans le bloc soviétique, cf. Paul Lendvai, *Les fonctionnaires de la vérité. L'information dans les pays de l'Est,* R. Laffont, Liberté 2000, Paris, 1980.

Nord-Sud d'autre part. Toutefois la distinction n'est pas aussi nette, par exemple dans le débat sur le nouvel ordre mondial de l'information, car l'hostilité de nombreux pays du Tiers-Monde est savamment entretenue par les pays communistes, au nom de la lutte contre « l'impérialisme ».

Les erreurs pratiquées depuis quarante années par l'Occident dans le Tiers-Monde et l'intoxication soviétique contre l'impérialisme de « l'information occidentale » portent en tout cas leurs fruits. À l'abri de cette vertueuse argumentation, différents régimes peuvent violer chez eux, en toute impunité, les droits de l'homme les plus élémentaires. Si la résistance à la libre circulation de l'information représente une auto-défense du Tiers-Monde face à une attitude souvent hautaine de l'Occident, elle est aussi, il ne faut pas l'oublier, le moyen le plus simple pour empêcher qu'éclate la vérité sur des régimes qui bafouent ouvertement les principes démocratiques dont ils se réclament dans les instances internationales.

En tout cas si les motivations et les explications historiques et théoriques sont différentes, les pratiques sont la plupart du temps identiques.

La première et la plus classique est la *censure*. Un nombre croissant de pays interdisent l'entrée des équipes de télévision et quand ils sont obligés de faire des concessions, ils laissent planer la menace d'expulsion en cas de mauvaise conduite.

La seconde est la *propagande :* puisque les médias occidentaux sont friands d'images, il suffit de leur en offrir, mais soigneusement sélectionnées. Les films de propagande deviennent la source principale, voire exclusive de l'information sur certains conflits. C'est le cas, par exemple, de la guerre du Golfe entre l'Iran et l'Irak qui a débuté en 1981. Or l'utilisation de ce genre de documents est délicate, car ils doivent être vus au second degré, interprétés et situés dans le cadre de la stratégie politique du pays qui les diffuse. Si les téléspectateurs des pays socialistes ou des pays sous dictature militaire ont appris à pratiquer ce décodage, il n'en va pas de même chez nous, où subsiste une certaine confiance dans la réalité de ce qui est montré.

En outre il existe un moyen plus efficace que la propagande pour jouer sur cette confiance : il suffit de n'ouvrir ses frontières qu'aux journalistes dont on est assuré que le regard sera « amical ». Le Vietnam et la Chine ont su pendant de nombreuses années mener cette politique avec virtuosité.

Dans ce contexte, les responsables de l'information n'ont pas la tâche facile. Ils sont placés devant la question suivante : vaut-il mieux un reportage contrôlé et orienté ou rien du tout ? Et la soif d'images est souvent la plus forte.

Le troisième aspect de ce détournement de l'information en images est celui de *l'utilisation de la télévision comme moyen de pression diplomatique.* L'exemple le plus marquant en est l'affaire des otages de Téhéran (1980). Le rôle joué par la télévision américaine y a été extraordinairement ambigu. Abandonnant son rôle d'informateur, celle-ci s'est transformée en un partenaire d'une négociation internationale, tour à tour instrument de chantage ou intermédiaire de pourparlers.

Dans cette circonstance, la logique des médias est devenue folle, la course au spectaculaire faisant perdre tout sens de la mesure et de la durée et créant une situation absurde où l'on ne savait plus qui manipulait qui et dans quel but. Cette affaire des otages, malgré ses particularités, laisse entrevoir de belles potentialités pour les pays ou pour les groupes (armés ou non) qui veulent utiliser la déontologie de l'information occidentale contre leurs adversaires occidentaux.

Quelles sont les conséquences politiques de ce déséquilibre de l'information ?

— La première est que ce sont les dictatures et les pays totalitaires qui progressivement décident de la hiérarchie de l'information internationale dans les pays occidentaux. En effet il est impossible à la presse télévisée de traiter, dans la durée, des événements pour lesquels les images font défaut. C'est un peu comme si l'encre manquait à la presse écrite.

La place accordée aux différents conflits internationaux est décidée alors par les journalistes, non pas en fonction de l'importance politique de ces événements, mais en fonction de l'existence d'images. Le paradoxe est donc que ce sont les pays qui refusent la libre circulation de l'information qui peuvent devenir les arbitres du jeu. Il suffit, à la limite, de bien censurer un événement pour que celui-ci s'estompe dans les consciences. Ce que de nombreux pays ont d'ailleurs compris depuis longtemps en modulant l'écho qu'ils souhaitent donner, selon les circonstances, à tel ou tel événement.

Les deux exemples récents les plus nets concernent la guerre d'Afghanistan (1979-19..) et la guerre irano-irakienne (1981-19..). Faute d'images régulières, celles-ci ne peuvent occuper la une des journaux télévisés et sont donc naturellement sous-estimées ou en tout cas peu présentes dans le débat politique.

À l'inverse, la guerre du Liban (1982) et, hier, celle du Vietnam (1961-1975) montrent l'omniprésence que peuvent avoir des événements qui sont quotidiennement couverts par les-

médias audiovisuels. La guerre du Vietnam est la première guerre dans l'histoire de l'humanité à avoir été télévisée presqu'en direct.

On sait aujourd'hui que cette couverture de l'événement a joué un rôle dans l'évolution de la guerre, même si on ne sait pas exactement lequel. Les journalistes de la télévision ont montré les atrocités de la guerre du côté de l'armée américaine, c'est-à-dire du seul côté où ils pouvaient filmer. Les images qui venaient du Nord Vietnam étaient soigneusement censurées et montraient soit des victimes des bombardements américains, soit le peuple courageux d'un petit pays qui luttait contre un Goliath déchaîné.

Les téléspectateurs américains n'ont donc pas vu une guerre, ils ont vu une demi-guerre. Les images leur offraient des éléments de jugement sur le comportement moral de l'armée américaine, mais pas de l'armée nord-vietnamienne.

Il aurait fallu une ascèse morale et une lucidité politique exceptionnelles à chaque citoyen américain pour rééquilibrer, dans son esprit, ce qu'il voyait avec ce qu'il ne voyait pas mais qu'il pouvait supposer rationnellement.

Ce déséquilibre a peut-être renforcé le sentiment de mener une guerre non morale qui ne pouvait justifier les sacrifices et les morts, et a agi dans le sens d'un retrait américain. Il a, en tout cas, modifié le rapport des forces militaires dans un sens favorable au Nord Vietnam.

La guerre du Liban a soulevé des problèmes analogues, puisque les actes guerriers montrés chaque jour étaient ceux de l'armée israélienne. De plus, cette guerre a progressivement fait perdre de vue l'autre guerre toute proche, celle du Golfe, non couverte par les médias. Au point même que la conscience occidentale a eu tendance à croire plus monstrueuse la guerre du Liban, alors que celle-ci a duré deux mois et a provoqué la mort de dix mille personnes à un moment où la guerre irano-irakienne durait depuis déjà plus de deux ans et avait provoqué la mort de plus de deux cent cinquante mille personnes.

Ce qui est particulièrement intéressant à comprendre, c'est la manière dont s'est établie la disproportion entre la couverture des guerres du Liban et du Vietnam d'une part et celles d'Afghanistan et entre l'Iran et l'Irak d'autre part. C'est essentiellement la répétition régulière d'images qui crée la différence.

S'il y a, en effet, au moins deux fois par mois des images sur l'Afghanistan ou le conflit irano-irakien, celles du Vietnam ou du Liban étaient quotidiennes et même parfois bi-quotidiennes. Cette répétition crée un problème nouveau car il est possible que cette « sur-couverture » des conflits arrive en définitive à affaiblir les démocraties, ou en tout cas à leur faire perdre le sens des proportions.

Dans l'avenir cela pose le problème de savoir si les démocraties pourront mener et gagner des guerres télévisées où leurs opinions publiques ne voient qu'un seul côté de la bataille. Il faudra probablement une cause sacrée pour que de tels conflits aient lieu, d'autant que la sophistication des moyens d'information pourrait bien un jour permettre à des journalistes de montrer des soldats en train de mourir et presque simultanément les réactions de leurs familles.

En tout état de cause il est probable, l'expérience américaine au Vietnam aidant, que les démocraties occidentales seront appelées à changer de comportement. La Grande-Bretagne, dans le conflit des Malouines (1982), l'a d'ailleurs déjà fait. Son attitude n'a guère été différente de celle de l'Argentine. Profitant de l'éloignement géographique du conflit, le gouvernement britannique a réduit au minimum les possibilités de couverture télévisée.

L'argumentation des démocraties pourra être à peu près celle-ci : pourquoi accepter les règles d'un jeu que les pays non démocratiques refusent et qui ne peut que nous affaiblir ? Les dés étant pipés, il suffit de faire la même chose que ces pays, c'est-à-dire empêcher ou limiter la couverture télévisée d'événements qui peuvent émouvoir, mobiliser ou démobiliser les opinions publiques.

Le Vietnam hier et le Liban aujourd'hui montrent qu'une démocratie qui s'enlise dans un conflit ne peut empêcher son opinion publique d'être interpellée par les images quotidiennes de l'horreur et de s'interroger sur le bien-fondé de la guerre. Les Malouines montrent à l'inverse qu'une censure draconienne peut être efficace sur une durée limitée. Quel gouvernement ne serait pas tenté d'en tirer les leçons ?

— La seconde conséquence politique du déséquilibre de l'information concerne cette fois-ci le fonctionnement interne des démocraties. Faute d'avoir une conscience précise et constante de ce qu'une toute petite partie du monde peut être filmée librement, elles sont capables de tomber dans une spirale où ne sera considéré comme digne d'intérêt ou de mobilisation par l'opinion publique que ce qui est visible.

Il est en effet difficile d'avoir à l'esprit une représentation divisée du monde et il est plus simple d'accorder de l'importance à ce que l'on voit et de considérer comme secondaire ce que l'on ne voit pas. C'est d'ailleurs très exactement ce que reprochent nombre d'hommes politiques et journalistes du Tiers-Monde pour qui l'information occidentale a tendance spontanément à sous-estimer les événements économiques, politiques, sociaux du

Tiers-Monde. En tout cas à ne s'y intéresser que lorsqu'ils mettent en cause directement les intérêts occidentaux.

La spirale ascendante dans laquelle sont entraînés les événements « médiatisés » accentue la disproportion avec les autres. Ces événements « gonflent », les médias les auto-alimentent et le risque est de croire que parce qu'ils sont sous la lumière des projecteurs, ils sont mieux connus et maîtrisés.

Si la télévision a l'avantage de pouvoir montrer, elle a l'inconvénient de faire croire qu'il y a un lien direct entre la compréhension et l'action. Si elle brise les distances géographiques elle ne brise pas pour autant les distances politiques, culturelles, ethniques, même pour ce qu'elle « sur-montre ». Il reste une distance infranchissable. Et c'est même une des prises de conscience les plus douloureuses des quarante premières années d'expérience de la télévision : il n'a pas suffi de montrer le monde pour le changer.

L'état d'esprit optimiste régnant dans les années soixante a cédé la place aux constats d'aujourd'hui sur les limites de la compréhension apportée par l'information télévisée. On pensait même à l'époque que la multiplication des techniques de communication obligerait les régimes autoritaires ou dictatoriaux à changer leurs pratiques.

La simple multiplication des techniques devait être un gage de démocratie : « Il est d'ailleurs probable que l'extension du rayon d'action des émetteurs rendra pratiquement inconcevable l'établissement de cordons sanitaires autour des faits que l'on voudra cacher. Imaginons la télévision à l'âge planétaire : on ne voit pas par quel moyen pourrait être maintenue une information filtrée et contrôlée. Dans ces conditions la distinction entre le contexte totalitaire et le contexte libéral pourrait bien s'estomper, et l'on verrait alors disparaître les possibilités de " conditionnement " cependant que deviendraient au contraire universels les difficiles problèmes du contrôle social dans la confrontation des divers points de vue. L'opinion publique devient ainsi de plus en plus perméable à elle-même, perméable aux événements.[1] »

Cet espoir n'a pas été confirmé par les faits. Ceux-ci ont au contraire montré que les régimes hostiles à la liberté de l'information savent résister à toute amélioration des techniques de communication et même apprennent très vite à les utiliser à leur profit. Leur changement d'attitude, s'il y en avait un, dépendra dans ce domaine d'abord d'une adhésion à un système de valeurs plutôt que d'une pression exercée par le changement technique.

Les aspects de la réalité qui font partie de la spirale des médias sont ceux sur lesquels l'opinion publique est mobilisée.

1. Jean Cazeneuve, *Les pouvoirs de la télévision*, Gallimard, Paris, 1970, p. 367.

Donc ceux par rapport auxquels les gouvernants se situent en permanence pour satisfaire les électeurs. Les gouvernants ont ainsi tendance à multiplier les gestes spectaculaires qui mobilisent leurs opinions publiques à propos des événements médiatisés.

Le risque est alors de confondre le miroir de la réalité et la réalité elle-même, c'est-à-dire de confondre le succès de mobilisation, au travers la logique des médias, avec la capacité réelle d'action sur la réalité. Dans le pire des cas cela peut déboucher sur une « média politique » ou une « média diplomatie ». Dans le cas d'une « média politique » les risques sont moins grands puisqu'il s'agit de problèmes internes à un pays. Ils sont beaucoup plus graves dans le cas de la « média-diplomatie ».

Si, celui-ci consiste simplement à illustrer spectaculairement, comme dans le cas de la rencontre Begin-Sadate, un événement qui a été longuement préparé de manière secrète, il n'y a pas beaucoup de risques. Mais si par contre comme dans le cas des otages américains de Téhéran, on pense que la télévision pourra combler la distance énorme entre deux pays que tout sépare géographiquement, mais surtout politiquement et idéologiquement, on risque d'aller vers de graves échecs. Jusqu'à l'avènement récent des techniques de communication, l'expérience historique a montré que les conditions de communication entre les régimes de natures différentes étaient extrêmement limitées et précises. Les quarante premières années de la télévision n'ont pas fondamentalement changé cette réalité parce que les conditions techniques étaient elles-mêmes difficiles. Maintenant la communication audiovisuelle peut accéder à l'échelle mondiale. De là à croire que l'on pourra dépasser les limites actuelles de communication entre les pays et les systèmes il n'y a qu'un pas.

Pourtant l'histoire de la diplomatie traditionnelle montre au contraire les lenteurs et les difficultés des relations entre les peuples et les États. En diplomatie les joueurs ne pratiquent pas tous le même jeu et l'espace de jeu lui-même fait l'objet d'une négociation. La presse audiovisuelle ne peut donc faire « comme si » le débat, le dialogue ou la confrontation étaient de même nature à l'intérieur d'un pays et à l'échelle planétaire.

Le rapport entre le « secret » et le « public » est donc radicalement différent en diplomatie et en politique intérieure. Il n'y a pas véritablement d'espace public international, comme il en existe un dans chaque pays où la presse est libre.

Ceci conduit à la dernière conséquence de ce déséquilibre de l'information qui est *le paradoxe dans lequel se trouve l'Occident face à l'information.* Depuis un siècle les pays démocratiques essaient de convaincre le monde du bien-fondé de leur conception de l'information mais le nombre des pays qui s'y opposent ne cesse d'augmenter en se moquant des vertus d'une information libre et contradictoire. Si bien que les Occidentaux sont progressivement les seuls à s'intéresser au monde et à en voir les images. Ils veulent tout connaître du monde, mais à quoi cela sert-il puisqu'ils sont seuls ? Ce qu'on appelle l'opinion publique internationale se réduit trop souvent à l'opinion publique occidentale.

Pendant cent cinquante ans la déontologie de l'information et la bataille pour faire reconnaître le droit à l'information pour tous ont conduit à réduire au maximum le temps entre l'événement et sa connaissance. Aujourd'hui c'est chose faite, mais cela ne suffit pas. La résolution du problème technique qui empêchait l'information d'atteindre le point ultime de sa justification bute maintenant sur l'obstacle politique.

Autrement dit le changement technique qui nous permet progressivement d'atteindre ce vers quoi nous tendons depuis un siècle et demi va nous obliger à réfléchir de nouveau aux conditions philosophiques et politiques de l'information. Mais il y a beaucoup plus qu'un décalage ou un retard entre les possibilités techniques et les utilisations : ce que ces outils permettent, à savoir créer et diffuser de l'information, devient tout à fait dérisoire face à ceux qui ne partagent pas notre système de valeurs.

La quête éperdue de l'information va dans le sens de la démocratie si tous les partenaires jouent le même jeu. Or rien, dans l'histoire du XXe siècle, ne permet d'être optimiste à cet égard. La limite de l'idéologie occidentale de l'information, c'est l'état de fait. Dès qu'un pouvoir joue le silence, la logique de l'information s'épuise, car elle suppose la réciprocité, et là réside sa principale source de faiblesse.

Tout voir, tout savoir, tout dire constitue une belle philosophie à condition que les protagonistes soient d'accord. Dès lors que l'un des deux refuse cette règle, la force de l'autre devient fragilité. D'autant que les Occidentaux raisonnent difficilement sans informations. Ce sont elles qui d'une certaine manière sont leur stimulus puisque dans leur système de valeurs elles sont l'indicateur de tout changement d'équilibre.

Sans informations les Occidentaux sont d'une certaine manière amorphes. Et pourtant ils semblent s'accommoder du déséquilibre de l'information. Sans doute parce qu'ils répugnent à admettre qu'au travers ce problème se joue un des affrontements idéologiques les plus violents de la fin du siècle et que seule une attitude offensive a quelques chances de réussir.

3. LES JOURNALISTES INDÉSIRABLES

Comment les journalistes peuvent-ils réagir au problème du déséquilibre de l'information internationale ? Tout d'abord ne devraient-ils pas dire à chaque fois aux spectateurs pourquoi il est impossible d'avoir des images sur certains événements ?

Il faudrait pour cela surmonter la force de l'habitude. Car, aujourd'hui il semble habituel de filmer la guerre du Liban comme il semble habituel de ne pas filmer celle d'Afghanistan ou celle du Golfe. Il semble aller de soi qu'on est libre de ses mouvements aux États-Unis tandis qu'en Union Soviétique on est accompagné d'un mentor qui dit où l'on peut aller et ce qu'on a le droit de tourner.

Ces habitudes finissent par paraître normales et même légitimes. Cela dure depuis des années et ne changera probablement pas prochainement. La pente de la facilité, comme d'ailleurs les contraintes financières incitent à tourner là où les risques ne sont pas trop considérables. De plus, et c'est naturel, c'est même son devoir de curiosité, un journaliste a envie d'aller là où il peut filmer. Il est mobilisé par ce qu'il voit. Et ce qu'il voit est assez horrible pour que l'envie lui manque de parler des horreurs qu'il n'a pas vues. Il est difficile de relativiser et de mettre en perspective des événements dont les uns sont visibles et les autres invisibles.

Pourtant l'équité voudrait que les cas de censure ne passent pas par profits et pertes et donc qu'à chaque fois qu'un sujet est interdit ou autorisé sous conditions, les spectateurs en soient informés.

Et pourquoi même, pour les événements les plus graves, ne pas aller jusqu'à faire le noir à l'antenne pendant quelques secondes pour symboliser l'impossibilité de les couvrir ? Si l'on veut éviter que les événements « invisibles » ne se transforment progressivement en « événements qui n'ont jamais existé », il faut trouver des moyens de marquer leur existence.

Il faudrait, notamment, faire une place de choix aux images tournées clandestinement avec du matériel amateur. On peut regretter que les télévisions s'en remettent souvent pour ce genre d'investigation à l'initiative et au courage de journalistes extérieurs. On peut regretter aussi que les syndicats de techniciens refusent fréquemment, pour des raisons techniques, de diffuser ces reportages clandestins. L'intérêt d'un document tient davantage à son contenu informatif qu'à ses qualités formelles.

Peut-être la situation actuelle est-elle transitoire, et les opinions publiques apprendront-elles progressivement à rééquilibrer l'information visuelle. Il n'empêche que la responsabilité de la presse télévisée est engagée et qu'elle doit amorcer le rééquilibrage.

C'est d'autant plus nécessaire que toute manipulation de l'information venue de l'extérieur sape la position de la presse à l'intérieur. Si des pays étrangers font la preuve qu'ils peuvent contrôler ou orienter l'information en images, la tentation est grande pour le pouvoir et les différents acteurs sociaux et politiques de reprendre à leur compte de telles pratiques. La frontière n'est pas étanche et le respect du pluralisme de l'information n'est jamais définitivement acquis.

La situation très particulière de l'information audiovisuelle dans les pays démocratiques, avec une diffusion limitée à deux ou trois canaux et des batailles incessantes avec le pouvoir politique mais selon des règles du jeu somme toute assez strictes et respectées, est en train, comme on l'a vu, de disparaître.

La nouvelle situation liée à la multiplication des canaux suscitera deux sortes de concurrences pour les journalistes. D'abord celle des acteurs qui voudront s'adresser directement à l'opinion publique. Ensuite celle des spécialistes qui, dans chaque domaine, voudront donner le sens des événements et des évolutions.

Concernant la volonté des acteurs de faire eux-mêmes l'information on remarque que la multiplication des supports les y invite. Après tout qui est mieux placé dans un secteur donné que le fournisseur d'information pour la construire et la diffuser ? Pourquoi passerait-il toujours par les services d'un intermédiaire qui, la plupart du temps, ne comprend pas le fond du problème et déforme ses propos ? Pourquoi ne pas économiser le temps passé à lui expliquer une situation en s'adressant soi-même directement au public ?

Finalement les acteurs n'ont besoin de personne pour parler à l'opinion ! Ce face à face aurait en outre la vertu d'être plus démocratique puisqu'il mettrait en présence directement les acteurs et le peuple. Celui-ci serait à même de se faire, sans intermédiaire, sa propre opinion. Cette perspective serait d'autant plus envisageable que les acteurs, en utilisant de plus en plus les médias, disposent d'une compétence formelle de journaliste. Pourquoi dans ces conditions ne pas accorder aux partis, syndicats, municipalités, entreprises, etc. des canaux d'expression ?

Tel est *le piège de l'information représentative.* L'information serait-elle plus exacte si elle était faite et diffusée par ceux qui y ont un intérêt direct ? Apparemment oui, mais chacun sait depuis longtemps qu'on ne peut être à la fois acteur et observateur et qu'un des acquis de la démocratie est justement de dissocier le rôle de ceux qui font l'événement de ceux qui le rapportent !

Si une telle pratique de face à face se développait, à quoi assisterions-nous ? D'abord à une bataille incessante pour définir les critères de représentativité qui seraient retenus pour attribuer aux uns et aux autres une partie du système audiovisuel. Ensuite une rigidification considérable du fonctionnement des médias et surtout une dénaturation du principe de la communication publique puisque seraient seuls admis à s'exprimer ceux qui sont représentatifs de quelque chose. Les dangers qui résulteraient d'une telle conception de l'information sont d'ailleurs au moins autant culturels que politiques.

Le deuxième type de concurrence est celle des spécialistes. Cette concurrence, qui n'est pas nouvelle, risque d'être renforcée au moment où la multiplication des sujets traités fera nécessairement encore plus apparaître les limites des journalistes. Seuls les spécialistes ont finalement la distance et la grille d'analyse nécessaire pour hiérarchiser des faits qui risquent, sans cela, de rester obscurs ou incohérents.

La logique de l'information dominait tant que les journalistes étaient seuls à accéder aux événements et à les rapporter. À partir du moment où la couverture des événements est généralisée la fonction d'information est dévalorisée au profit de celle d'interprétation et d'analyse. Progressivement la connaissance l'emporte sur l'information.

L'effet paradoxal de l'élargissement du champ de l'information est donc de pouvoir remettre en cause la fonction de journaliste, ou plutôt de la limiter à celle d'un présentateur qui se contenterait d'annoncer les sujets pour se tourner ensuite vers les acteurs ou les spécialistes. Une telle évolution serait préjudiciable pour deux raisons.

La première est que le téléspectateur a toujours besoin d'un intermédiaire entre l'événement et lui-même. Il n'accepte d'accéder au monde qu'à condition de n'être pas directement branché sur lui, et que quelqu'un d'autre filtre, hiérarchise et retransmette pour lui. Faute de la présence de cet intermédiaire, il y a un risque de désintérêt, voire de retrait, après la phase d'attrait liée à la découverte de la profusion des images. Et c'est là où apparaît la différence entre l'accès au monde assuré par l'intermédiaire du journaliste et celui assuré par l'acteur politique ou le spécialiste.

L'acteur a trop d'intérêts dans la réalité à laquelle il se réfère pour avoir une quelconque objectivité. Quant au spécialiste sa compétence évidente pour son domaine d'élection est une faiblesse quand il s'agit d'un domaine qu'il ne connaît pas. Pire, elle peut le conduire à une vision disproportionnée de la réalité, en fonction même de ses compétences et de ses lacunes.

Le journaliste, par contre, de par sa fonction de généraliste a des chances d'être moins partial. Certes il a des convictions, comme tout citoyen, mais il en est moins prisonnier que l'acteur. Et s'il est moins compétent que le spécialiste sur le domaine privilégié de celui-ci, il a l'obligation de s'intéresser à des domaines pour lesquels le spécialiste n'a aucune inclination.

C'est bien d'ailleurs parce que le journaliste n'a pas de monopole d'interprétation de la réalité, et qu'il laisse la place libre à d'autres discours qu'il est accepté comme interface entre la réalité et le citoyen. S'il n'y a pas cette mise en perspective, la conception occidentale de l'information qui consiste à vouloir tout montrer et tout de suite, et qui est pour la première fois matériellement possible, risque d'aboutir à une appropriation de l'information par les acteurs politiques et sociaux ou à une segmentation correspondant à autant de spécialistes.

Le public se retrouverait alors finalement face à une profusion d'images et dans une situation de spectateur impuissant. Incapable d'ordonner les événements et de leur donner un sens, il serait encore plus saisi par l'incohérence du monde et tenté de se replier sur lui-même.

Si les journalistes ont toujours été contestés dans leur fonction d'intermédiaire [1], et tout particulièrement par les hommes politiques et les spécialistes, le problème prend aujourd'hui une dimension particulière avec l'élargissement du champ de l'information et la légitimité croissante accordée à l'information télévisée et à l'image.

Le maintien d'une éthique de l'information dépend de la capacité des journalistes à résister à la mainmise des hommes politiques sur l'information au nom de l'efficacité ou à celle des spécialistes au nom de la connaissance. L'information est depuis toujours enserrée entre la logique de l'action et celle de la connaissance. Les transformations en cours risquent d'accentuer le poids et la légitimité de celles-ci au détriment de celle-là.

C'est pourtant l'information qui fonde la légitimité de la

1. C'est particulièrement vrai en France comme le montre Th. Zeldin dans le chapitre intitulé « Presse et corruption » de *L'histoire des passions françaises* (1973) (Seuil, t. 3, chap. 4, 1981). La presse française a eu beaucoup de mal et a mis beaucoup de temps à se dégager des contrôles et à s'autonomiser vis-à-vis des politiciens et des intellectuels. Aujourd'hui encore il est frappant de voir combien de grandes entreprises, municipalités, partis politiques, syndicats et associations de tous ordres ont déposé — directement ou en sous-main — des projets de radio libre en 1981-1982. Beaucoup plus que de projets déposés par des entreprises de communication.

presse. Elle informe sur le monde et n'oblige pas à porter tout de suite un jugement de valeur ni à fournir une interprétation. C'est même dans cet espace intermédiaire de l'information, entre la connaissance et l'action, que le citoyen conserve sa liberté, se forge ses opinions et construit son rapport au monde.

La deuxième raison pour laquelle la remise en cause de la fonction de journaliste serait préjudiciable est que cette fonction correspond à la conception occidentale de la démocratie. Celle-ci repose sur une convention : le journaliste est l'intermédiaire entre une information universelle et un citoyen universel. Il est celui qui permet au citoyen de comprendre les événements, même les plus complexes, à condition que ceux-ci leur soient présentés par quelqu'un qui n'est finalement pas tellement différent de lui. À la limite le journaliste est le *représentant* du citoyen anonyme devant le spectacle du monde. Il est cet individu moyen qui essaye de démêler l'écheveau inextricable du réel pour le montrer à d'autres individus moyens. Ce statut d'intermédiaire est donc bien autre chose que celui d'un pédagogue. Et il est le résultat d'une convention liée à un système de valeurs.

La fragmentation des messages et des publics peut remettre en cause cette fonction d'intermédiaire et la conception de l'information qu'elle sous-tend. L'universalité du journaliste s'oppose à la représentativité de l'homme politique et à la spécialité du spécialiste parce que l'information s'adresse d'abord à tous avant de s'adresser à un public particulier. Surtout dans le cas de la télévision. Les journalistes n'ont bien sûr pas le monopole du rapport au monde, mais la presse dans son ensemble constitue l'armature de l'espace public où s'échangent les informations et les opinions.

La diversification des produits et des messages risque de conduire au morcellement de l'espace public. Or la légitimité du journaliste repose sur une conception de l'information qui l'autorise à rendre compte pour le plus grand nombre de ce qu'il voit et comprend. La multiplication des discours représentatifs d'une part et spécialisés d'autre part pourrait réduire la place et le rôle de celui qui, arbitrairement, essaye de faire l'information pour tous.

La constitution historique du groupe de journalistes, intermédiaire entre les acteurs et le public, pour éviter que l'information ne soit accaparée par ceux qui agissent, n'est donc pas fortuite. Elle renvoie à la séparation des pouvoirs et aux droits des citoyens.

Elle est aussi la preuve de l'impossible objectivité de l'information. En effet si le journaliste tente d'expliquer le monde, chacun sait bien, et lui en premier, que cette explication n'est pas objective. Ce qui *a contrario* rend vaine la prétention de toute autre tentative, d'information « objective », celle des acteurs au premier rang.

Autrement dit le journaliste par sa fonction exprime à la fois que la réalité est connaissable, mais qu'elle ne l'est pas totalement. La relativité et l'insatisfaction qui découlent d'une telle situation sont la garantie de la pluralité des regards sur le monde. C'est même l'arbitraire du regard journalistique qui est la condition de l'existence des autres. L'avantage de l'évolution actuelle sera de multiplier ces regards.

Ce n'est donc pas la multiplication des canaux qui pose problème, mais la nécessité de veiller à leur réelle diversité et au maintien du rôle de l'information faite par des journalistes professionnels ayant les moyens d'imposer leur compétence et leur crédibilité. Ceux-ci coincés entre les acteurs politiques et les spécialistes, ne pourront préserver leur place et justifier de l'importance de leur rôle qu'en accroissant leur capacité professionnelle par une culture historique, politique et économique.

C'est dans cette capacité à construire l'information, analyser les événements, les mettre en perspective que le journaliste trouvera le moyen de résister à ces deux groupes de pression qui, pour des raisons divergentes, ont intérêt à le transformer en une courroie de transmission.

Plus que jamais l'existence du statut de journaliste n'est pas dictée par la nécessité mais est la traduction d'un choix en faveur de la démocratie. C'est en cela que l'on peut parler d'une responsabilité plus grande des journalistes et d'une socialisation nouvelle de leur fonction.

Peu d'événements dans les années récentes montrent de la part des journalistes, des hommes politiques ou des intellectuels une sensibilisation réelle à ce problème. Elle est pourtant une des conditions essentielles pour que l'élargissement du champ de l'information ne se traduise pas, du fait de l'inadaptation du rôle de journaliste, par un ébranlement de la démocratie.

CHAPITRE X

Le nouvel espace public

Tout au long de ce livre, nous avons insisté sur l'autonomie du psychisme individuel à l'égard de la communication audiovisuelle. Notre insistance s'explique par la volonté de combattre l'idée que l'audiovisuel exerce un empire sur les consciences. Une idée encore largement répandue et qui continue vaillamment son chemin.

Nous avons essayé de montrer que l'image laisse au spectateur une liberté d'interprétation plus grande que l'écrit, du fait des multiples significations qu'elle recèle et dont certaines ne sont pas intentionnelles. Si la fonction de la « communication sociale » est de structurer et diffuser les modèles collectifs de pensée, l'audiovisuel, du fait de son ambiguïté, ne semble pas le meilleur des outils.

Bien évidemment il participe à cette fonction, les modèles de pensée circulent aussi sur les ondes, dans les mots et les gestes et il serait absurde d'affirmer que l'image est a-sociale. Mais la communication audiovisuelle remplit d'autres fonctions. Elle fait circuler les mythes et les symboles, domaine où il est très difficile de parler de succès ou d'échec de la communication. En outre il existe un usage individuel et privé de l'image qui n'est pas de l'ordre de la mise en commun que suppose toute idée de communication.

Tout au long de ce livre nous avons également cherché à élucider ce paradoxe que la communication de masse était fille à la fois de l'individualisme et de l'égalitarisme. Le désir de liberté individuelle ne pouvait se réaliser que dans et par un système de masse. Cette opposition entre l'individuel et le collectif, entre individu et masse est inscrite dans le système de valeurs des démocraties.

L'après-guerre a rendu cette contradiction entre liberté et égalité encore plus manifeste. Notamment dans le domaine de la communication audiovisuelle puisque les télévisions ont été organisées sous forme de monopoles, publics ou privés.

La situation de monopole et la concentration du pouvoir ont même contribué au sentiment dominant que la télévision contrôlait l'opinion publique, et donc que les opinions individuelles étaient secondaires. De façon spontanée l'idée prévalait que la circulation des idées et des choix allait de l'émetteur vers le récepteur, c'est-à-dire du pouvoir vers les citoyens. L'opinion publique cessait d'être la cause du système de communication pour en devenir l'effet.

On aboutissait ainsi à une dévalorisation de l'opinion publique et surtout à une inversion du schéma politique de la démocratie. En effet dans ce schéma, l'opinion publique est considérée traditionnellement comme un instrument de contrôle et de jugement de la société civile sur le pouvoir politique. Elle est autonome et existe contre lui.

L'inversion, voire la perversion, de ce schéma, dont la télévision serait responsable, conduit nécessairement à une vision pessimiste de celle-ci et tout particulièrement de son rôle dans l'espace public. Celui-ci est dénaturé par le nouveau système de communication. Les pouvoirs l'investissent et déséquilibrent à leur profit les règles de la libre discussion des décisions politiques. L'audiovisuel évacuerait donc la fonction critique de l'opinion publique et lui substituerait une fonction d'intégration et d'approbation.

Nous allons prendre l'exact contrepied de ce raisonnement. Celui-ci, en effet, s'intéresse aux structures de la télévision et souligne leur incompatibilité avec les principes de la démocratie. Mais il néglige la dynamique de la communication. Or celle-ci joue un rôle essentiel dans l'institution de l'espace public qui n'existe que dans le « ici et maintenant » de l'échange des paroles publiques. Il faut donc étudier la dynamique avant les structures car la communication est une activité très particulière dont les règles du jeu sont façonnées par le jeu.

4. COMMUNICATION ET DÉMOCRATIE

Nous avons vu dans l'évocation historique que les structures de la télévision ont été marquées par les *a priori* du pouvoir politique qui avait naturellement tendance à dévaloriser le rôle et le poids de l'opinion publique. Mais le jeu de la communication a fait bouger les principes et les structures.

Cela s'est traduit par une croissance significative du rôle de l'opinion publique dans le fonctionnement politique des sociétés modernes. Et cela est aussi vrai dans les pays à télévision d'État que dans ceux à télévision de société. C'est donc bien dans le processus de communication qu'il faut chercher la transformation du jeu politique. Et dès lors que se met en place un système de communication de cette ampleur, il faut une analyse dynamique sur la longue durée pour comprendre le processus d'interaction.

Ce processus a été sommairement le suivant : à l'origine les gouvernants ont pris la télévision pour un balcon. Ils venaient y délivrer leurs discours face au peuple consentant. En agissant ainsi ils enclenchaient une dynamique qu'ils ne contrôlaient plus que partiellement.

En s'adressant à l'ensemble des citoyens, ils suscitaient des réponses, car si l'on s'adresse à quelqu'un, on le constitue comme interlocuteur, qui aura nécessairement par rétroaction une influence sur vous. La nouveauté essentielle est que cette « adresse » touchait un public qui se tenait en règle générale à l'écart de la vie publique. Et cette adresse générale suscita une dynamique de la réponse qui constitua un nouveau type d'opinion publique.

Subtilement et de façon presque invisible, un glissement s'est opéré, aux conséquences considérables ; les gouvernants devenaient *contraints* de s'expliquer. Le jeu avait changé de nature. Celui qui parlait n'était plus le maître du jeu. Et aujourd'hui aucun responsable politique ne peut gouverner sans s'expliquer régulièrement à la télévision.

Toute politique comporte donc obligatoirement une dimension de communication audiovisuelle. Et la réussite de cette communication est primordiale pour le succès de la politique. Il est dans ces conditions très discutable de parler d'une maîtrise de l'opinion publique par l'intermédiaire de la télévision car c'est dans le « ici et maintenant » de sa prestation que l'homme politique joue à chaque fois la crédibilité de ses choix.

La crédibilité politique n'est pas un capital, elle est une interaction remise en jeu à intervalles réguliers[1]. Contrôler l'émetteur ne suffit pas à maîtriser la relation. Non seulement donc, la télévision n'est pas l'instrument du pouvoir mais elle oblige celui-ci au dialogue, même lorsqu'il n'y tient pas, et parfois même elle le contraint à changer de discours.

1. Cf. D. Sperber : « Les choix politiques ne portent pas sur des valeurs ou des signes homogènes, ni même sur des objets hétérogènes à communiquer, mais sur des actes de communication où, comme dans la politesse, le quoi et le comment se confondent. » *Le structuralisme en anthropologie* (1968), Seuil, Paris, 1973, pp. 76-77.

Depuis un demi-siècle, un certain nombre de faits viennent à l'appui de cette thèse. Tout d'abord, la télévision a changé la place des parlements dans les systèmes démocratiques. Elle a mis les opinions publiques en situation de concurrence avec les parlements pour écouter et juger les explications des gouvernants. La fonction du Parlement comme lieu du débat public a connu un déclin, la prestation télévisée a plus d'importance politique.

Chaque homme politique a tendance aujourd'hui à exposer sa politique et à la défendre devant les médias, avant de le faire devant les élus. L'exposé en grandeur nature et le jugement de la population ont ainsi plus d'importance que celle du cercle des députés. Or il ne faut pas oublier que jusque dans les années 1950-1960 l'essentiel de la crédibilité d'une politique se jouait au Parlement.

Dans tous les pays démocratiques les parlements ont mené une bataille acharnée contre cette dépossession du débat public par l'audiovisuel. Il en reste encore aujourd'hui des traces puisqu'aux États-Unis la télévision n'a toujours pas le droit d'entrer au Sénat, ni en Angleterre à la Chambre des communes [1]. Les parlementaires ont toujours protesté lorsque les chefs d'État ou de gouvernement donnaient la primeur de leurs décisions aux médias audiovisuels. Ils y voyaient une concurrence déloyale.

Et cette dévalorisation du rôle du Parlement au profit des médias apparaît comme une des grandes transformations de la vie publique depuis quarante ans. Cependant il ne faut pas en conclure que le rôle du Parlement est définitivement abaissé. D'abord parce qu'il reste le lieu d'expression de la volonté nationale, et ensuite parce que l'élargissement du champ du débat et du nombre des acteurs renforce nécessairement le rôle de l'institution où se fera la décision. Et la décision parlementaire est indispensable aux citoyens qui y trouvent le point de repère d'une politique. Elle est également indispensable au gouvernement dont le pouvoir et l'autorité ont besoin régulièrement d'être légitimés par la représentation nationale.

On peut même étendre cette analyse aux rapports entre média et démocratie. L'extension du champ de la discussion publique, la multiplicité des sondages et la diversité des questions débattues mettent en valeur le principe de choix qui est le vote. Celui-ci est la sanction qui clôt un débat. Plus le débat public met

1. Jusque vers le milieu des années soixante la B.B.C. a respecté des règles privilégiant le Parlement par rapport aux médias. La règle était que les discussions d'ordre politique devaient se dérouler en priorité au Parlement. La B.B.C. n'organisait pas de débats avec des parlementaires sur un sujet avant que le Parlement ait eu le sien. Pour conserver son prestige, le Parlement exigeait une préséance sur la radio et la télévision.

en présence d'acteurs et de spectateurs, plus le mécanisme de choix est indispensable car la communication ne peut plus exprimer par elle-même l'état du rapport de forces. Celui-ci a besoin d'un autre lieu d'inscription.

Et s'il est vrai que la simple détention de la parole publique a pu représenter, à une certaine époque, le signe du pouvoir, il n'en est plus de même dans un système polyphonique où l'autorité de la parole est mise en cause par la parole. C'est pourquoi l'élection acquiert une importance supérieure : elle seule permet de trancher dans le jeu complexe et multiforme de la communication des opinions.

On peut se demander pourquoi cette mutation a été opérée davantage par la radio et la télévision que par la presse écrite alors que tous ces médias s'adressent de la même manière à un public universel. La différence tient à la dimension du public touché.

Si sur le plan des principes l'adresse de la télévision et de la presse écrite sont toutes deux universelles, dans la pratique l'universalité de la première l'est beaucoup plus que celle de la seconde. Il est en effet significatif que, dans la plupart des pays démocratiques, la presse écrite est très nettement divisée entre une presse « populaire » et une presse « sérieuse », phénomène qui ne caractérise pas — encore — la radio et la télévision. La presse écrite « sérieuse » constitue un espace de discussion politique rationnelle, autonome, mais limitée à une élite. Tandis que la télévision offre au public de la presse écrite populaire une voie d'accès à un niveau de débat dont il était exclu.

Le phénomène de démocratisation est évident même si, encore aujourd'hui, certains craignent que l'élargissement du champ de la discussion politique ne conduise à un affaiblissement de la qualité et de la profondeur du débat. En réalité la télévision a permis à un beaucoup plus grand nombre de citoyens d'accéder au champ de la politique, sans véritablement mettre en péril l'existence de l'opinion publique éclairée. Celle-ci a probablement été irritée et gênée, mais cette concurrence nouvelle fut tout compte fait positive car elle a créé les conditions d'une confrontation.

La croissance des médias a surtout été favorable à l'émergence d'un public moyen et a obligé le public cultivé à s'adapter à une situation beaucoup moins élitiste.

Nous ne disons pas qu'il y a équivalence des opinions et des positions dans le jeu politique, mais que l'ouverture et la complexité croissante de la communication, à la fois par le nombre des intervenants et la multiplicité des circuits, éloigne l'espace public d'une soumission à un nombre limité d'acteurs et d'arguments. En tout cas, le clivage de l'opinion publique entre opinion cultivée et opinion populaire, sans disparaître, n'a plus tout à fait la même force ni le même sens.

Du point de vue de la force, il semble que ce soit l'opinion publique prise comme un tout qui agit aujourd'hui dans le système politique et non plus seulement sa fraction supérieure. Ce qui oblige le système politique à s'adresser à l'ensemble des citoyens. Le rôle de ce que l'on a traditionnellement appelé les cadres intermédiaires de la politique (les partis, les guides d'opinion...) ne disparaît pas, mais subit la concurrence de cette nouvelle opinion publique, longtemps considérée comme une masse de manœuvre. La domination politique ne s'évanouit pas, mais le jeu devient plus complexe.

Sur le plan du sens, ce phénomène accentue le clivage entre communication et décision. En effet l'opinion cultivée circulait dans les sphères du pouvoir, ce qui se traduisait par une influence directe de cette opinion sur la décision. Avec l'élargissement de l'espace des opinions légitimes, cette influence ne peut plus être directe du fait de la dimension de l'espace, de la concurrence et de l'étanchéité des milieux sociaux.

Autrement dit, la télévision et les autres médias de masse rendent l'espace public plus autonome à l'égard de la décision politique. Celui-ci devient un véritable espace de la communication politique et donne à l'opinion publique un rôle d'acteur à part entière dans le jeu politique. Il réalise ainsi le projet des Lumières bien plus qu'il ne le détruit.

L'opinion publique n'est donc pas, contrairement à la thèse dominante, maîtrisée et façonnée par les médias. Bien évidemment il y a interaction, mais la force vient de l'opinion. Et la télévision, en dépit du monopole, ne fabrique pas l'opinion, elle en est tributaire.

L'autre grande différence avec la presse écrite concerne le fait que la télévision présente des images des rapports sociaux et politiques. La connaissance physique des acteurs, la familiarité visuelle avec les détenteurs du pouvoir sont des facteurs de changement considérables. Les prestations politiques sont perçues et jugées directement et non plus indirectement à travers des récits et des comptes rendus. Ce n'est pas la même chose de voir en direct la conférence de presse d'un chef d'État que d'en lire le texte dans la presse.

Elizabeth Eisenstein a montré que l'apparition de l'imprimerie[1] a bouleversé la culture et la science, par le simple fait qu'elle mettait sous les mêmes yeux, en même temps, le même document. Le passage d'une perception indirecte par ouï-dire à une perception visuelle directe de la politique représente un bouleversement analogue.

Avec la télévision, les individus perçoivent autrement la politique ainsi que les relations entre représentant et représenté. La mise en image de la vie publique conduit donc à une transformation de la *représentation* politique et d'ailleurs une bonne partie des passions soulevées par la télévision vient de cette mise en scène d'aspects de la réalité qui n'avaient jamais auparavant été visibles sous cette forme.

Certes la politique, et même les rapports sociaux, ont été depuis toujours mis en scène et seuls ceux qui ne s'intéressent guère à l'Histoire ont pu dénoncer la politique moderne comme un spectacle, oubliant que politique et spectacle ont toujours entretenu des relations étroites et ambiguës. Pour comprendre ce que la télévision change dans la représentation il faut partir de l'ambiguïté sémantique du mot qui rappelle d'ailleurs l'ambiguïté du mot « communication ».

On peut ramener le mot représentation à deux sens fondamentaux. Il désigne d'une part la représentation au sens théâtral et d'autre part la représentation au sens diplomatique. (Nous utilisons ici la figure du diplomate comme symbole de la délégation du pouvoir.) Par la référence au théâtre, on touche au spectacle, par la référence à la diplomatie on aborde le problème politique, c'est-à-dire la représentation au sens où quelqu'un est autorisé à s'exprimer au nom de quelqu'un d'autre, et donc est autorisé à le représenter.

Bien évidemment ces deux sens sont liés et se situent sur le plan symbolique. Dans la représentation théâtrale les situations et les caractères sont représentés pour donner un contenu concret à une fiction de l'esprit. Il y a donc un double niveau, caractéristique de la représentation, les comédiens d'une part et les personnages qu'ils incarnent d'autre part.

Dans la représentation au sens diplomatique, le phénomène est similaire. La personne qui s'exprime le fait au nom de personnes absentes. On retrouve donc le double niveau où la personnalité représentante n'est que le porte-parole des personnes représentées. Mais évidemment la différence essentielle porte sur la délégation de pouvoir qui autorise le comédien et le diplomate à jouer cette représentation.

Dans le premier cas, il s'agit d'une convention tacite acceptée

1. « *The printing press as an agent of change* », Cambridge University Press, 1979.

par les spectateurs par le simple fait qu'ils regardent le spectacle, alors que dans le second, cela suppose un accord sur la légitimité politique de la représentation. Si dans le spectacle nous sommes face à une fiction qui s'épuise dans son jeu, pour la politique, il s'agit également d'une fiction mais qui n'existe que par référence à une réalité.

Ces deux formes de représentation ont toujours existé, mais elles étaient néanmoins séparées. La dimension théâtrale de la politique était cantonnée dans des lieux et des moments circonscrits et rares. La cérémonie politique avait autant de solennité que les autres cérémonies et respectait des règles particulières. Aujourd'hui, la télévision place ce cérémonial sous le regard d'un public immense.

Mais elle fait davantage. Elle provoque une transformation du cérémonial qui doit être adapté aux contraintes de l'outil audiovisuel. Elle introduit à la permanence de la représentation politique. Elle fait cohabiter sur le même écran le débat politique avec la fiction, les jeux, le sport, c'est-à-dire le spectacle au sens traditionnel. Et elle élargit le champ de la représentation à l'ensemble de la société ; ce qui est une nouveauté car si la politique a toujours été un spectacle, le social restait dans l'ombre. Aujourd'hui les individus sont presque habitués à une mise en scène des rapports sociaux, à une représentation du « dialogue social », qui est pourtant très récente.

Pour toutes ces raisons, la télévision opère une désacralisation du spectacle politique. Elle participe à la laïcisation de la représentation du pouvoir. C'est en cela qu'elle est peut-être l'objet le plus démocratique de la démocratie.

La télévision, parce qu'elle touche tout le monde et montre les multiples facettes de la société, instaure un regard permanent de la société sur elle-même. Celle-ci se regarde vivre dans la durée, et sur le mode tout à fait particulier de l'image.

La télévision touche ainsi à l'un des changements fondamentaux de nos sociétés depuis un demi-siècle. Elle ne crée pas la représentation, mais l'objective par l'image et la démultiplie. Pour la première fois cette dimension est matérialisée dans un outil. Elle n'est plus symbolique mais réelle, réalisée par un réseau qui produit et diffuse une multitude d'images.

Or traditionnellement la représentation était une activité méta-sociale. Elle condensait dans des moments et des espaces définis et limités le jeu des valeurs et des symboles. Avec la télévision la représentation devient permanente et « réelle » au sens où même les symboles les plus abstraits doivent être imagés, mis en scène[1].

1. Cf. D.-Dayan, E. Katz, « Le spectacle du pouvoir, rituels publics à usage privé », *Les Annales*, Printemps 1983. On trouve par exemple dans ce texte une

Cependant si les deux aspects de la représentation (théâtre et diplomatie) coexistent sur le même support il n'y a pas de fusion entre les deux car la distinction subsiste, visible au travers la séparation entre programmes d'information et programmes de fiction. Et d'ailleurs cette distinction chacun la perçoit en permanence. Car on confond rarement ce qui relève de la réalité avec ce qui relève de la fiction ou du jeu[1], même si l'image de la société, les valeurs, les idées ne sont pas seulement cantonnées dans l'information et se retrouvent souvent dans le reste des programmes.

Dans l'un et l'autre cas il y a référence à une réalité, mais selon des principes différents. Pour l'information il s'agit de décrire la réalité et de lui donner un sens, alors que dans la fiction la réalité sert de toile de fond à des créations imaginaires.

D'autre part la distinction entre représentation au sens théâtral et au sens diplomatique demeure également à la télévision en ce qui concerne la sélection des images. Le critère est différent dans les deux cas. Pour l'information il s'agit de l'adéquation entre le message et la réalité.

Un message d'information est crédible s'il est fidèle au réel qu'il décrit, et s'il est cohérent et vraisemblable par rapport au contexte.

Pour le reste des programmes, le critère de sélection est, ou devrait être, le talent et la qualité des professionnels du spectacle. Simplement la multiplicité des goûts et la dimension des publics introduisent des conflits entre critères culturels différents. Pour ne prendre qu'un exemple, l'élite cultivée considère que la plus

---

analyse de la cérémonie du Panthéon de mai 1981 : « Suivons le président Mitterrand au Panthéon, le jour de son investiture, tandis qu'il rend hommage, en direct, aux grands hommes qui l'ont inspiré. Le président pénètre dans le mausolée, tenant à la main ce qui est devenu l'emblème du parti socialiste pendant la campagne présidentielle : une rose rouge. À l'intérieur du mausolée, il réussit à fleurir, à tour de rôle, trois tombes. Le vainqueur socialiste se doit d'entrer au Panthéon une rose à la main. L'héritier de plusieurs des grandes traditions françaises se doit de rendre hommage à plusieurs sépultures. Concilier ces multiples exigences symboliques, implique pourtant que l'on aménage le tournage en direct, le réalisme de l'événement. Il faut que les quelques minutes consacrées par le président au recueillement soient également consacrées au remplacement des roses. Dotée d'une incontestable grandeur, cette incursion solennelle dans l'au-delà, cette conversation silencieuse avec les mentors défunts, ne réalise pleinement sa vocation rituelle que sur l'écran. Le Panthéon est devenu studio. Par le miracle de la multiplication des roses un hommage supplémentaire plane sur la cérémonie ; un autre grand mort se trouve célébré : Georges Méliès. » Pp. 3-4.

1. Quand une telle confusion se produit, c'est un événement qui fait date. Tout le monde se souvient de l'émission de radio d'Orson Welles du 30 octobre 1938 où il « fit croire » à ses auditeurs à une invasion des martiens par une mise en ondes d'un livre de H. G. Wells, *La guerre des mondes*.

grande partie des programmes de variétés et de fiction sont ineptes et elle reproche à la télévision de légitimer cette ineptie en les diffusant.

Le changement introduit par la télévision dans le jeu de la représentation sociale est donc différent selon que l'on considère les programmes et l'information. Pour les programmes il conduit à une ouverture et une multiplication des critères de légitimité. La croissance des supports et des programmes favorise une concurrence et entraîne une relativisation des légitimités culturelles. Mais surtout la question de la légitimité n'est pas décisive dans le succès ou l'échec d'un produit ou d'une tendance.

Au contraire en ce qui concerne l'information et donc la politique, la télévision accorde aux acteurs par le simple fait de s'exprimer à l'antenne une certaine légitimité qu'ils jugent indispensable à leur stratégie. Elle intervient donc directement sur le jeu des représentations.

En effet la nature du medium qui permet de s'adresser directement au public, conduit tous ceux qui ont une fonction représentative dans la société à vouloir y accéder. Ils conçoivent cet accès comme un attribut de leur représentativité.

Et d'ailleurs en assurant un écho à leurs opinions la télévision renforce leur légitimité. Il y a là une boucle de légitimation : si je peux exprimer mon opinion c'est parce que je suis représentatif et pouvoir exprimer cette opinion renforce ma légitimité et par contrecoup le sentiment de force de ceux qui la partagent.

C'est ce qui explique pourquoi la télévision fonctionne comme instrument de légitimation sociale de la représentativité. Cela va bien au-delà de la politique, même si c'est à son propos que les conflits de légitimité sont les plus violents.

D'une façon générale, du point de vue du porte-parole, parler à la télévision c'est obtenir que la société reconnaisse son discours et lui donne son imprimatur. La légitimité en question est différente selon le genre du programme, son horaire et la dimension de son audience. Mais elle est présente dans la plupart des circonstances.

Le problème de la représentativité concerne donc la légitimité de celui qui s'exprime ou émet le message. Dans la question-programme de Lasswell « qui dit quoi à qui par quel canal et avec quel effet ? », il manque cette question essentielle : au nom de quoi ? En vertu de quelle légitimité celui qui parle publiquement s'autorise-t-il ou est-il autorisé à le faire ?

Cette question est essentielle parce qu'elle conditionne le rôle de la télévision dans le fonctionnement de la démocratie. Le débat public se joue en permanence à un double niveau, celui du *contenu* du message et celui de la *relation* entre interlocuteurs. La représentativité ne concerne que la relation, c'est-à-dire la présentation de soi et donc l'explicitation de la légitimité : voici au nom de quoi ou de qui je m'exprime, voici quel est le crédit que je m'accorde et que je vous demande de m'accorder.

Pour prendre un exemple simple, la valeur d'une déclaration politique dépend non seulement de sa pertinence, mais aussi de celui qui la fait. Les déclarations se hiérarchisent en fonction des crédibilités. Et le crédit se fabrique de façon complexe, selon des procédures variées.

Bien évidemment il existe un crédit qui vient de l'institution ou de la fonction : ce que dit un président de la République est important parce qu'il s'agit du président de la République. Mais au-delà, les choses deviennent plus complexes, car il faut expliquer pourquoi une déclaration d'un président de la République peut n'être pas crédible, malgré l'institution, ou pourquoi la déclaration d'un homme politique sans mandat peut prendre une importance considérable.

Même s'il faut faire appel à des notions floues telles que celles de croyance ou de confiance, il n'empêche qu'il est possible de cerner quelques règles de l'élaboration de la crédibilité dans le processus de communication, au-delà de celle fournie par les institutions. Pour cela il faut distinguer deux aspects de la représentativité. D'abord les critères qui permettent de déterminer le nombre et la nature des « paroles légitimes », et ensuite la manière dont fonctionne et évolue cette représentativité.

Quatre types de « paroles légitimes » coexistent dans l'espace public et sont en général autorisées. Celles de l'acteur politique, du journaliste, de l'acteur socio-professionnel et de l'intellectuel. Bien évidemment d'autres individus ou d'autres groupes émettent des opinions sur la société qui peuvent être parfaitement pertinentes et conquérir une légitimité ou une crédibilité. Mais ils ne sont pas *a priori* investis d'une fonction d'action ou de discours sur la société comme les quatre types évoqués.

Ceux-là sont autorisés à exprimer des analyses et des opinions sur la société en fonction de leur statut et du rôle qu'ils jouent dans la communication. Les critères de légitimité et de représentativité sont différents selon les quatre groupes, et ce sont finalement ces critères qui servent ensuite à sélectionner le passage à l'antenne de tous les autres groupes ou individus qui veulent s'y exprimer.

La légitimité des hommes politiques et des hauts fonctionnaires responsables de la décision renvoie directement à la question du pouvoir, au mandat électif, et au gouvernement de la cité.

Celle des journalistes repose sur la fonction de recueil et de traitement de l'information.

L'acteur social et professionnel par contre, trouve sa légitimité dans la représentativité des forces sociales au nom desquelles il parle (syndicats, associations). Elle est proportionnelle à l'importance et la position du groupe qu'il représente.

Quant à l'intellectuel, sa légitimité est de l'ordre de la connaissance. C'est au nom de ses titres, ou de ses écrits et de sa capacité à analyser le fonctionnement de la société et d'en dégager si possible les sens qu'il est autorisé à s'exprimer.

Les critères de légitimité sont donc différents, ne se situent pas au même niveau et ne renvoient pas aux mêmes aspects de la réalité. L'espace de la discussion n'est donc pas homogène. Il est structuré en quatre pôles hétérogènes qui peuvent cependant être en compétition.

Du point de vue du *fonctionnement* il faut maintenant remarquer que l'acquisition de la légitimité se fait dans deux espaces distincts. Celui des pairs ou des mandants, celui de l'opinion publique. Et la difficulté consiste à gérer les deux simultanément. Par exemple l'homme politique s'adresse à la fois aux militants et à l'opinion publique. Et ces deux auditoires ont des registres de parole très différents. La relation nouée avec l'un peut même parfois le couper de l'autre.

Ceci est également vrai pour l'acteur socio-professionnel qui est souvent obligé de proclamer qu'il défend l'intérêt général alors qu'il cherche simplement à faire passer son message catégoriel. Quant à l'intellectuel il risque sa crédibilité professionnelle à chaque fois qu'il s'adresse au grand public. C'est pourquoi en général il s'assure d'abord de la confiance de son milieu de référence avant de s'aventurer dans l'espace public élargi.

Seul le journaliste se meut uniquement dans l'espace public. Certes, le jugement de ses pairs est important mais en général il ne s'adresse pas à eux. L'espace public est le domaine du journaliste, il n'en a pas d'autre. Il en est comme le gardien.

Pour les trois autres acteurs le processus de légitimation se fait en général en deux temps. D'abord dans le milieu de référence (partis, syndicats, universités, églises...) s'acquiert la « représentativité restreinte », ensuite dans l'espace public, la « représentativité élargie ». Entre les deux niveaux la différence est radicale car dans le premier la compétition se joue dans une hiérarchie homogène entre des discours de même registre, alors que dans le second, il n'y a plus d'homogénéité. Le système est hétérarchique.

C'est le heurt des légitimités. Des logiques différentes s'affrontent dans un espace immense.

La représentativité restreinte est une condition nécessaire mais non suffisante de conquête de la crédibilité dans l'espace public.

Quel est le rôle joué par la télévision dans cette double évolution ? *Elle modifie le jeu démocratique dans le sens d'une plus grande fluidité. C'est-à-dire qu'elle assouplit les processus par lesquels s'obtiennent et se perdent les représentativités.*

Les institutions représentatives ont en effet tendance à perdurer dans leur être. Il existe une sorte de prime à la position acquise, et la chute de légitimité est un processus lent qui peut être freiné par le jeu des institutions, des habitudes, des droits acquis. La télévision, en accroissant le rythme des prises de parole et surtout en affaiblissant la solennité du débat social, joue un rôle de décapant dans l'espace public. Elle accélère aussi bien les accès à cet espace que les exclusions.

Par exemple, si l'image d'un « porte-parole » se détériore c'est souvent parce que la position de force de ceux qu'il représente est atteinte. « L'usure de l'image » n'est parfois que la traduction médiatisée du changement d'équilibre. La télévision est un lieu de lecture implacable du vieillissement des langages et de leur soudaine inadéquation aux réalités. L'affaiblissement de la parole légitime est le signal qu'il se passe quelque chose d'important dans les positions réciproques des acteurs sociaux et politiques.

Il existe également un cas de figure exceptionnel où la télévision sert à obtenir une représentativité restreinte dans un milieu donné. Il arrive en effet que certains acteurs inversent l'ordre et se servent d'une légitimité acquise dans les médias pour s'imposer dans leur milieu de référence.

Les exemples d'hommes politiques qui ont essayé d'obtenir une autorité dans leur parti en se servant du prestige acquis dans l'opinion se font plus fréquents. Il en est de même pour quelques acteurs sociaux et même pour certains intellectuels. L'expérience montre d'ailleurs que les milieux restreints sont hostiles et réagissent négativement à de telles procédures qui consistent à leur imposer une position ou une personnalité, par une stratégie de contournement.

Dans l'espace public chaque prise de parole est donc une prise de position à un double niveau. Le locuteur se situe d'une part par rapport aux autres acteurs, et d'autre part par rapport à l'opinion publique. Et dans les deux cas, le locuteur cherche à transformer une situation dans un sens qui lui soit favorable. Le sens d'une intervention publique est donc contenu dans la modification qu'elle apporte au rapport des forces en présence [1].

Dans ce contexte les acteurs préfèrent la plupart du temps que leur représentativité soit considérée comme acquise implicitement plutôt qu'explicitement. Car présupposer la représentativité améliore la position de force de celui qui parle. À charge aux autres de montrer qu'elle n'existe pas. « Le coup de force » du représentant ou du porte-parole est de définir le cadre du dialogue sur la base de sa légitimité présupposée.

En agissant ainsi, il contraint ses interlocuteurs soit à accepter tacitement ses présupposés, donc sa légitimité, soit à le disqualifier en lui faisant un « procès en représentativité », exercice toujours très périlleux. C'est là la logique de la confrontation de représentativités hétérogènes : l'espace public est autant un lieu de négociation permanente des contenus de parole que des légitimités et des représentativités. La négociation englobe donc à la fois les règles du jeu et le jeu lui-même. C'est-à-dire que le jeu social consiste souvent à imposer à l'autre non seulement une parole mais surtout un registre de parole qui n'est pas le sien [2].

Le grand changement introduit par la télévision est de donner à voir presque en permanence ce jeu de négociation de la parole légitime dans le moment même de son énonciation. Elle met sous les yeux de tous, au même moment, la même discussion publique, contribuant ainsi à assouplir les conditions du dialogue politique.

Mais curieusement la sociologie de la communication de masse qui s'est intéressée aux transformations sociales provoquées par les médias n'a pas tiré les conséquences de l'importance des interactions qu'elle avait contribué à révéler, ni exploré les effets, au niveau de la communication elle-même, des conflits d'intérêt qu'elle avait analysés.

Au lieu de repérer dans le contenu des messages la pluralité des acteurs et de leurs affrontements, elle s'est efforcée de dégager un pôle dominant et de montrer l'influence de ce pôle dominant

1. Cf. O. Ducrot : « De Saussure à la philosophie du langage », *in* John R. Searle, *Les actes de langage*, Hermann, Paris, 1972, p. 20.

2. Cf. O. Ducrot : « Une étude psychologique de la stratégie du dialogue. étude qui pourrait être confirmée par des indices linguistiques formels, montre que c'est une attitude tout à fait différente de contester ce que l'interlocuteur a posé et ce qu'il a présupposé. Dans le premier cas la critique peut rester intérieure au dialogue : on refuse ce qui a été dit, mais on reconnaît à l'autre le droit de le dire. Dans le second au contraire, la contestation prend un caractère nécessairement agressif et vise à disqualifier l'interlocuteur. S'il en est ainsi, en introduisant certains présupposés dans mes paroles, je mets mon auditeur dans l'alternative ou bien d'avoir à accepter une certaine base de discussion choisie par moi, ou bien de refuser la discussion elle-même. » *Op. cit.*, p. 28.

sur l'ensemble des messages. Elle a voulu unifier pour arriver à une typologie et une hiérarchie des discours. Elle n'a pas compris que le heurt permanent des messages conduisait à un réaménagement incessant des positions des uns et des autres. Et que ces réaménagements avaient d'autant plus d'impact sur le contenu des messages qu'ils se faisaient au travers d'affrontements visibles par tous.

Autrement dit elle n'a pas toujours su dégager les conséquences de l'hétérogénéité de la parole qu'elle avait pourtant explicitée, et elle est restée obnubilée par la volonté de montrer que la communication était un leurre servant à masquer les phénomènes de pouvoir [1].

À côté de ce travers, que l'on pourrait appeler le dogmatisme critique, il en existe un autre, diamétralement opposé, que l'on pourrait appeler l'optimisme fonctionnaliste. Il consiste à croire que la télévision rapproche les points de vue et les intérêts simplement parce qu'elle permet aux acteurs de s'exprimer et aux discours de cohabiter.

Il confond la visibilité des affrontements avec la résolution des problèmes qui les provoquent. Or ce n'est pas parce que la télévision met en présence les discours et leur permet de s'affronter qu'elle efface les antagonismes. Non seulement elle ne rapproche pas les acteurs en les faisant parler ensemble, mais elle ne rapproche pas davantage les discours de ceux qui ont pour métier d'informer ou d'analyser. Simplement elle rend beaucoup plus perceptible la diversité des positions et des points de vue. D'où son influence positive sur le fonctionnement de l'espace public, qui n'en est pas rendu moins conflictuel ou contradictoire, mais plus visible.

2. LES RISQUES DU PLURALISME

Nous avons opposé le modèle de la télévision d'État à celui de la télévision de société pour marquer comment les systèmes de communication audiovisuels sont conçus à partir de représentations culturelles et politiques propres à chaque pays.

1. C'est ainsi qu'un auteur comme P. Bourdieu dans *Ce que parler veut dire* (Fayard, 1982) part du postulat qu'il existe un seul type de parole autorisée, ou plus exactement que toutes les paroles peuvent se rapporter à un système unique de critères d'autorité. Ce qui conduit bien sûr à concevoir le langage d'abord comme une fonction de pouvoir plutôt que comme une fonction de communication, et à ne voir dans l'acte de parole qu'un non-événement puisque l'autorité est déjà là, assurée par l'institution, et qu'elle ne peut disparaître par l'échec de la communication.

Mais il faut revenir maintenant à l'élément commun des deux modèles qui est la tendance monopolistique. Les différences qui relèvent de la propriété juridique masquent parfois les ressemblances qui relèvent de la concentration économique. Et l'on a trop longtemps cru que la propriété publique créait le monopole et la propriété privée la concurrence.

Cette confusion a été alimentée par la diversité du système audiovisuel américain souvent qualifié de pluraliste sans tenir compte du fait que seule une forte volonté politique et culturelle réussissait, difficilement, à contrecarrer la concentration économique. En fait la tendance au monopole était la même aux États-Unis et en Europe, la différence essentielle portant sur le mode de contrôle, public ou privé et sur la nature de l'esprit public.

Le marché américain était un oligopole composé de trois sociétés commerciales, tandis que les marchés européens étaient soit des monopoles publics (France, Allemagne) soit des duopoles public et privé (Grande-Bretagne).

Cette constatation est importante parce que les quarante premières années de la télévision dans les sociétés occidentales peuvent être caractérisées comme une période monopolistique. Du point de vue des rapports entre télévision et démocratie, les différences liées au contrôle public ou privé sont donc restées jusqu'à aujourd'hui nettement tempérées par les ressemblances liées à la tendance monopolistique.

La liberté et la démocratie étaient battues en brèche parce qu'il n'était pas possible à un groupement de citoyens de constituer son propre moyen d'expression (soit pour des raisons légales, soit pour des raisons financières). D'où cette question importante : comment ce monopole de communication a-t-il été rendu compatible, sur le plan des principes, avec la démocratie ?

D'un côté les pays à télévision d'État ont légalisé le monopole mais l'ont « transcendé » et légitimé à travers la notion de service public. Ce qui a conduit à la situation que nous connaissons d'un contrôle partiel de l'espace public par l'État.

De l'autre les pays à télévision de société ont interdit le monopole par la loi et ont affirmé le principe du pluralisme, tout en laissant se développer un monopole de fait. La contradiction entre la loi et la réalité a donné lieu à des tensions, des conflits et des compromis plus ou moins hypocrites.

Dans un cas on a donc justifié, au nom d'un principe supérieur, l'existence d'un monopole de la communication, tandis que dans l'autre on l'a nié. Mais dans les deux cas on a cherché une solution pratique pour concilier ce monopole avec la démocratie.

On est arrivé à une solution qu'on pourrait appeler, à la suite de Raymond Aron, de « neutralisation politique »[1]. Par opposition au pluralisme de la presse écrite, la neutralisation de la télévision supposait de ne pas en faire une puissance autonome et active dans le jeu politique. On peut définir la neutralité en trois règles :

1. Une règle d'équilibre : donner la parole de manière équilibrée à tous les courants d'opinion (équilibre qui se traduit parfois par un calcul des temps de parole).

2. Une règle de modération : les journalistes s'astreignent à une attitude de neutralité et s'interdisent les jugements extrêmes sur les actes et les paroles du pouvoir politique et des hommes politiques en général.

3. Une règle d'indépendance : en dépit des deux règles précédentes, les journalistes maintiennent une distance critique à l'égard des différents agents d'influence et de pouvoir.

Il est possible de montrer que ce principe de neutralité fut un leurre autant dans les systèmes publics que privés. Dans tous les pays il existe de nombreux exemples où la télévision a été l'enjeu d'un conflit entre forces politiques, où des pressions gouvernementales ont été couronnées de succès, où une utilisation partisane a eu lieu.

De plus, même dans les cas où la télévision a tenté de respecter le principe de neutralité, elle a été accusée de partialité. Dès qu'un conflit sérieux traverse la société, la neutralité est mise en cause et quand les passions politiques sont déchaînées, elle n'a plus aucun sens. Tout pousse donc à croire que la neutralisation est une fiction et que la télévision, tout compte fait, intervient dans le champ de la communication de la même manière que la presse écrite.

Il nous semble cependant que le principe de neutralité a été la condition de fonctionnement du système audiovisuel en dépit des multiples exemples de son non-respect. Il a fonctionné au moins en tant que principe, c'est-à-dire comme référent indispensable. Et même sur le plan pratique, du fait de son échelle de fonctionnement, la télévision a été contrainte de respecter une certaine neutralité. En effet le nombre restreint des canaux, la nécessité de s'adresser à un public immense aux opinions variées, tout comme la forme image incitèrent à montrer plutôt qu'à commenter.

La neutralité dans le cadre d'un monopole n'est donc pas seulement une contrainte politique et culturelle mais aussi une condition de fonctionnement. C'est pourquoi même aux États-

1. R. Aron, « Signification politique de la radio télévision dans le monde présent », in *Cahiers d'Études de radio-télévision*, n° 15, Flammarion, Paris, 1957, pp. 227-244.

Unis la télévision a joué la neutralisation bien que celle-ci n'ait pas pris la même forme qu'en Europe. Si en Europe la neutralité s'est imposée de l'extérieur, par la loi, aux États-Unis elle fut en quelque sorte « librement consentie ».

Cette différence de conception de la neutralité s'est d'ailleurs retrouvée dans la manière dont elle a été détournée. Aux États-Unis, son abandon au cours de crises graves (Vietnam, Watergate) s'est fait dans le sens d'une opposition au pouvoir, tandis qu'en Europe il s'est fait en général dans une soumission à l'égard du pouvoir.

De toute façon le principe de neutralisation qui était la condition du respect de la démocratie dans un système monopoliste perd de sa force avec l'arrivée d'un système pluraliste. Bien évidemment il s'impose encore aux télévisions qui veulent toucher le plus large public possible mais il ne peut plus jouer le rôle de référent ou de garant. Le pluralisme, qui est la traduction politique de la fragmentation, change donc les principes de légitimité.

Face à l'évolution qui s'amorce, les deux modèles de télévision ne sont pas à égalité. C'est la télévision d'État qui est confrontée aux problèmes les plus difficiles. D'une part parce qu'avec le Service public, la neutralité était en quelque sorte institutionnalisée. D'autre part, parce qu'***il semble impossible, dans une démocratie, de justifier un contrôle par l'État d'un système audiovisuel pluraliste.***

La télévision d'État repose sur une représentation de la société et une conception du Service public qui sont toutes deux aujourd'hui en crise. La confusion qui s'est établie entre service public et monopole d'État correspondait à l'état d'esprit de l'après-guerre où la lutte pour l'égalité dans la société civile semblait passer naturellement par un accroissement des pouvoirs de l'État, garant de l'intérêt général.

Le monopole d'État n'était donc pas conçu comme une technique de gestion du service public parmi d'autres, mais bien comme la seule et unique expression de celui-ci. De ce fait, la télévision n'était par perçue comme une activité autonome, elle était le support d'un projet plus vaste qui la dépassait et qui consistait à amener le peuple à la culture.

Les craquements institutionnels et technologiques risquent bien d'entamer ce droit de l'État, qui fut longtemps admis, de détenir le monopole des réseaux et de la programmation. Si l'on se rapporte aux principes de la démocratie, on constate que la légitimité de l'intervention de l'État dans le champ de la communication a toujours été douteuse.

Pour la presse écrite par exemple, il allait de soi, même au moment où l'État-providence semblait triomphant, que l'État était acteur et source d'informations mais ne pouvait être ni propriétaire ni gestionnaire.

Il est probable que la transformation du système audiovisuel débouchera sur cette question simple, de bon sens, mais impensable il y a une trentaine d'années : Au nom de quoi l'État s'occupe-t-il de communication ? Au nom de quoi peut-il détenir le quasi-monopole des programmes ? Au nom de quoi son action dépasse-t-elle la gestion des réseaux et l'établissement des règles garantissant le pluralisme et le respect de certains principes d'intérêt collectif ?

De l'autre côté, les télévisions de société ne sont pas beaucoup plus à même de percevoir les mutations et donc de se préparer au contexte dans lequel se développeront, demain, les systèmes de communication. Les principes de liberté sur lesquels elles reposent furent bafoués par l'existence d'oligopoles qui semblaient inexpugnables. Les contraintes du profit n'étaient pas contrebalancées par les vertus de la concurrence.

Cette dénaturation des principes libéraux a été visible rapidement et a d'ailleurs servi d'argument aux partisans du monopole d'État pour identifier toute attention à l'égard de la demande à un assujettissement au règne du profit et de la démagogie.

S'il est exact que les exemples n'ont pas manqué pour montrer que la télévision de société ne garantissait pas une production de meilleure qualité que la télévision d'État, il était difficile de savoir si la cause en était la concurrence ou... le monopole.

Mais dans les télévisions de société, la diversification n'est pas considérée comme une menace, elle est plutôt perçue comme le moyen de corriger une anomalie et de mettre enfin les faits en accord avec la morale et la loi. Il n'y a pas de crise idéologique puisque le monopole était nié ou dissimulé. Il n'y a pas non plus de remise en cause douloureuse du rôle de l'État puisqu'il ne fut jamais admis que celui-ci devait gérer la télévision.

Il reste simplement une bataille très dure menée par les oligopoles qui ne veulent pas mourir et disposent de moyens considérables pour essayer de retarder la montée de la concurrence et donc les risques du pluralisme. Mais cette bataille elle-même se déroule dans un climat où les chaînes commerciales sont obligées de dissimuler leurs objectifs réels tant ils sont en contradiction avec le système de valeurs et les normes.

Aussi, ce sont les télévisions publiques qui donnent l'impression d'être incapables d'anticiper les mutations socio-culturelles de coller à l'évolution des goûts et des comportements. Elles n'ont pas vu venir cette redéfinition du rapport individu/société, ni le renversement du rapport entre l'offre et la demande, ni le rôle croissant des acteurs privés qui marginaliseront nécessairement le rôle des administrations et du service public. Elles n'ont pas vu non plus que le changement technique allait modifier non pas techniquement mais globalement un système audiovisuel qui avait été conçu dans un tout autre contexte historique.

La question qui se pose aux télévisions d'État comme aux télévisions de société est de savoir ce que seront, dans un jeu plus ouvert, les contraintes politiques à faire respecter pour que la télévision, dans les pays démocratiques, conserve cette fonction d'espace ouvert à la confrontation des opinions et à l'élaboration d'un consensus.

L'abandon du monopole, qu'il soit public ou privé, revient en fait à transférer une responsabilité des pouvoirs publics vers la société. Et ce transfert qui conduit au pluralisme exprime une confiance dans la société. Il consiste à admettre qu'aucun acteur n'est plus maître d'une représentation de la société et que celle-ci se constitue au travers l'ajustement des multiples représentations. Il revient également à postuler que l'équilibre des représentations dépendra de l'expression des différentes forces.

Dans cette perspective le pluralisme est la possibilité offerte aux différents courants de s'exprimer, leur cohabitation et surtout leur confrontation animant le débat public et contribuant à constituer l'espace public.

Cette réappropriation de l'espace public par les différents acteurs concernés ne se fera pas sans conflits et tensions car aucun des monopoles en présence ne souhaite perdre les bénéfices de sa situation. Elle est cependant indispensable car l'expression de l'opinion publique s'accommode mal des monopoles de la communication. Si les deux grands systèmes audiovisuels en présense ont une difficile politique d'adaptation à mener pour atteindre un tel objectif c'est probablement du côté des télévisions de service public que l'aggiornamento sera le plus long et le plus conflictuel.

Le point d'aboutissement sera le passage d'une représentation unifiée ou binaire de la société à une représentation beaucoup plus éclatée et moins signifiante. La communication y gagnera peut-être ce que le projet d'intégration culturelle et sociale y aura perdu.

Il est probable que l'avenir des systèmes audiovisuels ne dépendra pas essentiellement de la classe politique, mais des pressions de la société. Si le décalage est trop grand entre ce qu'offrent les télévisions et l'attente des publics, les conflits se chargeront d'imposer ce que le bon sens aurait dû déjà suggérer depuis une dizaine d'années.

Les spectateurs ne supporteront plus longtemps d'être considérés comme des assistés. Ils voteront là aussi un jour « avec les pieds », soit en refusant de payer les redevances, soit en continuant de s'équiper massivement de magnétoscopes, soit en se donnant les moyens légaux ou illégaux de recevoir d'autres programmes, dès lors que les possibilités techniques le permettront.

Il est donc tout à fait probable que sous la pression des événements ou par la sagesse des dirigeants, les systèmes audiovisuels évolueront rapidement — puisque tout se jouera dans la décennie 1985-1995 — vers des systèmes mixtes et ouverts, publics et privés mélangeant télévision de l'offre et télévision de la demande. Nul doute même que d'éventuels blocages pourraient susciter des conflits sociaux et politiques dont on sous-estime aujourd'hui la violence. Tout simplement parce que dans les sociétés ouvertes les citoyens auront progressivement un intérêt croissant pour tout ce qui concerne la communication.

Dans ce contexte, le rôle de l'État consistera à définir les règles du jeu qui s'imposeront aux médias audiovisuels. Elles concerneront la répartition des fréquences et viseront à éviter la constitution de monopoles et à garantir l'accès des minorités. Elles définiront aussi le statut des entreprises de communication et les obligations minimales à respecter en matière d'information et de débat sur les affaires publiques.

Les mêmes règles devront s'appliquer aux télévisions de masse ou fragmentées, publiques ou privées. Autrement dit, les obligations des télévisions publiques devront être très allégées pour leur permettre d'entrer en concurrence avec les télévisions privées. Les règles du jeu devront être identiques pour tous, et les conflits tranchés par les tribunaux pour éviter que le pouvoir exécutif n'intervienne dans le fonctionnement de l'audiovisuel par le biais de l'arbitrage des conflits.

De toute façon ces nouvelles règles du jeu conduiront à une réduction du pouvoir de l'État dans le champ de la communication. Tel est le véritable enjeu qui dépasse le clivage gauche-droite au profit d'une opposition entre conservateurs et modernistes, puisque l'on retrouve autant de forces de gauche que de droite chez les partisans d'une télévision de l'offre que chez ceux d'une télévision de la demande.

Il est peu probable que la télévision de masse soit totalement remise en cause par l'existence de la télévision fragmentée. Dans tous les pays cohabiteront les deux systèmes de télévision, car la force de la télévision de masse est de s'adresser à tout le monde. Cette adresse universelle se maintiendra parce qu'elle correspond à une fonction de la communication dans les sociétés modernes.

S'il est évident que la télévision fragmentée prend appui sur les insuffisances de la télévision de masse, il est non moins évident que celle-ci dispose d'atouts considérables. Elle présente l'avantage sur la télévision fragmentée de n'être pas « collée » à des publics spécifiques, et de pouvoir ainsi traiter des questions « universelles ». Autrement dit la fragmentation mettra en valeur les attraits ou les vertus de la télévision de masse.

On peut donc prévoir, après un mouvement qui partout va favoriser la fragmentation, un mouvement de retour vers la télévision de masse. L'équilibre du système audiovisuel se formera par ajustements successifs et il faut lui laisser une grande liberté de mouvement pour rechercher cet équilibre dans l'interaction avec les publics.

L'enjeu est la définition d'un système qui, en prenant au modèle étatique une certaine idée de l'intérêt général, et au modèle privé une certaine acceptation du changement, du risque et du « non-sens », aboutisse à une conception de la télévision moins idéologique et plus pragmatique. Il n'existe pas en effet un mode de contrôle idéal de l'audiovisuel. Celui-ci n'existe que par la tension entre les modèles. L'objectif dans chaque pays devrait être de garantir la diversité des formes d'organisation (publiques, privées, associatives) et la diversité des sources de financement (mécénats publics et privés, publicité, paiements individuels).

C'est à ces conditions que la télévision trouvera lentement sa place dans les sociétés démocratiques. Et l'apparition du pluralisme dans l'audiovisuel achèvera l'ouverture du système de communication commencée au XVIIIe siècle avec la bataille pour la liberté de la presse.

Cela convaincra peut-être enfin du poids déterminant des valeurs dans le fonctionnement des systèmes de communication. L'histoire de la télévision, comme celles de la presse écrite et de la radio montrent que les techniques exercent certes une influence, comme nous l'avons vu abondamment au long de ce livre, mais que cette influence est indissociable du système de valeurs. La preuve en est que les mêmes technologies de communication existent dans les systèmes totalitaires sans avoir le moins du monde favorisé une quelconque convergence avec les pratiques de communication des démocraties. Les distances politiques restent infranchissables.

Il faut ici rappeler une dernière fois notre position. La mise en images de la réalité sociale et politique introduit un registre supplémentaire dans la représentation du monde, qui a ses lois propres. Les images font partie des perceptions quotidiennes des individus et elles nourrissent les élaborations secondaires, images mentales, concepts, au même titre que les autres systèmes signifiants. Il n'est pas possible d'établir des relations simples et hiérarchiques entre ces systèmes signifiants. Ce sont des réseaux enchevêtrés qui se soutiennent, se répondent et se contredisent l'un l'autre. Chaque individu se branche sur ces réseaux selon les circonstances, les besoins, et les structures propres de sa pensée et de sa situation.

Un même événement est perçu et commenté par l'image, la parole et l'écrit selon des proportions à chaque fois spécifiques. Il entre ainsi en résonance — par consonance ou dissonance — avec l'opinion publique et alimente le processus permanent de construction et d'interprétation de la réalité.

L'image télévisée doit donc être intégrée dans une réflexion sur la connaissance, et ne doit plus être considérée comme ayant un statut à part.

Quant à la télévision, ensemble des images télévisées, qui pénètre dans l'espace le plus privé, le domicile, elle fonctionne comme un lien social non contraignant. C'est-à-dire un lien social que l'on peut couper à sa guise.

Elle traduit ainsi l'ambivalence de la modernité, dans laquelle les conflits entre vie privée et vie publique concernent de plus en plus la répartition du temps libre entre divertissement et attention aux problèmes de la cité. Dans l'ensemble, à la télévision, l'information renvoie à l'appartenance comme citoyen à la société politique et concerne la dimension publique. Et le divertissement concerne la dimension privée en renvoyant à la possibilité de se distraire individuellement par un canal collectif.

La télévision est donc porteuse de cette double dimension. C'est pourquoi elle peut être le support d'analyses la présentant soit comme l'outil de l'évasion au sens où elle rend étranger à la société, soit comme l'outil de la participation au sens où elle donne une visibilité extraordinaire à la politique. Cette contradiction est l'essence même de la télévision et peut-être la raison cachée de son succès.

Elle montre les raisons pour lesquelles la télévision est une activité difficilement contrôlable. Les usages de l'outil et les interprétations du message demeurent partiellement aléatoires, et donc peu maîtrisables par un pouvoir, quel qu'il soit. Cependant la volonté de contrôle du pouvoir politique a été jusqu'à présent une des constantes de l'histoire de la communication audiovisuelle.

L'exemple de l'émancipation de la presse écrite, à travers ses crises et ses conflits montre qu'il faut une longue patience pour y échapper. Or il ne faut pas oublier que la télévision n'a que quarante ans d'histoire ! Ce qui d'une part rend dérisoire toute théorisation définitive à son sujet et d'autre part incite à penser que, du point de vue historique, nous n'en sommes qu'aux balbutiements de la liberté de communication audiovisuelle.

D'ailleurs pendant cette brève période les très nombreux conflits qui se sont produits ont tous finalement été dans le sens d'une lente émancipation à l'égard de l'État.

Une chose paraît en tout cas évidente : dans les années à venir, on jugera une démocratie sur son système audiovisuel et sur sa capacité à le maintenir à distance du pouvoir politique. Sans liberté de communication, pas de liberté tout court, et la liberté de communication commence quand elle s'émancipe de la tutelle de l'État.

La France n'est pas à l'avant-garde de cette émancipation, mais il n'est jamais interdit d'espérer.

BIBLIOGRAPHIE

Les ouvrages sont classés en trois catégories, correspondant aux trois parties du livre. Sont regroupés :

Dans la première catégorie :

— les livres et les articles d'histoire, les documents et les témoignages concernant la télévision française ;

— les livres et les articles concernant l'organisation et la gestion des systèmes audiovisuels en Europe et aux États-Unis ;

— les livres et les articles concernant les discours politiques sur la communication et les attitudes de la classe politique à l'égard de la télévision.

Dans la deuxième catégorie :

— les livres et les articles concernant l'image, la communication par l'image et l'interaction entre les partenaires de la communication ;

— les principaux ouvrages de l'école empirique et de l'école critique ;

— les travaux portant sur le rôle des intellectuels dans la communication et plus généralement sur les rapports entre création et diffusion de productions culturelles.

Dans la troisième catégorie :

— les livres et articles concernant les nouvelles technologies de communication, les relations entre systèmes sociaux et systèmes techniques, et les mutations des sociétés industrielles avancées ;

— les livres et articles concernant les problèmes de l'information et ses rapports avec la démocratie ;

— les livres et articles concernant les relations de la télévision avec la politique et l'opinion publique, ainsi que les actes de communication dans l'espace public.

1. LES POLITIQUES

P. ALBERT et A.-J. TUDESQ, *Histoire de la radio-télévision*, P.U.F., Q.S.J., 1981.

F. BALLE, *Médias et société*, Montchrestien, 1980.

S. BLUM, *La télévision ordinaire du pouvoir, 1958-1981*, Coll. Politique d'Aujourd'hui, P.U.F., 1982.

M. BLUWAL, *Un aller*, Stock, 1974.

D. BOMBARDIER, *La voix de la France*, R. Laffont, 1975.

Bulletin du Comité d'Histoire de la Télévision, n° 1 et suivant, Juillet 1981.

P. BOURDIEU et J.-C. PASSERON, « Sociologues des mythologies et mythologies des sociologues, *Temps Modernes*, XIX, n° 211, Décembre 1963.

P. BRENOT, *Le siècle de la T.S.F.*, Minuit, 1959.

A. BRIGGS, *The History of broadcasting in the United Kingdom*, Oxford University Press, 1965.

A. BRIGGS, *Governing the B.B.C.*, B.B.C. Londres, 1979.

A. BRINCOURT, *La télévision et ses promesses*, La Table Ronde, 1960.

Ch. BROCHAND et J. MOUSSEAU, *Histoire de la télévision française*, F. Nathan, 1982.

Cahiers d'Études de radio-télévision, Flammarion, 1953-1963.
Les Cahiers de la télévision, Julliard, 1963-1965.
H. Caillavet, *Changer la télévision ou la réalité imaginaire*, Flammarion, 1978.
R. Cayrol, *La presse écrite et audiovisuelle*, P.U.F., 1973.
J. Cazeneuve et J. Oulif, *La grande chance de la télévision*, Calmann-Lévy, 1963.
J. Chancel : *Le temps d'un regard*, Hachette, 1978.
J. Chevallier, *La radio-télévision française entre deux réformes*, L.G.D.J., 1975.
B. M. Compaine (ed.), *Who owns the media ?* Knowledge industry Publishers, New York, 1979.
G. Comstock : *Television in America*, Sage Publications, 1980.
A. Conte : *Hommes libres*, Plon, 1973.
Ch. Debbash, *Traité du droit de la radio-diffusion*, L.G.D.J., 1967.
P. Descaves et J. Martin, *Un siècle de radio et de télévision*, O.R.T.F., Production de Paris, 1965.
A. Diligent, *La télévision, progrès ou décadence*, Hachette, 1966.
J. Diwo, *Si vous avez manqué le début...*, A. Michel, 1976.
Cl. Durieux, *La télécratie*, Tema, 1976.
R. Duval, *Histoire de la radio en France*, Moreau, 1979.
J.-P. Elkabbach, *Taisez-vous Elkabbach*, Flammarion, 1982.
Cl. Frederik, *Libérer l'O.R.T.F.*, Seuil, 1968.
F. Furet et J. Ozouf, *Lire et écrire, l'alphabétisation des Français de Calvin à Jules Ferry*, 2 t., Minuit, 1977.
House of representatives, *Should the federal government significantly strengthen the regulation of mass-media communication in the United States ?* U.S.G.P.O., Washington, 1979.
M. Jullian, *La télévision libre*, Gallimard, 1981.
H. Le Bras et E. Todd, *L'invention de la France*, Le livre de poche, 1981.
A. Mac Neil, *Total Television*, Penguin, 1980.
N. Mamere, *Telle est la télévision*, Megrelis, 1982.
H. Mercillon, *O.R.T.F. : agonie du monopole*, Plon, 1974.
L. Merlin, *Le vrai dossier de la télévision*, Hachette, 1964.
P. Miquel, *Histoire de la radio et de la télévision*, Richelieu, 1973.
P. Moinot, *Pour une réforme de l'audiovisuel*, Rapport au Premier ministre de la commission de réflexion et d'orientation, Documentation française, 1981.
J. G. Moreau, *Le règne de la télévision*, Seuil, 1967.
E. Lalou, *Regards neufs sur la télévision*, Seuil, 1957.
La Nef, *La Télévision*, Octobre-Décembre 1961, numéro spécial.
La Nef, *L'information politique*, n° 27, Mai-Juillet 1966.
J. Le Tac, *Rapport sur l'O.R.T.F.*, Documentation française, 1972.
Rapport Paye : Rapport de la commission d'études du statut de l'O.R.T.F., Documentation française, 1970.
Projet, *L'entreprise O.R.T.F.*, Mars 1973.
J. Qeval et J. Thevenot, *T.V.*, Gallimard, 1957.
J. Sallebert, *Entre l'arbre et l'écorce*, Stock, 1975.
P. Schaeffer, *Les antennes de Jericho*, Stock, 1980.
M. Seveno, *Télévision, mon aventure*, La Table Ronde, 1969.
J. Siclier, *Un homme Averty*, J.-C. Simoën, 1976.
A. Smith, *Television and political life — Studies in six european countries*, Mac Millan, Londres, 1979.
D. Sperber, *Le savoir des anthropologues*, Hermann, 1982.
Syndicat National des journalistes — Section O.R.T.F. : *L'O.R.T.F., le pouvoir et les journalistes. Livre blanc sur l'information à l'O.R.T.F.*, 1974.
Syndicat Français des réalisateurs C.G.T. — Paris, *La fin des saltimbanques ? Livre Blanc*, 1975.
J. Thibau, *Une télévision pour tous les Français*, Seuil, 1970.
R. Thomas, *Broadcasting and democracy in France*, Bradford University Press, London, 1976.
F. Tonnies, *Communauté et société*, P.U.F., 1944.
U.N.E.S.C.O., *Trois semaines de télévision*. Une comparaison internationale (Belgique-Bulgarie-Canada-France-Hongrie, Italie et Japon), 1982.

2. LES ANALYSES

Th. Adorno, « L'industrie culturelle », in *Communications*, n° 4, 1963.
Th. Adorno et M. Horkheimer, *La dialectique de la raison*, Gallimard, 1974.
Th. Adorno, K. Popper et al., *De Vienne à Francfort, La querelle allemande des sciences sociales*, Complexe, Bruxelles, 1979.
H. Atlan, *Entre le cristal et la fumée, Essai sur l'organisation du vivant*, Seuil, 1979.
J.-L. Austin, *Quand dire c'est faire* (1962), Seuil, 1970.
R. Barthes, *Mythologies*, Seuil, 1957.
R. Barthes, « Rhétorique de l'image » in *Communications* n° 4, Seuil, 1964.
R. Barthes, « Les intellectuels, et la culture de masse », in *Communications* n° 5, Seuil, 1965.
Bateson et al., *La nouvelle communication*, Seuil, 1981.
J. Baudrillard, *Simulacres et simulation*, Galilée, 1981.
J. Benda, *La trahison des clercs*, Grasset, 1975.
W. Benjamin, « L'œuvre d'art à l'ère de sa reproductibilité technique » in *L'homme, le langage et la culture*, Denoël, 1971.
B. Berelson, *Content analysis in communication research*, Glencoe, the Free Press, 1952.
B. Berelson et M. Janowitz (ed.), *Reader in public opinion and communication*, Glencoe, The Free Press, 1953.
L. Bogart, *The age of television. A study of viewing habits and the impact of television on American life*, Ungar, New York, 1956.
P. Bourdieu, *La distinction. Critique sociale du jugement*, Minuit, 1979. « L'opinion publique n'existe pas », in *Questions de sociologie*, Minuit, 1980.
F. Bourricaud, *Le bricolage idéologique. Essai sur les intellectuels et les passions démocratiques*, P.U.F., 1980.
Cahiers du cinéma, numéro spécial, *Télévision*, Automne 1981.
R. Caillois, *Les jeux et les hommes. Le masque et le vertige*, Gallimard, 1967.
J. Capin, *L'effet télévision*, Grasset, 1981.
J. Cazeneuve, *Les pouvoirs de la télévision*, Gallimard, 1970. *L'homme téléspectateur*, Denoël-Gonthier, 1974. *La société de l'ubiquité*, Denoël, 1972.
J.-P. Changeux, « Leçon inaugurale au Collège de France », in *Le Débat*, Gallimard, mai 1982. *L'homme neuronal*, Fayard, 1983.
F. de Closets, *Le système E.P.M.*, Grasset, 1980.
G. Comstock et al., *Television and human Behaviour*, Columbia University Press, New York, 1978.
B. Cross, *Friendly Fascism. The new face of power in America*, M. Evans, New York, 1980.
M. Crozier et R. Sainsaulieu, A. Suffert, E. Sullerot, *Télévision et comportement culturel*. Service de recherche de l'O.R.T.F. et Bureau des études et de la recherche du ministère de la Culture, 1966.
F. Dagognet, *Écriture et iconographie*, Librairie philosophique, Vrin, 1977.
R. Debray, *Le pouvoir intellectuel en France*, Ramsay, 1979. *Le scribe. Genèse du politique*, Grasset, 1980.
L. A. Dexter et D. M. White, *People, society and mass communication*, Free Press, 1964.
O. Ducrot, *Dire et ne pas dire*, Hermann, Coll. Savoir, 1972.
G. Durand, *Les structures anthropologiques de l'imaginaire*, Bordas, 1969., *L'imagination symbolique*, P.U.F., 1976.
M. Eliade, *Images et symboles*, Gallimard, 1952. Coll. Tel, 1979.
M. Ferro, *Cinéma et histoire*, Denoël-Gonthier, Coll. Médiation, 1977.
P. Flichy, *Les industries de l'imaginaire*, P.U.G., 1980.
P. Francastel, *L'image, la vision et l'imagination*, Denoël-Gonthier, Coll. Médiation, 1983.
G. Friedmann, *Ces merveilleux instruments*, Denoël-Gonthier, 1979.
E. Fucchignoni, *La civilisation de l'image*, Payot, 1972.
G R. Funhkouser, « The issues of the sixties : an exploratory study in the dynamics of public opinions », in *Public Opinion Quarterly*, n° 37, 1973.
M. Gauchet, *Préface à Benjamin Constant. De la liberté chez les modernes*, Le livre de poche, Coll. Pluriel, 1980.
G. Q. Glick et S. J. Lévy, *Living with television*, Aldine, Chicago, 1962.
J. Goody, *La raison graphique. La domestication de la pensée sauvage*, Minuit, 1979.
J. Gracq, *En lisant, en écrivant*, Corti, 1981.
J. Gritti et M. Souchon, *La sociologie face aux médias*, Mame, 1968.
J. Habermas, *L'espace public*, Payot, 1978.
J. D. Halloran, *The effects of television*, Parther, London, 1970.

H. T. HIMMELWEIT, A. N. OPPENHEIM et P. VINCE, *Television and the child,* Oxford University Press, New York, 1958.

M. HORKHEIMER, *Théorie traditionnelle et théorie critique,* Gallimard, 1974.

C. I. HOVLAND, A. A. LUMSDAINE et F. D. SHEFFIELD, *Experiments on mass communication,* Princeton University Press, 1949.

R. HUYGHE, *Les puissances de l'image,* Flammarion, 1965.

J. T. KLAPPER, *The effects of mass communication,* Free Press, New York, 1960.

N. JACOBS (ed.), *Culture for the millions ?,* D. Van Nostrand, 1961.

E. KATZ et P. LAZARSFELD, *Personnal influence : the part played by the people in the flow of mass communication,* Glencoe, The Free Press, 1955.

E. KATZ, « Mass communication research and study of culture », in *Studies in public communication,* n° 2, 1959. « On conceptualising media effects », in *Studies in communication,* vol. 1, 1980. « Media events : the sense of occasion », in *Studies in visual communication,* 1980. « Publicity and pluralistic ignorance : notes on the spiral of silence », in *Public opinion and social change, Mélanges pour E. N. Neuman* (ed. by H. Baier : H. M. Kepplinger et K. Reumann) West Deutscher Verlag — 1982.

H. LASSWELL, « The structure and function of communication in society », in *The communication of ideas,* L. Brysen, New York, 1948.

P. LAZARSFELD, « Administrative and critical communication research » (1941), in *Quantitative analysis,* Allyn and Bacon, Boston, 1972. « Public opinion and the classical tradition », in *Public opinion quarterly,* n° 21, 1957. « Les intellectuels et la culture de masse », in *Communications* n° 5, 1965. Radio and the printed page, Duell, Gloanand Pearce, New York, 1940.

P. LAZARSFELD, et E. STAMTON (ed.), *Radio Research,* 1942-1943, Duell, Sloan, New York, 1974.

P. LAZARSFELD, *The people looks at the radio,* Chapell Hill, University of North Carolina, 1946.

P. LAZARSFELD et W. N. MAC PHEE, *Voting,* Chicago University Press, 1954.

P. F. LAZARSFELD, B. BERELSON et H. GAUDET, *The people's choice,* Columbia University, New York, 1948.

P. LAZARSFELD et F. STAMTON (ed.) *Communication research,* 1948-1949, Harper, New York, 1949.

H. LASSWELL et N. LEITES, *The language of politics, studies in quantitative semantics,* Steward, New York, 1949.

Mac ANANY (ed.), *Communication and social structure, critical studies in mass media research,* Praeger special studies, New York, 1981.

M. E. Mac COMBS et D. L. SHAW, « The agenda setting function of mass-media », in *Public opinion quarterly,* n° 36, 1972.

D. Mac QUAIL, *Towards a sociology of mass communication,* Mac Millan, Londres, 1969. *Mass communication theory,* Sage, Londres, 1983.

P. MANENT, « Démocratie et totalitarisme ; à propos de Claude Lefort », in *Commentaire,* Julliard n° 16, hiver 1981-1982.

H. MARCUSE, *L'homme unidimensionnel,* Minuit, 1964.

A. MATTELART, *Mass media, idéologie et mouvement révolutionnaire,* A. Moreau, 1974. *De l'usage des médias en temps de crise,* A. Moreau, 1979.

M. MERLEAU-PONTY, *Phénoménologie de la perception,* Gallimard, 1945.

Ch. METZ, « Au-delà de l'analogie, l'image », in *Communications Seuil, n° 15, 1970.*

Ch. METZ, *Le signifiant imaginaire,* 10/18, 1977.

G. METAYER, *La société malade de ses communications ?* Dunod, 1980.

A. MOLES, *L'image, communication fonctionnelle,* Casterman, 1981.

E. MORIN, *Le cinéma ou l'homme imaginaire,* Minuit, 1956, « Les intellectuels et la culture de masse », in *Communications* n° 5, 1965.

S. MOSCOVICI, *L'âge des foules,* Fayard, 1981.

H. NEWCOMB (ed.), *The critical views,* Oxford University Press, 1979.

E. NOELLE-NEUMANN, « Spiral of silence : a theory of public opinion », in *Journal of communications,* vol. 24, 1974. « Turbulence in the climate of opinion : methodological implications of the spiral of silence theory », in *Public opinion quarterly,* vol. 41, 1977, « Mass media and social change in developed societies », in E. KATZ and T. SZECSKO, Ed., *Mass media and social change,* Sage, Londres, 1981.

J. PERRIAULT, *Mémoires de l'ombre et du son, une archéologie de l'audiovisuel,* Flammarion, 1982.

Revue *Communications* Seuil. N° 4 : Recherches sémiologiques ; n° 5 : Les intellectuels et la culture de masse ; n° 7 : Radio-télévision, réflexions et recherches ; n° 15 : L'analyse des images ; n° 20 : La sociologie et la linguistique.

F. RECANATI, *Les énoncés performatifs,* Minuit, 1981.

R. Rosenberg et D. M. White (ed.) *Mass culture,* Glencoë, The Free Press, 1957.
C. Rosset, *Le réel et son double,* Gallimard, 1976. *L'objet singulier,* Minuit, 1979.
J.-P. Sartre, *L'imaginaire,* Gallimard, 1940. *L'imagination,* P.U.F., 1936. Réedition Quadrige, 1981. *Plaidoyer pour les intellectuels,* Gallimard, 1972.
W. Schramm (ed.), *The science of human communication,* Basik book, 1963. *Mass communication,* Urbana, University of Illinois Press, 1949. *Communication in modern society,* Urbana, University of Illinois Press, 1948.
W. Schramm, J. Lyle et E. Parker, *Television in the life of our children,* Stanford University Press, Stanford, 1961.
J. R. Searle, *Les actes de langage. Essai de philosophie du langage,* Hermann, Collection savoir, 1972.
R. Sennett, *Les tyrannies de l'intimité,* Seuil, 1979.
A. Silbermann, *Communication de masse. Éléments de sociologie empirique,* Hachette, 1981.
A. Smith, *Bye bye Gutenberg,* Oxford university Press, 1981.
M. Souchon, *Petit écran, grand public,* Documentation française, 1980.
M. Souchon, *La télévision et son public (1974-1977),* Documentation française, 1978.
G. A. Steiner, *The people look at television,* Knopf, New York, 1963.
S. Tchakhotine, *Le viol des foules par la propagande politique,* Gallimard, 1952.
P. Watzlawick et al., *Une logique de la communication,* Seuil, 1972.
P. Watzlawick, *La réalité de la réalité,* Seuil, 1978.
D. M. White, « The gate keeper », in *Journalism quarterly,* n° 27, 1950.

3. LES RUPTURES

E. Abel (ed.), *What's news : The media in american society,* Institute for Contempory studies, San Francisco, 1981.
H. Arendt, *La crise de la culture,* Gallimard, Idées, 1972.
R. Aron, *Introduction à la philosophie de l'histoire,* Gallimard, 1938. *Essais sur les libertés,* Calmann-Lévy, 1965. « Signification politique de la radio télévision dans le monde présent », in *Cahiers d'études de la radio-télévision,* n° 15, Flammarion, 1957.
D. Bell, *Vers la société post-industrielle,* R. Laffont, 1976. *Les contradictions culturelles du capitalisme,* P.U.F., 1979.
B. Berelson, « Communication and public opinion », in *Communications in modern society* W. Schramm Ed., Wibaner, 1948.
C. Bertho, *Télégraphes et téléphones, de Valmy aux microprocesseurs,* Livre de Poche, 1981.
J. G. Blumler and D. Mac Quail, *Television in politics. Its uses and influence,* Faber, Londres, 1968.
J. G. Blumler, R. Cayrol et G. Thoveron, *La télévision fait-elle l'élection ?* F.N.S.P., 1978.
P. Bourdieu, *Ce que parler veut dire,* Fayard, 1982.
O. Boyd-Barrett et M. Palmer, *Le trafic des nouvelles. Les agences mondiales d'information,* A. Moreau, 1981.
G. de Broglie, *Une image vaut dix mille mots — Essai sur la télévision,* Plon, 1982.
H. Brusini et F. James, *Voir la vérité. Le journalisme de télévision,* P.U.F., 1982.
E. Canetti, *Masse et puissance,* Gallimard, 1966.
C. Castoriadis, *L'institution imaginaire de la société,* Seuil, 1975.
Communications, Seuil. N° 21 : La télévision par câble : n° 28 : Idéologies, discours, pouvoirs ; n° 29 : Image(s) et culture(s) ; n° 30 : La conversation ; n° 32 : Les actes de discours.
M. Crozier, *L'acteur et le système,* Seuil, 1977.
D. Dayan et E. Katz, « Le spectacle du pouvoir, rituels publics à usage privé », in *Les Annales,* Printemps 1983.
G. Debord, *La société du spectacle,* Buchet-Chastel, 1967.
E. Diamond, *Good News, Bad News,* M.I.T. Press, Cambridge, 1978.
O. Ducrot, *De Saussure à la philosophie du langage. Introduction à J. R. Searle,* Les actes de langage, Hermann, 1972.
L. Dumont, *Homo Æqualis. Genèse et épanouissement de l'idéologie économique,* Gallimard, 1977.
E. Eisenstein, *The printing press as an agent of change,* Cambridge University Press, Londres, 1979.

J. Ellul, *Le système technicien*, Calmann-Lévy, 1977.
R. Escarpit, *Information et communication*, Hachette, 1976.
F. Furet, *Penser la révolution française*, Gallimard, 1978.
S. Gauthronet, *La télématique des autres. Les expériences de vidéotex en Europe*, Documentation française, 1982.
A. Giraud, J. L. Missika, D. Wolton et al., *Les Réseaux pensants, Télécommunication et société*, Masson, 1978.
A. Glowinsky et al., *Télécommunication, objectifs 2000*, Dunod, 1980.
J. Habermas, *La technique et la science comme idéologie*, Gallimard, 1973.
D. Halberstam, *Le pouvoir est là*, Fayard, 1979.
C. I. Hovland, I. L. Janis et H. H. Kelley, *Communication and persuasion. Psychological studies of opinion change*, New Haven, Londres, 1953.
J.-N. Jeanneney et M. Sauvage, *Télévision, nouvelle mémoire. Les magazines de grand reportage*, Seuil, 1982.
K. et G. Lang, *Politics and Television*, Quadrangle, Chicago, 1968.
Cl. Lefort, *L'invention démocratique*, Fayard, 1981.
Le Genre humain, Revue, Fayard. N° 5 : La rumeur, 1982 ; n° 6 : Les manipulations, 1983.
Ph. Lemoine et al., *Les enjeux culturels de l'informatisation*, Documentation française, 1980.
P. Lendvai, *Les fonctionnaires de la vérité. L'information dans les pays de l'Est*, R. Laffont, Liberté 2000, 1980.
J.-L. Lepigeon et D. Wolton, *L'information demain. De la presse écrite aux nouveaux médias*, Documentation française, 1979.
S. Mac Bride et al., *Voix multiples, un seul monde*. Rapport de la commission internationale d'étude des problèmes de la communication, Paris U.N.E.S.C.O., Documentation française, 1980.
M. Mac Luhan, *La galaxie Gutenberg*, Gallimard, 1962. *Pour comprendre les médias*, Seuil, Mame, 1968.
M. Maffesoli, *La conquête du présent*, P.U.F., 1979.
Ministère de la culture, *Des chiffres pour la culture*, Documentation française, 1980. *Les pratiques culturelles des Français* (1973-1981), Dalloz, 1982.
J. L. Missika et D. Wolton. *Les futurs de la télévision. De la télévision de masse à la télévision fragmentée*, Rapport ronéoté, Antenne 2, 1980. « Où va la télévision américaine ? » in *Le Débat*, avril 1981. « Le Câble, Télévision communautaire ou télévision fragmentée » in *Des réseaux locaux*, Bulletin de l'Idate, n° 5, octobre 1981.
E. Morin, *L'esprit du temps*, 2 t., Grasset, 1962.
L. Mumford, *Le mythe de la machine*, Fayard, 1973.
S. Nora et A. Minc, *L'informatisation de la société*, Documentation française, 1978.
K. Popper, *La société ouverte et ses ennemis*, Seuil, 2 t., 1980.
L. Quere, *Des miroirs équivoques. Aux origines de la communication moderne*, Aubier Montaigne, 1982.
D. Riesman, *La foule solitaire, Anatomie de la société moderne*, Arthaud, 1964.
A. Sauvy, *L'opinion publique*, Q.S.J., P.U.F., 1956.
P. Schaeffer, *Machines à communiquer*, 2 t., Seuil, 1970.
H. Schiller, *Communication and cultural domination*, White Plains, International arts and Sciences Press, 1976.
M. Schudson, *Discovering the News*, Basic Books, New York, 1978.
R. G. Schwartzenberg, *L'État spectacle. Essai sur et contre le star-system en politique*, Flammarion, 1977.
G. Simondon, *Du mode d'existence des objets techniques*, Aubier, 1969.
A. Smith, (Ed.) *Newspapers and democracy*, M.I.T. Press, Londres, 1980.
D. Sperber, *Le structuralisme en anthropologie (1968)*, Seuil, Points, 1973.
J. Stoetzel, *Théorie des opinions*, P.U.F., 1943.
A. de Tocqueville, *De la Démocratie en Amérique*, Garnier-Flammarion, 2 t., 1981.
A. Touraine, *Production de la société*, Seuil, 1973, *La voix et le regard*, Seuil, 1978.
D. Wolton, *The availability of Universal Information*, Columbia Journalism Review, New York, Printemps 1979.
Th. Zeldin, *L'histoire des passions françaises*, t. 3, Seuil, 1981.

INDEX

Deuxième partie

LES ANALYSES

Troisième partie

LES RUPTURES

Composition Bussière
et impression S.E.P.C.
à Saint-Amand (Cher) : 16 septembre 1983.
Dépôt légal : septembre 1983.
Numéro d'imprimeur : 1728-1226.
ISBN 2-07-022605-0 Imprimé en France.

32333